Entre Cervantes y Shakespeare: Sendas del Renacimiento

Between Shakespeare and Cervantes: Trails along the Renaissance

Eds. ZENÓN LUIS-MARTÍNEZ y LUIS GÓMEZ CANSECO

Juan de la Cuesta
Newark, Delaware

Copyright © 2006 by Juan de la Cuesta—Hispanic Monographs
270 Indian Road
Newark, Delaware 19711
(302) 453-8695
Fax: (302) 453-8601
www.JuandelaCuesta.com

MANUFACTURED IN THE UNITED STATES OF AMERICA

ISBN: 1-58871-104-8

Edinburgh University Library

Books may be recalled for return earlier than due date;
if so you will be contacted by e-mail or letter.

Due Date	Due Date	Due Date

Índice

Advertencia preliminar

CONVOCADOS BAJO UNA DOBLE bandera, el 13 de abril de 2004, acudieron a nuestra universidad, la de Huelva, unos cuantos entendidos en materia de Renacimiento. La intención era pensar y hablar durante tres días sobre el asunto que nos proponía el encuentro *Entre Cervantes y Shakespeare: Sendas del Renacimiento*. Ni la apócrifa muerte compartida por ambos escritores, ni los fastos y refastos del Centenario cervantino que ya amenazaban nublado, ni ninguna otra zarandaja fue la causa que nos llevó a poner bajo un mismo techo a don Miguel y a don William. En realidad, era algo que veníamos aparejando desde hacía ya tiempo con charlas ocasionales, lecturas y encuentros, que nos llevaron al convencimiento de que, más allá de sus particulares peanas en el canon de la literatura universal, entre ambos escritores podían seguirse derrotas que unían sus quehaceres.

Si a eso añadimos el hecho incuestionable de que Shakespeare es Shakespeare y Cervantes no lo es menos, entiéndase, Cervantes, podrá entenderse que vimos el cielo abierto y nos lanzamos sin red para convocar a un grupo de sabios y de amigos, que aceptaron gustosos el envite e hicieron real lo que sólo era una idea. Nuestra intención fue trabajar en dos dimensiones complementarias. Por un lado, queríamos analizar los contextos y las proyecciones de cada autor en la otra cultura; nuestro segundo y más señalado propósito era indagar esas sendas que, a través del Renacimiento, conectaban a los dos escritores y que iban desde las lecturas, a la emblemática o a las concepciones literarias.

Siguiendo las rutas que marcamos desde un inicio hemos dividido el libro en dos partes. La primera, «Cruces de caminos», propone cuatro puntos de encuentro, entre otros muchos posibles, para entender a cada autor en el contexto natural del otro. Richard Wilson estudia una visión nada ortodoxa de la católica España en *All's Well that Ends Well*, y de paso sugiere vías de análisis similares en el perdido *Cardenio*, o lo que queda de él, y *La española inglesa*. Daniel Eisenberg reivindica la figura de

John Bowle como pionero del cervantismo. Por su parte, José Javier Pardo nos conduce por las sendas cervantinas de la novela inglesa de los siglos XVIII y XIX. Cierra este apartado José Montero Reguera proponiendo la recuperación de los trabajos cervantinos y shakesperianos del erudito Astrana Marín. La segunda parte, «Sendas paralelas», rastrea motivos literarios y culturales, así como poéticas y tradiciones comunes a ambos autores. Roland Greene analiza la cultura de la sangre en la Europa del Renacimiento, sus sentidos y representaciones en Cervantes y Shakespeare. El carácter festivo y carnavalesco de Sancho Panza y sir John Falstaff es el objeto de estudio de Augustin Redondo, que, de algún modo, se continúa en la indagación que Valentín Núñez Rivera hace en torno a las representaciones de la locura y la bufonería en *Hamlet, King Lear, El Licenciado Vidriera* y el *Quijote*. Jorge Casanova propone lecturas de episodios del *Quijote* y *The Rape of Lucrece* a la luz de la iconografía y la emblemática, y apunta distintas modalidades de écfrasis en los «retratos» de nuestros autores. A su vez, Elena Domínguez rastrea el discurso filográfico de corte neoplatónico en novelas y dramas pastoriles, como las de *La Galatea* y *As You Like It*, a través de los filtros de Jorge de Montemayor y Baltasar Gil Polo. En un intento de acortar las distancias entre los géneros, Zenón Luis-Martínez acerca las obras tardías de Shakespeare y Cervantes, principalmente *Persiles* y *Pericles*, a la luz de las convenciones bizantinas. Finalmente, Luis Gómez Canseco y Cinta Zunino trazan la historia de la transmisión e influencia de Apuleyo entre España e Inglaterra y sus usos cómicos y literarios en ambos autores.

αβ βα

Este libro no habría sido posible sin la existencia de Cervantes y Shakespeare y de su incalculable valor en nuestros imaginarios y nuestras culturas. Sus misteriosas metamorfosis en los boxeadores Andy Warhol y Jean-Michel Basquiat en el cartel que anunciaba las jornadas originales quizás sean símbolo de pervivencia más allá de tiempos y espacios comunes. Es también éste el momento para recordar que esta nave no hubiera llegado a puerto convertida definitivamente en libro sin las generosas contribuciones de nuestros colaboradores, que decidieron sumarse a nuestros esfuerzos desde la lejanía o la proximidad. El Plan Andaluz de Investigación de la Junta de Andalucía nos brindó la posibilidad a los Grupos de Investigación *Literatura e Historia de las Mentalidades* y *Teoría y Estudios Culturales* de aunar esfuerzos en su

Convocatoria de Acciones Coordinadas y de contar con la financiación necesaria para la publicación de este cuerpo. Pero nada de esto tendría sentido sin el papel, las prensas y la tinta: los puso con un excelente buen humor y una generosidad extrema don Tom Lathrop y su redivivo Juan de la Cuesta.

LUIS GÓMEZ CANSECO
ZENÓN LUIS-MARTÍNEZ

Preliminary Note

SUMMONED UNDER A TWO-SIDED flag, a few experts in the Renaissance landed in our University of Huelva on 13 April 2004. The aim was to think and talk about the subjects proposed by the symposium *Between Shakespeare and Cervantes: Trails along the Renaissance*. Neither the apocryphal death date shared by both writers, nor the pomp and revels of a prematurely beclouded centenary, nor any other trifle of that kind was the cause that made us lodge Don Miguel and Master William under the same roof. Actually, we had been brooding on this idea for a long time in occasional conversations, readings and meetings, which finally persuaded us of the notion that, beyond their individual altars in the canon of world literature, paths could be followed in order to wed their labours.

If to all this we add the unquestionable fact that Shakespeare is Shakespeare and Cervantes is not less — that is, he is Cervantes— it will seem clear why we found the sky open for free-falling, so we gathered a group of scholars and friends that willingly accepted the challenge and made real what was only a wish. Our intention was to work in two complementary directions. First, we wanted to analyse the contexts and projections of each author in the other's culture. Our second and principal aim was to track down those trails which along the Renaissance connected both writers, from common readings to emblematic and literary conceptions.

Following these initial lines, we have divided this book in two parts. The first, «Crossroads», proposes four meeting points, among many possible others, to enlighten each author in the other's natural context. Richard Wilson analyses a quite heterodox view of Catholic Spain in *All's Well that Ends Well*, and suggests similar ways of reading *Cardenio*, or what remains of it, and *La española inglesa*. Daniel Eisenberg vindicates the figure of John Bowle as the pioneer of Cervantism. For his part, José

Javier Pardo guides us along the Cervantine paths of the eighteenth- and nineteenth-century English novel. This section is closed by José Montero, who claims a restoration of the forgotten Cervantine and Shakespearean studies of the learned Astrana Marín. The second part, «Parallel Paths», searches for literary and cultural motifs, as well as poetics and traditions coincident to both authors. Roland Greene analyses the culture of blood in Renaissance Europe, as well as its meanings and representations in Cervantes and Shakespeare. The festive and carnivalesque character of Sancho Panza and Sir John Falstaff is Augustin Redondo's object of study, which is somehow continued by the scrutiny that Valentín Núñez carries out of the representations of madness and buffoonery in *Hamlet*, *King Lear*, *El Licenciado Vidriera* and *Don Quixote*. Jorge Casanova proposes readings of episodes of *Don Quixote* and *the Rape of Lucrece* in the light of iconography and the emblem, and points different modes of *ecphrasis* in the «portraits» of our authors. Elena Domínguez's chapter investigates the love discourses and their neo-Platonic roots in pastoral novels and plays like *Galatea* and *As You Like It* through the filters of Jorge de Montemayor and Baltasar Gil Polo. In an attempt to shorten the distance between Shakespeare's and Cervantes's genres, Zenón Luis-Martínez brings together their late works, mainly *Pericles* and *Persiles*, in the light of the conventions of romance. Finally, Luis Gómez Canseco and Cinta Zunino trace the history of the transmission and influence of Apuleius between Spain and England, as well as his comic and literary use in both writers.

CR SO

This book would not have been possible without the existence of Cervantes and Shakespeare, that is, their invaluable presence in our own imaginaries and cultures. Their mysterious metamorphoses into the boxers Andy Warhol and Jean-Michel Basquiat in the advertising posters of our original symposium are perhaps a symbol of enduring life beyond common places and times. This is also the moment to remind that our ship would not have reached its desired harbour without the generous contributions of our collaborators, who from near or far decided to join their endeavours to ours. The Research Plan of the Regional Government of Andalusia gave us the possibility to combine the efforts of our Research Groups *Literature and the History of Ideas* and *Theory and Cultural Studies*, and to count on the necessary funding for the publication of this volume. But this would make little sense without paper sheets, inks, and the press: all these have been supplied —with his excellent humour and immense generosity— by Tom Lathrop and his resurrected Juan de la Cuesta.

ZENÓN LUIS-MARTÍNEZ
LUIS GÓMEZ CANSECO

I
Cruces de caminos / *Crossroads*

«To Great St Jaques Bound»:
All's Well that Ends Well in
Shakespeare's Spain

RICHARD WILSON
University of Cardiff

«I AM SAINT JAQUES' pilgrim, thither gone»: at the turning-point of *All's Well That Ends Well* (III, iv, 4)[1] the heroine, Helena «the daughter of Gerard de Narbonne» (I, i, 33), writes to her mother-in-law, the Countess of Rousillon, to tell her that instead of staying in Perpignan, she is taking the pilgrim road —«El Camino»— across Navarre and the Pyrenees to Pamplona, and by way of Burgos and León, to the greatest of Europe's Catholic shrines at Compostela. Helena's announcement astonishes the old lady, who declares that «Had I spoken with her, / I could have well diverted her intents» (III, iv, 20-21); and with good cause, since this is the only time in Shakespearean drama that a character declares an intention to go to Spain. It is true that the province of Rousillon was itself in Spanish hands when *All's Well* was written around 1603, and would remain so until 1659; and that for a supposedly patriotic Englishman the dramatist had a provocative trick of setting happy endings in Habsburg territories of the Mediterranean, Belgium and the Holy Roman Empire. But in *The Two Gentlemen of Verona* «the Imperial's court» (II, iii, 4) is never quite connected with Spain, despite the boys joining a party «journeying to salute the Emperor» led by one Don Alfonso (I, iii, 39-41); in *Much Ado About Nothing* Don Pedro's army seems more at home in Sicily than Aragon; in *As You Like It* the exiles perhaps flee to the Warwickshire Arden rather than the Ardennes of the colleges sponsored by Philip II; in *Twelfth Night* Illyria floats free from the Adriatic coast

---

[1] All quotations of Shakespeare are from the Norton Edition, New York: Norton, 1997, ed. Stephen Greenblatt et al., based on the Oxford Edition. References are given parenthetically in the text.

coveted by the Habsburgs; in *Measure for Measure* Vienna is spared Hispanic fanaticism; in *The Winter's Tale* Bohemia is as much a haven for refugees harried north by Inquisition politics as it was under Rudolf II; and in *The Tempest* Milan is restored to its rightful ruler in defiance of the fact that in reality it was also to stay Spanish for another fifty years. In *The Merchant of Venice* Belmont scorns the Prince of Aragon as «a blinking idiot» (II, ix, 54); while in *Love's Labour's Lost*, Navarre laughs at that «refined traveller of Spain» (I, i, 161) Armado, whose penance «enjoined him in Rome» is to wear his mistress's old dishcloth «next to his heart» (V, ii, 695-8). And it seems no accident that the Don is so devoted to a girl called Jaquenetta. When Helena claims to set off barefoot to do penance on a pilgrimage «To Saint Jaques le Grand» (*All's Well*, III, v, 31), her «zealous fervour» (III, iv, 11) therefore appears to open an approach unique in Shakespeare, to the patron saint of Spain and the heartland of the Counter-Reformation:

> I am Saint Jaques' pilgrim, thither gone.
> Ambitious love hath so in me offended
> That barefoot plod I the cold ground upon
> With sainted vow my faults to have amended. (III, iv, 4-7)

On Saint James's Day, July 25, 1555 Queen Mary and King Philip had been married in Winchester cathedral in a solemn Mass that haunted Shakespeare — there is mention in *Much Ado* of the bride's «cloth o' gold» wedding-dress (III, iv, 17) — as a possible solution to the tragedy of England's wars with Spain. Thus, from Don Pedro to Catherine of Aragon his plays are full of Spanish exiles whose sadness comes, Benedick observes, from disappointed love (V, iv, 117). And only Shakespeare could personify even the dreaded Armada itself in the «sweet war-man» Armado who goes «woolward for penance» (*Love's*, V, ii, 647,696). But it is this very cordiality which makes Spanish settings such a conspicuous absence from his stage. Which is to say that the Europe Shakespeare presents is split by the same iron curtain as the fractured continent of his day. Spain is out of bounds to Shakespeare's characters because the key fact of Counter-Reformation Europe was the sectarian wall which cut the pilgrim ways from Britain to Iberia and the shrine of Saint James. For as Diarmaid MacCulloch relates in *Reformation: Europe's House Divided*, until the 1560s it was «pilgrimage routes that still united Europe by sea and land». Thus, Bristol was a «national departure point for the Apostle's shrine on Spain's coast, and pilgrims sailing from the port would be able to enjoy the devotion to Saint James in the city-centre church».[2] The voyage from Bristol to Galicia took five days; but the three-week journey across France, under auspices of the Confraternity of St James, was preferred by penitents, as Helena suggests, keen to expiate sins with a more punishing ordeal. So, for five centuries it was the multitudes on the Great Road of St James who fused Europe into a single narrative that «transcended while affirming local allegiances»: from Reading, where a hand of the saint donated by Queen Matilda was preserved; or Slovenia, where his pilgrims went tax-free; to Saragossa, where it was said he had been visited by the Virgin.[3] Even in the sixteenth century, Fernand Braudel reminds us, the road to Spain from Paris down the Rue St-Jacques was still «the most active thoroughfare of France».[4] For «while trips to Jerusalem and Rome became the privilege of the rich, penitents continued to wend to Santiago» in such hordes that, according to John Hale in *The Civilization of Europe in the Renaissance*, the era was «a high-point of cosmopolitanism» for all but the English.[5] So, when Helena vows to take the Road of the Stars, she is reminding Londoners of the Spain they have repressed, and at the very instant when the power of pilgrimages and shrines was being reaffirmed in countless Spanish miracle books, saints' lives, pilgrims' manuals and tourist guides:

> Thus Calderón and other numerous dramatists joined the huge throngs in the festivals by writing spectacular pageants. For one of the great themes of Baroque literature was the pilgrimage. Cervantes, Mateo Alemán, and Baltasar Gracián each made pilgrimage the basis of the works they considered their masterpieces, and Lope de Vega poured into one of his most ambitious narratives, *El peregrino*, accounts of pilgrimages and shrines, and poems honouring wonder-working images of the Virgin.[6]

---

[2] Diarmaid MacCulloch, *Reformation: Europe's House Divided, 1490-1700*, London: Allen Lane, 2003, p. 18.

[3] Walter Starkie, *The Road to Santiago: Pilgrims of St James*, London: John Murray, 1957, pp. 16, 60, 68-69.

[4] Fernand Braudel, *The Mediterranean and the Mediterranean World in the Age of Philip II*, trans. Sian Reynolds, 2 vols., London: Collins, 1972, vol. 1, p. 217.

[5] Francois Lebrun, «The Two Reformations: Communal Devotion and Personal Piety», in *A History of Private Life: The Passions of the Renaissance*, ed. Roger Chartier, trans. Arthur Goldhammer, Cambridge, Mass.: Harvard University Press, 1989, p. 89; John Hale, *The Civilization of Europe in the Renaissance*, London: Harper Collins, 1993, p. 164.

[6] Alban Forcione, *Cervantes and the Humanist Vision: A Study of Four*

When Shakespeare's Arden relations were arrested in 1583, it was their copy of Luis de Granada's penitential *Prayers and Meditations*, with its joy in martyrdom, the prosecution produced to see them hanged.[7] Clearly, the Stratford writer understood the impact of scenes like the one when Helena enters, after her «sainted vow» to walk to Spain, and is identified by the pilgrim's costume she wears until the final seconds of the play: «God save you, pilgrim! Whither are you bound? / To Saint Jaques le Grand» (III, v, 32-34). As the Countess recognizes, a happy end now depends on the power to work miracles with prayers «heaven delights to hear / And loves to grant» (III, iv, 27-28). But even Catholic critics admit this scenario of «a pilgrimage to Spain, invocation of Saint James, penitential practice of walking barefoot,» and prayers for intercession must have struck Protestants as perversely Romish:[8] so much so the Arden editor states, the idea Shakespeare takes it seriously is «too Popish to be probable».[9] Yet it is precisely in terms of such perversity that Helena dedicates herself when she says her love for Bertram is such an «idolatrous fancy» she «must sanctify his relics», since she is «Indian-like, / Religious in [her] error» (I, i, 95-96, 3, 200). Like the Indian boy in *A Midsummer Night's Dream* (II, i, 124), or the «base Indian» of *Othello* (5.2.356), this «Moorish» figure puns, Patricia Parker explains, on Catholics as the «tribe of (Thomas) More»: the Tudor proto-martyr.[10] And it suggests that, when Helena discloses how the medicine she practices as an inheritance has been «sanctified / By th'luckiest stars in heaven» (*All's Well*, I, iii, 231-232), the «receipt» with which she cures the King of France of a deadly fistula has been consecrated by «the great'st grace lending grace» (II, I, 159) during her father's own pilgrimage to Compostela. Stellar imagery reinforces this suggestion. Thus, the play opens with the «poor physician's daughter» (II, iii, 115) wishing for Count Bertram as «a bright particular star» [I, i, 81], but seeing herself among the unlucky «Whose baser stars do shut us up in wishes» (I, i, 170). And when by healing the King she rises enough for her «star» to

---

'*Exemplary Novels*', Princeton: Princeton University Press: 1982, pp. 321-323.

[7] Charlotte Carmichael Slopes, *Shakespeare's Warwickshire Contemporaries*, Stratford-upon-Avon: Shakespeare Head Press, 1907, pp. 75-76.

[8] David Beauregard, «'Inspired merit': Shakespeare's Theology of Grace in *All's Well That Ends Well*», *Renascence*, 51 (1999), p. 231.

[9] G. K. Hunter, «Introduction», William Shakespeare, *All's Well That Ends Well*, London: Methuen, 1959, p. 82.

[10] Patricia Parker, «What's in a Name and More», *SEDERI: Revista de la Sociedad Española de Estudios Renacentistas Ingleses*, XI (2002), pp. 101-149, esp. p. 117.

reject her as his wife, she says she will «With true observance seek to eke out that / Wherein toward me my homely stars have failed» (II, v, 70). The clown Lavatch thinks she was born under «a blazing star», however, and associates her with «the surplice of humility» worn «over the black gown of a big heart» (I, iii, 76-84). And it is the pilgrim garb she does wear that makes us believe she will be among those who, the braggart Paroles jests, «eat, speak, and move, under the influence of the most received star» (2.7.52); as she smiles he was «born under a charitable star» (1.1.177). So, all these wishes made upon the «most received», «charitable», «homely», «base», yet «sanctified», «blazing» and «luckiest» stars set Helena firmly towards the «bright particular star» of Santiago, within one of those tall stories of miraculous healing told by the wayfarers themselves, as the old courtier Lafeu exclaims:

> I have seen a medicine
> That's able to breathe life into a stone,
> Quicken a rock, and make you dance canary
> With sprightly fire and motion; whose simple touch
> Is powerful to araise King Pepin, nay,
> To give great Charlemagne a pen in's hand,
> And write to her a love-line. (II, i, 70-76)

Shakespeare's pun on the hand of Charle-*main*, the liberator of Compostela from the Moors, according to the twelfth-century Book of St James, connects his plot to those tales of chivalry with which the Cluniac monks paved the Pilgrim's Way. And one cue for the play is, indeed, the yarn about Gerard of Roussillon who built the abbey of Vézelay, at the start of the Road, as penance for refusing a bride chosen by Charlemagne.[11] There he enshrined the relics of Mary Magdalene, who supposedly died at Marseilles: from where Helena returns as if from the dead. Other sources include a fable of a doctor's daughter, Christine of Pisano, who cured King Charles V; and Boccaccio's novella about Giletta, «a physician's daughter of Narbonne», who «healed the French king of a fistula».[12] And in the background lies the Grail legend of the Fisher King, hinted in that allusion to Pepin. But where these trails converge is in posing the problem put by the heroine to the dying King: namely, the pay-off for belief in an age «When miracles have by the greatest been

---

[11] Russell Fraser, «Introduction», William Shakespeare, *All's Well That Ends Well*, Cambridge: Cambridge University Press, 1985, p. 6.
[12] William Painter, *The Palace of Pleasure*, London, 1566, quoted *ibid.*, p. 7.

denied» (II, i, 13). As Julia Lupton writes in her study of Renaissance hagiography, *Afterlives of the Saints*, in scenes like this Shakespeare highlights aspects of his Catholic sources most offensive to Protestants, for while his rivals honoured the Anglo-centric geography of the Elizabethan state, «the Europe of Shakespeare —his Venice, Verona, Navarre, Paris, Florence, as well as Vienna— is still a continent of pilgrimage routes, mapped by the motifs and scenarios of the late medieval legends of the saints».[13] Thus, when Helena confesses «on my knee, before high heaven», that her love of one she adores «next unto high heaven» is a «sieve» in which «I still pour in the waters of my love / And lack not to lose still» (I, iii, 175-188), the expectations she prompts are those of the miracle books. And when she dedicates herself with her «sainted vow» to «wish chastely and love dearly» (I, iii, 196) we are led to expect impossible returns, like the wonders of Our Lady of Rocama-dour, who saw to it, we are told, that when the «man tormented by a fistula in his leg was taking his bandages off the ulcers that gnawed at his muscles, he discovered nothing but scars and to his delight found he was cured».[14] This is a drama of «exceeding posting day and night» (V, i, 1) which according to the Counter-Reformation crown of thorns its heroine says she relishes (IV, iv, 32), might well end in the dispensation of miraculous «waters of love» at the shrine of the saint. Shakespeare had previously mocked such stories in episodes like the «miracle» of Simpcox, the «blind man at Saint Alban's shrine» (2 *Henry VI*, II, i, 66); and this is hardly surprising as it was precisely Protestant disgust at any such «religious rite smacking of magic» which now defined English attitudes to the European continent:

> It was on the Continent that Papists preserved their trust in relics and pilgrimages. [So] it was the «superstitious» character of popular devotion that attracted the attention of English visitors... how in South Germany peasants flocked to get water blessed by the image of St. Francis Xavier; how in Rome the Virgin drove away pestilence; in Venice... St. Rock. So long as it was possible for a Catholic prelate, like the Bishop of Quimper in 1620, to throw an *Agnus dei* into a dangerous fire in hope of putting it out, the Roman Church could hardly fail to retain the reputation in England of laying claim to

---

[13] Julia Reinhard Lupton, *Afterlives of the Saints: Hagiography, Typology, and Renaissance Literature*, Stanford: Stanford University Press, 1996, p. 112.

[14] *The Miracles of Our Lady of Rocamadour*, ed. Marcus Bull, Woodbridge: Boydell, 1999, p. 143.

supernatural remedies.[15]

രു ഇൗ

«How should I your true love know / From another one?» sings Ophelia, and gives an answer to rebuke Hamlet, who has come not from Compostela but Luther's Wittenberg: «By his cockle hat and staff, / And his sandal shoon» (*Hamlet*, IV, 5, 23-26). For those who did return from the «field of the star» —like the pilgrim buried in Worcester cathedral «with his staff and cockleshell by his side, his boots on his feet»; the fifteenth-century Sussex testator who left provision for five neighbours to go «to St James in Galicia»; the Suffolk parishioner who in 1501 donated to his church «scallops and other signs of St James»; or the London families of the 1560s who still «cherished shells from Santiago as heirlooms passed from father to son»[16] —seeing was believing and the act of faith in walking to Spain was rewarded by relics carried home. Dante, who famously compared the candlelit procession on the *campus stellae* to the Milky Way, wrote that «none are called pilgrims save those journeying to St James».[17] So, the shells of Compostela became proof of the pilgrims' faith that miracles were secured when «the saints' aid was attained through exchange of gifts».[18] In *All's Well* the «triple eye» Helena says her father gave her on his deathbed (II, i, 103-5) may be such a scallop. And back in England the contract with Spain was renewed each Feast of St James by a custom of decorating shrines with shells as cups that gave the date its name of Grotto Day. Thus, Londoners danced on this day at springs like Clerkenwell or Ladywell and threw pennies into fountains ornamented with oyster-shells. Folklorists describe the shell grottoes erected to collect money on July 25 by London children as late as 1900 as a «last faint memory of the great medieval pilgrimages to the shrine of St James».[19] But shells are ancient talismans against evil; and the

---

[15] Keith Thomas, *Religion and the Decline of Magic: Studies in Popular Beliefs in Sixteenth- and Seventeenth-Century England*, Harmondsworth: Penguin, 1973, pp. 84-85.

[16] Eamon Duffy, *The Stripping of the Altars: Traditional Religion in England, 1400-1580*, New Haven: Yale University Press, 1992, pp. 167, 193; Starkie, *Op. cit.*, (note 3), p. 71.

[17] Dante, *Vita Nuova*, 40, Commentary on Sonnet XXIII, quoted *op. cit.* (note 2), p. 60.

[18] Beauregard, *Op. cit.* (note 8), p. 231.

[19] Christina Hole, *A Dictionary of British Folk Customs*, London: Paladin, 1978, p. 119; and *English Custom and Usage*. London: Batsford, 1942, p. 82.

aphrodisiac connotations of the story that Saint James's commemorate a bridegroom who rode in the sea on his horse to pull the saint's body ashore, and returned to his bride covered in cockleshells, are perpetuated in the fertility rite of dropping coins in wishing-wells.[20] Such was presumably the symbolism when Shakespeare had a «fantastically dressed» Petruchio ride to wed Kate to a cockney rhyme: «Nay, by Saint Jamy, / I hold you a penny, / A horse and a man / Is more than one» (*Shrew*, 3.2.74-78). It can be no accident, therefore, that James is the male saint with most well-dedications in Britain. Nor, for a play about «holy wishes» that starts with Helena's joke — «I wish well... That wishing well had not a body in it» (*All's Well*, I, i, 52; 166-168) —, can it be irrelevant to *All's Well* that the largest number of all well-dedications is to the mother of Constantine, who united Britain and Rome, the first English pilgrim, Saint Helena herself.[21]

It was the London hospital devoted to the waters of the saint which gave the English court its title, when a royal palace was built over the spring, of the Court of St James, and for centuries English kings sponsored the well-cult as their own.[22] Even in the 1530s Henry VIII went on pilgrimage to the well of Our Lady at Walsingham, trudging barefoot the last few miles.[23] As Keith Thomas details in *Religion and the Decline of Magic*, after such patronage the wells that lined the pilgrim routes became covers for Catholic resistance in Reformation England since they «retained semi-magical associations, even though Protestants preferred to regard them as medicinal springs working by natural means».[24] Thus, Mary Queen of Scots turned the Derbyshire well at Buxton into a Mecca for recusants when she drank the «milk-warm» water there nine times during her captivity; and Bath was developed in the 1590s by the clique of Catholic gentry who «met at the Bath» to plan the Gunpowder Plot.[25]

---

[20] Mortimer Wheeler, «A Symbol in Ancient Times», in Ian Cox ed., *The Scallop: Studies of a shell and its influence on humankind*, London: Shell, 1957, pp. 35-48; Horton and Marie-Helene Davies, *Holy Days and Holidays: The Medieval Pilgrimage to Compostela*, Lewisburgh: Bucknell University Press, 1982, pp. 21-30.

[21] James Rattue, *The Living Stream: Holy Wells in Historical Context*, Woodbridge: Boydell, 1995, pp. 70-71.

[22] Edwin Mullins, *The Pilgrimage to Santiago*, London: Seeker & Warburg, 1974, p. 64.

[23] Francis Jones, *The Holy Wells of Wales*, Cardiff: University of Wales Press, 1954, p. 58.

[24] Thomas, *Op. cit.* (note 15), p. 80.

[25] Phyllis Hembry, *The English Spa, 1560-1815: A Social History*, London: Athlone Press, 1990, pp. 22-24, 33.

In fact, the Elizabethan regime only lifted a 1539 ban on drinking mineral-waters because of the exodus of dissidents to Spa in the Spanish Netherlands under pretext of taking cures. A starting-point for the Grand Tour, Spa remained «a centre of Catholic intrigue» that «the English government kept under strict surveillance» in the reign of James I, its colony of exiles quaffing Spa-water as an act of faith as much as health.[26] So, given that «wells were associated with the Catholic past and now masked recusant plots»,[27] it is telling that in *All's Well* the heroine equivocates about the magical or natural origin of the «something» added to the remedy she gives the King, hinting only that «Great floods have flown from simple sources» (II, i, 137). The chant with which she works the miracle specifies, however, that «Ere twice in murk and occidental damp / Moist Hesperus hath quenched her flame... Health shall live free» (II, i, 162-167), and the invocation of sunset over western waters may indicate a secret source for the purge in St Winifred's —or Holy Well— in Wales. In the 1600s this Flintshire shrine remained the most popular devotional site in Britain, and the regime was unable to stop «daily disorders around St. Winifred's Well» of «confused multitudes» going on «superstitious pilgrimage there by pretending the waters are beneficial».[28] In 1629 an informer reported that «Papists and priests assembled on St. Winifred's Day» comprised «knights, ladies, gentlemen and gentlewomen of diverse countries to the number of 1500».[29] James II would take the waters there in 1687 as a defiant prelude to Catholic restoration. And we can infer that the dramatist who set the climax of *Measure for Measure* at such a «consecrated fount» (IV, iii, 89) took an interest in this shrine, because among those who travelled to Holywell and adopted Winifred as a patron —according to the Jesuit «Testament» he signed in 1580— was Shakespeare's father John.[30]

൙ ൖ

When Bertram forsakes Helena for Diana he calls her «Fontibell» (IV, ii, 1): the name of the public fountain in Cheapside featuring a statue of Diana. But as G.K. Hunter asks, «Why should Bertram give his beloved

---

[26] *Ibid.*, pp. 40-41.

[27] *Ibid.*, pp. 4-5.

[28] Quoted *ibid.*, p. 15.

[29] Jones, *Op. cit.* (note 23), p. 64.

[30] Samuel Schoenbaum, *William Shakespeare: A Documentary Life*, Oxford: Clarendon Press, 1975, pp. 41-46, esp. p. 42.

the name of a fountain?»[31] The answer may be that *All's Well* follows the programme of St James's Day and centres on a wish. Thus, when Helena cures the King of the disease he says even her «most learned» father would have wished to terminate in death —and «I after him do after him wish too» (I, iii, 63-4)— their wishing-game does follow the scenario of a Stuart pilgrimage, where magic coexisted with tourism, and as Lafeu exalts, the confusion of «the learned and authentic Fellows» allowed the «hand of heaven» to be credited (II, iii, 12-31). Sceptics like Camden were bemused when science confirmed the curative power of waters «famous in old wives' fables».[32] But Shakespeare's comedy takes place precisely in the space opened by this embarrassment, when «scientific discourse was the first to re-signify the old religious beliefs» and those «ensconcing» themselves «in seeming knowledge» learned to be «Generally thankful» for such popish rites (II, iii, 38).[33] So, with her «waters of love», Helena treads the same road as pilgrims with their flasks of consecrated water, even as she disavows «water in which relics were immersed».[34] Her wish that her wishing-well «had not a body in it» seems aimed, in fact, at those Catholic ultras who dispensed water fortified with saints' blood, and prepares for the surprise when «Doctor She» (II, i, 77) does not have her wish come true. For with each of her suitors given a wish by «Her that so wishes» (II, iii, 83), this well-wishing is meant to mix her «merit», Lafeu quips, with the «one grape» whose «father drank wine»: as a Catholic before the son lapsed (II, iii, 95). Elizabeth I thought wine mixed in holy water a joke, and goaded Leicester to sip his «with as much sacred water» from Buxton «as he lusteth to drink».[35] But *The Faerie Queene* spelled out the Eucharistic implications by relating how the «well of life» flowed with Reformation «virtues and med'cine good» like Bath or Spa, until the «Dragon defiled those sacred waves» with blood.[36] Helena's wish to marry Bertram, the King therefore explains, will dilute

---

[31] *Shakespeare, Op. cit.* (note 9), p. 101.

[32] Rattue, *Op. cit.* (note 21), pp. 114-115.

[33] Manuel J. Gomez Lara, «Trotting to the Waters: Seventeenth-Century Spas as Cultural Landscapes», *SEDERI: Revista de la Sociedad Española de Estudios Renascentistas Ingleses*, XI (2002), p. 225.

[34] Carole Rawcliffe, «Pilgrimage and the sick in medieval East Anglia», in Colin Morris and Peter Roberts eds., *Pilgrimage: The English Experience from Becket to Bunyan*, Cambridge: Cambridge University Press, 2002, pp. 121, 131, 136.

[35] Quoted Reginald Lennard, *Englishmen at Rest and Play: Some Phases of English Leisure, 1558-1714*, Oxford: Clarendon Press, 1931, p. 9.

[36] Edmund Spenser, *The Faerie Queene*, ed. A.C. Hamilton, London: Longman, 1977, I, xi, 29-30, p. 149.

such differences, since «our bloods, / Of colour, weight, and heat, poured all together, / Would quite confound distinction» (II, iii, 114-116). In *Shakespeare's Tribe* Jeffrey Knapp claims the dramatist (who lodged at this time with French Huguenot refugees) himself wished to unite audiences in the ecumenical or Gallican spirit with which Lavatch would like to knock together the heads of «young Chairebonne the puritan and old Poisson the papist» (I, iii, 45-47).[37] And with his preaching to Diana that «Love is holy» (IV, ii, 33) it is possible to see Bertram as the portrait of just such a hypocritical young Puritan. But when the King imposes marriage on this «proud, scornful boy» (II, iii, 151), the «recantation» (II, i, 186) is as constrained as any real decrees of religious peace, like the recent Edict of Nantes:

> Good fortune and the favour of the King
> Smile upon this contract, whose ceremony
> Shall seem expedient on the now-born brief,
> And be performed tonight. The solemn feast
> Shall more attend upon the coming space,
> Expecting absent friends. As thou lov'st her
> Thy love's to me religious; else, does err. (2.3.173-9)

On the «not coincidental» St James's Day 1603, King James walked to Westminster for an «expedient» coronation service with «all show and pomp omitted», and the new king «lost no time retreating to uninfected air» as «that week 1103 persons died of plague».[38] So, instead of London's Fountain of Diana running wine, the Jacobean age was inaugurated with wells dressed in shells, which that year must have truly been intended to repel bad luck. And it was in this hiatus of «coming space», with the «solemn feast» delayed until 1604, «expecting absent friends», that editors infer that the only one of Shakespeare's comedies to open with a funeral was staged. After the funerals, the season of *All's Well* was, in fact, a unique period of well-wishing in England, when the king suspended the anti-Catholic fines, peace with Spain was proclaimed, and the court did wait upon absent friends in the form of an embassy from

---

[37] Jeffrey Knapp, *Shakespeare's Tribe: Church, Nation, and Theater in Renaissance England*, Chicago: Chicago University Press, 2002, pp. 53, 169.

[38] David Cressy, *Bonfires and Bells: National Memory and the Protestant Calendar in Elizabethan and Stuart England*, Berkeley: University of California Press, 1989, p. 57; A. P. V. Akrigg, *Jacobean Pageant: The Court of King James I*, London: Hamish Hamilton, 1962, pp. 29-30.

Philip III. Research locates Shakespeare in the circle of crypto-Catholic nobles, like the Howards, who received pensions from Spain and had most to gain from the Edict of Toleration they now hoped to extract from a king who had been baptized in Catholic rites.[39] With Spanish gold behind them, nothing was therefore more apt than that the new King's Men should stage a comedy set on the Jacobean Road to Spain that hangs on promises, like those of Bertram, to admit «[t]he great prerogative and rite of love» in «due time... Whose want and whose delay is strew'd with sweets / Which they distil now in the curbed time, / To make the coming hour o'erflow with joy / And pleasure drown the brim» (II, iv, 38-44). Nor can it be incidental to *All's Well* that a likely venue for the premiere was the spa-city of Bath itself, where Shakespeare's troupe acted on the «King's Holiday», Coronation Day, and pitched base, Leeds Barroll infers, during the epidemic when the court decamped to Winchester.[40] Shakespeare may have taken heart for his waiting-game, indeed, from the presentation of credentials on October 8 by the Spanish envoy, Don Juan de Tassis, after a «slow journey» to the West Country spent testing Catholic strength. On October 12 Tassis wrote that toleration would depend on peace.[41] And scholars are intrigued by this summitry, because when the Spaniards did arrive, Shakespeare and eleven fellow-actors were paid to amuse the Constable of Castile at Somerset House for eighteen days in August 1604.[42] So, *All's Well* might express the impatience with which the dramatist anticipated these duties in speeches like the one when the King says that he plans to waste «Not one word more of the consumed time»:

> Let's take the instant by the forward top;
> For we are old, and on our quick'st decrees
> Th'inaudible and noiseless foot of time
> Steals ere we can effect them. (V, iii, 38-42)

«Let us from point to point this story know / To make the even truth

[39] John Finnis and Patrick Martin, «Another Turn for the Turtle: Shakespeare's Intercession for Love's Martyr», *Times Literary Supplement*, 18 April 2003, pp. 12-14; Caroline Bingham, *James VI of Scotland*, London: Weidenfeld & Nicolson, 1979, p. 22.

[40] Leeds Barroll, *Politics, Plague, and Shakespeare's Theater*, Ithaca, NY: Cornell University Press, 1991, pp. 107-109.

[41] Quoted in Antonia Fraser, *The Gunpowder Plot: Terror and Faith in 1605*, London: Weidenfeld & Nicholson, 1996, pp. 77-8.

[42] Schoenbaum, *Op. cit.*, (note 30), p. 196.

in pleasure flow»: at the close of *All's Well*, according to the King, «The bitter past, more welcome is the sweet» (V, iii, 321-330), and the image of healing waters promises benefits from unpalatable lies. Thus, it is in the spirit of Grotto Day that Lafeu throws coins to Paroles after the man of words falls into «the unclean fish-pond» of Fortune, even though the old lord sees through him as «a vagabond and no true traveller» who makes «tolerable vent» of his travels but is not «a vessel of too great a burden» (II, iii, 196-245; 5.2.17). In fact, the ambush of the «Captain» seems to condescend to the discredited Anti-Spanish war-party, and may allude to the Winchester show-trial of the Puritan hero Raleigh. Biographers link *All's Well* to the Herberts of nearby Wilton, and a ploy by the Countess of Pembroke to entice James there and «cajole him in Raleigh's behalf with the bait of the man Shakespeare».[43] That would explain the shift of sympathy when Paroles grovels to live, as Raleigh did before his similar mock-execution. As Paul Yachnin remarks, from the instant Lafeu regrets the King's illness is «notorious» (I, i, 32), *All's Well* is «newsy» in its awareness of the power of the media to shape opinion, while «spinning» the «cascade of letters» Helena sets off about her travel as superior to tales spread by broadsheets and «odious ballads» (II, i, 171).[44] So, the hand offered the war-monger can be seen as part of the comedy's own well-wishing, and of its investment in the advocacy Helena begins when she writes to the Countess to «Write, write» in turn, «that from the bloody course of war... your dear son, may hie» (III, iv, 8-9). If *All's Well* does date from the Anglo-Spanish talks, it appears, moreover, to accept the toleration which James would also offer the Puritans, in Paroles' resolve to let his sword rust on the understanding that «There's place and means for every man alive» (IV, iii, 316). With the «gallant militarist» (IV, iii, 137) disgraced as a precondition for diplomacy, the play can then locate itself between «an overture of peace» and «a peace concluded» (IV, iii, 39-40). And if this looks excessively «newsy», that reflects the text's confidence in what Bertram (who will be trapped by them) unthinkingly says are «the best wishes that can be forged» (I, i, 65).

CR SO

---

[43] The theory was first proposed by George Bernard Shaw. See Anthony Holden, *William Shakespeare*, London: Little, Brown & Co., 1999, pp. 209-10; Park Honan, *Shakespeare: A Life*, Oxford: Oxford University Press, 1998, p. 301
[44] Anthony Dawson and Paul Yachnin, *The Culture of Playgoing in Shakespeare's England*, Cambridge: Cambridge University Press, 2001, pp. 201-203.

If *All's Well* was written to make wishes come true in 1603, the bed-trick Helena rigs to fool Bertram might have been devised to prepare audiences to swallow similar white lies. For in this play we learn to distinguish, as Lafeu says, «one that lies three thirds» and «should be once heard and thrice beaten», like Paroles, from a «good traveller» who is «something at the latter end of a dinner» (II, iv, 27-30) because her deceits are benign. Thus, by a coincidence worthy of Borges, this play about a miracle cure, which draws on tales of chivalry to show the uses of enchantment, was put on to welcome the first readers of the greatest fiction ever built upon that same «ill-compiled» edifice of «Knightly Books», *Don Quixote* itself.[45] Cervantes's masterpiece was actually at press when the Treaty of London was signed in August 1604; but the Don had smashed so many sales records by the time negotiators returned to Spain to ratify the Treaty with their English co-signatories in June 1605 that the figure of Quixote starred in the pageant put on at Valladolid to celebrate the peace. This was the occasion (the Cervantes scholar Astrana Marín speculated) when the creators of *Hamlet* and *Don Quixote* met face-to-face, Shakespeare having come to Spain in the train of Charles Howard, Earl of Nottingham.[46] Since this was probably also the time when Cervantes reflected upon the Earl's 1587 raid on Cadiz with his exemplary novel, *La española inglesa*, in which a girl kidnapped by one of the invaders is raised as his daughter in London,[47] Hispanists are excited by the idea of «a summit meeting of the two giants of literature» with the same mutual respect. But as Jean Canavaggio writes: «Let us stop dreaming. Only one thing is certain. Howard and his compatriots, when they return to the banks of the Thames, are going to spread the word about Don Quixote».[48] It is enough that the first English writer to quote Cervantes is Shakespeare's collaborator George Wilkins, who at the time of their *Pericles* in 1607 images «tilting at windmills» in *The Miseries of Enforced Marriage*. That play uses the *All's Well* plot of the coerced groom to allegorize the plight of papists bullied to conform, and arose from a

---

[45] Miguel de Cervantes, *The History of Don Quixote of the Mancha*, trans. Thomas Shelton, London: Edward Blount, 1612; repr. 4 vols., London, David Nutt, 1896, «To the Reader», vol. 1, p. 11.

[46] Luis Astrana Marín, *Vida ejemplar y heroica de Miguel de Cervantes Saavedra, con mil documentos hasta ahora inéditos y numerosas illustraciones y grabados de época*, 7 vols., Madrid: Instituto Reus, 1948-57, vol. 6, p. 37.

[47] William Byron, *Cervantes: A Biography*, London: Cassell, 1979, pp. 383-384.

[48] Jean Canavaggio, *Cervantes*, trans. J. R. Jones, New York: Norton, 1990, p. 222.

Howard clan desperate for religious freedom.[49] So, it is significant that
when Shakespeare himself adapted *Don Quixote*, and at last set a play in
Spain, the *Cardenio* he then wrote with John Fletcher was based on
Thomas Shelton's 1612 translation, dedicated to Theophilus, heir to
Thomas Howard, Earl of Suffolk. Equally moot is the fact that in *Cardenio*
a forced marriage was again played to advertise Howard ambitions, this
time during the divorce of Frances Howard from the Puritan Earl of
Essex.[50] As England and Spain drew closer in the 1600s, what English
Catholics discovered in the Cervantine story of arranged marriage, it
seems, was a template for toleration and its changing terms.

In the surviving transcript of *Cardenio* the hero leaps out to stop his
lover marrying her detested groom Henriquez, who seems to satirize the
Puritan Prince Henry. The episode expresses Catholic confidence in 1612-
14, when Henry Howard, Earl of Northampton, was so powerful he was
nicknamed «El Cid». But it also signals Shakespeare's most pointed
revision of Cervantes, whose Cardenio goes crazy after he dares not halt
the wedding by preventing Luscinda answering in «a languishing voice,
'I will'».[51] The rewriting destroys the motive for Cardenio's madness; yet
if it was to please the Howards, it looks like a riposte to Cervantes's
report on England's secret Catholics, in *La española inglesa*, as too weak
for armed revolt, «even if spiritually ready for martyrdom».[52] For though
the Spanish novelist may never have read the English dramatist, he was
an acute reader of Shakespeare's world, and his story of Isabela, the girl
her namesake Elizabeth I admires for being «star-like» in her Catholi-
cism, reflects badly on her captors, who are torn between the Queen and
Pope. So, if *Cardenio* solves the «Bloody Question» of loyalty by dreaming of a Catholic England so strong it can dictate its own terms, Cervantes was true to the reality Shakespeare figured in *All's Well* when he
projected his happy ending as one in which the Englishman Ricaredo
goes on a pilgrimage and is reunited with Isabela only as she is about to
enter a convent in Seville. Cervantes had been impressed during the
peace conference that Charles Howard spoke Spanish (a facility he
attributes to the Queen), and attended Masses to celebrate the birth of

---

[49] See David Lindley, *The Trials of Frances Howard: Fact and Fiction at the Court
of King James*, London: Routledge, 1993, p. 41.

[50] See Richard Wilson, *Secret Shakespeare: Studies in Theatre, Religion and
Resistance*, Manchester: Manchester University Press, 2004, pp. 230-245.

[51] Cervantes, *Op. cit.* (note 45), vol. 1, pp. 271-272

[52] Miguel de Cervantes, *La española inglesa*, quoted in Ruth El Safar, *Novel to
Romance: A Study of Cervantes's 'Novelas ejemplares'*, Baltimore: Johns Hopkins
University Press, 1974, p. 153.

Philip's heir and even a new Pope, when others mocked the cynicism of this «Lutheran who swore / To the Treaty on Calvin's works».[53] But the similarity between his novella and *All's Well* —in both of which the heroine comes very close to immuring herself in a Spanish religious house— underlines the brinkmanship of this detente. The precariousness of Cervantes's fantasy of toleration helps to explain Helena's dogged pursuit of Bertram and the anxiety aroused in Shakespeare's play by fear of «deadly divorce» (V, iii, 312) if the shotgun marriage is prevented and the pilgrim goes her own way. For feminists note how Helena conforms to the type of «holy anorexic» whose «superhuman fasts and vigils» challenged patriarchy in the post-Reformation Church.[54] Holy wells, like Shakespeare's own local one at Shottery which «cured women's complaints», were always «a women's preserve», and the sorority Helena ends up leading with Diana and her mother does look like some female cult.[55] But in *All's Well*, as the Countess warns, happiness hinges on hopes that the heroine «will speed her foot» back from her devotions (III, iv, 37), before she really does achieve the sanctity she is said to have attained in Spain:

> Sir, his wife some two months since fled from his house. Her pretence is a pilgrimage to Saint Jaques le Grand; which holy undertaking with most austere sanctimony she accomplish'd; and there residing, the tenderness of her nature became as a prey to her grief; in fine, made a groan of her last breath, and now she sings in heaven. (IV, iii, 45-51)

Helena's Spanish «Life», verified «by her own letters, making her story true even to the point of her death», and her saintly «death itself», which since it «could not be her office to say is come» is «faithfully confirmed by the rector», no less, of Santiago (IV, iii, 52-6), is a fiction that echoes the expectations of a generation of English Catholics who saw their daughters vanish into the convents of Toledo and Madrid. Shakespeare's daughters were both unmarried at this time, when English «Poor Clares» were also recruiting for a new convent at Saint-Omer; and

---

[53] Sonnet attributed to Luis de Góngora, quoted in Canavaggio, *Op. cit.*, (note 47), p. 221; Thomas Hanrahan, «History in *La Española Inglesa*», *Modern Language Notes*, 83 (1968), pp. 267-71.

[54] See Rudolph M. Bell, *Holy Anorexia*, Chicago: Chicago University Press, 1985, pp. 122, 151-179.

[55] Rattue, *Op. cit.* (note 21), p. 95.

Susanna would shortly be listed as a «popishly affected» recusant.[56] So, in his next comedy, *Measure for Measure*, the writer would test the conventual vocation even more intensely, by having Isabella take her vows in Vienna among the «votarists of Saint Clare» (I, iv, 5). There even the rake Lucio pays lip-service to one «enskied and sainted» by her «renouncement» (I, iv, 33). In fact, no other English dramatist accords anything near the respect given by Shakespeare to those who «endure the livery of a nun / For aye to be in shady cloister mewed», and whose «maiden pilgrimage» he has Theseus salute (*Dream*, I, i, 70-75). In *Troilus and Cressida*, for instance, it is Hector's awe at the «strains / Of divination» in Cassandra that silences Troilus's contempt for a «foolish, dreaming superstitious girl» (II, ii, 112; 5.3.82). And Hamlet's obscenity to «[g]et thee to a nunnery» (*Hamlet*, III, i, 122) is purged in *Pericles* by Marina's purification of the brothel and prayers beside the «maiden priests» at «Diana's altar» [V, i, 226; V, ii, 37). This «votress» is given a curriculum vitae, indeed, to make her exemplary of the life among those sisters in Flanders or Spain that may have inspired «Henley Street piety»,[57] as «She sings like one immortal», dances «goddess-like», composes «admired» hymns, and teaches needlework so ardently «That pupils lacks she none» (V, Prologue, 3-11). So feminists who assume that Shakespeare shared Puritan disgust at the decision of those, like Olivia, who wall themselves in chantries, ignore the irony that he gives the stock Reformation critique of virginity to the rogue Paroles (I, i, 116-50).[58] They forget that what makes his image of monastic life so unlike that of his rivals is the «return effect» in his dramas between society and the convent, meaning that if the cloister is tested in them by the world, the world is also tested by the cloister. So, it comes as no surprise that in 1619 *Pericles* was catalogued as the only secular text taught at Saint-Omer; nor

---

[56] See May Winefride Sturman, «Gravelines and the English Poor Clares», *London Recusant*, 7 (1977), pp. 1-8. See also A.C.F. Beales, *Education Under Penalty: English Catholic Education from the Reformation to the Fall of James II*, London: Athlone Press, 1963, pp. 203-204; Patricia Crawford, *Women and Religion in England, 1500-1700*, London: Routledge, 1992, p. 85; and Marie Rowlands, «Recusant Women, 1540-1640», in Mary Prior ed., *Women in English Society, 1500-1800*, London: Routledge, 1985, pp. 168-174, esp. p. 169. For Susanna Shakespeare's listing as a recusant on May 5 1606, see Hugh Hanley, «Shakespeare's Family in Stratford Records», *Times Literary Supplement*, 21 May 1964, p. 441. The records are in the Act Books of Kent County Records Office, via the Sackville papers.

[57] Honan, *Op. cit.* (note 43), p. 309.

[58] See, in particular, Juliet Dusinberre, *Shakespeare and the Nature of Women*, Basingstoke: Macmillan, 1996, pp. 5-7, 30-51.

that in the 1640s the Second Folio was on the Jesuit syllabus at Valladolid.[59] The Europe of the Counter-Reformation clearly took this English dramatist seriously. And he returned the compliment, projecting the forbidden continent of seminaries and pilgrimages as a possibility in play after play, where the end always draws towards some virtual shrine, like the pilgrim's tomb of cockleshells which Pericles imagines for Thaisa: «a monument upon thy bones /
And aye-remaining lamps... / Lying with simple shells» (III, i, 60-63).

In *All's Well*, Helena's burial in Santiago is reported to her husband as the truth, with «the particular confirmations, point from point, to the full arming of the verity» (IV, iii, 60). The audience knows, however, that this is yet another pious tale, and that instead of plodding, as pretended, from France to Spain, the heroine has turned up in Florence, where she changes direction again and introduces herself to the Widow as one of the «palmers» (so-called from palms they carried) coming from Jerusalem (III, v, 35). Critics have long frowned at this false-turning, starting with Dr. Johnson, who dryly remarked that the Tuscan city «was somewhat out of the road from Rousillon to Compostela».[60] Helena's trip to Italy looks like an instance of Shakespeare's ignorance; or of the gap between European fact and English fiction which, Manfred Pfister objects, traps criticism in «a law of diminishing returns», whereby «the more information scholars gather» concerning Europe, «the less this knowledge yields new insights into the plays» themselves.[61] Helena has, however, travelled to Florence to shadow Bertram. And her detour also fulfils her mother-in-law's wish to have «diverted her intents». So, it is much to the point that in Shakespeare's next play, Othello, the «young and sweating devil» Iago (III, iv, 40) carries a name that affiliates him expressly with the road to Compostela, and the most fundamentalist face of St James, as defender of Christendom and slayer of the Moors.[62] Iago has been interpreted by some as a caricature of Jesuit sedition; and it was indeed the cult of the warrior saint as Santiago Matamoros which fired

[59] Willem Schrickx, «*Pericles* in a Book-List of 1619 from the English Jesuit Mission and Some of the Play's Special Problems», *Shakespeare Survey*, 29 (1976), pp. 21-32.

[60] Quoted in *William Shakespeare, Op. cit.* (note 11), p. 6.

[61] Manfred Pfister, «Shakespeare and Italy, or, the law of diminishing returns», in Michelle Marrapodi, A. J. Hoenselaars, Marcello Cappuzzo and L. Falzon Santucci eds., *Shakespeare's Italy: Functions of Italian Locations in Renaissance Drama*, Manchester: Manchester University Press, 1997, p. 296.

[62] See Barbara Everett, «Spanish *Othello*: the Making of Shakespeare' Moor», *Shakespeare Survey*, 35 (1982), p. 103.

his Basque countryman, the maimed soldier and Jesuit founder, Ignacio de Loyola.[63] Othello can be read as an allegory, therefore, of the incitement by Jesuits of the English «tribe of More»; and the perversion of what the Moor calls his «pilgrimage» (I, iii, 152) into paranoia over a handkerchief as figuring the «foolishness» of the «Spanish faction» of politicized Catholics who put their faith in bloody relics.[64] So, this tragedy shows why the comedy could not end in Compostela, and why its pilgrimage remains a feint. Having posed a Spanish religious exile as a last resort, *All's Well* turns back from the Pyrenees to disavow the ultramontanes. In a London which would applaud Middleton's anti-Jesuit and Hispanophobic *Game at Chess*, what is striking, however, is not that Helena shies away from Spain, but how long she keeps up her «pretence» of being one of the «enjoin'd penitents... To Great Saint Jaques bound» (III, v, 93), and when she is «supposed dead» (IV, iv, 77) has those who mourn her believe her «incensing relics» are interred at Compostela (V, iii, 25). Most startling of all is how she allows her purported return from Spain, when she rises from «oblivion» at the end V, iii, 24), to be viewed by the King as a popish plot, one of the exorcisms that made the Jesuits notorious:

> Is there no exorcist
> Beguiles the truer office of mine eyes?
> Is't real I see?
> HELENA   No, good my lord;
> 'Tis but the shadow of a wife you see...
>   (V, iii, 298-307)

«Who cannot be crushed with a plot»? Paroles' comment on his forced «confession» as a spy to the interrogator «he supposes to be a friar» (IV, iii, 104, 301) is a question that also casts doubt on the Jesuitical trickery with which Helena corners the Count. Thus Stephen Greenblatt concludes that by the time of *All's Well* «Shakespeare had marked out exorcisms as frauds», and staged such rituals as «popish impostures» that are now «emptied out».[65] Yet this is to side too much with those

---

[63] See Robert Watson, «Othello as Protestant Propaganda», in Claire McEachern and Debora Shuger eds., *Religion and Culture in Renaissance England*, Cambridge: Cambridge University Press, 1997, pp. 234-57.

[64] See Wilson, *Op. cit.* (note 50), pp. 155-85.

[65] Stephen Greenblatt, *Shakespearean Negotiations: The Circulation of Social Energy in Renaissance England*, Oxford: Clarendon Press, 1988, pp. 114, 119.

«philosophical persons» who, in the terms of the play, «say miracles are past» and «make modern and familiar things supernatural and cause-less», making «trifles of terrors», when they «should submit... to an unknown fear» (II, iii, 1-5). It is to ignore how Shakespeare toasts «absent friends» on this day of rapprochement with Catholic Spain and meets them in their faith halfway. The audience knows that Helena's pilgrim-age to Compostela is a traveller's tale. And they can see that, far from dying a martyr, «she feels her young one kick» (V, iii, 299) from bedding Bertram. But the end depends on her husband fearing he has killed his wife, and confessing «high-repented blames» (V, iii, 37). So, like the statue of Hermione by «that rare Italian master» Giulio Romano (*Winter's Tale*, V, ii, 87), Helena's «incensing» tomb at Compostela is an enraging piece Catholic idolatry around which happiness revolves. In *Henry VIII* Shakespeare sets such fictions in historical context, when Catherine of Aragon dreams of «spirits of peace» who visit her from her «friends in Spain» and her father, the King of Spain, who was, we are told, «The wisest prince that there had reigned» (II, iv, 46-53; 4.2.83). «My friends, / They that my trust must grow to, live not here», grieves Shakespeare's Spanish Queen, «[t]hey are (as all my other comforts) far from hence / In mine own country» (III, i, 87-91), but she dies in the arms of an envoy from her nephew, Charles V. Habsburg Spain, the demonized Spain of penitents, holy wells and pilgrim shrines, remained under erasure on Shakespeare's stage. But no English dramatist was ever so open as this one to the return of the repressed from the enemy side. It may not be chance, therefore, that the first recorded purchaser of the 1623 Folio was Spain's ambassador, Count Gondomar.[66] For the magnanimity Shake-speare gave his Navarre defines an entire dramaturgy, when the King says the crusading stories Armado tells about St James and the Moors are of such «enchanting harmony» that this tilting-at-windmills can be turned to art:

> This child of fancy that Armado hight
> For interim to our studies shall relate
> In high-borne words the worth of many a knight
> From tawny Spain lost in the world's debate.
> How you delight, my lords, I know not, I;
> But I protest I love to hear him lie,
> And I will use him for my minstrelsy. (*Love's*, I, i, 160-174)

---

[66] See Gary Taylor, «Forms of Opposition: Shakespeare and Middleton», *English Literary Renaissance*, 24 (1994), p. 315.

CR SO

«All's well that ends well; still the fine's the crown. / Whate'er the course, the end is the renown» (*All's Well*, IV, iv, 35-36): Helena's rhyme, with its allusions to Catholic fines, wells and relics, cheerfully accepts that in an age when «They say miracles are past» (II, iii, 1) the old beliefs can be put to new ends. As Harold Gardiner wrote in his classic study of the last days of the medieval stage, *Mysteries' End*, «dramatic artists, particularly in Spain», continued to work in religious forms in the 1600s, and plays like *All's Well That Ends Well* and *Measure for Measure* indicate that «English dramatists, too, might have given the people a dramatic fare devotional as well as secular, had they felt free to do so».[67] Critics such as Louis Montrose have returned to Gardiner's insight that the place of the Elizabethan stage was often literally that formerly occupied by shrines like Holywell, the location of the original Theatre.[68] And in the two plays he wrote during the Anglo-Spanish talks of 1603-1604 that spin upon the Jesuitical bed-trick Shakespeare used the setting or scenario of the holy well with a topical sense of the ironic potential of the old shrine as an intermediate space, where «the qualities of the water were no longer attested by Episcopal bulls but chemical testing, and the friars were replaced by doctors, quacks and chemists». Seventeenth-century comedies set in Epsom, Tunbridge or Sadler's Wells would exploit the paradoxical status of the spa as a contact zone for just such an accommodation.[69] But by returning to the well-springs of drama as a purging *pharmakon*, *All's Well That Ends Well* already affirms, with its equally shifting title, that the well's end as a pilgrimage site is its beginning as a cultural centre, and that the multi-confessional society of the play has all to gain from this transition. In *All's Well* the holy well by which Helena heals the King and finally has her wish come true is the sign of a culture that does not merely evacuate the old supernaturalism, but transports it into «modern and familiar» contexts.[70] And there are two parallel texts which seem to confirm Shakespeare's acceptance of this slippage.

---

[67] Harold Gardiner, S. J., *Mysteries' End: An Investigation of the Last Days of the Medieval Religious Stage*, New Haven: Yale University Press, 1946, p. 117.

[68] Louis Montrose, *The Purpose of Playing: Shakespeare and the Politics of the Elizabethan Theatre*, Chicago: Chicago University Press, 1996, pp. 23-28, 30-31, 58-61.

[69] Gómez Lara, *Op. cit.* (note 33), p. 225.

[70] For a similar interpretation of the statue-scene in *The Winter's Tale*, see Lupton, *Op. cit.* (note 13), pp. 196-218.

Sonnets 153 and 154 end his «sugared sonnets» with a bitter-sweet coda telling how the «sick» writer «help of bath desired, / And thither hied, a sad distempered guest». Editors are reluctant to identify the «cold valley-fountain» as Bath. But the account of the Protestantization of «this holy fire» by «[a] maid of Dian's» into «a seething bath, which yet men prove / Against strange maladies a sovereign cure», is so close to *All's Well* as to suggest it also dates from the 1603 season at the spa. The poet, however, finds «no-cure» in the «bath and healthful remedy», as his shrine «lies / Where Cupid got new fire»: his «mistress' eyes». The bitter secular reading of this ending is that Shakespeare received no benefit from his «treatment for venereal disease».[71] But the sweet meaning is an insinuated Catholic one: the cold water of the Reformation «cools not love» because the poet's «heart» remains on fire.

CR SO

«Yes, I have gained my experience»: in *As You Like It*, the traveller who has brought home no more than the biscuit he says is all that is left after a voyage, is not called Jaques for nothing. As editors note, his name plays on «jakes», the word for toilet. And the pun suggests his experience has been that of a tourist in an age when the waters of Saint Jaques have indeed been turned from holy wells to drains. With his Spaniolated melancholy, Jaques has returned from Santiago, Rosalind sighs, with only the experience to make him sad: «to have seen much and to have nothing is to have rich eyes and poor hands... and to travel for it too!» (II, vii, 39; IV, i, 10-26). The very name Jaques thus sums up English disenchantment when the pilgrimage network centred on Compostela was disrupted as, in the words of Reformers, «a forsaking of the Fountain of living waters, to go to a broken Cistern».[72] For Londoners the breach had been celebrated in 1589 when Drake landed in Spain «intent on destroying Santiago, the heart of 'pernicious superstition'».[73] On that occasion the saint's relics were saved from the English by being buried in cement. But Shakespeare ironized such iconoclasm in showing the most famous English traveller to Compostela, John of Gaunt, as a vandal whose idea of chivalry is to be feared as far as «the sepulchre, in

---

[71] William Shakespeare, *The Sonnets and A Lover's Complaint*, ed. John Kerrigan, Harmondsworth, Penguin, 1986, p. 387.

[72] Thomas Hall, *Flora Floralia; Or, the Downfall of the May Games*, London: 1661, quoted *Op cit.* (note 14), pp. 105-106.

[73] Starkie, *Op. cit.* (note 3), p. 58.

stubborn Jewry» (*Richard II*, 2.1.52-5). Similarly, by setting Henry IV's deathbed in the «Jerusalem Chamber» of Westminster rather than the Holy Land he trumped Erasmus' joke that there was no point travelling if you could be a pilgrim in your living room.[74] Such was the Protestant cliche attested by Raleigh in his prison, where he preferred his «Bottle of salvation» and «Scallop shell of quiet» to any pilgrimage to Spain.[75] Tudor minds had been set in this frame by the ex-monk and physician Andrew Boorde, when he reported that not only was there «not one ear or bone of St James in Compostela», but the holy wells there were so polluted nine of his compatriots died after drinking from them.[76] And Shakespeare may have read this «modern and familiar» travelogue while writing *All's Well*, if Boorde's work stood in the library of his fellow Montpellier graduate, Doctor John Hall, who settled in Stratford in 1601. Perhaps Hall was one reason why, in this comedy of medicine and magic, the heroine walks towards Huguenot Montpellier rather than Catholic Compostela, as within two years the Puritan doctor would marry the dramatist's «popish» daughter, Susanna. Though the Gunpowder Plotters would make a last pilgrimage from Stratford to St Winifred's Well to pray that England be reunited with Catholic Spain, it might have seemed to the author of *All's Well That Ends Well* that the well now belonged to all, so this wishing-well was well-ended with his daughter's swelling.

---

[74] Erasmus, *The Colloquies*, trans. C. Thompson, Oxford: Oxford University Press, 1964, p. 312, quoted in Wes Williams, *Pilgrimages and Narrative in the French Renaissance: 'The Undiscovered Counrty'*, Oxford: Clarendon Press, 1998, pp. 128-129.

[75] Sir Walter Raleigh, «The Passionate Man's Pilgrimage», in *The Poems of Sir Walter Raleigh*, ed. Agnes Latham, London: Routledge & Kegan Paul, 1951, p. 49.

[76] Andrew Boorde, *The First Book of the Introduction of Knowledge*, ed. James Hogg, Salzburg: Universität Salzburg, 1979, pp. 9, 87-88.

The Man who made *Don Quixote* a Classic: The Rev. John Bowle[1]

DANIEL EISENBERG

No one can understand Cervantes fully that does not come to my school.[2]

The knowledge of languages you may remember was ever a favourite pursuit with me, and surely the knowledge of them more than anything else tends to the enlarging and extending our ideas. Among these the Spanish, that glorious, majestick tongue that according to my notions of it is far above all others now existing, has been particularly cultivated by me...[3]

JOHN BOWLE

CERVANTINE SCHOLARS, A FRACTIOUS and quarrelsome lot, do agree that the importance of *Don Quixote* was first recognized in England. In 1738 there appeared in London the first deluxe edition, that of Tonson, which

---

[1] Versions of this paper were presented at the symposia «Entre Cervantes y Shakespeare. Sendas del Renacimiento», Universidad de Huelva, April 13—15, 2004; «*Don Quixote*: The First 400 Years», Hofstra University, November 5, 2004; and «*Don Quijote*, 1605—2005», City University of New York Graduate Center, September 23, 2005. That this paper has grown and added so many notes reflects the fact that the facsimile of Bowle's edition has now been published (Newark, DE: Juan de la Cuesta, 2006), which greatly stimulated and facilitated my work while preparing this paper for publication.

[2] From a letter to Thomas Percy of July 28, 1780, published in *Cervantine Correspondence*, ed. Daniel Eisenberg, Exeter: University of Exeter Press, 1987, pp. 59—62, the quote on p. 60. These letters may be read online, with corrections, at <http://users.ipfw.edu/jehle/deisenbe/ cervantes/ bowle. pdf> (4 July 2003). Although the previous version is to be preferred, they are also available at <http://www.cervantesvirtual.com/FichaObra.html?Ref=10759> (9 Sept. 2005). The excerpts given in the present article have had their eighteenth-century capitalization modernized.

[3] From a letter to a Rev. Mr. Warren of August 8, 1772, quoted by R. Merritt Cox, *An English* Ilustrado: *The Reverend John Bowle*, Bern, Frankfurt-am-Main, Las Vegas: Peter Lang, 1977, p. 59

paid tribute to the work and was accompanied, as is well known, by the first biography of Cervantes, that of Gregorio Mayans y Siscar, as well as many illustrations.[4]

The most important contribution to Cervantine studies in eighteenth century England, however, was the annotated edition of John Bowle, published in 1781 at his own expense and with the support of what subscribers he could find.[5] Whereas Lord Carteret, sponsor of the 1738

---

[4] Mayans was at the time Spain's foremost literary scholar and humanist. His biography of Cervantes is included in Charles Jarvis's translation of Don Quixote, published in London in 1742 by the same publisher, Tonson, that published the 1738 Spanish edition which is used so extensively by Bowle, despite its textual shortcomings which he comments on so pointedly in his Letter to Dr. Percy (see n. 78, below). It has been edited with introduction and notes by Antonio Mestre, Madrid: Espasa-Calpe, 1972, and may be read online, without Mestre's useful introduction and notes, in the Biblioteca Virtual Miguel de Cervantes (<http://www.cervantesvirtual.com/FichaObra.html?Ref=7670>, 26 April 2006). According to Diego Martínez Torrón, «el lector actual puede consultar en la Biblioteca Valenciana Digital (BIVALDI) –<http://bv2.gva.es>– ... la versión Web del CD-ROM Mayans y Siscar digital, obras completas, epistolario y bibliografía realizado en 2002 por Biblioteca Valenciana, Fundación Hernando Larramendi y DIGIBIS Publicaciones digitales». (Taken from his «El Quijote de John Bowle», in Cervantes y el ámbito anglosajón, ed. Diego Martínez Torrón y Bernd Dietz, Madrid: Sial, 2005, pp. 241−317, this quotation on p. 275 n. 112. The same article is also available with the title «John Bowle y el cervantismo español en la Ilustración y el Romanticismo», in *Cervantes y su mundo* III, ed. A. Robert Lauer y Kurt Reichenberger, Kassel: Reichenberger, 2005, pp. 419−504.) The illustrations of the 1738 edition may be seen in the Banco de imágenes del Quijote, 1605−1905, <http://www.qbi2005.com> (30 Jan. 2006), and in the digital archive of the Urbina-Proyecto Cervantes collection, <http://www.csdl.tamu.edu/cervantes/V2/images/intro-spa.html> (24 April 2006). On the latter collection, see Fernando González Moreno, Eduardo Urbina, Richard Furuta, and Jie Deng, «La colección de Quijotes ilustrados del Proyecto Cervantes: Catálogo de ediciones y archivo digital de imágenes», Cervantes, XXV, 1 (2005 [2006]), pp. 79−103, available shortly at <http://www.h-net.org/~cervantes/csa/ bcsas05htm>.

[5] Bowle's entrepreneurial and financial skills deserve to be recognized along with his scholarly accomplishments. He was able to publicize his project effectively and to manage single-handedly a large and expensive publishing enterprise. That there were as many subscribers as there were to an expensive edition in a foreign language also speaks well of the level of culture in late eighteenth-century England. It took Bowle less time to obtain his subscribers (four years) than it has taken to get the 2006 facsimile published, a project of R. Merritt Cox since the late 1960s, even though today Cervantine studies is a well-

edition, said that the work was «la más graciosa y agradable obra de invención que jamás salió en el mundo», a «libro original y único en su género»,[6] Bowle goes much further: he is the first to apply the label «classic» to Cervantes. This is an important turning point. However, Bowle uses the term not for Don Quixote, but rather for Cervantes the man and author, and for his own edition of Don Quixote. A classical author requires and deserves what Bowle calls «a classical edition»: one with an accurate text and explanatory notes. While Mayans wrote the first biography, Bowle was the first cervantista, the first Don Quixote scholar, carrying out research so as to better understand the work. He is also the first to whom the term «Hispanist» was applied.[7] But despite his enthusiasm for Don Quixote, his greatest admiration is for Cervantes. He calls him an «insigne varón» (III, p. 5), «honor y gloria... de todo el género humano» (III, p. 32).[8] Citing these words, Clemencín criticized Bowle for being overly enthusiastic about Cervantes.[9]

---

established discipline.

[6] Quoted by Mestre (see previous note), p. xliv. On Lord Carteret and his edition, see Amanda Meixell, «Queen Caroline's Merlin Grotto and the 1738 Lord Carteret Edition of Don Quijote: The Matter of Britain and Spain's Arthurian Tradition», Cervantes, in press (<http://www2. h-net.msu.edu/ ~cervantes/bcsalist.htm>).

[7] «Baretti emplea ya la palabra 'Hispanist'» (Franco Meregalli, «El Quijote, Giuseppe Baretti y John Bowle», in *Philologica Hispaniensia in honorem Manuel Alvar*, Madrid: Gredos, 1986, III, pp. 280—284, the quotation on p. 282; reprinted as «Don Quijote [sic], Giuseppe Baretti y John Bowle», in his *La literatura desde el punto de vista del receptor*, Amsterdam— Atlanta: Rodopi, 1989, pp. 84—90). He uses it repeatedly (pp. 147, 162, 170, 171, 183, etc.) in his book attacking Bowle, *Tolondron*, which will be discussed later. (The page numbers of *Tolondron* refer to my edition, *Tolondron. Speeches to John Bowle about his Edition of Don Quixote*, together with Some Account of Spanish Literature, ed. Daniel Eisenberg, Cervantes XXIII, 2 (2003), pp. 141—274. Online: <http://www.h-net.org/~cervantes/csa/articf03/ tolondron.pdf>, 30 June 2005).

[8] The volume and page references are in all cases to the 2006 reprint of Bowle's edition by Juan de la Cuesta of Newark, DE, preface by Eduardo Urbina, introduction (29 pp.) by Daniel Eisenberg. In some instances I have modernized Bowle's orthography. Bowle's edition is also available online in Eduardo Urbina's *Proyecto Cervantes*, with the text and notes displayed in parallel scrolling windows: <http://csdll.cs.tamu.edu:8080/veri/ indexBowle.html> (1 Dec. 2005).

[9] «[E]ntusiasta ciego de Cervantes, a quien llama *honor y gloria no solamente de su patria, pero de todo el género humana*, no trató jamás de hacer ninguna observación crítica ni de juzgar del mérito o demérito de la fábula. Sus anotaciones presentan el aspecto de una erudición laboriosa, pero seca y

Bowle meant, as he explains, that because of both Cervantes' virtue and his learning — his «dilatada erudición» (III, p. 6) — he was a great author, of permanent value to humanity. In Bowle's words, and again he is the first to make this comparison: «Our countryman Shakespeare has no competitor in the article of great original genius, but his illustrious contemporary Cervantes».[10] «I possess the highest reverence and esteem for that country which has produced so wonderful a genius[;] I can find no excuse for Father Feijoo's total silence of his name in his *Glorias de España*, of which he was so great an ornament. He was an honour not only to his country but to mankind, for I am certain from his writings, that of the two, his great genius and abilities were inferior to the goodness and honesty of the man. He is therefore to be regarded as a citizen of the world, and all have an interest in him».[11]

---

descarnada: son como un almacén donde se hallan hacinadas mercancías de todas clases, unas de mayor y otras de menor precio... [ellipsis in original] mas no se trate de relevar los defectos de un extranjero, que ya experimentó los tiros de la critica en su país y que solo debe hallar estimación y gratitud en el nuestro». («Prólogo del comentario», in *Don Quijote de la Mancha*, Edición IV Centenario, Madrid: Castilla, 1966, p. 998; available online at <http://www. proyectoquijote.com/cms/Catalogo+Obra-11.html>, 1 May 2006; archived at <http://www.h-net.msu.edu/cgi-bin/logbrowse.pl?trx=vx&list=H-Cervantes& month= 0508 &week=e&msg=8xpDYldImrVTfP%2b/RChbYg>, 15 Oct. 2005)

[10] John Bowle, A Letter to Dr. Percy, ed. Daniel Eisenberg, Cervantes XXI, 1 (2001), pp. 95—146, the quote on p. 116 (online: <http://www.h-net.org/~cervantes/csa/artics01/bowle2.pdf>, 15 Oct. 2005). A Spanish translation by Rafael Carretero Muñoz was published as «Una carta al doctor Percy por John Bowle» in *Sobre Cervantes*, ed. Diego Martínez Torrón, Alcalá de Henares: Centro de Estudios Cervantinos, 2003, pp. 231—272 (online: <http://users.ipfw.edu/ jehle/ deisenbe/ cervantes/ bowlespan.pdf>, 9 Sept. 2005)

[11] *Letter to Dr. Percy* (n. 10, above) p. 134. Similarly: «This last account of himself with «every one of his writings, have confirmed me in my notion, that the goodness of the man was equal to the grandeur of the genius. Sure I am, that good-nature and candour, charity, humanity, and compassion for the infirmities of man in his most abject state, and consequently an abhorrence of cruelty, persecution, and violence, the principal moral he seems to inculcate in his great work, were the glorious virtues and predominant good qualities of his soul, and must transmit his name to the latest ages with every eulogium due to so exalted a character». (Letter to *Gentleman's Magazine*, LI (1781), pp. 22—24; in «Correspondence», Cervantes XXIII, 2 (2003), pp. 119—140, the letter to *Gentleman's Magazine* on pp. 125—127 and the quotation on p. 126. Online: <http://h-net.org/~cervantes/csa/articf03/ correspondence.pdf>, 16 Sept. 2005).

CR SO

John Bowle and his edition are well documented. In large part this is due to his correspondence, much but not all of which has been published. Living in a small, rural town as he did, Bowle wrote frequently to other men of letters. Not only that, he saved the letters he received, pasting them into an album. Only a small number of letters that he sent have been preserved among the papers of their recipients, but fortunately, and thanks to Bowle himself, we have for many years of his life the drafts of the letters he sent. When writing a letter, he started by writing a draft in a blank book, and then made a fair copy of this draft to send. The album and book of drafts are today in the Bowle- Evans Collection in the University of Cape Town. From them I have edited the letters he exchanged with his most important correspondent, the scholar and editor Thomas Percy, whose never-realized Cervantes translation project antedated Bowle's editorial endeavor and who, for the first but not the last time, tried with only partial success to assemble the books in Don Quixote's library.[12] My work was much facilitated by the late R. Merritt Cox, the modern champion of Bowle, who lent me his microfilm of the letters after he had used them as the primary source for his biography of Bowle.[13] More recently I published the letters Bowle sent and received in Spanish.[14] Of these there are fewer, because there was no international mail service, and mail to and from Spain had to be transported by friends, or friends of friends, who were traveling. However, mail within England was organized and reliable; in nearby Salisbury there was a post office, which Bowle refers to.[15] This was, in general, a period of much correspondence, in both England and in its colonies.[16]

The later eighteenth century was also a time in which educated individuals without specialized training could do research in many

---

[12] On both the translation project and the reconstruction of Don Quixote's library, see *Cervantine Correspondence* (n. 2, above), pp. vii—viii.

[13] Cox's biography is cited in n. 3, above. On Cox see George Greenia and Daniel Eisenberg, «R. Merritt Cox (1939—1987): Pioneer of John Bowle Studies», *Cervantes* XXIII, 2 (2003), pp. 5—8, <http://www.h-net .org/~cervantes/csa/ articf03/ cox. pdf> (30 Aug. 2005).

[14] «Correspondence» (n. 11, above). In that publication, I erroneously wrote (p. 120) that Pellicer's first letter to Bowle, of July 20, 1778, was lost. In fact Bowle published it in his edition, III, pp. 16—17.

[15] «Correspondence» (n. 11, above) p. 132.

[16] One of the first steps toward American independence was the setting up of «Committees of Correspondence».

fields, present the results at meanings of learned societies, and publish in their learned journals, both of which —the societies and their journals— were by today's standards very broad in scope. Bowle, with a Master of Arts from Oxford, was an antiquary, someone who studied history, broadly understood. He was a fellow, of which he was immensely proud, of the influential Society of Antiquaries of London, in whose journal he published on a variety of topics at the same time he was working on his edition of Cervantes.[17] He lived in the village of Idmiston, 10 miles from the major ecclesiastical center of Salisbury and 100 miles to the west of London, and he preferred living there; he certainly could have lived elsewhere if he had wanted to. He enjoyed hunting, and liked his dogs. Inherited land produced income for him, so he was not dependent on the parish for his livelihood. Although he was a member of the clergy he was not much concerned with religious questions, and such topics seldom appear in his correspondence. Bowle was also not much interested in family. He married and had two daughters, but his wife died only five years into the marriage, and Bowle never remarried nor seems to have had much interest in women. (Nor men either, in case there are any *malpensados* present.) One daughter married her cousin, Bowle's nephew, who also lived in Idmiston, and the other daughter died at a young age. Bowle rarely refers to any of them in his letters; he seems more interested in his dogs.[18]

So Bowle was, then, a man with little in the way of family, and little that he was required to do; he could devote himself to his reading and research, and go to Salisbury or London whenever he felt like it. (He did so frequently.) His «highest joy», he wrote, were books. Even the arranging of them on his shelves was «a matter of amusement to me».

[17] «Remarks on the Word 'Romance'», *Archaeologia*, V (1779), pp. 267—271; «Miscellaneous Observations on Parish Registers», *Archaeologia*, VIII (1781), pp. 67—78; and «Observations on Card-Playing», *Archaeologia*, VIII (1781), pp. 147—151. Cox cites the following in *Ilustrado* (n. 3, above), p. 115, without giving years or full pagination: «Remarks on the Ancient Pronunciation of the French Language», *Archaeologia*, VI, p. 76; and «Remarks on Some Musical Instruments Mentioned in the *Roman de la Rose*», *Archaeologia*, VII, p. 214.

[18] One of his them, named «Perro Grande», was poisoned, and Bowle had his skin tanned and used to bind two of his memorandum books. He then printed a broadside, bound into one of the books, telling us about the dog. This broadside was reproduced on the back cover of the issue of *Cervantes* dedicated to Bowle. It may be seen online at <http://www.h-net.org/ ~cervantes-/csa/bcsaf03.htm> (20 Sept. 2005). Both of the dogskin-bound books are in the Bowle-Evans collection of the University of Cape Town.

Certainly he would «never suffer Cervantes and Avellaneda to stand on the same shelf, lest a real battle should ensue».[19]

CR SO

Through Bowle's correspondence we can see the life of a scholar of 250 years ago. His «astonishment as [his notes] arise out of a Chaos»[20] is an experience many of us can relate to. Perhaps some can also relate to his dedication to scholarly activity so as to prevent depression.[21] In searching for books to «illustrate» the text of *Don Quixote*, the primary theme of his letters, we find that he had to visit the British Museum, and for a book not available there, Oxford.[22] Most, however, were purchased or lent by Percy and other friends, to peruse at leisure at home in Idmiston. Here is an excerpt from a letter to Percy of July 28, 1772, that allows us to see the scholar at work with an intimacy that is not possible with any other Cervantine editor:

> You have satisfied would I could add gratified my curiosity with Avellaneda: where every thing is to be condemned the sooner we pass sentence the better: for my part I subscribe implicitly to the devil's testimony of the book in the 70th Cpter of the 2d. part of

[19] These quotes are from a letter to the bookseller Thomas Davies of May 12, 1780 (Cox, *Ilustrado* (n. 3, above) p. 80).

[20] From a letter to Percy of 28 July, 1780, in *Cervantine Correspondence* (n. 2, above) pp. 59—62, the quote on p. 60.

[21] «I hope to kiss your hands in town before Christmas when I hope to have finished one of my Herculean Labours, my Indexing [of proper names], which not a little fatigues my patience and perseverance and hardly allows me leisure hour, but it is good to have employment if it be only to drive away disgust and unpleasing reflection, which effect thank God I often feel in the solitary pleasure of my own pursuits» (From a letter to Gustavus Brander, October 20, 1779, quoted by Cox, *Ilustrado* (n. 3, above) p. 76). Similarly, to Dillon on November 18, 1779: «Did not some bright gleams at times appear to enliven my dull and dreary roads, there would be no passing along tolerably» (quoted by Cox, *Ilustrado* p. 76). His attitude toward newspapers is also revealing: «As bad news and bad news repeated, the constant subject matter of our [news]papers wherever they speak truth, have for several years back been their uniform language, I have long taken a disgust to them and but seldom look into them» (quoted by Cox, *Ilustrado* p. 79).

[22] Letter to Dillon of December 5, 1779, quoted by Cox, *Ilustrado* (n. 3, above) p. 77.

Q...[23] If to be in every thing the reverse of Cervantes will entitle the writer to any degree of merit he has a superabundant share of it. He has two novels I know not which is most disgusting the silly legendary story in one, or the shocking Indecency of the other. In a word it almost refutes what Cervantes has twice advanced [II, 3; II, 59] — no ay libro tan malo que no tenga alguna cosa buena. The only use I can make of it is that it in one or two instances will occasionally explain some part of his text, in every other respect tis too contemptible to merit any kind of notice, & is sunk into oblivion against which it is not possible for all the art of man to buoy it up. I hope to return all your books when I come to town in December. Palmerin de Oliva stands ready for embowelling in which situation he has been for more than a twelve month past: I shall soon begin my operations on him. From a frequent attentive perusal of the Refranes of the Comendador Griego who is mentioned P.2.C.34 I find that there is much more proverbial diction in Quixote than is generally known.[24]

Also contributing to our knowledge of Bowle is the fact that many of his working materials have come down to us. We have the original notes for his annotations, written on blank pages he had bound into an earlier edition, plus many loose slips stuck in when he ran out of room on those blank pages. This volume is in the library of the Hispanic Society of America. Bowle says that his indexes «han sido trasladados quatro veces» (III, p. 360); while we do not have these four manuscripts, we do have his «Vocabulario cervantesco», his original word index. Dated 1767—72, like his notes just mentioned it was made on an interleaved copy of a book, in this case Franciosini's *Vocabulario español e italiano*.[25] A manuscript of his «Indice general del texto» is conserved in the Bowle-Evans Collection of the University of Cape Town.[26] We have three catalogs of his library, in addition to the many mentions of books in his correspondence. However, we only have one of his three copies of

---

[23] What the devil said was «si de propósito yo mismo me pusiera a hazerle peor, no acertara» (roughly, «I couldn't make it worse even if I tried»).

[24] *Cervantine Correspondence* (n. 2, above) pp. 22—23.

[25] It is located in a public library in Manchester, England. For further information, see my «La edición del *Quijote* de John Bowle (1781). Sus dos emisiones», *Cervantes* XXIII, 2 (2003), pp. 45—84, the references to this *Vocabulario* on p. 51 n. 18 and p. 53 n. 23. This article is available online at <http://www.h-net.org/~cervantes/csa/articf03/eisenberg.pdf> (9 Sept. 2005).

[26] For a description, see my «Dos emisiones» (n. 25, above) p. 51 n. 19. It is dated «1767, 8, 9, 1770, 1, 2».

Tonson's 1738 edition; Francisco Rico tells us that one of the missing copies was used as printer's copytext. It is probably in some English library.[27]

The creation of his edition is also well known because in 1777, four years before it appeared, so as to obtain subscribers Bowle published a 50-page pamphlet introducing readers to Cervantes and describing his editorial project. This is his *A Letter to the Reverend Dr. Percy, concerning a New and Classical Edition of* Historia del valeroso cavallero don Quixote de la Mancha, *to be illustrated by Annotations and Extracts from the Historians, Poets, and Romances of Spain, and Italy, and Other Writers Ancient and Modern, with a Glossary, and Indexes,* of 1777. I edited this text and published it in *Cervantes* in 2001, calling it «the founding document of *Don Quijote* scholarship».[28] In it Bowle discusses, for the first time, the textual problems of the work, the necessity of going back to the first editions, and the need for an accurate text that does not correct, for example, Sancho's linguistic errors. He also points out how much the text will be misunderstood, or incompletely understood, if it is not accompanied by explanatory notes. As promised at the *Letter's* conclusion, it was followed shortly by a bilingual *Prospectus de suscripción* of four pages, giving samples of the text and notes, a price (three guineas), and information telling how to acquire the work in both England and Spain.[29]

---

[27] For the books from Bowle's library that have been located, see my «Dos emisiones» (n. 25, above) p. 53 n. 23. On the use of one of his copies of the 1738 edition as printer's copy, see Francisco Rico, «Historia del texto», in *Don Quijote de la Mancha,* ed. Francisco Rico, Barcelona: Círculo de Lectores—Galaxia Gutenberg, 2004, pp. ccxxi—cclxxvi, at p. ccxlix.

[28] John Bowle, *A Letter to Dr. Percy* (n. 10, above) p. 95.

[29] «Antonio Sancha» was the agent for subscriptions in Spain. The first page of this now rare *Prospectus* is reproduced in «Dos emisiones» (n. 25, above) p. 60, from the copy located in the Clark Memorial Library at UCLA. It reflects typographical experiments of Bowle. There is a sample page of text with 34 lines (numbered), whereas in his edition Bowle's edition his pages are most often of 29 lines, and never over 30; more leading (space between lines) is used in the edition. On this sample page, numbered 146, is a passage from Chapter 19 of Part I; the passage appears in the published edition on I, p. 144 l. 25 through I, p. 145 l. 24. The punctuation and spelling are quite different in the two versions: the grave accent is used in the *Prospectus* and the acute in the edition, although in the *Prospectus* the preposition is also written â; whereas the *Prospectus* accentuates *litèra, matàra, quanto,* and *dixo,* in the edition we find *litera, matara, quantó,* and *dixó; huessos* becomes *huesos, Baeça* becomes *Baeza,* and *caydo* becomes *caído.*

After 11 more lines of text on p. 147, Bowle places his notes on the passage; those found in the edition are more extensive. Then there follows, without break,

The published *Letter* had influence in its own right. Bowle's edition of 1781 was preceded by the Spanish Academy's edition of 1780, which greatly and unfairly eclipsed Bowle's accomplishments. But Bowle's project was known in Spain; in a letter of February 13, 1777, the botanist, translator, and man of letters Casimiro Gómez Ortega describes the reaction of «todos los Eruditos, y singularmente de la Academia de la Lengua Castellana».[30] Ortega passed the map in the *Letter* along to «[e]l mejor geógrafo que aqui tenemos» (III, p. 17), Tomás López, who wrote Bowle with suggestions and corrections.[31] His correspondent John Talbot

a hodgepodge of notes on various topics in both parts, apparently intended to exhibit the diversity of sources used.

In my edition of the *Letter to Dr. Percy* (n. 10, above), which is prior to the *Prospectus* since it includes an announcement of it (reproduced on p. 146 of my edition), some but not all of the sample pages published with it were reproduced. These also shed light on the progress of Bowle's endeavors. They are, in their entirety: 4 sample pages of the index, pp. 57—60 (words and proper names combined); 3 pages of index to the «Carta de España, acomodada a la historia de Don Quixote», with page and line numbers of the «London» [1738] edition, although most of these names are not on the published map (pp. 61—63). P. 64 is a translation of some of the geographical terms, pp. 65—66 are an index to the *Letter* («Pineda unqualified for the Office of Editor, 26, 7; his absurd Punctuation, Errors, Omissions, and Alterations 28, 29, 54, 5»). P. 67 is the list of «romances» reproduced later in this article, followed by «FINIS» at the bottom of the page. However, in the *Letter* there is no sample of the text of the edition.

[30] This is how his name is given in the list of Subscribers (III, p. 355), which presumably reflects his own signature; Bowle always refers to him as «Casimiro de Ortega». The quote is from III, p. 17; Bowle copies out more of the same letter of Ortega in his letter to Percy of October 27, 1777 (in *Cervantine Correspondence* (n. 2, above) p. 50). In addition to his important scientific works, Gómez Ortega published *La célebre écloga primera de Garcilaso de la Vega: con su traducción italiana en el mismo metro, por Juan Bautista Conti. La da a luz con el prólogo, resumen de la vida del poeta, y algunas observaciones Casimiro Gómez Ortega*, Madrid: Ibarra, 1771. On him, see F. Javier Puerto Sarmiento, *Ciencia de cámara: Casimiro Gómez Ortega, 1741-1818, el científico cortesano*, Madrid: CSIC, 1992.

[31] Eisenberg, «Dos emisiones» (n. 25, above) p. 50 n. 14. Bowle's first map, published in his *A Letter to Dr. Percy*, is reproduced on p. 143 of my edition of the *Letter* (n. 10, above). A better-quality reproduction, with annotations, is found in *Los mapas del Quijote* (Madrid: Biblioteca Nacional, 2005), pp. 40—41. In the same volume one can find Bowle's map as revised in his edition (pp. 52—53), and the far superior map of López (pp. 41—51), commented on by Ronald Hilton in Chapter 6, «Le Cervantisme Anglais au 18eme Siècle», of his *La Légende noire au 18e siècle: Le monde hispanique vu du dehors*, Starkville, Mississippi: Historical Text Archive, 2002, published online only: <http://www.historicaltextarchive. com/

Dillon discussed Bowle's project and showed the *Prospectus* and *Letter* to Mayans[32] and to the royal librarian, Juan Antonio Pellicer.[33] The latter wrote Bowle on July 20, 1778 with admiration, enclosing «la primera hoja»[34] or what Bowle elsewhere calls a «specimen»[35] of his «Noticias para la vida de Miguel de Cervantes Saavedra», then in press.[36] His *Letter to Dr. Percy* and *Prospectus*, then, were read by and influenced those who were preparing the much better financed Academy edition, which included the dedications, an improved map, and a very limited set of textual notes. It was in 1777 that the printing of the 1780 edition began (Rico, p. ccxlv).

CⱤ ℰↃ

Bowle's edition itself provides materials with which to understand its creation. Following the suggestion of Cervantes' friend in the prologue to *Don Quixote* Part I,[37] he published at the beginning of his notes a 6½ page alphabetical list of the books cited in them (III, pp. 19—25). To give you a sense of its depth, I will read only the entries beginning with the

---

books. php?op= viewbook&bookid=8&pre=1> (22 July 2003). Hilton criticizes Bowle in the same chapter for not knowing the «la belle carte de la Péninsule publiée à Londres, chez Robert Sayer, en 1772». López was the author of the *Atlas geográfico del reino de España*, first published in 1757. Bowle never mentions this book and may never have known that it existed.

[32] Letter of Bowle to Percy of August 17, 1778, in *Cervantine Correspondence* (n. 2, above) pp. 53—54.

[33] «Después que vi el *Prospectus* de la Obra, que anduvo por esta corte, y principalmente después que leí unas cartas de Vm. que me franqueó amistosamente el Señ. Baron de Dillon…» (Letter of Pellicer of July 20, 1778, published by Bowle, III, p. 16).

[34] II, p. 16; «Correspondence» (n. 11, above) p. 126.

[35] Letter of Bowle to Percy of August 17, 1778, in *Cervantine Correspondence* (n. 2, above) p. 54.

[36] Pellicer's life of Cervantes was published in his *Ensayo de una bibliotheca de traductores españoles: donde se da noticia de las traducciones que hay en castellano de la Sagrada Escritura, Santos Padres, Filósofos, Historiadores, Médicos, Oradores, Poetas, así griegos como latinos y de otros autores que han florecido antes de la invención de la imprenta. Preceden varias noticias literarias para las vidas de otros escritores españoles*, Madrid: Sancha, 1778, reprinted with a prologue of Miguel Ángel Lama, Cáceres: Universidad de Extremadura, 2002.

[37] He says this -that he is following Cervantes- in his letter to Dillon of August 5, 1778, quoted by Cox, *Ilustrado* (n. 3, above) p. 72. Bowle was unaware of the attack on Lope in the prologue to Part I.

letter F (III, p. 21):

Fajardo, Diego Saavedra
Febo, Cavallero del
Felixmarte de Hircania
Flores, Pedro, *Romancero general*
Floresta española por Melchior de Santa Cruz
Florus[,] Lucius [a Roman historian]
Franciosini, «el Traductor Italiano»
Du Fresne [a seventeenth-century French philologist and historian]

In about half of the cases, the entry is accompanied by the place or places in the text where it has been cited.

A little typographical archeology, plus his correspondence, reveals moreof how Bowle worked. Volumes I and II contain the text, with the lines numbered, but without any annotations or introduction. Bowle's correspondence reveals that printing of the text was underway in 1778, three years before the publication of the edition, and completed in 1779.[38] His two introductions, one to his «Comento» or notes and one to the indexes, are found in Volume III, together with the notes, indexes, and what he calls «Varias lecciones»: parallel-column listings of the textual differences between four editions of Part I and three of Part II. The text, then, was printed before he put his notes in final form. He needed the text, with its numbered lines, in order to prepare his indexes, and with the indexes the final manuscript of his notes, which, as he points out (III, p. 9), are full of cross-references.[39]

Of the materials in Volume III, the indexes were completed and printed first. They have no page numbers, which indicate that they were

---

[38] In a letter of March 2, 1778, to an unidentified «Revd. Mr. Powel», we find that «I have begun and am actually embarked in my arduous Quixotick expedition. I am plunged into the Printers sea of Ink» («Correspondence» (n. 11, above) p. 120). In a letter to John Crookshanks of March 7, 1779, he writes «Pray inform Antonio Sancho que he impreso casi cincuenta y dos capítulos de la segunda parte de D. Q. y que espero finalizar el texto de entrambas, Deo volente, en otro mes, poco mas o menos» (quoted by Cox, *Ilustrado* (n. 3, above) p. 75).

[39] Confirmation of this is found in his letter to Percy of July 28, 1780, published in (*Cervantine Correspondence* (n. 2, above) pp. 59—62). Bowle reports that he visited Samuel Johnson, and «left with him the whole I had printed [the entire text] with the first sheet of the Anotaciones» (p. 61). He also comments on the usefulness of his numbered lines in preparing «the transcript of my notes for the press, in which I am advanced as far as Chap.14.P.2.» (p. 60).

not printed as a set, all given to the printer at the same time.[40] There are separate indexes to each part — an index to Part I, and then an index to Part II, and for the proper names only, a short index of the indexes telling in which part each name is found. The first to be completed, and presumably the first printed, was the word index, as will be discussed shortly. Following it came the name index; a letter confirms that the name index of Part I was being printed while he was working on the name index to Part II.[41] The indexes were completed in late 1779,[42] and Bowle turned to his notes in early 1780, putting them in final form, discarding many items,[43] adding cross-references, and keying them to the pages and line numbers of his edition of the text.

It is clear, in sum, that Bowle's edition was not presented to the printer as a complete unit, as is our custom today, but was printed piecemeal, as its sections were completed. It appeared in 1781 because that was when Bowle completed the last sections, his notes on Part II and the prologues. I have elsewhere pointed out that almost certainly some parts of the edition volume were distributed to purchasers unbound, and thus we understand why different copies have the list of Errata or map bound in different places, or missing.[44]

CR SO

---

[40] In one of the copies in New York -I regret that I did not note which one it is- one can see, from the varying margins left after the conservative trim cut, how the indexes were printed in different press runs and on slightly differing paper.

[41] «More than two thirds of my indexing are [sic] printed off and I am got into that of the second part» (letter to Dillon of November 18, 1779, quoted by Cox, *Ilustrado* (n. 3, above) p. 76). Although he does not say so in this letter, this must be the Index of Proper Names; the word index was finished years before.

[42] While the verbal index was completed in 1772 (n. 46, below), in September of 1779 he hoped to complete «my indexes» by «next Christmas» (from a letter to Dillon of September 11, 1779, quoted in Cox, *Ilustrado* (n. 3, above) p. 76.

[43] «I have just entered upon the transcript of my Anotaciones for the press and find that I must retrench pretty largely and not cite too many instances to illustrate one single circumstance or passage» (letter to Francis Carter of February 29, 1780, quoted by Cox, *Ilustrado* (n. 3, above) p. 79.

[44] «Dos emisiones» (n. 25, above) pp. 68—70; *Los mapas del* Quijote (n. 31, above) p. 53. My copy has the map bound in as a fold-out; one of the Hispanic Society copies has it turned 90 degrees, trimmed so it will fit on one leaf, with no fold-out.

The material that most interests modern scholars is all in Volume III: the «oro» as Rico calls it (p. ccxlviii). Let us examine in more detail his notes and indexes, the result of «casi catorce años» (III, p. 18) of intensive work on this project. The longer and older index is that of «Palabras principa les». As early as 1767, Bowle was at work on something he became very proud of: «two most copious verbal indexes», an endeavor, he remarked in 1772, of «more than four years».[45] What he calls two indexes — to Part I and Part II — was originally keyed to the 1738 edition.[46] As published and keyed to his line-numbered text, the word index occupies 145 pages of 10-point type. Bowle supplies each word's context, including a few other words to show how it was used at that point in the text. It is not an index of the notes, as many words glossed in notes are not included. It does of course include many words that *are* the subject of notes, such as *aguamanil, cernícalo,* or (estar en sus) *trece,* but, in addition, Bowle indexes all the words that seemed to him important, whether annotated or not: «[las] que tienen un sentido particular, o que guían al lector al conoci-miento de algún hecho, o dicho, especialmente de los [sic] principales personas en esta comedia» (III, p. 356). Thus, for example, if you want to see where in *Don Quixote* Cervantes uses the word *novela,* from Bowle's index you can find that it is used in reference to the «Curioso impertinen-te» and to the «Novela de Rinconete y Cortadillo». For the word «caballero» the entries total four pages of two-column text.

While it is not exhaustive and the two parts are treated separately, it is a partial concordance, and there has never been a published replacement to this day. In fact, there has never been a concordance of any sort, except for the *malogrado* and poorly-planned endeavor of Ruiz-Fornells a generation ago.[47] Making it even more unique and valuable is

---

[45] *Letter to Dr. Percy* (n. 10, above) p. 99. In Percy's letter to Bowle of April 2, 1768, he refers to the «Copiosissimo Indice», a term he obviously got from Bowle (*Cervantine Correspondence* (n. 2, above) p. 13). The quote on «more than four years»: from a letter to a Rev. Mr. Warren of August 8, 1772, quoted by Cox, *Ilustrado* (n. 3, above) p. 59. In a letter to Dillon of October 25, 1777, Bowle is even more precise: he began the verbal index October 11, 1767, and completed it in June of 1772 (quoted by Cox, *Ilustrado* p. 69).

[46] «I transcribed the whole in two large quarto volumes corresponding in size to Lord Granville's [1738] edition, to which I adapted it» (from the letter to Dillon of October 25, 1777, quoted by Cox, *Ilustrado* (n. 3, above) p. 69). I do not know if this is the same «Vocabulario cervantesco» conserved in Manchester, England (Eisenberg, «Dos emisiones« (n. 25, above) p. 51).

[47] On this concordance, see my «Los textos digitales de las obras de Cervantes», in *Cervantes 1547-1997. Jornadas de investigación cervantina,* ed. Aurelio

the fact that Bowle lemmatized the words in his word index: that is to say, verbs are found under the infinitive, and nouns under the masculine singular form. There has never been any other attempt, published or unpublished, to create a lemmatized concordance of any work of Cervantes.[48] Today's online or CD indexes to the words of the text, in context, do not provide lemmas. The technology exists to do this, but it would require tagging that is well beyond the current state of the digital texts of Cervantes.

Preceding the word index, although prepared later, is Bowle's index of proper names, including of course the names of the characters, geographical names, words derived from geography such as *flamenco* and *tobosino*, and even such terms as *Galico morbo* and *[nudo] Gordiano* (both III, p. 413). Its two parts total 67 pages of 10-point text. In addition to the references to the place in which each name appears, there are words taken from the text explaining what is happening. The entry for «Camacho», for example, is 12 lines long and has 26 entries (III, p. 410). That of Dulcinea del Toboso is two pages long (III, pp. 371−373). Both Don Quixote[49] and Sancho Panza[50] have chapter by chapter summaries, with page numbers, of their activities. Here, also, what Bowle did has never been repeated or duplicated, and a century was to go by before the next attempt at an index, that of Bradford's 1885 index of Clemencín's notes, itself also a rarity that has just been reprinted in facsimile.[51] The next attempt at a full index was the much shorter index of Predmore, from 1938.[52]

González, Mexico City, Colegio de México, 1999, pp. 53-61. Online: <http://users. ipfw. edu/ jehle/ deisenbe/ cervantes/ quijote_digital.pdf> and <http://www. cervantes virtual. com/ servlet/ SirveObras/ 3336916191764865612 5480/ p0000001. htm> (9 Sept. 2005).

[48] The closest approximation, although it is not a concordance, is the *Vocabulario de Cervantes* de Carlos Fernández Gómez, Madrid: Real Academia Española, 1962.

[49] III, pp. 385−392, as well as «Cosas tocantes a Don Quijote», III, pp. 392−393.

[50] III, pp. 396−401, as well as «Cosas tocantes a Sancho Panza», III, p. 402.

[51] Carlos F. Bradford, *Índice de las notas de D. Diego Clemencín en su edición de El ingenioso hidalgo don Quijote de la Mancha*, Madrid, 1885, facsimile with new introduction by Santiago Riopérez y Milá, Madrid: Biblioteca Nueva, 2005.

[52] Richard L. Predmore, *An Index to* Don Quixote, *including Proper Names and Notable Matters*, New Brunswick: Rutgers University Press, 1938; rpt. New York: Kraus, 1970. I have found especially useful the «Índice analítico» of José Bergúa, in the humble *Sepan Cuantos* series, 10th edition, Mexico City: Porrúa, 1969.

Finally, there are his «Anotaciones» that Bowle, using Cervantine terminology whenever he can, also calls his «Comento». The notes occupy 324 pages, again in 10-point type. Their primary goal is to elucidate the proper names and the words that a reader would need a definition for, and took as point of departure all the books mentioned in the text. Bowle read as many of these as he could obtain, and he went to considerable trouble to locate and purchase or borrow them. I'd like to read you Bowle's list, published in his Letter to Dr. Percy four years prior to his edition, of the «romances» that he had used, as of that date, to «illustrate» the text of Don Quixote.

More than half of these are mentioned in the work:

A List of the ROMANCES which have in numerous instances illus-
    trated the text of DON QUIXOTE.
Muchas, y muy graves Historias he yo leido de Cavalleros Andantes.
D.Q. P. I. C. 47.
Girone il Cortese de Luigi Alemanni
Amadis de Gaula, L[ibros] 4. T[omos] 2. *Lovayna* . 1551. 8vo.
Amadis de Grecia. en Lisboa. 1596. F[olio].
Orlando Furioso di Ariosto.
Don Quixote por Avellaneda. en *Madrid.* 1732. 4 [quarto].
Angelica por Luis Barahona de Soto. en *Granada.* 1586. 4.
Don Belianis de Grecia, 3 & 4 partes. *Burgos.* 1597 F.[53]
Hazañas de Bernardo del Carpio. en Toledo. 1585. 4.
Orlando Innamorato di Boiardo.
Innamoramiento [sic] del Re Carlo. In *Venetia* [sic], 1556. 8vo.
Las Sergas de Esplandian. en *Zaragoza.* 1587. F.
Espejo de Cavallerias. *Medina del Campo.* 1586. F.
Segunda parte de Orlando. por Nicolas Espinosa. en *Anvers.* 1556.
    4to.
Cavallero del Febo. T[omo]s. 3. *Alcala.* 1580. *Zaragoza.* 1623. F.[54]

---

[53] Bowle was never able to locate a copy of the first two parts of *Belianís de Grecia.* On the importance of this book for Cervantes, see Howard Mancing, «'Bendito sea Alá': A New Edition of *Belianís de Grecia*», *Cervantes* XXI, 2 (2001), pp. 111—115 (online: <http:// www.h-net. org/~cervantes/csa/articf01/mancing. pdf>, 23 April 2006).

[54] What this apparently indicates is that Bowle had Part 1 of the *Espejo de príncipes y caballeros* or *Caballero del Febo,* consisting of three books (1580), and Parts 3-4 (1623), but not Part 2, although also published in 1580. See Daniel Eisenberg and M.ª Carmen Marín Pina, *Bibliografía de los libros de caballerías*

Felix Marte de Yrcania. en *Valladolid*. 1557. Fol.
Olivante de Laura. en *Barcelona*. 1564. F.
Palmerin de Oliva. en *Toledo*. 1580. F.
Don Polindo. en *Toledo*. 1526. F.
Los tres Libros de Primaleon. en *Venecia*. 1534. F.
Il Morgante Maggiore di Pulci.
Tirante el Blanco. en *Valladolid*. 1511. F.
La Hermosura de Angelica. por Lope de Vega. en *Barcelona*. 1604.[55]

Today we would not use the label «romances» for all of these works; Bowle's generic concepts are not ours, just as Cervantes' are not either. However, no one today has read or even skimmed all of these books. Bowle came closer to replicating Cervantes' reading than anyone ever has and, I believe, than anyone ever will.

When questions remained unanswered after perusing those books mentioned in the text, he looked for others, as he explained in his *Letter to Dr. Percy*. An example is the *Cancionero de romances* of Antwerp, 1555, which provided him the *romances* he sought on the Marqués de Mantua (III, pp. 52— 53), «Media noche era por filo» (III, p. 209), «Mala la huvistes Franceses en esa de Roncesvalles» (III, p. 210), and «el Romance de Calaínos» (III, p. 210).

Covarrubias, who is the single author most frequently quoted by Bowle, he read from cover to cover, from *a* to z (something that I wish I had the time to do). Bowle tells the reader that «La ingratitud vengada» is a play of Lope and *La Numancia* an unpublished play of Cervantes (III, p. 171). He tells the reader who Barbarroja was (III, p. 152). Who were Amadís de Gaula, Belianís de Grecia, Olivante de Laura, and Tirante el Blanco? What is meant by *farándula* (III, p. 215), and what does it mean to be compared with a Fúcar (III, p. 249)? Where was Casildea de Vandalia from (III, p. 221)? And so on. Bowle is meticulous about giving sources, and never fails to point out a crossreference when possible (as he says at III, p. 9), using his «copiosísimo índice» for that purpose. Bowle's edition does have limitations. It would of course have been more convenient if notes had been placed at the foot of pages, as Samuel Johnson pointed out to Bowle, but this was not practical for him.[56] The

castellanos, Zaragoza: Prensas Universitarias de Zaragoza, 2000, pp. 323—331 (online: <http://users.ipfw.edu/jehle/deisenbe/Bibl_libros_de_caballerias/bibliography.pdf>, 6 April 2006).

[55] *A Letter to Dr. Percy* (n. 10, above) p. 145.

[56] The comment of Johnson: from Bowle's letter to Percy of July 28, 1780, in *Cervantine Correspondence* (n. 2, above), pp. 59—62, on p. 61. Presumably it was

lack of pagination of the indexes and the double pagination of the notes (the notes to Part II start over with page 1) are confusing, though now remedied in the Juan de la Cuesta facsimile. It would have been better to have a single word index and a single name index, instead of separate indexes to each part, and then, for the proper names only, a third index telling in which part each name is treated.[57] Bowle includes a table of contents for the chapters of Part II, but not of Part I. He assumes the reader will not have a Spanish or Spanish-English dictionary, and gives definitions for words like *avellana, encina, gala, desmochar,* and *traducir* that seem superfluous.[58] When «Rinconete y Cortadillo» is mentioned in Chapter 47 of Part I, one cannot but wonder why Bowle, so fond of cross-references, and who evidently read the *novela* (III, p. 186), does not tell his fellow readers that Cervantes published it in his *Novelas ejemplares.* Strangely, although Bowle cites all of Cervantes' published works in one or another of his notes, despite his veneration of Cervantes he seems to have had no interest in these other works, and this despite Cervantes' report of his friends' opinion that his *Trabajos de Persiles y Sigismunda* «ha de llegar al estremo de bondad posible» *(Don Quixote,* II, Dedication).[59]

Despite these shortcomings, Bowle's notes were used extensively by

---

not practical for Bowle because he needed a line-numbered text in advance of, and to make possible, his indexes of words and proper names, and through the latter include frequent cross-references in the notes. As he expresses it in the same letter, «Many uses have arisen to myself, & of course to my future readers from the numbering of the lines of the pages: Hence I have been enabled to prefer one place to another, & with more precision & propriety agreeable to the Authors poner *Las Anotaciones y Acotaciones»* (p. 60).

[57] This presumably reflects Bowle's method of indexing. Like Nicolás Antonio, he did not use a card system; cards did not come into general use until the nineteenth century, with mechanized paper cutters. Rather he made his index entries on the pages of blank books. Having completed Part I, to begin Part II in a fresh book, with empty pages, would seem more attractive than it would to someone using a card system.

[58] This is the «Glossary» promised in the *Letter to Dr. Percy* and *Prospectus:* not a separate alphabetical listing of words, but annotations giving the meaning of possibly unfamiliar words. «The several words explained, which constitute the glossary, will be found in their respective places among the annotations, and where any one is frequently used, it may be easily found in the general indexes; specimens of which are here annexed» *(Letter to Dr. Percy* (n. 10, above) p. 140).

[59] After publication of the edition, Bowle wrote to Dillon on February 4, 1782 stating that the *Viaje del Parnaso* entitles Cervantes «to a distinguished seat as a first rate poet among his countrymen» (quoted by Cox, *Ilustrado* (n. 3, above) p. 91). This is the only comment by Bowle on any other work of Cervantes.

the next major editors, Pellicer and Clemencín, and were of course available to Rodríguez Marín and other nineteenth- and twentieth-century editors. There are few unexploited nuggets of information in them. The notes and indexes are not very convenient for casual consultation; in the Juan de la Cuesta facsimile, at my suggestion, page numbers, running heads, and a table of contents have been added to the volume with notes and indexes. If one studies Bowle's notes, however, one is repeatedly struck by how much later editors owe to him. This is especially surprising because, of course, these commentators do not acknowledge the extent of their debt to Bowle, and mention him most frequently to criticize him.[60] The first editor to recognize his true contribution is Francisco Rico: «Nos faltan palabras para alabar la tarea de don Juan (como gustaba llamarse...),[61] la documentación, amplitud, exigencia, acierto y sobriedad de su comentario: con que nos contentaremos con decir que se halla en la raíz de todos los posteriores y que son abundantes las glosas que ningún cervantista parece haber querido llevar más allá de donde las dejó Bowle» (p. ccxlviii).

It is not just from later editors that Bowle received unfair treatment from Spaniards. The preparation of the Royal Academy's edition of 1780, which of course has neither explanatory notes, indexes, nor line numbers, dates back at least to 1773, the date of the king's license, which was included in the edition. Although it has been the subject of two studies, by Cotarelo and González Palencia,[62] we do not know in detail the chronology of its preparation. We do know that people such as Pellicer the royal librarian, Tomás López the royal geographer, Casimiro Gómez Ortega, director of the Real Jardín Botánico, and the bookseller

---

[60] «Pellicer...añadió notas en que a veces disfrutó más de lo justo el trabajo de Bowle, sin nombrarle» (Clemencín (n. 9, above) p. 998). Clemencín's combination of praise for and criticism of Bowle was quoted above, in the same note.

[61] Ellipsis in the original. Actually he was called «don Bowle» by his friends; I have not found any other reference to his using the name, or being referred to as, «don Juan». «[S]i ses amis l'appelait 'Don Bowle' (et prouvaient ainsi leur méconnaissance de l'usage espagnol), c'était tout simplement à cause de ses études de *Don Quichotte* (où l'usage de 'don' est aussi un peu étrange)» (Hilton (n. 31, above) Chapter 6; italics added to *Don Quichotte*).

[62] Ángel González Palencia, *Las ediciones académicas del* Quijote, Madrid: n.p. [«Sección de Cultura e Información, Artes Gráficas Municipales»], 1947, and Armando Cotarelo Valledor, *El Quijote académico, oración inaugural del curso 1947—48 leída ante el Instituto de España en la sesión pública celebrada el día 25 de octubre de 1947 en la Real Academia Española y de su orden*, Madrid: n.p., 1948.

Antonio de Sancha were aware of Bowle's project either through personal contact — Bowle met Ortega in London and said he spent the most enjoyable day of his life with him (III, p. 17) — or through his *Letter to Dr. Percy* and subsequent *Prospectus*. Hilton has speculated that the stimulus of Bowle's project moved the Academy to get their edition out when they did: *first*, so that the national pride, already wounded by the London, 1738, edition, would not be insulted a second time by another landmark English edition.[63] One can see in the Academy edition how they were concerned that «todo lo necesario para ella se trabajase dentro de España, y por artífices Españoles».[64] It did contain a lengthy «Análisis del *Quijote*» by Vicente de los Ríos, which Bowle praised highly,[65] a biography of Cervantes which went into more depth than that of Mayans, and a few new biographical documents. But beyond that, what

---

[63] «La gran edición de Lord Carteret [de 1738] era una espina clavada en los ánimos más lúcidos. Quien primero procuró quitársela parece haber sido el Marqués de la Ensenada, que en 1752 proyectaba reeditar el *Quijote* 'de forma que en la letra, papel, láminas y demás circunstancias de la impresión no ceda a la de Londres, y aun aventaje si fuera posible', saliendo también 'más correcta y confirme al original'. El proyecto naufragó con Ensenada, y tampoco llegaron a buen puerto otros connatos de alzar el libro a un nivel superior al de las divulgadísimos ediciones 'de surtido'. El doble objetivo sólo se cumplió eficazmente cuando más de veinte años después la Real Academia Española se resolvió a 'hacer una impresión correcta y magnífica del Don Quijote', que vio la luz en 1780. Los académicos comenzaron y concluyeron la tarea en competencia con dos ediciones inglesas: confesadamente, 'la costosa y magnífica hecha en Londres'; a las calladas, la que John Bowle preparaba». (Francisco Rico, «Clásico, nacional, centenario», en *Quijotismos* (Aldeamayor de San Martín: Papeles de la Biblioteca Municipal, 2005), pp. 11—38, the quotation on pp. 16—17. According to a note at the end of the book (p. 87), this essay was «publicado como introducción a *Lecturas españolas del* Quijote, selección de J. Montero Reguera, prólogo de J. M. Barreda, [Toledo], Junta de Castilla—La Mancha, 2005, págs. 13—36. Pero el primer apartado ('De cómo el *Quijote* llegó a ser un clásico, también en España') había salido previamente en *El País* (suplemento *Babelia*, núm. 700), 23 de abril de 2005)».

[64] P. vii, quoted by Hilton in Chapter 6, «Le Cervantisme Anglais au 18eme Siècle», of his *La Légende noire au 18e siècle: Le monde hispanique vu du dehors* (n. 31, above).

[65] «En quanto al Analisis del Quixote se puede decir, que es la mas fina Critica, que ha parecido desde el tiempo de nuestro Addison; y que es en su modo superior á qualquiera de Francia. Leo y releola con gusto infinito. Pesa me mucho, que no puedo en todo convenir con la [sic]» (letter to Pellicer, Aug. 12, 1784, in «Correspondence» (n. 11, above) pp. 133—135, the quote on p. 134.

were given a lot of attention and money were the illustrations, the newly-cast type that was created especially for this project, the high-quality paper: things that added greatly to the cost, but advanced our understanding of the work very little. Of this edition there have been no less than five facsimiles: in 1977, 1985, 1994, 2004, and 2005, with the claim accompanying the 2004 reprint that it was «el primer *Quijote* moderno», although the sense in which it was a modern edition is not stated.[66] Juan de la Cuesta has just published the first facsimile of Bowle's edition. It is similarly revealing that one of the first two Spanish studies of Bowle, of 2005, has as a principal goal to establish how much later Spanish editors did *not* take from him.[67]

The Academy's edition did offer what for the day was a clean text, as Rico says (p. ccxlvi), but it was a commemorative edition, prepared for patriotic and emotional rather than scholarly reasons. I quote from Enrique Rodríguez Cepeda: «el *Quijote* nunca se ha leído, salvo raras veces, en la edición de Ibarra de 1780… Esta edición pesa, no es manejable y fue pensada, como regalo aristocrático y protegido que fue, para manejo de políticos, administración y Gobierno… En esta edición no se ha leído el *Quijote*».[68] Its text was soon reprinted in more «manejable» editions, in 1782 and 1787, but the 1780 Academy edition was intended to advance Spain and Spaniards, not Cervantes. It was not an edition for reading, and if an edition is not for reading, what is it for? Whereas Bowle's edition, without plates and scarcely any ornament or distraction after the title page, was, first and foremost, a reader's edition.[69]

---

[66]<http://www.educa.aragob.es/ryc/quijote_web/el_primer_quijote_moderno.htm> (14 Sept. 2005). For details about the other reprints, see my introduction to the facsimile of Bowle's edition, I, pp. 3—31, at p. 8 n. 22.

[67] This article, by Diego Martínez Torrón, is cited in n. 4, above. The other article, published in the same volume, is the first Spanish defense of Bowle, but it is a defense of him against the attacks of Baretti: Rafael Martínez Carretero, «Apuntes para una vindicación del Reverendo John Bowle M.A., F.S.A., frente a los cargos vertidos contra él por Mr. Giuseppe Baretti», in *Cervantes y el ámbito anglosajón*, ed. Diego Martínez Torrón and Bernd Dietz, Madrid: Sial, 2005, pp. 13—62.

[68] Enrique Rodríguez-Cepeda, «Los *Quijotes* del siglo XVIII. 1) La imprenta de Manuel Martín», *Cervantes* VIII, 1 (1988), pp. 61—104, at p. 63. Online: <http://www.h-net.org/ ~cervantes/csa/artics88/rodrigue.htm> (15 Sept. 2005).

[69] «[E]n la disposición de las Anotaciones un principal intento ha sido aliviar el trabajo del Lector, aclarando las dificultades del texto sin divertir su atención, sino quando sea necesario» (III, p. 360). Bowle discusses his title page in a letter

It is disappointing but unsurprising that the Academy makes no printed reference to Bowle's project, even though the idea of including a map, and perhaps textual notes as well, came from Bowle's *Letter to Dr. Percy*. But it is particularly offensive to me that not one of his Spanish correspondents informed Bowle that an important edition was being prepared in Spain.[70] After it was published, in 1780, no one sent him a copy; no one, not even the bookseller Sancha who had four copies of Bowle's edition to sell, even told him that a major, new edition had just appeared, so that he could buy a copy.[71] Years went by until Bowle learned of and received the Academy's edition.[72] One of Bowle's most virtuous moments, and he would be very pleased to hear me apply that adjective to him, is the lengthy letter he wrote for *Gentleman's Magazine* informing the readers of and praising the Academy edition, one that was in competition with his own and arguably depriving him of sales.[73]

---

to Dillon of March 22, 1781 (Cox, *Ilustrado* (n. 3, above) p. 84). On Bowle's two sets of title pages, see Eisenberg, «Dos emisiones» (n. 25, above) pp. 55—58.

[70] While the topic does not come up in his correspondence with Pellicer or Sancha, he had gotten some knowledge of it. On March 31, 1778, he wrote to Dillon, «The Royal Academy may give finer paper, plates, and print than any other can afford, but without a due use of this [1608] edition their text cannot be compleat» (quoted in Cox, *Ilustrado* (n. 3, above) p. 71). This information may have come from his meeting with the traveling botanist Casimiro Gómez Ortega in London, which must be prior to his reference to it in a letter to Percy of February 10, 1777 (*Cervantine Correspondence* (n. 2, above) p. 46).

[71] The fate of these four copies is unknown. Dillon subscribed to the edition at Sancha's shop, saying that he desired «as a lover of Spanish to be put on the list amongst the Spanish subscribing and with my foreign titles in the Spanish language thus». He added, «I am persuaded from what I have heard, many Spaniards will purchase your book when it appears, but it is too dear for common sale and Subscriptions is a thing they are not accustomed to» (Cox, *Ilustrado* (n. 3, above) p. 72). Bowle clearly wanted his edition to «be admissible into Spain, which for many reasons Lord Carterets could not» (letter to Percy of February 10, 1777, in *Cervantine Correspondence* (n. 2, above) p. 46). In his list of subscribers (III, pp. 355—357), the four copies are listed as a subscription by Sancha, in addition to copies for the Real Academia de la Historia, Pedro Rodríguez Campomanes, and Bowle's acquaintance Casimiro Gómez Ortega and correspondent Tomás López the geographer.

[72] «Jamas vi su grande [sic] Edicion hasta el mes de Octubre pasado» (letter to Pellicer of August 12, 1784; «Correspondence» (n. 11, above) p. 134). However, in a letter to Dillon of June 4, 1782, he says that «The Madrid Edition of Quixote by the Academia is magnificent indeed» (Cox, *Ilustrado* (n. 3, above) p. 92).

[73] «Correspondence» (n. 11, above) pp. 127—129.

Although there were hints of problems before, with the publication of his edition in 1781 things go downhill for Bowle. But before proceeding, let us review his contributions. Here are Bowle's «firsts»:

1. He was the first to number the lines of the work. I have not looked at every intervening edition, but to my knowledge the next edition with line numbers was Rodríguez Marín's Clásicos La Lectura, later Clásicos Castellanos edition, of 1911-13.
2. Bowle's notes, keyed to line numbers, are by far the most extensive in any language up to that point. His is the first comprehensive annotation.[74]
3. He is the first to provide indexes of words and proper names, «completísimos» in the opinion of Rico (p. ccxlix).
4. He was the first to make a map of Don Quixote's Spain.[75]
5. Bowle was the first to call attention to the importance of the *tasas* and *licencias*. «The licences, approbations, and censures should be…retained, as they contain many curious particulars respecting the history of the work itself not elsewhere to be had».[76]
6. Bowle also deserves credit for restoring the dedications, which were omitted in prior eighteenth-century editions.
7. Bowle is the first to examine *Don Quixote* from the perspective of a textual scholar. This includes the first discussion of the textual deficiencies of existing editions.[77] He points out for the first time the need to go back to Cuesta's 1605 and 1615 editions. He was the first to note that there were two editions printed by Cuesta in 1605, although he only had access to the second of them. He was also the first to call attention to the 1608 edition, pointing out the special value of editions made during an author's

---

[74] Some of his notes have notes of their own, i.e. notes on the notes (III, pp. 27, 97, and 210).

[75] See *Los mapas del* Quijote, cited in n. 31, above.

[76] *Letter to Dr. Percy* (n. 10, above) p. 120. Strangely, these were omitted in his edition.

[77] Bowle's comments are exclusively on the shortcomings of the editor Pineda, who prepared the text of the then-authoritative 1738 edition. See *A Letter to Dr. Percy* (n. 10, above) pp. 116—119 and 139—140, and the quotation from the index of the *Letter*, quoted at the end of n. 29, above. Bowle also criticizes Pineda for having reprinted Lo Frasso's «disparatado» *Fortuna de amor* and for having taken straightforwardly the ironic praise of it in Part I, Chapter 6 (*Letter to Dr. Percy*, pp. 116—117 and 131—132).

lifetime, to which he could have contributed.[78] He is the first to completely collate previous editions, four of Part I and 3 of Part II, publishing the variants in parallel columns under the heading «Varias lecciones» (III, pp. 578—592). While he made only one major textual correction — changing «el valiente Detriante» to «el valiente de Tirante» in chapter 6 of Part I — he identified textual problems which would be studied by editors of the nineteenth and twentieth centuries.[79]

8. He is the first to note that Sancho makes linguistic errors, which the editor and typesetter should not correct.[80]

9. As the first scholar of the work, he is the first to systematically use translations —both English and Italian— to better understand difficult points in the text.[81]

10. He was the first to say that in some aspects, Cervantes' text cannot be translated.[82]

---

[78] *Letter to Dr. Percy* (n. 10, above) p. 122; letter to Percy of August 17, 1778, in *Cervantine Correspondence* (n. 2, above) p. 54. Bowle was able to use a copy of the 1608 edition only after publication of the *Letter* in 1777: «Un Gentilhombre, que jamás vi, que vive más de 300 millas de mi casa, muy zeloso para la honra de Cervantes, el Ciudadano de todo el mundo, me prestó la de 1608. Ésta fue corregida, acaso por el mismo; hállanse en él algunas omisiones, el efecto de mucho juicio». (From a letter to Pellicer of August 12, 1784, in «Correspondence» (n. 11, above) pp. 133—135, the quote on p. 135). The person who lent him the 1608 edition was Edward Collingswood (Cox, *Ilustrado* (n. 3, above) p. 73). In contrast with the «acaso» in the letter to Pellicer, when writing to Collingswood, apparently on the occasion of returning the copy to him in November of 1778, Bowle said: «I have no doubt but that it was corrected by the author himself. I am led to this inference from the several variations of the text which I have made from its authority. And they consist not only in some material additions but judicious defalcations from the first Madrid edition in 1605 which I possess and which I propose to point out. I have printed entirely from your copy and have strictly adhered to it where a better reading was not warranted by the other two editions». (Quoted by Cox, *Ilustrado* pp. 73—74).

[79] For more information, see my introduction to the facsimile (n. 8, above) I, pp. 21—22.

[80] My introduction to the edition (n. 8, above) I, p. 11.

[81] These are the translations of Franciosini and Shelton, cited on III, pp. 580 and 584. Other places where Franciosini is used are listed in the index of Autores citados, III, p. 21.

[82] «In what is past I have all along insisted on a correct text. This naturally requires an explanation of difficult passages, which makes a principal part of the notes, and these, besides pointing out the historical and other references, will in

11. Bowle was also the first to say that Cervantes' Part II was much superior to that of Avellaneda. In the eighteenth century, in both Spain and France influential figures held Avellaneda's continuation to be superior to that of Cervantes, and it was reprinted for the first time since 1614, and translated into French. In Spain Blas Antonio de Nasarre, Mayans' predecessor as royal librarian, held this position.

12. He is the first to list by chapter, in the «Índice de Nombres Propios», Don Quixote's activities and those of Sancho.[83]

13. He is the first to recognize that Rocinante and the Rucio are characters of the work. Their activities are also detailed in his «Índice de Nombres Propios» (III, pp. 394—396).

14. He is the first to provide a list of verse in *Don Quixote*: «Sonetos en Q[uixote]» (III, p. 492 and 569).

15. He is the first to identify the *refranes* used in the book, locating them in contemporary *refraneros*.

16. He is the first to speak of constantly finding new «pleasures» in the work upon rereading.[84]

17. He is the first to speak of the work's irony.[85]

18. Bowle was the first to claim that Cervantes was an equal to Shakespeare (*Letter to Dr. Percy* p. 116), adding in a private letter that «I defy all mankind to find a third worthy to be named with these two».[86]

19. He was the first to note that Shakespeare and Cervantes died on the same day, pointing out at the same time the difference in calendars between Spain and England.[87]

---

various places show a propriety in the original absolutely untransferable into any other language». (*Letter to Dr. Percy* (n. 10, above), p. 139).

[83] See notes 50 and 51, above.

[84] «...my love and veneration for this author, whose every new reading brings new pleasure, and discovers latent beauties that have eluded my former surveys» (*Letter to Dr. Percy* (n. 10, above) p. 130.

[85] *Letter to Dr. Percy* (n. 10, above) p. 131. As early as 1774, in a letter to Percy he wrote of the work's «Grave & Serious Irony» which «every where occurs» in the work (*Cervantine Correspondence* (n. 2, above) p. 34). Cox erroneously identifies this letter as addressed to a John Ives (*Ilustrado* (n. 3, above) p. 63).

[86] Letter to the Spanish consul Miguel de Ventades, May 20, 1777, quoted by Cox, *Ilustrado* (n. 3, above) p. 68.

[87] III, p. 13; also *Letter to Dr. Percy* (n. 10, above) p. 123. José María González de Mendoza is mistaken when he says that Bowle was unaware of the difference in calendars. («Discrepancias en torno a la muerte de Cervantes», in his *Ensayos*

20. Bowle was the first to claim that Cervantes was a classic author, in the same class as the great authors of antiquity (*Letter to Dr. Percy* p. 98).
21. Bowle is the first to say that he is more than a Spanish author, that he is an honor to the entire human race.[88]

At the time his edition appeared, Bowle was on top of the world, happy and proud. He felt he had carried out a worthy endeavor, one that in some way was reserved for him. All his «drudgery» and «pains»,[89] his «six hours at least daily» of work,[90] were worthwhile: he had identified and made accessible a new classic, *Don Quixote*. He expected acclaim for what he had accomplished: «a work of such magnitude as will reflect infinite honour on the erudition and taste of the ingenious editor; how singular a pleasure to the admirers of Cervantes in general!», was a pre-publication comment of a collaborator.[91] He believed, from a naive reading of the letters he received from Spain, that Spaniards recognized

selectos, <http://www.tablada.unam.mx/ poesia/ensayos/discrep.html>, 19 abril 2006).

[88] «…Honor y Gloria, no solamente de su Patria, pero de todo el Género Humano» (III, p. 32).

[89] For Bowle, who wholeheartedly endorsed Cervantes' goal to end romances of chivalry, the «painful reading» of them was «drudgery» (*Letter to Dr. Percy* (n. 10, above) pp. 99 and 130—131). But he speaks often of the amount of effort all the pieces of his project required: «uncommon labour and perseverance» (*Letter to Dr. Percy* p. 129), «Herculean labours» (n. 21, above), and the like. The verbal index, 700 pages in manuscript (letter to Percy of July 28, 1772, in *Cervantine Correspondence* (n. 2, above) p. 26), took «two whole years of my life eight hours per day» (letter to Dillon of October 25, 1777, quoted by Cox, *Ilustrado* (n. 3, above) p. 69); it too was drudgery (letter to John Ives of March 31, 1774, quoted by Cox, *Ilustrado* p. 63). When working on the index of proper names he had to be «steeled with seven-fold patience, and endued with a larger portion of perseverance» (*Letter to Dr. Percy* p. 130); «mucho tiempo, gran paciencia, e incansable perseverancia son indispensables requisitos para tales obras» (III, p. 360). In the preparation of his «Varias lecciones» (collation of editions), «la suma diligencia» was necessary (III, p. 360). It is not for nothing that he chose for his bookplate the *refrán* «Alcanza quien no cansa». Bowle felt that he deserved praise for his effort, and the expectation of this praise is a factor he relied on to stay motivated.

[90] Letter to Dillon of September 11, 1779, quoted by Cox, *Ilustrado* (n. 3, above) p. 76.

[91] In the *Travels through Spain*, 1780, of Bowle's collaborator John Talbot Dillon, quoted in Chapter 6 of Hilton (n. 31, above).

and celebrated his contribution.[92] «No one can understand Cervantes fully that does not come to my school», he remarks confidently to Percy in his letter of July 28, 1780.[93] By this he means that for a full understanding of the text, readers will have to use his *Comento*.

John Bowle's bookplate. The *refrán* is from Hernán Núñez and is quoted in Bowle's edition at the end of his indexes, III, p. 577. From the copy of Tonson's 1738 edition of *Don Quixote* in the Bowle-Evans Collection, University of Cape Town; this is the only printed book owned by Bowle in their collection. (Thanks to Tanya Barben).

---

[92] «Malheureusement le bon Bowle a avalé tous ces compliments comme de l'eau claire. La pierre de touche, ce seront les commentaires, que nous citerons plus tard, qui n'ont pas été adressés a Bowle, et où l'hypocrisie de la politesse n'a pas rendu nécessaires les éloges». …«Nous soupçonnons qu'Ortega, de même que Pellicer dans sa lettre à Bowle, parle avec une hypocrisie consciente ou inconsciente. Les Espagnols se croyaient obligés de louer la tâche de Bowle, surtout en s'adressant à lui, mais en réalité ils en étaient jaloux. Comment l'Academia Espagnole pouvait-elle être enthousiasmée, comme l'affirme Ortega, par la publication en Angleterre d'une belle édition du Quichotte qui paraîtrait presque en même temps que la sienne, la première entreprise par l'Académie Espagnole, et qui lui serait supérieure? Becker prétend, peut-être avec raison, que la jalousie poussa l'Académie à précipiter la publication de son édition, qui parut enfin quelques mois avant celle de Bowle. Enfin, Ortega affirme qu'il a fait réviser la carte d'Espagne par le meilleur géographe espagnol, c'est à dire, selon Bowle, par Tomás López. Or, malgré cette révision, des endroits fort connus, comme l'Alcarria, Baeza, Úbeda, Elche, etc., sont restés dans des emplacements fantastiques. Il faut en conclure que López, jaloux de la science anglaise, a renvoyé la carte avec des corrections fort sommaires, en disant, plus ou moins conscient du mensonge, que tout y était bien maintenant». These quotations are from Chapter 6 of Hilton (n. 31, above).

[93] *Cervantine Correspondence* (n. 2, above) p. 60.

From that point on things did not go well, and this is why the issue of *Cervantes* with a cluster of material on Bowle is titled «The Tragedy of John Bowle».[94] There were no reviews of his edition, either in England or Spain. This troubled Bowle and he protested in 1784, in a letter to *Gentleman's Magazine*: «As I have within a few days past discovered some very unfair practices respecting the admission of an account of my edition of Don Quixote into two periodical publications, to which I had some reason to think I was entitled, and have found the perpetrators of them to have been a false friend, and another, whose encomium I should regard as an affront and real slander; the one as fond of the grossest flattery, as the other ready to give it, and both alike wholesale dealers in abuse and detraction».[95]

These two individuals were Joseph Baretti and John Crookshanks. The latter had helped Bowle in preparing his edition; Cox, who has read their unpublished correspondence, says that Bowle «relies on Crookshanks' judgment and outright assistance with books and manuscripts».[96] After Percy and Dillon, Crookshanks is the person who helped him the most. He cautioned Bowle before publication that his errors in Spanish were so serious that they would «damn his edition».[97] At this Bowle took profound offense, broke off the relationship, and omitted him in his acknowledgments, at which Crookshanks was understandably offended. Baretti had been insulted by Bowle with a description, in his *Letter to Dr. Percy*, of Baretti's account of Spanish literature as «egregiously defective and erroneous».[98]

---

[94] Volume XXIII, 2. Online: <http://www.h-net. org/~cervantes/csa/bcsaf03.htm> (3 Aug. 2005).

[95] «Correspondence» (n. 11, above) pp. 136—138.

[96] *Ilustrado* (n. 3, above) p. 65.

[97] Quoted by Baretti, *Tolondron* (n. 7, above) pp. 238—239. Bowle confirms this in his nearly-inaccessible *Remarks on the Extraordinary Conduct of the Knight of the Ten Stars and his Italian Esquire* (n. 110, below): «From my outset to the exhibition of my *Prologo* to him, as far as I can recollect, I had his concurrence. On shewing him this, when set up for revisal, the weather-cock of his opinion veer'd about, and he at once told me *it* would damn my whole work: on mentioning to him an honourable person's speaking of it in terms of approbation, he turn'd a deaf ear. Had he said, if it stands as it now does, *I* will damn your whole work, he had spoke out, and more to the purpose» (p. 2).

[98] *Letter to Dr. Percy* (n. 10, above) p. 114. R[onald] W. Truman describes this as a «gratuitously offensive remark» in «The Rev. John Bowle's Quixotic Woes Further Explored», *Cervantes* XXIII, 2 (2003), pp. 9—43, at p. 22. Online: <http://www.h-net.org/~cervantes/csa/ articf03/truman.pdf> (15 Sept. 2005).

Even though it is always intelligible, Bowle's Spanish is embarrassing, as Baretti would soon say publicly.[99] My colleague Anthony Close, who easily forgives mistakes by English scholars of Cervantes, says that Bowle's notes were in «good self-taught Spanish».[100] I beg to disagree. No one can call the following «good Spanish»:

> Como en la disposición de las Anotaciones un principal intento ha sido aliviar el trabajo del Lector, aclarando las dificultades del texto sin divertir su atención, sino cuando sea necesario *recorrer a las*, el mismo *ha sido seguido en formando* los indices, donde *hallaránse* los dichos del Prevaricador Sancho...[101]

Unfortunately Pellicer was correct when he said that Bowle's Spanish «se resiente, como es natural, de no pocos barbarismos y frases extrañas».[102] On the title page alone there are two serious errors: he writes «primero tomo» and translates «copies may be had», or something similar, with «se hallarán», there being no subject for the Spanish plural verb.[103] Bowle commits numerous other grammatical errors, including errors in agreement such as «esto manuscrito» and «cuatros libros», and using «pero» when «sino» is called for[104]; he writes Anglicisms such as «tomar la pena» and «en la mañana»; he puts clitics on the end of verb forms where they cannot go[105]; he uses archaisms he has learned from his reading, such as «ca», «oviere», and «Ingalaterra», without realizing that they are not in current use. Despite his proclamation of respect for Cervantes' orthography, in his edition the orthography and use of accents are quite confused, as Baretti points out with glee in «Speech the

---

[99] Bowle's Spanish is studied by Martínez Carretero, cited in n. 68, above.

[100] *The Romantic Approach to* Don Quixote, Cambridge: Cambridge University Press, 1978, p. 10.

[101] III, p. 360, emphasis added; orthography modernized.

[102] «Discurso preliminar» p. xvi, cited by Hilton (n. 31, above) Chapter 6, n. 119.

[103] The title pages of the two emissions of his edition are reproduced in Eisenberg, «Dos emisiones» (n. 25, above) pp. 62—63.

[104] «...honor y gloria no solamente de su patria, pero de todo el género humano» (III, p. 32).

[105] For example: «pocos verbos hállanse» (III, p. 360); «Bautizóse a 9 de Octubre» (III, p. 10), which also misuses the reflexive. The only discussion I have found of the rules governing clitics in «literary» Spanish is that of Marathon Montrose Ramsey, *A Textbook of Modern Spanish,* revised by Robert K. Spaulding, New York: Holt, Rinehart and Winston, 1956, §4.1— §4.15.

Ninth» of *Tolondron*.[106] This is the biggest shortcoming of Bowle's edition. It's like the job applicant with numerous stains on his or her shirt: perhaps irrelevant to the job, but creating a very bad impression.[107]

With the exception of my English colleague, everyone who looks at Bowle's edition agrees that his Spanish desperately needed a good going-over from someone more expert in the language than he. Bowle in fact had such a person, his collaborator John Talbot Dillon; what is more remarkable, Bowle conserved a letter with Dillon's sensible corrections to part of the prologue, which can be found incorporated into the published text.[108] Yet he was unable to learn from this and see the need for a thorough linguistic revision. After all, he had read Covarrubias from beginning to end; he knew *Don Quixote* in large part by heart; he had read, or skimmed, a very large number of Spanish books. He knew French and Italian and Latin, and was blind to the shortcomings of his Spanish.

With the publication of his *Letter to Dr. Percy* Bowle had one enemy, Baretti; after the publication of his edition he had a second, Crookshanks. Baretti was in London while Bowle, of course, was out in a small country village. We know from Bowle's reaction that Baretti was criticizing his edition in literary circles. Bowle should have let matters stand, but he let fly with a scurrilous pamphlet called *Remarks on the Extraordinary Conduct of the Knight of the Ten Stars and his Italian Esquire, to the Editor of* Don Quixote: the Knight of the Ten Stars (C**********) is Crookshanks.[109] I

---

[106] *Tolondron* (n. 7, above) pp. 243—256; examples of Bowle's confusion about accents are found in n. 29, above. Bowle declared his intent of following the original orthography in the *Letter to Dr. Percy* (n. 10, above) p. 116. Shortly after, however, he wrote to the Spanish consul Miguel de Ventades that he would follow the Spanish Academy's orthography, as was apparently recommended to him (letter of May 20, 1777, quoted by Cox, *Ilustrado* (n. 3, above) p. 68). As will be seen in my edition of his *Dissertacion epistolar acerca unas obras* [sic] *de la Academia Española* (*Boletín de la Real Academia Española*, in press), Baretti is an orthographic theorist and reformer, making fun of the Academy with almost as much joy as he has in attacking Bowle.

[107] After publication of his edition, when presumably he was no longer reading many books in Spanish, his Spanish deteriorates, as seen in the letters published in «Correspondence» (n. 11, above).

[108] «Dos emisiones» (n. 25, above) p. 48 n. 3. The «first part of my Prólogo» was sent to Dillon on January 18, 1781 (Cox, *Ilustrado* (n. 3, above) p. 83). On April 10 he writes Dillon that «Mi prólogo a las Anotaciones I have at length completed, and the part which I communicated to you is t the press» (quoted in Cox, *Ilustrado* p. 84).

[109] *Remarks on the Extraordinary Conduct of the Knight of the Ten Stars and his*

have not had the heart to edit and publish this text. In a further failing he then sent four pseudonymous letters to *Gentleman's Magazine*, each signed with a different name but of obvious authorship because they were all attacks on the same two individuals.[110] However, what I want to focus on in the time I have left is Baretti's reply: his book *Tolondron*, which is a linguistic tour de force and as Truman has shown,[111] hastened Bowle's demise. Just as Bowle's *Letter to Dr. Percy* began *Don Quixote* studies, *Tolondron* marks the beginning of Cervan tine controversy.

Baretti, friend of Samuel Johnson, was a plurilingual lexicographer as well as a polemicist, who published the first Italian-English dictionary and is the author of a noteworthy Spanish-English dictionary.[112] His life was marked by controversies, and he made so many enemies in his native Italy that he had to leave the country and settle in England, where he lived for many years until his death.[113] *Tolondron* is a display of his learning from the very title, an unusual, *rebuscada* word: a bump on the head and by extension, a simpleton. It is learned, well written, and very funny, a creative and even poetical attack on Bowle and his edition. Baretti identifies the authorship of and responds to the four pseudonymous letters and to Bowle's *Remarks on the Extraordinary Conduct* which

---

Italian Esquire, to the Editor of Don Quixote, *in a Letter to the Rev. J.S. D.D.*, London: G. & T. Wilkie, 1785. It has been microfilmed and is available on reel 13767 of the series *The Eighteenth Century*, Woodbridge, CT: Primary Source Microfilm, 1982 —. (This series is being digitized). The only known copy of this pamphlet is in the Bodleian Library, for which notice I am indebted to Truman.

[110] The letters are reproduced in notes to my edition of *Tolondron* (n. 7, above) pp. 186—187, 194—195, 199, and 204—205.

[111] «Bowle's Quixotic Woes» (n. 68, above) pp. 33—34. Truman provides additional information about the Bowle—Baretti—Crookshanks enmity.

[112] *A Dictionary, Spanish and English, and English and Spanish: containing the Signification of Words, and their Different Uses...and the Spanish Words Accented and Spelled according to the Regulation of the Royal Spanish Academy of Madrid*, London, 1778. It is reproduced in the microfilm series *The Eighteenth Century*, reel 6186 (on this series, see the previous note).

[113] «Cet Italien fougueux a entrepris des polémiques semblables presque sans interruption au cours de sa longue vie....Bowle au contraire était un pasteur paisible qui n'avait jamais d'histoires avec personne». (The quotation from Hilton (n. 31, above) Chapter 7, «Un Duel entre Hispanophiles: Baretti et John Bowle»).

There is a considerable bibliography on Baretti. As a start, see Ettore Bonora, «Baretti e la Spagna», *Giornale Storico della Letteratura Italiana* CLXVIII (1991), pp. 335—374.

I just mentioned. He delights in pointing out Bowle's linguistic errors, and says that his notes are unnecessary and worthless. «Far from harbouring any such idea, or hinting, that, to understand his *Don Quixote*, we were to read the chivalry and other silly books he had read himself, Cervantes condemned them all to be burnt by means of the Curate.... Fling you, Mr. John Bowle, fling into the fire your *Comento* likewise; as I tell it you again, that there is not *one line* throughout *Don Quixote* in want of any of your explanations; or point out *only one*, that you have explained better, than any Spanish girl could have done» (p. 264).

Of course Baretti was wrong. In 1797 Pellicer published an annotated edition in Spain, and Bowle's real triumph is that explanatory and textual notes are now so normal that we forget that they were once controversial. Baretti's Spanish wasn't flawless either. I am editing his *Dissertacion epistolar acerca unas obras* [sic] *de la Academia Española*, in which he lays into the 1780 Academia edition and its orthography, a book for which Bowle had only praise.

I'm going to close with an excerpt from *Tolondron*, which bears on the title page the following quote from a play of Antonio de Solís:

> Cosa digna de embidia
> Es el consuelo que gastan
> Los Bobos en este mundo,
> Y aquella gran confianza
> De que imaginan, que son
> Sentencias las patochadas. (p. 151)

Baretti calls Bowle «Your Tolodronship» (p. 200), «Doctor Tolondron» (p. 224), «Monsieur de Tolondron» (p. 182), «mon cher Marquis de la Tolondroniere» (p. 232), «le Baron de Tolondrognac» (p. 232), «tolondron tolondrissimo» (p. 214), «princeps tolondronorum» (p. 265), and similar insults. At the beginning of one of his «speeches» or chapters he has a quote from Shakespeare, «Methinks thou art a general offence, / and every body should beat thee» (p. 165). Besides Shakespeare, he begins chapters with quotations from Rabelais in French and Horace and Erasmus in Latin, although he may have invented the quote from Erasmus. One chapter begins with the following invented quotation from a non-existent Isidro de Figuera:

> Con rostro firme, y con serena frente,
> Como habla el hideputa y como miente! (p. 157)

His point of departure in the episode I'm going to read is Bowle's criticism of Baretti for using the expression «de cabo a rabo», claiming that it was an Anglicism.[114] Baretti replies that he can cite authorities to prove that it is a genuine Spanish turn of phrase, and gives some examples:

> You say, Mr. John, that in the course of twenty years, among other Spanish Authors, you have read *Ribadeneira's Flos Sanctorum:* but have you ever read that other work of the same Author, entitled *Flos Stultorum? Ribadeneira,* in a short *Zarzuela,* entitled *El Editor sin seso,* makes *Mariposa,* a coy *Gitana,* or Gypsy, ask the *Gracioso* this question:
>
> > Como llamas a este cero
> > De cabo en rabo majadero?
> > To which the Gracioso answers:
> > Preguntas por el Bolocho
> > De cabo en rabo tonto y tocho?
> > Maldito él si yo lo sé:
> > Púparo, péparo, paparé.

And here, as a *marginal note* tells us, the Gracioso kicks about, and cuts a great many capers.

Have you any thing to say to this quotation from your beloved *Ribadeneira?* Now for another from the facetious *Chufleteneira,* who, in his second book, chapter the second, page the second, column the second, and line the second (you see I can be as exact as you in my quotations) speaking of a ball given by the *Alcalde* of *Mofadilla,* upon occasion, that one *Juan Bolo* was chosen *Mosen,* or *Vicar* of that *Aldeguela,*[115] registers a lively *Xacara* that was sung and danced by the boys and girls admitted to partake of that feast. The Xacara runs thus:

Cantan las Mozas; that is, *The Girls Sing.*

> Vaya vaya de Xácara,
> Gallardos Zagalejos,
> Si sois los buenos páxaros

---

[114] *Remarks on the Extraordinary Conduct,* cited by Baretti, *Tolondron* (n. 7, above) p. 171.

[115] Bowle was vicar of the village of Idmiston.

Que parecéis de lejos:
Cantad y bailad,
Bailad y cantad
De nuestro Mosén Bolo
Chichirichólo,
Chichirichón,
De cabo en rabo Tolondrón.

Cantan los Mozos; that is, the Boys sing....

These two quotations, Mr. Bowle, ought to satisfy you quite with regard to the legitimacy of my phrase: but, as I am of a liberal, rather than of *a diabolical* nature, as you would make me believe I am, here goes another quotation out of the heroic poem, entitled *El Comentador Charlatan,* lately published by *Don Lope Bufonadaneira,* who calls himself *Muñidor de la devota Cofradía de los Truhanes Manchegos y Estremeños.* Thus does this great Epopeian describe his principal hero, a haughty *Presbiteri-llo* called *Juanito Bastarduco,* in the second stanza of his second Canto:

No sé si su Merced es hembra, o macho,
Eunuco, hermafrodita, o cuero, o bota:
Si sabe a Inglés, a galgo, o a moharracho,
Si es olla hendida, o calabaza rota:
Si tiene tiña, o sarna, o si vá gacho;
Ni si es zago de iglesia, o de picota:
Si lleva, o no, por calavera un nabo;
Mas sé, que es Charlatán de cabo en rabo. (pp. 173—175)

This is what Bowle had to endure, which, as Truman has documented, embittered his final years and hastened his demise. Bowle would no doubt approve of ending with a quotation from his beloved Cervantes: «dondequiera que está la virtud en eminente grado, es perseguida» (II, 2).

La tradición cervantina en la novela inglesa: De Henry Fielding a William Thackeray

PEDRO JAVIER PARDO GARCÍA
Universidad de Salamanca

CUANDO SE PIENSA EN las relaciones del *Quijote* con la novela inglesa habitualmente acuden a la mente una serie de obras del siglo XVIII cuya deuda con la novela cervantina es evidente en forma de alusiones o préstamos tanto de personajes como de episodios. *Joseph Andrews* (1742), de Henry Fielding, *The Female Quixote* (1752), de Charlotte Lennox, *Launcelot Greaves* (1760-61), de Tobias Smollett, *Tristram Shandy* (1759-1767), de Laurence Sterne, o *The Spiritual Quixote* (1773), de Richard Graves, son ejemplos claros de este tipo de influencia directa y evidente, pues todas ellas —a veces desde el título mismo— establecen un claro parentesco entre sus protagonistas y don Quijote. Más allá del siglo XVIII podrían citarse *The Heroine* (1813), de Eaton S. Barrett, *Northanger Abbey* (1818), de Jane Austen, *The Pickwick Papers* (1836-37), de Charles Dickens, *The Newcomes* (1753-55), de William Thackeray, *The Ordeal of Richard Feverel* (1859), de George Meredith, o, ya en el siglo XX, *The Return of Don Quixote* (1927), de G.K. Chesterton, y *Monsignor Quixote* (1982), de Graham Greene, como ejemplos de novelas protagonizadas por figuras quijotescas. Sin embargo no toda la historia de la huella cervantina en la novela inglesa queda recogida en este tipo de novelas que podríamos calificar de *quijotescas*.[1] La huella es más amplia y mucho más

---

[1] El mejor estudio de la novela quijotesca en la literatura inglesa del siglo XVIII sigue siendo el artículo de Susan Staves, «Don Quixote in Eighteenth-Century England», *Comparative Literature*, XXIV (1972), pp. 193-215, junto con el más antiguo de Miriam Rossiter Small, «*The Female Quixote* and Other Quixotic Imitations of the Eighteenth Century», en *Charlotte Lennox: An Eighteenth-Century*

Lady of Letters, New Haven: Yale University Press, 1935, pp. 64-117. Más recientemente han escrito sobre el tema R. K. Britton, «Don Quixote's Fourth Sally: Cervantes and the Eighteenth-Century Novel», *New Comparison*, 15 (1993), pp. 21-32, que ofrece un enfoque novedoso aunque se ocupa sólo de Fielding y Sterne, y Heinz-Joachim Müllenbrock, «*Don Quijote* and Eighteenth-Century English Literature», en *Intercultural Encounters: Studies in English Literature*, eds. Anton Heinz y Kevin Cope, Heidelberg: Carl Winter Universitatsverlag, 1999, pp. 197-209, que no realiza ninguna aportación sustancial. Lo mismo puede decirse de los estudios no enfocados exclusivamente en el *Quijote* de Juan Antonio García Ardila, «La influencia de la narrativa del Siglo de Oro en la novela británica del XVIII», *Revista de Literatura*, LXIII (2001), pp. 401-23, y Brean Hammond, «Mid-century Quixotism and the Defence of the Novel», *Eighteenth-Century Fiction*, X (1998), pp. 247-68, aunque sí pueden encontrarse aportaciones originales en el libro de Wendy Motooka, *The Age of Reasons: Quixotism, Sentimentalism and Political Economy in Eighteenth-Century Britain*, Londres/Nueva York: Routledge, 1998. Por supuesto hay abundantes estudios sobre novelistas individuales (sobre todo Fielding, pero también Sterne, Smollett o Lennox) y alguno sobre la recepción general del *Quijote* en el siglo XVIII, entre los que merece la pena destacar el libro pionero de Gustav Becker, *Die Aufnahme des 'Don Quijote' in die englische Litteratur (1605-c.1770)*, Berlín: Mayer und Müller, 1906, el de John Skinner, «Don Quixote in 18th-Century England: A Study in Reader Response», *Cervantes*, VII (1987), pp. 45-57, y por supuesto el reciente libro de Ronald Paulson, *Don Quixote in England: The Aesthetics of Laughter*, Baltimore/Londres: Johns Hopkins University Press, 1998, cuyo título es engañoso porque se limita básicamente al siglo XVIII, aunque la nómina de autores ingleses incluidos en él es impresionante. Sigue faltando por tanto una visión de conjunto completa y rigurosa de Cervantes en la novela inglesa del siglo XVIII, y la situación empeora si queremos ir más allá, pues no existen estudios de conjunto del siglo XIX o del XX y los de autores concretos son más escasos (casi todos sobre Dickens o Scott). Robert Ter Horst se ocupa de ambos autores en «The Spanish Etimology of the English Novel», *Indiana Journal of Hispanic Literaturas*, V (1994), pp. 291-307, donde, al arrancar en el siglo XVIII con Defoe, ofrece un esbozo de lo que sería una visión de la novela cervantina inglesa a través de los siglos. Tal visión sólo ha sido intentada anteriormente por Walter Starkie en «Cervantes y la novela inglesa», en *Homenaje a Cervantes* II, ed. F. Sánchez Casado, Valencia: Mediterráneo, 1950, pp. 353-363, y Juan Bautista Avalle-Arce, «Quijotes y quijotismos del inglés», *Ojáncano*, II (1989), pp. 58-66, necesariamente superficiales y faltos de análisis en profundidad por razones obvias de espacio; y también por los que se han ocupado de la recepción del *Quijote* en Inglaterra, James Fitzmaurice-Kelly en su estudio pionero «Cervantes in England», *Proceedings of the British Academy*, III (1905-06), pp. 11-30, y sobre todo Edwin Knowles, «Cervantes and English Literature», en *Cervantes Across the*

profunda, pero para poder rastrearla es preciso un cambio de perspectiva, un enfoque diferente de la posteridad literaria del *Quijote*. Y ello exige
a su vez tener en cuenta dos distinciones formuladas por dos de los
comentaristas más agudos del *Quijote*, aunque ninguno de ellos fue
cervantista, por cierto. La primera es la distinción entre quijotismo y
cervantismo, que fue apuntada por un filósofo; la segunda distinción,
entre imitación y emulación, es obra de un comparatista. La naturaleza
teórica y comparativa de las indagaciones en torno al *Quijote* de uno y
otro es ya sintomática del tipo de enfoque al que me estoy refiriendo.

En las *Meditaciones del Quijote* (1914) Ortega explicaba que quería
hacer un estudio del *quijotismo*, pero que esa palabra escondía un
equívoco porque «Don Quijote» se refiere tanto al libro como al
personaje. «Generalmente», concluía, «lo que en buen o mal sentido se
entiende por 'quijotismo', es el quijotismo del personaje. Estos ensayos,
en cambio, investigan el quijotismo del libro».[2] Tal era para Ortega, como
puntualizaba más adelante, el verdadero quijotismo: el de Cervantes, no
el de don Quijote. La distinción, reformulada en tiempos más recientes
como quijotismo frente a cervantismo por Britton precisamente al
abordar las relaciones entre el *Quijote* y la novela inglesa (*op. cit*, pp. 22-
23), indica dos formas de acercarse al tema que conviene diferenciar, si
bien no son incompatibles: por una parte, el estudio de la imitación de
los diferentes elementos que constituyen la fórmula quijotesca, es decir,
de don Quijote como personaje y sus aventuras; por otra parte, el análisis
de la asimilación de un cierto arte cervantino de la novela, de una forma
característica de pensar y de hacer la novela, de concebirla y ejecutarla.

En un estudio memorable titulado «The Quixotic Principle: Cervantes and Other Novelists» (1970) Harry Levin sugería una distinción entre
los imitadores y los emuladores de Cervantes, siendo estos últimos los
que no se conforman con reproducir los hallazgos cervantinos y son

---

Centuries, eds. Angel Flores y M.J. Bernadete, Nueva York: The Dryden Press,
1947, pp. 267-293, que sigue siendo la mejor visión de conjunto hasta la fecha. La
profundidad que falta en la mayor parte de estos estudios puede encontrarse en
los enfoques más especializados pero no limitados a la novela inglesa (aunque
con un énfasis considerable en la misma) de Walter Reed, *An Exemplary History
of the Novel: The Quixotic versus the Picaresque*, Chicago: University of Chicago
Press, 1981, Alexander Welsh, *Reflections on the Hero as Quixote*, Princeton:
Princeton University Press, 1981, y Eric J. Ziolkowski, *The Sanctification of Don
Quixote*, University Park, PA: The Pennsylvania State University Press, 1991.
    [2] José Ortega y Gasset, *Meditaciones del 'Quijote'*, Madrid: Espasa-Calpe, 1976,
p. 30.

capaces de llevarlos más allá de Cervantes.[3] Levin añadía que no le interesaba tanto la línea directa del impacto cervantino como la utilización del proceso básico que Cervantes descubrió, que él llamaba «principio quijotesco» y definía como la discrepancia entre la imaginación romántica y la realidad. Estamos ante una distinción fundamental entre una imitación superficial y servil del modelo cervantino y una emulación que lo desarrolla y enriquece, y que por eso mismo en muchas ocasiones diluye sus propias líneas de filiación y transmisión: la presencia del modelo cervantino es menos obvia y aparente, y detectarla exige un estudio más detenido. En muchos casos, además, la emulación no es tanto el fruto de la influencia directa y declarada como de la afinidad o sintonía. Por supuesto la emulación puede partir de la imitación, o la afinidad conducir a la influencia, como es el caso de muchos autores ingleses, pero no necesariamente.

Si combinamos el cervantismo de Ortega con la emulación de Levin resulta una concepción de la tradición cervantina en la que se basa este breve estudio sobre Cervantes y la novela inglesa. La tradición cervantina de la que quiero ocuparme engloba a autores que comparten con Cervantes una teoría y una praxis novelística, que por lo general no se limitan a imitar o reproducir, sino que recrean, transforman y desarrollan. De hecho la tradición cervantina incluye a los autores más importantes y decisivos en la evolución de la novela no sólo inglesa sino también europea, aunque en muchos casos su conexión con Cervantes no es evidente y directa, ya que no reproducen personajes y aventuras quijotescas sino que emulan el arte cervantino de la novela, y requiere por ello un entendimiento previo del mismo. Tal entendimiento debería ser el punto de partida de nuestro recorrido, pero por razones obvias de espacio irá quedando esbozado en el curso del mismo. Por las mismas razones, y siendo imposible abordar la larga serie de autores ingleses cervantinos con el detenimiento mínimo sin el cual este estudio se convertiría en un catálogo, me voy a centrar en dos novelistas, uno del siglo XVIII y otro del XIX. El análisis de las que se consideran no sólo sus obras maestras sino también auténticos hitos en la historia de la novela inglesa servirá para mostrar la profundidad e importancia cualitativa del impacto de Cervantes en la misma, y, para hacerse al menos una idea de la amplitud o importancia cuantitativa de ese impacto, se hará referencia en el curso de este análisis a otras novelas inglesas vinculadas a las

---

[3] Harry Levin, «The Quixotic Principle: Cervantes and Other Novelists», en *The Interpretation of Narrative: Theory and Practice*, ed. Morton Bloomfield, Cambridge: Harvard University Press, 1970, p. 47.

analizadas por sus afinidades cervantinas. Las dos novelas elegidas son *Tom Jones* (1749), de Henry Fielding, y *Vanity Fair* (1847-48), de William Thackeray, que, pese a carecer de figuras quijotescas y haber por ello pasado casi desapercibidas al escrutinio cervantino, comparten un profundo cervantismo.

EL *QUIJOTE* Y LA NOVELA INGLESA DEL SIGLO XVIII: HENRY FIELDING Y *TOM JONES*

Henry Fielding (1707-54) no es sólo el primer emulador de Cervantes en la novela inglesa: por calidad, pero también por cantidad, es además el autor más importante de la tradición cervantina del siglo XVIII, con la sola excepción, tal vez, de Smollett. En una larga carrera literaria que va del teatro a la novela Fielding describe un interesante trayecto desde la imitación a la emulación y del quijotismo al cervantismo, o, en otras palabras, de una asimilación literal —aunque no por ello desprovista de originalidad— del modelo cervantino basada en lo quijotesco a una más profunda que prescinde de lo quijotesco para centrarse en lo cervantino. La relación de Fielding con Cervantes se inicia con una obra de teatro, *Don Quixote in England* (escrita en 1727 pero representada en 1734), que es la imitación más literal concebible, pues, como reza el título, su protagonista es el propio don Quijote sacado de la Mancha y transplanta-do a Inglaterra: no se trata de un personaje inglés comportándose de forma quijotesca, sino de don Quijote en suelo inglés. Pese a ello Fielding plantea una revolucionaria concepción del quijotismo al trasladar el énfasis en el conflicto entre el quijote y la realidad del plano epistemoló-gico al moral, lo que implica un cambio en la valoración del mismo: la locura alucinada del hidalgo pasa a segundo término y es su superiori-dad moral y su denuncia de la corrupción reinante, que se presenta como una locura más perniciosa que la de don Quijote, lo que cobra ahora protagonismo.

Es precisamente esta concepción de la figura quijotesca la que Fielding desarrollará más tarde en *Joseph Andrews* a través del personaje de Adams, que sigue en esta línea de imitación literal pero representa un paso más adelante, pues se trata de un personaje original, un Quijote adaptado y no meramente transplantado. No es éste el lugar para insistir en los numerosos paralelismos existentes entre Adams y don Quijote, que han sido además exhaustivamente analizados por la crítica. Sí merece la pena hacerlo en la utilización de Adams como quijote inocente en un mundo corrupto, y por tanto como instrumento satírico —a la que hay que unir la de Joseph como lector quijotesco de la *Pamela* (1740) de Richardson, es decir como instrumento paródico— puesto que ahí radica la auténtica significación del famoso subtítulo de la obra: «Written in Imitation of the Manner of Cervantes».[4] Fielding no se interesó sólo por la materia, los personajes y episodios quijotescos que incorporó en abundancia, sino sobre todo por la manera, es decir, por su funcionamiento al servicio de una concepción cervantina de la parodia y la sátira, y también de la novela. Es ahí donde se produce el salto del quijotismo al cervantismo.

1. *DEL ANTI-ROMANCE AL ROMANCE CÓMICO*

Fielding empezó a elaborar en *Joseph Andrews* su particular concepción de la novela siguiendo los pasos de Cervantes, es decir, parodiando la literatura previa —la novela *Pamela* en vez de libros de caballerías. Fielding de hecho había empezado su carrera como novelista con otra parodia de la misma novela, *Shamela* (1741), donde ofrecía una realidad alternativa a la falsificación romántica de Richardson, lo mismo que haría un año más tarde en *Joseh Andrews*, si bien de una manera radicalmente diferente. Mientras que, en *Shamela*, Fielding convierte a la protagonista en una (in)versión picaresca de la virtuosa Pamela al modificar sustancialmente su carácter y motivaciones sin cambiar la acción de la novela original, en *Joseph Andrews* le aplica el correctivo de la realidad cervantino al hacer que la quijotesca imitación del comportamiento de Pamela por parte de su hermano Joseph en una situación similar dé lugar a resultados radicalmente diferentes. Fielding comienza así a articular su realismo a partir de la crítica a la representación de la realidad de la literatura previa, por lo que tal realismo puede describirse, al igual que el de Cervantes, como anti-literario. Tal carácter, sin embargo, evoluciona en el curso de *Joseph Andrews*, pues la parodia cervantina de *Pamela* está circunscrita al libro I (de los cuatro de que consta la obra), al final del cual Joseph se convierte en el compañero de aventuras del quijotesco Adams —lo que le confiere un cierto carácter panzaico. El papel de Joseph, sin embargo, no se limita a esta posición subalterna en la trama satírica quijotesca que se extiende a lo largo de los libros II y III, sino que es también el protagonista de una trama romántica que discurre junto a ella y que acaba desplazándola al final de la novela. En esta trama Joseph

---

[4] He desarrollado estas ideas en «Formas de imitación del *Quijote* en la novela inglesa del siglo XVIII: *Joseph Andrews* y *Tristram Shandy*», *Anales Cervantinos*, XXXIII (1995-1997), pp. 133-164, donde puede encontrarse una abundante bibliografía sobre ambas novelas y su relación con Cervantes. Véase también el libro de Isabel Medrano, *Integración de épica y comedia en la narrativa de Fielding y Cervantes*, Madrid: Editorial de la Universidad Complutense, 1988.

tiene que abandonar su hogar y separarse de su enamorada Fanny, aunque se une pronto a él en su viaje, a lo largo del cual se producen una serie de románticas aventuras y peripecias, para acabar finalmente casándose tras superar los consabidos impedimentos gracias a la romántica recuperación de la auténtica identidad de Joseph como hijo de un noble, sugerida desde el principio por los atributos heroicos con que aparece investido, pero ahogada por la realidad anti-romántica a la que acaba imponiéndose. Joseph empieza como protagonista de una parodia de la romántica *Pamela*, de un anti-*romance*, para acabar como protagonista de un *romance*, o, mejor dicho, de un *comic romance*.[5]

Es éste un término fundamental para entender la teoría de la novela de Fielding y su filiación cervantina. Según el prefacio de *Joseph Andrews*, el *romance cómico* es una superposición o yuxtaposición del *romance* serio, que Fielding censura por su carácter inverosímil, y la comedia, que en la jerarquía genérica heredada de los clásicos y vigente en el siglo XVIII era el género de la realidad ordinaria y lo bajo por oposición a lo alto o ideal, de lo contemporáneo por oposición a lo histórico o legendario. Se trata por tanto de una inmersión o una adaptación del *romance* a la realidad. El *romance* serio al que se refiere Fielding es el *romance heroico* nacido en Francia en el siglo XVII y cuyos exponentes, obras como el *Polexandre* (1632) de Gomberville, la *Cleopatre* (1648) de La Calprenède, o la *Clélie* (1656) de Scudéry, habían llegado a ser muy populares en Inglaterra en el siglo XVIII. Aunque Fielding define el *romance* cómico como *epic-poem in prose* y ello ha generado una serie de estudios sobre la naturaleza épica de la obra de Fielding, el *romance* heroico, y no la épica, es el modelo que Fielding utilizó para su transformación cómica en *Joseph Andrews* —al igual que Cervantes utilizó el de caballerías y no la épica, pese a las teorías sobre la épica en prosa que formula el canónigo de Toledo en el *Quijote* pero que se refieren en realidad al *Persiles*. Ello es fácilmente observable si atendemos a la trama característica del *romance* heroico: un héroe y una heroína, uno de ellos de orígenes misteriosos y aparentemente de rango inferior, se enamoran y deben enfrentarse a una serie de obstáculos, especialmente un impedimento paterno, a causa del cual

---

[5] Utilizo el término *romance* (y su adjetivo, *romántico*) con el significado que éste tiene en inglés, es decir, como un relato de corte idealista claramente diferenciado de la novela realista, y entre cuyas variedades se cuentan el *romance* de caballerías, el pastoril y el griego (la llamada «novela bizantina») utilizados por Cervantes en sus obras, o el heroico que utiliza Fielding. He ofrecido una definición más detallada de este modo narrativo en «El *romance* como concepto crítico-literario», *Hesperia*, II (1999), pp. 79-114.

ambos abandonan su hogar y se lanzan a un viaje que, tras una serie de aventuras y peripecias en las que la mano de la Providencia se deja ver en una sucesión de increíbles casualidades y coincidencias, culmina con su reunión final y, tras el descubrimiento de la verdadera identidad y noble linaje del héroe o la heroína, con su matrimonio.

La comparación con la trama romántica de *Joseph Andrews* no deja lugar a dudas sobre las relaciones de la obra con este tipo de *romance,* con la salvedad de que en la novela de Fielding esta trama es cómica además de romántica porque tiene lugar en un mundo anti-romántico y porque se superpone con una trama quijotesca. Fielding baja así el mundo heroico de sus alturas ideales a una realidad ordinaria y anti-heroica, de forma similar a como había hecho Cervantes en el *Quijote.* La teoría y la práctica del *comic romance* en *Joseph Andrews* es por tanto una variante de la teoría cervantina de la novela, basada en la yuxtaposición del *romance* con una realidad anti-romántica, en el diálogo de dos formas antitéticas de representar la realidad, el *romance* y el realismo. Fielding desarrolla esta concepción de la novela en *Tom Jones,* donde sin embargo falta una figura quijotesca. Esta ausencia ha hecho que la gran novela de Fielding haya sido apenas estudiada desde la perspectiva cervantina, e incluso que se haya postulado que en *Tom Jones* se observa un alejamiento de Fielding de la influencia cervantina. La realidad, sin embargo, es que Fielding se aleja sólo del quijotismo literal, pero profundiza en su cervantina visión de la novela como *romance* cómico así como en otros aspectos del realismo cervantino —su carácter dialógico y auto-consciente— sólo esbozados en *Joseph Andrews.*

2. *EL ARTE CERVANTINO DEL CONTRASTE: LA NOVELA DUAL*
Tom Jones es fundamentalmente un *romance* heroico sobre el que se proyecta una realidad anti-romántica que contrasta cómicamente con él, que marca distancias y dialoga con él en el sentido bajtiniano del término.[6] Ello se observa desde el comienzo mismo de la obra en la presentación del protagonista. Tom es abandonado en el dormitorio de su padre adoptivo y reproduce así el motivo romántico del héroe expósito de orígenes misteriosos, pero este motivo es inmediatamente

[6] Las afinidades de *Tom Jones* con el *romance* han sido estudiadas por Henry Knight Miller, *Henry Fielding's 'Tom Jones' and the Romance Tradition,* Victoria: University of Victoria, 1976; James Lynch, *Henry Fielding and the Heliodoran Novel: Romance, Epic, and Fielding's New Province of Writing,* Londres/Toronto: Associated University Presses, 1986, y Hubert McDermott, *Novel to Romance: The 'Odissey' to 'Tom Jones',* Londres: Macmillan, 1989.

degradado al descubrirse que es el bastardo de una criada, Jenny Jones, lo que traslada tal motivo del *romance* a un contexto anti-romántico. Algo similar ocurre con el motivo del héroe predestinado cuya naturaleza heroica y excepcional viene anunciada desde la infancia por ciertos signos y profecías. Tom inicia su andadura envuelto en tales presagios, aunque negativos en vez de positivos, pues como tales califica el narrador a una serie de robos que revelan la propensión al vicio de Tom, y que son de nuevo una clara degradación de la predestinación romántica del héroe a una anti-romántica que podría calificarse de picaresca —el narrador llega a decir que la opinión general era que Tom había nacido para ser ahorcado. Sin embargo, pese a estos negativos comienzos, poco a poco va emergiendo la dimensión de héroe romántico de Tom —a la que apuntan sus cualidades atléticas, su piel extremadamente blanca y su extraordinaria hermosura— en una serie de situaciones en que se comporta con la nobleza esperable en un héroe. Tom aparece así desde el principio como una mezcla de héroe y anti-héroe, de lo elevado y lo degradado, de aspectos del *romance* y de una realidad anti-romántica, que da lugar a un cómico contraste similar al que se produce en el *Quijote*.

La misma dualidad puede observarse en el mundo que lo rodea. En la cima de ese mundo aparece Sophia, la heroína, a la que se presenta siguiendo todos los clichés del *romance* como una figura sublime, idealizada física y moralmente. Sin embargo Tom no se enamora en un principio de ella, sino de Molly, que es todo lo contrario, el polo anti-romántico de Sophia, una humilde muchacha poseedora de un cuerpo y una belleza hombrunos así como de una varonil falta de modestia y celo por su virtud que le hace tomar la iniciativa con Tom y seducirlo. Los amores de Tom y Molly son un contraste degradado a los que Tom inicia inmediatamente después con Sophia. Esta cervantina yuxtaposición entre el *romance* y una realidad antagónica se seguirá produciendo en las sucesivas recaídas de Tom con mujeres —Mrs Waters y Lady Bellaston— que representan la antítesis de Sophia, siguiendo sus instintos más primarios (en ambos casos el sexo es asociado de forma explícita con el hambre y la supervivencia física). El contraste entre los idealizados y espirituales amores de Tom y Sophia, que siguen todos los patrones del *romance*, y los terrenales y sexuales, picarescos amores de Tom con estas mujeres, muestra a las claras la doble naturaleza no sólo de Tom sino del mundo representado en el *romance* cómico.

De esta doble naturaleza del héroe y el mundo resultan dos tramas, dos líneas de acción. Por un lado, una picaresca, que empieza con un héroe nacido para ser colgado, que es expulsado de su casa tras una borrachera y una pelea, que viaja sin dinero de posada en posada satisfaciendo como puede sus necesidades materiales de todo tipo, y que finalmente da con sus huesos en prisión y va a ser efectivamente ahorcado. Por otro lado, tenemos una trama romántica, en la que el mismo héroe, encarnando todo el idealismo romántico y románticamente enamorado de la heroína, viaja tras ella gracias a una serie de coincidencias en las que se muestra la mano de la Providencia, se enfrenta a una serie de situaciones y aventuras en las que se comporta como un auténtico héroe, y debe superar una serie de obstáculos que se interponen en sus amor por Sophia. Ambas tramas se cruzan o confluyen en diferentes puntos, especialmente en la venta de Upton (libro IX, en el centro mismo de la novela, que consta de dieciocho), donde Tom se encuentra con Sophia merced a una providencial coincidencia, pero el encuentro es frustrado por encontrarse Tom en la cama con Mrs Waters, a lo que sigue otra serie de casuales encuentros, tanto románticos como anti-románticos, y donde se producen una serie de discordias y confusiones, todo ello como resultado del cruce de diferentes hilos narrativos que convergen en la venta. La venta de Upton está sin duda modelada sobre la de Juan Palomeque del *Quijote,* en la que también se cruzan diferentes hilos que dan lugar a una serie de encuentros —tanto providenciales y románticos (Cardenio y Dorotea con Luscinda y don Fernando, el Oidor con su hermano el Cautivo) como cómicos y anti-románticos (don Quijote con el barbero que reclama lo suyo y con los cuadrilleros que lo reclaman a él). En ambas ventas se produce una similar superposición de tramas románticas y anti-románticas que es una dramatización del carácter dual del mundo representado.

Así pues *Tom Jones,* como el *Quijote,* se articula sobre el contraste entre el *romance* y una realidad anti-romántica o incluso picaresca, pero con una diferencia importante. El *romance* en Fielding no es una quimera en la cabeza de un loco, una realidad sólo subjetiva, sino que es parte de la realidad objetiva, y de hecho es la parte que acaba imponiéndose —como ocurría ya en *Joseph Andrews.* Al final de la novela el héroe emerge de su naturaleza dual como héroe integral al reformarse y al descubrirse que en realidad es de noble linaje, lo que le permite casarse finalmente con la heroína y comenzar así una idílica vida con ella. En *Tom Jones* el *romance* triunfa, emerge de una realidad mezclada y compleja, al contrario que en el *Quijote,* donde es una fantasía aplastada por la realidad y sólo sobrevive en una serie de historias intercaladas secundarias. Fielding, como Cervantes, incluye los dos polos, el romántico y el anti-romántico, pone el *romance* en un contexto realista e incluso picaresco para producir un efecto cómico y distanciarse de él, pero la distancia que adopta es diferente, a medio camino entre el respeto y la seriedad de las historias sentimentales intercaladas del *Quijote* y la burla y comicidad de la historia caballeresca del hidalgo. Ahí radica la diferencia fundamental entre el *anti-romance* cervantino y el *romance cómico* de Fielding, una diferencia que se explica en gran medida por la mediación de otro autor de la tradición cervantina, el francés Paul Scarron y su *Roman comique* (1651). El ejemplo de Cervantes y la mediación de Scarron y otros autores cervantinos franceses del siglo XVII como Sorel o Lesage puede explicar también que, un año antes de que apareciera la obra maestra de Fielding, la primera novela publicada de Tobias Smollett estuviera construida en torno a una yuxtaposición de una trama romántica y otra picaresca muy similar, por no decir idéntica, a la de *Tom Jones*.

Roderick Random (1748) cuenta la historia de un personaje típicamente picaresco por su soledad y alienación radicales, por tratarse de un huérfano en temprano y perpetuo conflicto con un mundo hostil en el que sobrevive gracias a sus trucos y trampas, así como por esa trayectoria vital a través de la cual desempeña diferentes trabajos y pasa por diferentes situaciones y estados sociales, en un ciclo permanente de fortunas e infortunios, y todo ello narrado de forma autobiográfica. Pero, aunque Roderick sufra las aventuras y avatares de un pícaro y se comporte ocasionalmente como tal, él no es un pícaro auténtico, sino todo lo contrario: es un caballero de noble origen, como ponen de manifiesto no sólo su atractivo aspecto físico sino también la inocencia y nobleza que son parte de su carácter y que nunca acaba de perder pese a su comportamiento apicarado, y como confirma un desenlace en el que una serie de románticas circunstancias le permiten recuperar la identidad perdida, y con ella su fortuna y posición social. Roderick es además el protagonista de una trama amorosa con una heroína plenamente romántica, Narcissa, que posee todos los tópicos y peripecias característicos de los *romances* heroicos franceses (naufragio, augurios, nombre falso, un rival, el rescate). Es en este terreno amoroso donde aparece con toda claridad la típica superposición cervantina de lo romántico y lo anti-romántico, que se apunta ya en el doble carácter de Roderick como protagonista de una trama picaresca de alienación y supervivencia al tiempo que de una romántica de exilio y retorno, y cuyas similitudes con la de Tom los convierte prácticamente en gemelos literarios. El amor idealizado y romántico por Narcissa va siendo contrapunteado por el más material y anti-romántico de una serie de personaje femeninos cercanos al mundo picaresco (una cocinera, una criada, una campesina), lo que produce efectos cómicos, paródicos y satíricos típicamente cervantinos, así como por mujeres a las que Roderick persigue de forma mercenaria a la caza de sus fortunas (la vanidosa Melinda, la vieja y maloliente Miss Withers, y la deforme Miss Snapper), que son contrastadas de forma explícita con Narcissa. Se origina así una doble serie de aventuras amorosas similar a la de Tom, que conforman una realidad dual o dialógica que nos remite no sólo a Cervantes, a quien por cierto Smollett invoca en su prólogo junto a Lesage como modelo y a quien además estaba traduciendo a la sazón, sino también a la de Fielding y su *romance* cómico.

El *romance* cómico es una variante de la teoría cervantina de la novela implícita en el *Quijote* y desarrollada por Scarron primero y por Fielding o Smollett después.[7] La mejor prueba de ello es tal vez su recurrencia en la serie de novelas quijotescas que hemos citado al principio: tras *Joseph Andrews* podemos seguir su pista en *The Female Quixote*, donde Lennox funde la trama quijotesca y la romántica que en *Joseph Andrews* aparecían separadas a través de una heroína quijotesca —Arabella— que tiene todos los atributos de la heroína romántica pese a su desvarío quijotesco y es la protagonista de una trama amorosa no muy diferente de la de los *romances* heroicos parodiados a través de su quijotismo. Lennox articula la dualidad característica del *romance* cómico en un mismo personaje, como hace Fielding en *Tom Jones*, pero superponiendo lo romántico con lo quijotesco en vez de lo picaresco, como si de una combinación de Joseph y Adams se tratara (de hecho su quijotismo es utilizado tanto para parodiar las lecturas de Arabella como para satirizar el mundo degradado que la rodea). Richard Graves hará algo muy similar en *The Spiritual Quixote*, cuyo protagonista, Geoffrey Wildgoose, es de nuevo quijote y héroe romántico, aunque su quijotismo se utiliza no tanto con fines paródicos como satíricos, para articular una sátira del metodismo religioso. Ello no impide, sin embargo, que protagonice una trama amorosa no muy diferente de la de los *romances* al uso, lo que justifica el apelativo de *comic romance* con que se califica la obra en la página inicial.

Y algo semejante hará el propio Smollett en *Launcelot Greaves*, donde lo quijotesco y lo romántico confluyen primero en el protagonista, y, a

---

[7] Así lo reconoce Sheridan Baker en la serie de estudios que dedicó a esta forma narrativa en el siglo XVIII: «Henry Fielding's Comic Romances», *Papers of the Michigan Academy of Sciences, Arts and Letters,* 45 (1960), pp. 411-419; «*Humphry Clinker* as Comic Romance», *Papers of the Michigan Academy of Sciences, Arts and Letters,* 46 (1961), pp. 645-654; y «The Idea of Romance in the Eighteenth-Century Novel», *Papers of the Michigan Academy of Sciences, Arts and Letter,* 49 (1963), pp. 49-61.

medida que avanza la novela y éste deja de lado su quijotismo, en la superposición de su historia romántica con la cómica del quijotesco Crowe. Casi todas las novelas quijotescas del XVIII tienden a esta forma de novela dual cervantina, pero tal forma puede discernirse más allá de la novela quijotesca, como muestran los casos de *Tom Jones* o *Roderick Random*, cuyos protagonistas son más picarescos que quijotescos.

3. *EL ARTE CERVANTINO DEL CONTRASTE: EL MUNDO EN PAREJAS*

El contraste que recorre *Tom Jones* entre lo romántico y lo anti-romántico puede también observarse en la forma en que los personajes de *Tom Jones* representan visiones y actitudes contrapuestas que remiten en última instancia no al *romance* cómico sino a una concepción dialógica de la realidad y de la novela teorizada por Bajtín y de la que el *Quijote*, construida en torno al diálogo de don Quijote y Sancho, es el paradigma.[8] Pero si en *Don Quijote* una pareja central vertebra la representación del mundo, en *Tom Jones* el mundo es representado en parejas. Fielding no plantea un contraste central muy intenso y desarrollado en sus múltiples facetas, sino múltiples visiones contrastivas que no tienen la intensidad y desarrollo del cervantino, pero que igualmente organizan de forma dialógica la realidad, aunque reemplazando calidad con cantidad. Es el contrapunto dual, la forma típicamente cervantina de dialogismo —que se torna perspectivismo cuando dos personajes contemplan la misma realidad desde perspectivas contrapuestas— lo que Fielding utiliza, y no tanto los contenidos que se vierten en esa forma, aunque a veces éstos son también los característicos del dialogismo cervantino —una indicación del modelo que está siguiendo.[9]

Teniendo en cuenta tales contenidos podemos establecer en *Tom Jones* tres tipos de contrastes dialógicos. El primero es el contraste entre idealismo moral y materialismo, modelado sobre el de Quijote y Sancho, y representado por Tom y su panzaico compañero Partridge, aunque también presente en el emparejamiento Sophia-Honour (su criada). Pese a sus apicaradas aventuras, Tom posee la visión romántica e idealista del héroe en diálogo con la más pragmática y prosaica de Partridge, una

---

[8] Véase Mijail Bajtin, *Teoría y estética de la novela*, Madrid: Taurus, 1989, y también Gary S. Morson y Caryl Emerson, *Mikhail Bakhtin: Creation of a Prosaics*, Stanford: Stanford University Press, 1990.

[9] Han detectado las raíces cervantinas del contraste como método narrativo en *Tom Jones* Dorothy Van Ghent, *The English Novel: Form and Function*, Nueva York: Holt, Rinehart and Winston, 1953, p. 65, y Robert Alter, *Fielding and the Nature of the Novel*, Cambridge: Harvard University Press, 1968, pp. 95-96.

pareja por cierto muy semejante a la de Roderick y Strap en *Roderick Random*, lo que hace el paralelismo entre ambas obras aún más sorprendente. El segundo se basa en una forma de idealismo abstracto que tiene una relación más lejana con el del hidalgo y que da lugar a personajes cuyo carácter y visión de mundo están marcados por ideas antagónicas de la realidad pero de índole no romántica sino intelectual o filosófica, como es el caso de los tutores de Tom y Blifil, Thawckum y Square. Finalmente hay una serie de contrastes menores entre personajes que no encajan en ninguna de estas categorías, que son pura forma o manera contrastiva cervantina sin sus contenidos, aunque en ocasiones poseen alguna leve relación con el contraste entre idealismo moral y materialismo. Tal es el caso de Tom frente a Nightingale, que representa una visión del amor y el matrimonio en la que pesan más las normas sociales que las románticas, o frente el Hombre de la Colina, que representa una visión desengañada y misantrópica del mundo dada por la experiencia. Similares posiciones pueden observarse en el contraste de Sophia frente Mrs Allworthy y Mrs Fitzpatrick, respectivamente. Y, finalmente, la actitud vitalista y subversiva de Western contrasta con la de Allworthy, que representa una norma moral positiva, y la de Mrs Western, que hace lo propio con una social negativa. De todo ello resulta una novela que es dialógica porque refracta la realidad a través de un juego de parejas de contrarios —por lo que puede ser calificada de dual también en este sentido adicional— cuyo diálogo es en muchos casos estructural, resultado de la acción o la arquitectura narrativa más que del diálogo entre los personajes.

La utilización de parejas como método de vertebración dialógica de la realidad pone de manifiesto el sometimiento de ésta a la percepción subjetiva y la experiencia individual, y ello aparece también y de forma particularmente intensa en *Tristram Shandy*. La pareja central de la novela es la formada por los hermanos Shandy, Walter y Toby, a los que se caracteriza de forma quijotesca a través de sus *hobby-horses*, que son pasatiempos convertidos en monomanías y el equivalente de la locura quijotesca por la manera en que determinan la forma de ser y estar de los personajes en el mundo, su visión de y su respuesta ante la realidad. Sterne pone a ambos personajes a dialogar, como hacía Cervantes con su pareja protagonista, pero naturalmente esta relación dialógica se ve modificada por el carácter quijotesco de ambos participantes y su particular forma de quijotismo. Los *hobby-horses* de Walter y Toby son demasiado limitados y singulares como para establecer un dialogo efectivo y producir una verdad dialógica, como no sea la de su aislamiento e incomunicación, la de un universo habitado por personajes

—también el otro Shandy, el narrador Tristram— encerrados en sus *hobby-horses*, atrapados en la prisión de la conciencia y el lenguaje. Sterne reproduce así la forma dual y contrastiva del dialogismo cervantino, pero lo modifica sustancialmente al extender el carácter quijotesco a los dos términos del diálogo y modificar sus contenidos. Los contenidos cervantinos, sin embargo, aparecen en la pareja que conforman Toby y su sirviente-confidente Trim, quien actúa de Sancho frente a Toby en cuanto que se erige en correctivo de su inocencia, particularmente en el terreno amoroso, tanto en sus intentos por hacerle ver las verdaderas intenciones de la viuda a la que corteja como en la narración de sus más carnales amores.

En *Humphry Clinker* (1771) Smollett, además de ofrecer una nueva variante de *romance* cómico, desarrolla el juego dialógico de visiones discrepantes de la realidad en una dirección diferente que viene dada por el método epistolar. La novela está conformada por una serie de cartas escritas por los diferentes miembros de una familia —Matthew Bramble, su hermana Tabitha y la criada de ésta, Win Jenkins, y sus sobrinos Lydia y Jery Melford— en las que nos cuentan su viaje entre turístico y terapéutico por Inglaterra y Escocia. En tales cartas los personajes articulan sus respectivas visiones de mundo y establecen una relación dialógica unas con otras no porque se respondan unas a otras, sino porque ofrecen visiones contrastivas y complementarias de la realidad. Ello es particularmente evidente cuando describen un mismo escenario o acción desde sus puntos de vista contrastivos, dando lugar un tipo de relato que evoca el perspectivismo cervantino. Pero, a diferencia de Cervantes, no es la visión romántica representado por Lydia la que ocupa la posición central de este dialogismo, la que asume la función de don Quijote, sino la de Bramble, cuya visión tiene un carácter monomaníaco similar a la del hidalgo, aunque en este caso no viene dada por la locura, una enfermedad mental, sino por su enfermedad física, a través de la cual contempla el mundo de manera igualmente obsesiva y distorsionada. El dialogismo de la novela se organiza en torno a la quijotesca visión de Bramble, respecto a la cual las demás actúan de correctivo, mostrando lo limitado de la misma y lo radical de su discrepancia con la realidad, pero ellas mismas no están libres de distorsión, de forma que establecen un diálogo organizado siempre de manera contrastiva, en continuo contrapunto (Bramble con Jery, Bramble con Lydia, Lydia con Win), que no es sino una variante múltiple del diálogo entre don Quijote y Sancho. Smollett, sin embargo, va más allá que Cervantes, pues, al utilizar el mecanismo del punto de vista múltiple epistolar, multiplica las visiones y convierte el dialogismo en tema central. En este aspecto, como en su énfasis en la conciencia o la visión —más que en la acción— y en su carácter monomaníaco, puede discernirse la herencia de *Tristram Shandy*.

4. *NARRACIÓN E HISTORIA: EL MARCO AUTO-CONSCIENTE Y EL ESPEJO METAFICCIONAL*

Finalmente, la huella cervantina en *Tom Jones* puede rastrearse aún en un tercer elemento: su narrador auto-consciente e irónico, que se distancia de la novela para comentarla y orientar la reflexión del lector sobre ella, tanto sobre su historia — especialmente los personajes, cuyo comportamiento valora y discute con crítica ironía— como sobre su narración —es decir el proceso de escritura de la misma, cuyos procedimientos expone con conciencia crítica. Cervantes creaba esa distancia irónica y auto-consciente a través del juego de voces de autor fingido (Cide Hamete) e intermediarios (el traductor y el narrador-editor), que comentaban tanto la historia protagonizada por don Quijote con una seriedad cargada de ironía, como la narración de la misma por Cide Hamete, del que destacaban tanto su fiabilidad y el valor histórico del texto como su falibilidad y la manipulación a la que había sometido la realidad. Se llegaba así a su caracterización como *historiador mentiroso* — pues así se califica a los de su nación en un cierto momento— y a la de la novela como un relato que afirma su historicidad frente a los libros de caballerías al tiempo que se presenta como producto de una narración semejante a la de los libros de caballerías y por tanto igualmente ficticia. Efectivamente la historia está narrada, en primer lugar, por un sabio encantador, pues la conoce de forma omnisciente, sin haber sido testigo de la misma y con detalles que de otra forma no podría dar, o lo que es lo mismo, por un ente imposible en los términos de realidad que plantea ella misma; y, en segundo lugar, a través de un inverosímil proceso que incluye una serie de intermediarios y de providenciales avatares (un manuscrito, y luego papeles en una caja de plomo, hallados por causalidad), que reproduce el que utilizaban los libros de caballería para afirmar su historicidad pero que aquí se convierte por ello mismo en un indicio de lo contrario.[10] Cervantes está así apuntando a la relación

---

[10] Para hacer ello aún más evidente Cervantes atribuye a esa narración caballeresca y sus personajes el mismo nivel de realidad que tienen los de la historia, en la que se afirma precisamente la ficcionalidad de ese mundo caballeresco: si en la segunda parte don Quijote y Sancho pueden tener en sus manos la primera y muchos personajes de hecho la han leído es porque el sabio Cide Hamete la ha escrito —cumpliendo así las descabelladas creencias de don Quijote— y por tanto Cide Hamete es tan real como ellos —o éstos son tan

paradojal con la realidad que define a la novela como un relato simultáneamente verdadero y ficticio —pero no mentiroso, como los libros de
caballerías.

En *Tom Jones* puede encontrarse una reflexión semejante, aunque
realizada a través de los comentarios de un solo agente narrativo, una
narrador, que de forma mucho más intensa que los agentes narrativos
cervantinos comenta y valora las acciones de los personajes con una
misma actitud distanciada y en el mismo tono de gravedad irónica, y
que, de nuevo de forma más intensa, utiliza el primer capítulo de cada
uno de los diferentes libros en que está dividida su novela para realizar
comentarios sobre su narración. En ellos, como había hecho el propio
Fielding ya de forma germinal en *Joseph Andrews*, y de forma análoga a
lo que ocurre en Cervantes, el narrador insistirá a veces en el carácter
histórico de su obra y en su papel de mero cronista, subrayando en
ocasiones incluso los límites a su conocimiento; pero en otras ocasiones
subrayará lo contrario, su intervención y control de la misma, nos hará
consciente de la manipulación y selección a que ha sometido sus
materiales e incluso de su omnisciencia y dominio absoluto. Con ello no
hace sino llamarnos la atención sobre la condición de artificio literario de
lo que leemos, y en última instancia sobre su carácter ficticio, caracterizando así su novela en los mismos términos paradojales que Cervantes,
como una mezcla de historia y de ficción.

Así ocurre cuando, en el primer capítulo del libro II, el narrador
explica cómo en su obra años enteros podrán ser contados en unas pocas
páginas, y una escena que se considere importante podrá extenderse a
lo largo de muchas, de forma que habrá capítulos muy cortos y otros
muy largos, algunos que se ocupen de un día y otros años enteros, según
le plazca al autor (II, 1). Con ello nos recuerda que la obra es en última
instancia una representación selectiva de la realidad, y que ésta es mucho
más amplia y extensa y ha sido elaborada, trabajada, manipulada —lo
mismo que hacía Cervantes a través de los comentarios no sólo del autor
y los intermediarios sobre hechos excluidos de la versión final que
leemos, sino también de los personajes que desde la segunda parte
comentan los olvidos o errores de Cide Hamete en la primera. También
nos llama la atención el narrador de Fielding sobre su control sobre la
representación y las diferencias entre la misma y la realidad cuando en
ocasiones nos hace consciente de su intervención organizando su

---

ficticios como él. Cide Hamete es además pariente de un arriero de la historia,
lo que confirma su existencia en el mismo nivel de realidad de don Quijote y los
demás personajes de la historia.

material en capítulos y libros, y con ello de la naturaleza libresca de lo que leemos, como cuando, al final del libro III, se niega a presentar a la heroína de la historia porque no es propio que una dama de sus cualidades aparezca al final de un libro —algo no muy diferente en sus efectos de lo que ocurre cuando la historia de don Quijote se interrumpe en mitad de la pelea con el vizcaíno. Tal control se torna absoluto cuando casi al final de la obra (XVII, 1) el narrador reflexiona sobre las diferentes posibilidades que tiene ante sí para acabar la obra y explica los diferentes finales que puede darle. Ello implica una clara admisión de que no es un historiador o un cronista registrando algo que ha sucedido en la realidad y a lo que debe atenerse, sino un autor omnisciente o un novelista inventando una historia, y por tanto una admisión del carácter ilusorio y ficticio de la misma. El autor se quita así la máscara narrativa del historiador y deja hablar al novelista, o, utilizando un símil igualmente dramático, deja caer el telón de fondo del retablo para que veamos al titiritero moviendo los hilos y mostrarnos así que los personajes son títeres en sus manos. Esta metáfora de los títeres es más que pertinente, pues tanto Cervantes como Fielding introducen en sus obras sendas representaciones de marionetas que funcionan como un comentario auto-consciente sobre la propia obra en que se insertan.

El retablo de Maese Pedro que aparece en el capítulo 26 de la segunda parte del *Quijote* es, como han observado diferentes críticos, un modelo a escala reducida del propio *Quijote*, tanto de la historia como de la narración.[11] La historia representada es de índole romántica, la de don Gaiferos y doña Melisendra, pero su tratamiento es burlesco y anti-heroico, pues aparece salpicada de detalles cómicos y anti-románticos, de forma que hace con su fuente del romancero lo que el *Quijote* con el *romance* de caballerías. El paralelismo se extiende al proceso mismo de enunciación de esa historia, que es también semejante al del *Quijote*, pues en ambos casos implica un titiritero/autor (Ginés/Cervantes) que asume una identidad fingida para representar/escribir una obra (Maese Pedro/Cide Hamete) pero delega la narración de la misma en un intermediario (el intérprete/el narrador-editor) que va haciendo comentarios sobre la misma, a los que se suman los de los espectado-res/lectores. La elección de un retablo de marionetas como espejo de la novela subraya el carácter ficticio de ésta y otorga así al espejo una dimensión metaficcional: la novela se equipara a un representación de

---

[11] Sigo en este respecto el análisis de George Haley, «El narrador en *Don Quijote*: el retablo de Maese Pedro», en *El 'Quijote'*, ed. George Haley, Madrid: Taurus, 1980, pp. 269-287.

títeres movidos por un titiritero, quien además recuerda repetidamente a su audiencia el carácter ficticio de la misma, aunque ello no sirva de mucho en el caso de don Quijote, que al final acaba siendo arrastrado por la ilusión dramática y arremete contra los títeres, dramatizando así la confusión entre realidad y ficción en que se basa su locura.

En *Tom Jones* hay también una representación de marionetas que tiene lugar en una venta (XII, 5) y que funciona igualmente como espejo de la obra dentro de la propia obra, aunque de forma más indirecta. La obra representada es *The Provoked Husband*, que, al contrario de la novela en la que ha sido insertada, ha sido desprovista por el titiritero o maestro de todo lo bajo y cómico, tanto en un sentido social como moral (lo inferior y lo degradado), algo de lo que éste se ufana al afirmar que gracias a su intervención la obra contiene tanto instrucción moral como una representación fidedigna de la vida real. Tales afirmaciones son sin embargo refutadas, primero por el propio Tom, quien —en un diálogo análogo al que mantienen maese Pedro y don Quijote— lamenta la eliminación de lo bajo y lo cómico, y en particular de la pareja de Punch y Joan que formaba tradicionalmente parte de tales espectáculos; y luego por la propia realidad que da la razón a Tom, en forma del revuelo —de nuevo semejante al que pone fin al retablo de maese Pedro— que se organiza cuando la ventera sorprende a su criada en posición poco decorosa con el ayudante del maestro. La moza se defiende argumentando que no cree que la dama protagonista de la obra hiciera algo diferente cuando pasó la noche lejos de su casa y su marido, y la ventera entonces censura la inmoralidad del maestro y su obra, poniendo así de manifiesto la falacia de creer que la moralidad consiste en eliminar lo socialmente bajo o lo explícitamente indecoroso. El episodio contiene además un correctivo a las pretensiones miméticas del maestro, pues la pareja es sorprendida por la ventera dentro del retablo, lo que crea la impresión de que el tipo de realidad que el maestro ha excluido al dejar fuera a la pareja Punch-Joan ha encontrado la forma de colarse en su obra a través de una pareja análoga. Naturalmente con todo ello Fielding no hace sino llamar la atención sobre las características estéticas y éticas de la propia obra, basada en la mezcla de lo alto y lo bajo, lo elevado y lo degradado, lo serio y lo cómico, y en una moralidad que no gira en torno a la castidad sino a la caridad. El retablo viene a ser por tanto una teoría del *romance* cómico, un comentario sobre las relaciones entre realidad y ficción semejante a las realizadas por el narrador desde la narración.

El espejo metaficcional realiza desde la historia una *reflexión* semejante a la que desde la narración ofrece el marco auto-consciente —pero en un sentido doble, porque refleja al tiempo que reflexiona, o reflexiona reflejando. Tanto uno como otro reaparecen en *Tristram Shandy*, aunque de forma diferente. Como en el *Quijote* y *Tom Jones*, la novela se organiza en dos planos, la narración y la historia, pero la primera adquiere un protagonismo mucho mayor porque la novela describe el intento fallido de un narrador, Tristram, de contarnos su vida. Tal fracaso viene dado por su forma de contárnosla, con un exagerado afán mimético de contarlo todo e intentar crear una correlación perfecta entre vida y literatura tan imposible como la que intenta crear don Quijote, lo que unido a su dedicación absoluta a su escritura convierte a ésta en una empresa quijotesca y a Tristram en una particular variante de la figura quijotesca. Sus numerosos comentarios sobre su peculiar método narrativo por oposición al de otros biógrafos convierten la narración en una denuncia del artificio escondido tras las convenciones que formaban parte de la novela de la época (lo que hace de *Tristram Shandy* una parodia de la novela como el *Quijote* lo era del *romance*) y en una reflexión auto-consciente sobre la representación de la realidad y los problemas que plantea semejante, aunque más radical y extrema, a las realizadas por Cervantes y Fielding. Tal reflexión además se ve duplicada por la de otros narradores o productores de textos cuyos productos son un reflejo de los problemas o el método de Tristram y por tanto espejos metaficcionales (Walter y su *Tritrapaedia*, Trim y su historia del rey de Bohemia, entre otros). De hecho esta reflexión es tan insistente que la novela es la historia no tanto de Tristram como de sus tribulaciones como escritor, la crónica no de su vida sino de su escritura, lo que convierte a *Tristram Shandy* en el antecedente más claro de la metaficción posmodernista. Paradójicamente, es a través de esa escritura, de los procesos mentales y asociativos que ésta describe indirectamente, de su universo mental como narrador, y no de su vida y aventuras como personaje, como llegamos a conocer a Tristram. Ello implica una radical transformación en la concepción de la personalidad y su representación literaria que es un claro precedente de los experimentos modernistas con el fluir de conciencia y la representación de la subjetividad.[12]

S

Por todo ello puede afirmarse que si Cervantes revolucionó la narrativa dándole la vuelta al *romance* para crear así la novela, Sterne hizo lo

---

[12] He presentado de forma más exhaustiva estas ideas en «Cervantes, Sterne, Diderot: Les paradoxes du roman, le roman des paradoxes», *Exemplaria-Revista de Literatura Comparada*, III (1999), pp. 51-92.

mismo con la novela para ofrecer un anticipo de la novela moderna. Sterne lleva a cabo una auténtica revolución de la tradición cervantina en *Tristram Shandy*, Smollett un suma o síntesis final en *Humphry Clinker*, donde combina los hallazgos de Sterne con los de Fielding, y éste es el iniciador de tal tradición, el adaptador del *Quijote* a la novela inglesa. Si tenemos en cuenta que estos tres novelistas son fundamentales en la conformación del nuevo género en Inglaterra, se impone una revisión de lo que se ha dado en llamar *rise of the novel* así como de la definición del nuevo género. Si éste se define por su realismo y su relación con diferentes aspectos de la realidad contemporánea que han sido reivindicados en diferentes estudios y enfoques, es ya tiempo de reivindicar también el hecho de que tal realismo utiliza fundamentalmente patrones cervantinos —también picarescos— y que además no excluye el *romance* sino que de hecho implica su presencia. El realismo del nuevo género es, como el de Cervantes, anti-literario, dialógico, auto-consciente, y también romántico. Los novelistas ingleses del XVIII desarrollan las posibilidades presentes en *Don Quijote* en diferentes direcciones, hasta tal punto que puede decirse que entre *Don Quijote* y *Tristram Shandy* puede encontrarse ya realizada toda la potencialidad del nuevo género. De Fielding es fácil dar el salto a la novela victoriana, de Sterne a la modernista y posmodernista, pero el punto de partida de ambos es Cervantes.

EL *QUIJOTE* Y LA NOVELA INGLESA DEL SIGLO XIX:
WILLIAM THACKERAY Y *VANITY FAIR*
Prácticamente cien años después de la publicación de *Tom Jones* aparecía por entregas *Vanity Fair*, una de las cumbres de la novela victoriana, en la que pueden discernirse con claridad huellas tanto de Cervantes como de Fielding, o lo que es lo mismo, de Cervantes vía Fielding. Pero si a Fielding se le ha considerado siempre un autor cervantino, no ha sido ése el caso de Thackeray (1811-1863), sobre el que no existe ningún estudio publicado que investigue su relación con Cervantes, aunque los indicios de tal relación son casi tan contundentes como en el caso de Fielding.[13] Sabemos por las cartas y diarios de Thackeray que leyó el *Quijote* en varias ocasiones: en una carta de 1829 menciona que está releyendo *Don Quijote*, y en otra carta 1853 —así como en una entrada de su diario— indica que lo está haciendo de nuevo.[14] En esta última esboza además el

---

[13] Sólo en capítulos o pasajes de las obras ya citadas de Reed y Welsh pueden encontrarse análisis en clave cervantina de *Vanity Fair* y *The Newcomes*, respectivamente, así como testimonio de tales indicios.
[14] Gordon Ray, ed., *The Letters and Private Papers of William Makepeace*

tipo de interpretación positiva de la figura quijotesca que se había instalado en Inglaterra a partir de la obra de Fielding, cuando comenta la vitalidad de los dos personajes cervantinos, a los que llama *gentlemen*, y su deseo de que don Quijote no fuera maltratado físicamente tan a menudo. Lo interesante es que Thackeray a la sazón estaba planeando una novela que empezaría a escribir y publicar por entregas ese mismo año, *The Newcomes*, de modo que nada tiene de extraño que en el protagonista de la misma, el coronel Thomas Newcome, nos encontremos con el que es posiblemente el Quijote más explícito de toda la novela inglesa victoriana. Es explícito no sólo porque tanto el narrador como otros personajes lo comparan con don Quijote, sino porque él mismo parece haber modelado su vida siguiendo el ejemplo quijotesco: para el coronel don Quijote, sir Roger de Coverley —otra figura quijotesca que aparece en *The Spectator* de Addison— y sir Charles Grandison —creado por Richardson en la novela homónima— son «the finest gentlemen in the world», y por eso dice llevar siempre en la maleta una copia de estas tres obras. Aquí se encuentran las claves de la interpretación que hace Thackeray de la figura quijotesca en esta novela.

Por una parte, la principal cualidad del coronel es su *gentility*, o sea una caballerosidad que designaba en la época un código de comportamiento, el del caballero victoriano, que no venía dado por el linaje sino por una serie de valores (integridad, sentido del deber, generosidad, lealtad, cortesía, honorabilidad) que conforman al *gentleman of attainments* (frente al caballero aristócrata o por posición).[15] En este sentido la obra de Thackeray lleva a cabo una adaptación de la figura quijotesca a la cultura contemporánea semejante a la que había realizado Fielding en la figura de Adams. Por otra parte, y aunque pueda parecer paradójico, tal adaptación está inspirada por la interpretación que del personaje habían realizado los autores del siglo anterior (los preferidos del coronel), que habían convertido la locura de don Quijote en excentricidad y su idealismo en benevolencia. El coronel desciende no tanto de don Quijote mismo como de los quijotes del XVIII (no sólo del de Addison, también del de Fielding o Goldsmith, cuya novela *The Vicar of*

Thackeray, 4 vols., Cambridge: Harvard University Press, 1945-46, pp. III, 304, 668 y IV, 435.

[15] Véase a este respecto el capítulo dedicado a Thackeray en el libro de Frederick Karl, *A Reader's Guide to the Nineteenth Century British Novel*, Nueva York: Octagon Books, 1980, así como el de Ina Ferris, «Thackeray and the Ideology of the Gentleman», en *The Columbia History of the Brisitsh Novel*, ed. John Richetti *et al.*, Nueva York: Columbia University Press, 1994, pp. 407-428.

Wakefield se cita en un par de ocasiones), como ha indicado acertadamente Reed cuando escribe que, «como Pickwick, el Coronel Newcome es una versión dieciochesca del héroe de Cervantes».[16] Efectivamente, las novelas quijotescas tanto de Thackeray como de Dickens —o Meredith— nos alertan sobre un hecho fundamental para el estudio del *Quijote* y la novela inglesa del siglo XIX: la relación entre ambas está mediatizada por la novela del siglo XVIII, y no sólo en lo que refiere al quijotismo, sino también al cervantismo. Esta mediación, unida a la ausencia de una figura quijotesca explícita, podría explicar que el profundo cervantismo de *Vanity Fair* haya hasta ahora pasado desapercibido a la crítica.

Efectivamente, si la ausencia de tal figura o de préstamos episódicos hace que no podamos postular que *Don Quijote* estuviera en la mente de Thackeray cuando escribió *Vanity Fair*, sí puede afirmarse que al menos lo estaba a través de Fielding, quien, como explica Reed, fue su modelo confeso desde que era un estudiante en Cambridge y cuya influencia en su obra novelística fue reconocida por todos, empezando por el mismo Thackeray. Cuando un crítico de la época se refirió a él como el «Fielding of the nineteenth century», éste lo consideró el mejor cumplido que se le había hecho, si bien es cierto que su relación con Fielding se volvió más compleja posteriormente, como puede colegirse de sus conferencias sobre los autores del XVIII publicadas bajo el título *English Humorists of the Eighteenth Century* (1853). Si la evidencia interna que puede encontrarse en la obra maestra de Thackeray o la que proporciona su novela quijotesca posterior no fuera suficiente para justificar el cervantismo de *Vanity Fair*, podríamos obtenerla de forma indirecta, es decir, a través de la mediación de Fielding. Ello muestra un hecho fundamental sobre el concepto de tradición cervantina, cual es que tiene la virtud de no restringir las relaciones literarias al modelo de la influencia de una autor en otro. Una tradición literaria es como un río que se va enriqueciendo con diferentes aportaciones, de modo que a partir de cierto punto es imposible separar las aguas del manantial de las aportadas por los afluentes. De forma directa o indirecta, consciente o inconsciente, *Vanity Fair* es una novela profundamente cervantina, y lo es por su carácter anti-romántico, dialógico y auto-consciente.

---

[16] *Op. cit.*, p. 182.

1. DE LA PARODIA AL REALISMO

El realismo de Thackeray, como han constatado numerosos críticos, se define por su carácter anti-literario, es decir, se construye sobre el rechazo de las convenciones o géneros literarios de la época que falseaban la realidad al romantizarla o idealizarla, y ésta es sin duda la lección más importante aprendida de Cervantes.[17] Este impulso anti-literario es particularmente evidente en el arranque mismo de la carrera de Thackeray como novelista. Una de sus primeras novelas fue *Catherine* (1839-40), donde parodiaba el género denominado *Newgate novel* por girar en torno a la vida de criminales (Newgate era el nombre de una conocida prisión londinense de la época), aunque presentados de forma romántica, tal y como puede apreciarse en algunas obras de dos de los autores más prolíficos y populares del momento, William Ainsworth o Edward Bulwer-Lytton. El mismo enfoque romántico era observable en las novelas de aventuras protagonizadas por héroes irlandeses que Charles Lever hizo también enormemente populares en la época, y que Thackeray utilizó como modelo en *The Luck of Barry Lyndon* (1844). *Catherine* o *Barry Lyndon* no hacen sino parodiar la romantización de las figuras del criminal y del aventurero presentando a sus protagonistas y su entorno con toda la crudeza, sordidez y degradación característica de la tradición picaresca, contraponiendo al *romance* de los modelos una realidad anti-romántica. Además de estas obras, Thackeray escribió una serie de imitaciones paródicas de éstos y otros subgéneros populares en los años 30 y 40, como el *romance* histórico o la *silver-fork novel* (la novela de alta sociedad), que fueron publicadas en 1847 en la revista *Punch* con el título genérico de *Punch's Prize Novelists* y reunidas más tarde en un libro titulado *Novels by Eminent Hands* (1856).

Todo ello muestra a las claras que Thackeray, como ha escrito Wheeler, encontró su identidad literaria escribiendo no en el seno de las convenciones de los géneros populares de la época, como hizo Dickens, sino contra ellas, como Fielding o Austen, de modo que su realismo nace de la parodia, de la pugna con la tradición literaria que les precede.[18] Podríamos añadir que para los tres autores tal tradición es la del *romance*

---

[17] De este aspecto se ocupa por extenso, aunque sin establecer la conexión cervantina, José Antonio Álvarez Amorós en su excelente introducción a la traducción al español de la novela (Madrid: Cátedra, 2000, pp. 7-125), que es el mejor análisis de la novela publicado en nuestro país y una magnífica síntesis de las principales ideas críticas sobre la misma, con la que el presente trabajo tiene una enorme deuda.

[18] Michael Wheeler, *English Fiction of the Victorian Period*, Londres: Longman, 1985, p. 25.

en sus diferentes variantes, y que su precedente y modelo indiscutible es Cervantes, y no sólo en el caso evidente de Fielding o Thackeray, sino también en el de Austen. La primera novela de Jane Austen, escrita en 1798-99 aunque publicada póstumamente en 1818, fue *Northanger Abbey*, una parodia del *romance* gótico que utilizaba un quijote femenino para desacreditarlo, siguiendo claramente la estela de Lennox en *The Female Quixote*—lo mismo que había hecho Barrett en *The Heroine*. Catherine Moreland, la protagonista, ha leído tantos relatos de este tipo que cuando acude a la mansión del hombre del que está enamorada los utiliza para interpretar la realidad que la rodea y dar forma a sus miedos y deseos, pero la realidad le demuestra una y otra vez lo ridículo de sus fantasías románticas. Catherine, además, es presentada al inicio mismo de la novela por la voz narrativa de forma radicalmente anti-heroica, por oposición a las heroínas románticas, si bien a medida que la novela avanza tal carácter anti-heroico es considerablemente atenuado. Austen utiliza así la estrategia cervantina consistente en contraponer el *romance* a una realidad anti-romántica con objetivos paródicos pero también para crear la ilusión realista.

Ello es también observable en la siguiente novela de Austen, *Sense and Sensibility* (1811), donde es la ficción sentimental de moda en el último cuarto del siglo XVIII y la literatura romántica en general la que ha conformado la visión de mundo y las expectativas sobre la realidad de Marianne Dashwood. La literatura aquí, sin embargo, no tiene la presencia y concreción que en la novela anterior, no hay un blanco paródico preciso, y el énfasis se traslada a la realidad anti-literaria que Marianne es incapaz de percibir y que corrige sus expectativas. Marianne, además, no sólo recibe el correctivo de la realidad sino también el de su hermana Elinor, que representa el sentido a que hace alusión el título y que se opone a la sensibilidad de Marianne, y las dos hermanas se utilizan para tejer una serie de paralelismos y contrapuntos que evocan el realismo dialógico de Cervantes y Fielding. Austen no se limita por tanto a ofrecernos la imaginación literaria y romántica en conflicto con la realidad, sino visiones alternativas y conflictivas de la realidad a través de una serie de contrastes que tienen como centro a Marianne y Elinor, pero que además se extienden a otros personajes y las relaciones que entablan entre ellos: el romántico Willoughby frente al prosaico Edward o el maduro Bradon, la pareja Marianne-Willoughby frente a Elinor-Edward. Nos encontramos así de lleno en lo que será una de las constantes en la narrativa de Austen, una estructura dialógica basada en el contraste entres personajes y situaciones, y más particularmente en lo que podríamos denominar las *dobles parejas* (parejas de hermanos y parejas de novios), apuntada ya en *Northanger Abbey*. En la siguiente novela de Austen, *Pride and Prejudice* (1813), aparece una heroína que como Catherine y Marianne se sigue engañando sobre la realidad, en este caso sobre la personalidad de los que la rodean, y de Darcy en especial (con quien acabará casándose), pero no a causa de sus lecturas; y a la que además se sitúa en el centro de una red de contrastes tejidos de nuevo en torno a la pareja. Elizabeth construye una imagen negativa de Darcy, pero hace lo contrario con Wickham, que actúa como antitipo de Darcy. La estructura dialógica se completa con su hermana Jane, que forma con ella una pareja similar a la de *Sentido y sensibilidad*, y con Bingley, amigo y contrapunto de Darcy, quien entablará una relación con Jane que, como en *Sentido y sensibilidad*, sirve de contraste a la de Darcy y Elizabeth.

Se produce así en las tres primeras novelas de Austen una progresiva desaparición de la dimensión paródica para ceder terreno a otra que es simplemente anti-literaria y sobre todo dialógica. Los orígenes literarios de la discrepancia entre imaginación o visión y realidad se van progresivamente difuminando —de la ilusión literaria se pasa simplemente a la ilusión— y sobre ella y su diálogo con otras ilusiones o visiones, tejido en torno a una red de contrastes que se articulan a través de la acción o la estructura de la obra —como en Fielding— más que del diálogo real de los personajes, se construye el realismo dialógico de las obras de Austen. A partir de la parodia del *romance* Austen llega a una concepción anti-literaria y dialógica de la novela, como había hecho Cervantes en el *Quijote* o Fielding en *Joseph Andrews*. El mismo proceso de la parodia al realismo anti-lierario y dialógico puede observarse en Thackeray cuando pasamos de sus parodias iniciales a *Vanity Fair*, que no es una parodia en sentido estricto —salvo en algún pasaje específico— pero cuyo planteamiento general puede calificarse de anti-literario y cuya estructura de dialógica.

2. REALISMO ANTI-LITERARIO: LA NOVELA SIN HÉROE

Efectivamente el impulso anti-literario —y anti-romántico en particular, pues denuncia la falsificación romántica de la realidad— está en la base de la *Vanity Fair* y queda perfectamente recogido en el subtítulo: «A Novel without a Hero». Con él Thackeray está caracterizando su obra como una respuesta no tanto a una obra o género concreto —aunque se ha mencionado como posibles blancos paródicos a Carlyle y su concepción heroica de la historia o las novelas de alta sociedad— como a un modo literario caracterizado por la presencia de héroes, del que primero la épica y luego el *romance* en sus diferentes variantes, incluidas las de la época, son sus manifestaciones más evidentes. Thackeray anuncia así su intención de presentar un mundo anti-romántico del que han desaparecido héroes y heroínas y caracteriza su realismo de forma negativa, por oposición a la literatura previa, inscribiendo así su novela en la más pura tradición cervantina.

Un sumario repaso a los personajes protagonistas confirma que efectivamente ninguno de ellos está cualificado para recibir rango heroico. Amelia Sedley es en principio la heroína de la obra y se la califica de tal en diferentes ocasiones, pues representa un dechado de todas las virtudes femeninas más apreciadas en la sociedad victoriana, pero Thackeray parece subirla en un pedestal y erigirla en modelo femenino para así poder dedicarse a socavarlo mostrando sus limitaciones —es aburrida, insustancial, pasiva y pusilánime. Su desmedida y poco justificada devoción por George Osborne, que a priori debería ser la confirmación de su condición de heroína, pues George a priori debería ser el héroe, es de hecho lo contrario, la piedra de toque de su carácter anti-heroico, ya que George posee todos los atributos exteriores y materiales del héroe romántico —deslumbrante presencia, elevada posición, oficio militar— y es posible que él se vea a sí mismo como tal, pero carece de los interiores o morales —es frívolo, superficial, vanidoso e inconstante. Frente a esta pareja de falsos héroes, sus amigos de juventud Becky y Dobbin representan claramente una alternativa y una crítica implícita a los modelos representados por Amelia y George, pero ellos mismos están también lejos —aunque en diferente medida— del ideal heroico, y son más bien dobles anti-heroicos, aunque de modo diferente. Becky tiene las cualidades de las que carece Amelia —ingenio, iniciativa, recursos, vitalidad— pero adolece de una total ausencia de los más elementales sentimientos y escrúpulos morales. Su personalidad y trayectoria vital la asemejan a una figura picaresca, y de hecho se la ha comparado a heroínas del XVIII como la Moll Flanders de Defoe o a los apicarados protagonistas de *Catherine* o *Barry Lyndon*.[19] Dobbin, por su parte, posee las cualidades de que carece George, y de hecho es él quien le impulsa a uno de los pocos actos propios de un héroe romántico,

---

[19] Efectivamente su soledad radical, dada por su temprana orfandad, la posición de marginalidad que ocupa, en los aledaños del gran mundo al que aspira a pertenecer pero nunca totalmente integrada, su búsqueda de éxito material y ascenso social a través de la astucia y el engaño, su capacidad de fingir y adoptar diferentes papeles o máscaras, e incluso su supuesta conversión final y respetabilidad, hacen de Becky una figura de clara raigambre picaresca. Sobre los rasgos picarescos de *Vanity Fair* puede consultarse E.M. Tillyard, «*Vanity Fair*: A Picaresque Romance», en *The Epic Strain in the English Novel*, Londres: Chatto and Windus, 1958.

casarse con Amelia cuando ésta ha perdido su fortuna y a costa de ser desheredado él mismo y perder así la suya. Dobbin representa al auténtico caballero —es honesto, noble, recto y leal— frente al esnob o falso caballero que es George, como ha explicado Karl.[20] Pero el caballero verdadero no es tampoco un héroe romántico, pues está lastrado por limitaciones tanto físicas como psíquicas, por una apariencia nada romántica y por una tendencia a subordinarse a otros personajes, primero George y luego Amelia, con un afecto injustificado y excesivo que denota una cierta falta de juicio o incluso ceguera en su percepción de la realidad.

Tales limitaciones ponen a Dobbin en la órbita de don Quijote, especialmente por su idealismo amoroso que convierte a Amelia en su Dulcinea (una idealización romántica de una realidad que no está a la altura o que al menos no responde del todo a tales patrones), un rasgo que además puede relacionarse con las lecturas juveniles de Dobbin a las que la novela hace mención. Lo mismo podría decirse en cierta manera de Amelia, que hace con George algo parecido a lo que Dobbin con ella, aunque de forma aún más exagerada.[21] Naturalmente Dobbin no es quijotesco en el sentido literal en que lo es el coronel Newcome; su quijotismo, si es que así puede calificarse, se basa en su inadecuación como héroe romántico y sobre todo en la inadecuación de la realidad circundante a su visión romántica. Dobbin posee el idealismo romántico asociado a las ilusiones de juventud que aparece también en las heroínas de Austen o Eliot y en los héroes de Scott o Dickens —y en el propio Pendennis de la novela homónima de Thackeray. Esta dialéctica entre ilusión o imaginación romántica y realidad característica de la novela decimonónica en general, y del *bildungsroman* o novela de educación en particular es quijotesca porque ni los héroes mismos ni el mundo que los rodea están a la altura de sus ideales románticos, y define en este sentido un importante eje de transformación de la figura quijotesca en el siglo XIX, perfectamente definido por las referencias explícitas o implícitas de tales novelistas al modelo quijotesco, de las que por desgracia no puedo

---

[20] *Op. cit.*, pp. 181-184.

[21] Karl detecta la esencia quijotesca de ambos personajes cuando escribe: «As a Christian gentleman who, like Don Quixote, romanticizes reality, Dobbin must of course have an ideal which absorbs his life. And like the Don, he must realize that he has been too lofty for the ideal and that, therefore, it could not reach his height of devotion. For Dobbin's kind of idealism, reality must always fail… If Amelia has restricted her world and constantly misjudged so that she will not *see* George Osborne, so Dobbin has blinded himself so that he will not see her» (*Op. cit.*, p. 190).

ocuparme aquí. En *Vanity Fair*, sin embargo, tal dialéctica funciona no tanto para describir un proceso de maduración o aprendizaje, ilusión y desilusión, como para subrayar el carácter anti-heroico del personaje quijotesco y el mundo que lo rodea.

Tal proceso de ilusión y desilusión se consuma al final del relato, cuando Dobbin por fin gana a Amelia después de años de amor platónico constante y abnegado, pero lo hace justo cuando acaba de comprender que Amelia no es la heroína idealizada, la Dulcinea que él había creado. Tal desengaño parece acentuarse con el matrimonio, y Dobbin lo combate volcándose en la hija de ambos y en la literatura, en este caso la redacción de una obra histórica —lo que puede entenderse como una forma de escapismo que confirma su perfil quijotesco, pues consiste en encontrar nuevos objetos tanto para su idealismo amoroso como para sus inclinaciones literarias. El desenlace es así decididamente anti-literario, una repuesta paródica a la convención del final feliz de la ficción romántica en el que el matrimonio marca un clímax de felicidad incuestionable y permanente. Las palabras finales del narrador sobre la insatisfacción que sigue habitualmente al cumplimiento de nuestros deseos subraya este carácter anti-climático del matrimonio de Dobbin y Amelia. En vez de «se casaron y fueron felices», nos dice la novela, simplemente «se casaron y fueron... como todos». Si Tom y Sophia conformaban un universo plenamente romántico por encima de su entorno anti-romántico, Dobbin y Amelia están todavía por encima de su entorno, pero han sido desprovistos de todo carácter romántico: son lo que queda de Tom y Sophia, del *romance* cómico, en la novela sin héroe de Thackeray.

Ni ellos ni ninguno de los personajes de *Vanity Fair* son héroes románticos porque habitan en un mundo radicalmente anti-heroico y anti-romántico, lleno de seres imperfectos, de una humanidad caída. Ello se ve confirmado por la presentación que hace la obra de la esfera o actividad más directamente asociada al heroísmo, la militar, a través del episodio de la batalla de Waterloo, o más bien de lo que la rodea, pues las acciones bélicas están significativamente ausentes. En su lugar, la novela se centra en los civiles más que en los combatientes y en el ámbito doméstico o social, donde reina la frivolidad y la vanidad, más que en el militar. La cobardía bravucona de Jos Sedley, que aparece antes de la batalla lujosamente ataviado de militar y luciendo unos marciales bigotes que se afeita cuando las cosas se ponen feas para no ser identificado como militar y evitar cualquier riesgo, o la muerte de George al día siguiente de asistir a una fiesta y en medio de su aventura adúltera con Becky, son dos ejemplos significativos de la forma en que incluso la guerra es desprovista de cualquier tipo de heroísmo. Éste brilla por su ausencia de la novela tanto en el terreno amoroso como en el guerrero, sus dos campos de acción tradicionales en el *romance*. No hay lugar para el heroísmo en el mundo de *Vanity Fair*, como no sea en la cabeza de los personajes —como ocurre en el *Quijote*. Thackeray, como Cervantes, rechaza la adulteración romántica de la realidad y representa ésta de forma exactamente opuesta a como había hecho el *romance*.

3. *REALISMO DIALÓGICO: LA NOVELA MULTILINEAR*
La representación de la realidad en la novela de Thackeray no es sólo anti-romántica, sino también dialógica. Ello significa que, siguiendo el ejemplo de Cervantes pero también de Fielding, está organizada o estructurada en torno a una serie de contrastes que se establecen entre los personajes principales de la novela, y en particular en torno al contraste central entre Amelia y Becky, como han apreciado la mayoría de los críticos. La novela arranca con las dos en el internado de Mrs. Pinkerton para enseguida separarlas en dos líneas de acción diferentes que discurren paralelas —matrimonio con maridos sin fortuna y militares, situación económica precaria, relaciones familiares y sociales problemáticas, la experiencia de la guerra y la maternida— y cuyo paralelismo se utiliza para definir actitudes contrapuestas ante casi todo. Amelia y Becky representan visiones de mundo y polos morales antagónicos: frente al idealismo moral de Amelia, que es inocente y pura, entregada a sus afectos y sentimientos, Becky, que es mundana y casquivana, fría y calculadora, representa el materialismo degradado, si bien es cierto que su visión y actitud encajan mejor en el mundo que presenta la obra y son por ello epistemológicamente más adecuadas. De hecho es ella la que le abre a Amelia los ojos sobre la verdadera naturaleza de George y da así el golpe definitivo a su idealismo amoroso. Si la virtud de Amelia pone de manifiesto la corrupción de Becky, el vitalismo y energía de ésta hace lo propio con la esterilidad y parasitismo de aquélla. De esta manera tanto el contenido de sus dos visiones —idealismo frente a materialismo— como su relación contrapuntística en el seno de la cual se critican mutuamente, evocan claramente el dialogismo cervantino, que no hay que confundir con los personajes concretos de don Quijote y Sancho ni con el diálogo real que tiene lugar entre ambos. De hecho Amelia y Becky no dialogan tanto en sentido literal, aunque ocasionalmente lo hacen, como desde sus diferentes líneas de acción.

Vanity Fair es en este sentido lo que Peter Garrett ha denominado una *multiplot novel* o novela multilinear, es decir, una novela con diferentes hilos narrativos que discurren paralelos aunque ocasionalmente se entrelazan, y que Garrett caracteriza como una forma dialógica en el sentido bajtiniano del término, pues las tensiones entre estas diferentes líneas de acción o principios estructurales ofrecen perspectivas divergentes de la realidad.[22] Esta es la forma característica que adopta el dialogismo cervantino no sólo en *Vanity Fair*, sino también en *Middlemarch* (1871-72), la obra maestra de George Eliot y otra de las cumbres de la novela victoriana, donde además las conexiones cervantinas de esta forma quedan recogidas de forma más explícita. Efectivamente el capítulo 2 de la novela está encabezado por una cita en español del pasaje del *Quijote* en el que el hidalgo ve venir por el camino a un hombre montado en un caballo con el yelmo de Mambrino en la cabeza, mientras Sancho ve sólo un asno y una bacía. La evocación del ejemplo clásico del perspectivismo cervantino en la novela de Eliot es sin duda un comentario suficientemente explícito sobre la importancia que para la misma tiene tal procedimiento, que no se articula en la percepción múltiple pero simultánea de una misma realidad por una serie de personajes, como en el ejemplo cervantino, sino en la diferente forma que tienen de percibirla personajes situados ante una realidad análoga pero de forma no simultánea y a veces desde diferentes historias, al igual que ocurre en *Vanity Fair*. Como en ésta, además, y como en el *Quijote*, estas tensiones se articulan en torno a personajes idealistas femeninos y masculinos en conflicto con una realidad hostil y degradada, aunque de nuevo repartidos no en una sino en varias líneas narrativas.

La protagonista de *Middlemarch* es una heroína idealista, Dorothea Brooke, a la que se compara en el prefacio con la Santa Teresa que de niña se fue a tierras de moros para buscar el martirio como arquetipo de

---

[22] Peter K. Garrett, *The Victorian Multiplot Novel: Studies in Dialogical Form*, New Haven y Londres: Yale University Press, 1980. Garrett equipara tales divergencias a las que en otros tipos de novela se producen entre diferentes formas de conciencia (como sería el caso del *Quijote*), y explica: «Victorian multiple narratives develop such tensions in several ways. The most obvious of these result from discrepancies of mode and implication between separate lines: stories that follow the benign logic of romantic comedy may be intersected by others that press insistently toward bitter failure and loss; satire and melodrama, visionary romance and domestic realism may be brought into uneasy confrontations and made to question, challenge, and reinterpret each other's visions. Dialogical tensions can be found in narrative perspectives as well as in lines of development» (p. 9). Garrett estudia este tipo de novela en Thackeray, Dickens y Eliot: tal vez sea una coincidencia, pero los tres son autores cervantinos y admiradores confesos de Fielding.

las aspiraciones *épicas* —la palabra que utiliza Eliot— de muchas mujeres ahogadas en la realidad doméstica a que la sociedad las condenaba, aunque las Teresas modernas, puntualiza Eliot, no han encontrado la vía de realización que encontró la santa. Dorothea es quijotesca por este idealismo insatisfecho o frustrado, pero también, como las heroínas de Austen y también Amelia, por la forma en que la conduce a construir una ilusión en torno a un hombre, Casaubon, con el que contrae una desgraciado matrimonio que dará lugar a un conflicto entre dos formas diferentes de idealismo representadas por una y otro.

Eliot envuelve este conflicto en la red de contrastes dialógicos característica de Austen: frente a la ilusa Dorothea está su pragmática y sensata hermana Celia, y frente a Casaubon está el otro pretendiente de Dorothea, el convencional y poco refinado sir John Chettam, que a la postre se casará con Celia. Pero los contrastes dialógicos no se producen sólo dentro de una línea de acción, sino también a través de diferentes líneas de acción que dialogan entre ellas. El idealismo de Dorothea se ve contrapunteado por el de Lydgate, el joven médico cuyas ambiciones filantrópicas y científicas se ven limitadas por un error como el de Dorothea, la elección de pareja, atrapadas en la ilusión que crea en torno a Rosamund. Y si Lydgate es el equivalente masculino de Dorothea, Rosamund es su contrapunto femenino, la mujer feliz con el papel que le otorga la sociedad, atenta a convenciones y modas, celosa de las ventajas de su posición social y económica, lo que la incapacita para comprender los anhelos de su marido. Eliot crea así una historia paralela a la de Dorotea y, de hecho, la novela surgió de la combinación de las historias respectivas de ambos personajes, en principio concebidas por separado. Y a éstas se unen otras línea de acción que enriquecen aún más el juego de contrastes y perspectivas: frente al idealista Lydgate, el polo materialista y degradado está representando por Bulstrode, que acabará arrastrándolo en su caída; frente a Rosamund está Mary Garth, capaz de producir el efecto contrario sobre el que será su marido, el errático pero a la postre honesto Fred Vincy, e incluso Mrs Bulstrode, capaz de sostener lealmente en el infortunio a su marido. A través de estas diferentes tramas argumentales Eliot va tejiendo una densa y compleja red de contrastes que en última instancia remiten más que a Cervantes a Fielding, al que de hecho Eliot cita también en el capítulo 15. A través de Fielding puede trazarse una línea que va desde *Don Quijote* a esta forma multilinear de entender el perspectivismo —o simplemente dialogismo— cervantino que Eliot invoca de forma explícita como modelo. Al hacerlo parece estar sugiriendo que, más allá del quijotismo de sus personajes, su concepción de la novela como forma de exploración de la realidad a través de diferentes modos de percibirla o concebirla que dialogan de forma dual o contrastiva tiene mucho que ver con Cervantes.

El diálogo cervantino entre *romance* y realismo generaba en Fielding una estructura narrativa dual basada en la contraposición de una serie romántica y otra anti-romántica o picaresca, y reforzada por la multipli-cación del contraste central cervantino en una serie de contrastes duales a través toda la novela, de modo que el dialogismo pasaba de ser un diálogo en sentido literal a constituirse en parte de la arquitectura narrativa. En esta misma dirección avanza Austen con su estructura dialógica y Thackeray con la novela multilinear, que sigue siendo esencialmente dual y contrastiva. Poco importa que Amelia y Becky se parezcan poco a don Quijote y Sancho o que ni siquiera conformen una pareja en sentido estricto porque la mayor parte del tiempo están situadas en diferentes líneas de acción, lo esencial es la voluntad de mostrar la realidad de forma dialógica, que se extiende también a otros personajes que gravitan en la órbita de una y otra, en sus respectivos hilos narrativos o en hilos asociados a ellos: el caballeroso Dobbin frente al esnob George, George y los burgueses Osborne frente a Rawdom —el marido de Becky— y los aristocráticos Crawley, el abuelo Osborne frente al abuelo Sedley. Thackeray conforma así una red de contrastes, una presentación del mundo en parejas, similar a la que veíamos en Fielding.[23]

Si tenemos en cuenta además que las dos heroínas principales representan dos principios antagónicos que podrían describirse como romántico y picaresco, y que a medida que avanza la novela se produce un reajuste de las parejas iniciales de las dos líneas de acción principales según sus afinidades (los a priori románticos George y Amelia derivan hacia la picaresca Becky y el quijotesco Dobbin, respectivamente, lo que define la verdadera naturaleza de uno y otro), se produce también en la novela un diálogo implícito entre géneros literarios similar al que tiene lugar en el *Quijote* o *Tom Jones*. El *romance* (representado de forma quijotesca por Dobbin y en menor medida Amelia, y por tanto de manera imperfecta) dialoga con la picaresca (representada por Becky y en menor medida por George de forma encubierta, en los ropajes de la alta sociedad). Frente a sus obras de raigambre picaresca previas, *Barry Lyndon* o *Catherine*, en *Vanity Fair* tal género aparece dialogizado al

---

[23] Sobre el contraste como principio estructural en *Vanity Fair* véase J.T. Klein, «The Dual Center: A Study of Narrative Structure in *Vanity Fair*», *College Literature*, 4 (1977), pp. 122-128, y Myron Taube, «Contrast as a Principle of Structure in *Vanity Fair*», *Nineteenth-Century Fiction*, 18 (1963), pp. 119-135.

yuxtaponer a Becky con Amelia, algo no muy diferente a lo que hacía Cervantes cuando ponía a sus figuras picarescas en un marco dialógico (Rinconete y Cortadillo, Cipión y Berganza) o incluso cuando ponía frente a frente a Ginés de Pasamonte y don Quijote. El realismo de Thackeray en *Vanity Fair* es anti-romántico, pero es más inclusivo que el de la picaresca porque acepta la posibilidad del *romance,* si bien de forma quijotesca —es decir en un universo mental y desprovisto de conexión con la realidad, a diferencia de lo que hacía Fielding o incluso el propio Cervantes al superponer el *romance* de las historias intercaladas con la historia quijotesca. Fielding había ampliado las posibilidades románticas planteadas por el *Quijote,* Thackeray las restringe, pero siguen ahí, reducidas a la mínima expresión pero dejando ese meollo romántico en un mundo anti-romántico que es la diferencia fundamental entre el realismo cervantino y el picaresco.

Esta forma dialógica como una mezcla de paradigmas —quijotesco y picaresco— o diálogo de modos narrativos —*romance* y realismo— puede encontrarse en la novela quijotesca de Dickens, los *Pickwik Papers,* lo cual no es sorprendente si tenemos en cuenta que los autores de *romances* cómicos del XVIII, Fielding y Smollett, se contaban entre los favoritos de Dickens (junto con el propio Cervantes, Lesage y Defoe). El quijotismo del protagonista de la obra, al igual que el de otros Quijotes decimonónicos, ni es locura ni deriva de sus lecturas (aunque parece que en un principio Dickens planteó la novela como una sátira de los esfuerzos eruditos y científicos de Pickwick y su club), sino que se basa en una ingenuidad y benevolencia sin sentido de la realidad similar a la de los Quijotes benevolentes del XVIII. Lo interesante, sin embargo, como explica Reed, es que el quijotesco Pickwick aparece no sólo emparejado con el panzaico Sam Weller, formando así una pareja dialógica similar a la cervantina, sino también en conflicto con el picaresco Alfred Jingle, un actor capaz de interpretar diferentes tipos sociales y literarios y protagonista de diferentes engaños. El propio Weller, además de criado sanchopancesco de Pickwick, tiene una dimensión picaresca, por lo que actúa de mediador en esta oposición entre el quijote y el pícaro, y su propio padre, Tony Weller, es una combinación de ambos tipos, y a su vez tiene su propio criado y complementario, el picaresco Job Trotter. A esta dualidad de lo quijotes-co y lo picaresco hemos de añadir la que se produce entre lo romántico y lo realista, representada por las historias de corte gótico interpoladas en ese modelo realista —picaresco-quijotesco— de manera análoga a como había hecho Cervantes con las de índole sentimental o pastoril en el *Quijote.* En novelas subsiguientes el *romance* gótico saldrá de ese espacio acotado para dar forma al mundo industrial y urbano de la época tan característico de Dickens —como se aprecia perfectamente en *Oliver Twist*— y al realismo romántico característico de Dickens. Pero en esta primera novela tal realidad queda circunscrita a las historias interpoladas, porque ésta un relato nostálgico que mira más hacia los modelos literarios dieciochescos y cervantinos de Dickens, con su mundo de ventas y caminos, que al mundo contemporáneo del XIX.

4. *REALISMO AUTO-CONSCIENTE: TÍTERES Y TITIRITEROS*

Hay un último elemento de *Vanity Fair* que tiene claras reminiscencias cervantinas: el narrador. El carácter contradictorio y ambiguo de este narrador ha dado lugar a un interesante debate crítico a la hora de categorizarlo.[24] En efecto, se trata en principio del clásico narrador omnisciente decimonónico, que hace en ocasiones alarde de su conocimiento y control absoluto de lo narrado y que comenta la acción desde su posición de privilegio, no sólo sugiriendo así su condición de autor sino incluso llegando a declararse novelista; pero que en otras ocasiones pone límites a su omnisciencia y se caracteriza a sí mismo como cronista o historiador, alguien que ha necesitado del relato de testigos para reunir la información necesaria, lo cual entraña un proceso de dramatización que a medida que avanza la novela se va intensificando hasta aparecer al final convertido en un personaje más que conoce a los personajes principales, particularmente a Dobbin y Amelia, de la que se declara biógrafo. Algunos críticos como Van Ghent o Alter, por citar a dos estudiosos de la novela en general más que de Thackeray, han interpretado este proceso como una intrusión del autor real en la novela, y por tanto como una mezcla de niveles ontológicos y una falta de consistencia o pericia narrativa por parte de Thackeray.[25] Pero estas contradicciones y paradojas, que no inconsistencias o errores, se resuelven y cobran sentido si las situamos en la tradición cervantina, y particularmente a la luz del modelo de Cide Hamete, un modelo que de hecho parece ser invocado de forma implícita en el propio texto cuando, tras contarnos el narrador al final de la novela (cap. 62) cómo conoció a Dobbin y Amelia durante el viaje que éstos realizaron por Alemania, afirma que sin duda se fijó en ella de entre todas las damas que había una noche en el teatro porque estaba predestinado a escribir sus memorias. Cualquier lector de Cervantes no podrá evitar relacionar tal afirmación con las declaraciones

---

[24] Véase a este respecto Amorós, *op. cit.*, pp. 98-102.

[25] Dorothy Van Ghent, *op. cit.*; Robert Alter, *Partial Magic: The Novel as a Self-Conscious Genre*, Berkeley: University of California Press, 1975.

de Cide Hamete al final del *Quijote,* cuando le da voz a su pluma y le hace decir que para ella sola nació don Quijote y ella para él.

Efectivamente es la figura de Cide Hamete y la narración cervantina la que está detrás de este narrador. Hemos visto más arriba cómo Cide Hamete era caracterizado por Cervantes de una forma paradójica similar, como historiador y mentiroso, como cronista que maneja fuentes y como un mago que sabe lo que nadie puede saber, y cómo se hacía presente en una historia de la que era imposible que formara parte, se dramatizaba y convertía en un personaje del mundo representado en el que era una imposibilidad —un sabio encantador. El narrador se convertía así en un mecanismo para mostrar el carácter ficticio de la novela y reflexionar sobre su naturaleza paradojal, y eso es exactamente lo que hace Thackeray: éste está simplemente recuperando la dimensión auto-consciente y metaficcional que el recurso de la omnisciencia tenía en Fielding y en Cervantes, y que la novela del XIX había eliminado. Por una parte, al hacer al narrador parte del mundo representado está revelando su carácter ficticio, pues su omnisciencia es una imposibilidad en dicho mundo, un personaje no puede ser omnisciente —a no ser que sea un mago o un encantador, como Cide Hamete, pero de nuevo eso es imposible en los términos de historicidad que plantea la novela realista. Por otra parte, al hacerle comentar repetidamente sus procedimientos narrativos a la manera de Fielding (en numerosos pasajes que no podemos comentar aquí) añade una dimensión auto-consciente a la obra.

El carácter imposible de la narración de *Vanity Fair* la convierte en una confesión de su carácter ficticio, en un marco auto-consciente como el que puede discernirse en el *Quijote* o *Tom Jones,* un marco que además es doble pues la novela aparece enmarcada por un prólogo y unas frases finales en las que se declara abiertamente el carácter novelístico del texto que vamos a leer, exactamente igual que ocurría en el *Quijote* con el prólogo y el párrafo final donde Cervantes hacía explícita su intención paródica al escribir su novela. Efectivamente *Vanity Fair* empieza reconociendo abiertamente su carácter ficticio en un prefacio titulado «Before the Curtain» (refiriéndose al telón de la representación dramática), donde se presenta la novela como una representación de marionetas en la que el novelista es el *manager of the performance,* tanto el que ha hecho los títeres como el que mueve los hilos, el titiritero —un símil que tiene interesantes resonancias cervantinas, como ha quedado visto más arriba. Si bien el hecho de ser un prefacio, y por tanto estar situado fuera del texto y ser atribuible no tanto al narrador como al autor, puede restar valor metaficcional al mismo, la recuperación al final de la misma imagen, dentro del propio texto cuando lo que parece la voz del narrador dice que es hora ya de guardar los títeres y cerrar la caja porque la obra ya ha sido representada, no deja lugar a dudas. La confusión entre el narrador y el autor comentada más arriba puede provenir en gran medida precisamente de esta intrusión de la voz del novelista dentro de la novela, de la que hay algún otro ejemplo menos evidente. Pero se trata de un simple cambio de voz, semejante al que se observa en el párrafo final *Quijote*: Cide Hamete se dirige a su pluma y le hace hablar, pero cuando el discurso de la pluma concluye es la voz del autor, del novelista, la que retoma el relato y la que afirma que gracias a *su* verdadero don Quijote los libros de caballerías van tropezando por el mundo —algo que no podría decir un narrador que es mero editor ni un Cide Hamete que es mero historiador, y que nos envía al novelista que declara en el prólogo su intención paródica. Ambas novelas construyen así un doble marco auto-consciente, el de la narración con su narrador imposible y, por encima de él, el del novelista, que no es meramente paratextual porque su voz salta ocasionalmente del prólogo al texto y usurpa la del narrador. Tal usurpación no significa que el narrador sea el autor, pues son voces bien diferenciadas: uno es creador que inventa una ficción y otro cronista que cuenta una historia real, uno es titiritero que fabrica marionetas y mueve sus hilos y otro intérprete que nos cuenta la representación. Thackeray convierte el símil del retablo de títeres, que Cervantes utilizaba como espejo metaficcional, en marco metaficcional.

La figura de este narrador omnisciente, sin embargo, tiene una dimensión moral ausente en Cervantes pero presente en Fielding, como anuncia el título de la obra, que está tomado del relato religioso de Bunyan *The Pilgrim's Progress* y hace referencia al *Eclesiastés* bíblico, y como subraya la utilización moralizante del tema del teatro del mundo asociado al símil de la feria y las marionetas. Si al final ese narrador cuya omnisciencia lo convierte en juez y autoridad moral resulta ser un personaje más, entonces tal autoridad desaparece, como Thackeray subraya haciendo que él mismo en diferentes pasajes se incluya como sujeto de los vicios o carencias que censura, como parte de la feria de vanidades, junto con el lector. Al hacer que su narrador sea uno más de nosotros, Thackeray está socavando tanto su superioridad moral como su omnisciencia epistemológica, demostrando que son una imposibilidad tanto ética como ontológica y desconstruyendo así uno de los rasgos más distintivos de la novela victoriana, el narrador omnisciente. Thackeray pone al descubierto su carácter artificioso o convencional, el hecho de que en última instancia es otro falseamiento de la realidad, que no puede relatarse desde esta perspectiva privilegiada imposible —excepto para

una agente sobrenatural. *Vanity Fair* es por tanto una novela profundamente subversiva de las convenciones narrativas de la época, no sólo de
las de la ficción romántica, como el *Quijote*, sino también de la realista,
como *Tristram Shandy*. La dimensión subversiva de la obra se extiende así
de la historia o la acción a la narración, y, en este terreno, la subversión
tiene una dimensión no sólo paródica, sino también satírica que refuerza
la de la historia: no es posible contar un mundo corrupto, imperfecto e
injusto desde una posición que presupone la perfección, la incorruptibili-
dad y la ecuanimidad. La novela es un desafío a las convenciones tanto
literarias como sociales por contener una profunda crítica tanto de una
realidad de la que el ideal ha sido barrido y sólo sobrevive de manera
inadecuada, imperfecta y subjetiva, como de la manera idealizada de
transcribirla literariamente. Siendo ello así Thackeray se niega a encarnar
tal desafío en una voz narrativa que representa tales convenciones y, al
hacerlo, va mucho más allá no sólo de Cervantes, sino sobre todo de los
narradores profundamente morales de Fielding o Eliot.

CR EO

Si Austen, Thackeray y Eliot son autores cervantinos, puede entonces
afirmarse sin empacho que al menos una parte importante de la novela
inglesa del XIX sigue el ejemplo de Cervantes, aunque a través de la
mediación de la novela cervantina del XVIII, de un proceso que no es
tanto de influencia directa, aunque en muchos casos ésta haya existido,
como de incorporación a una tradición. Esta tradición cervantina no es
la única tradición novelística —hay otras tradiciones, la picaresca por
ejemplo— pero, como la nómina de autores aquí analizados demuestra,
sí la más inclusiva —la que incorpora más autores e incluso acaba
incorporando a otras tradiciones, por ejemplo la picaresca— y decisiva
—casi todos los autores que han marcado diferencias, que han abierto
caminos, han transitado por el camino que abrió Cervantes. Por eso el
Quijote es la novela paradigmática, la que contiene toda la potencialidad
del género hasta el punto de que casi todas las novelas pueden considerarse en mayor o menos medida variantes de *Don Quijote*. Tal afirmación
podría parecer una exageración, una distorsión de la realidad no muy
diferente de la quijotesca, puesto que viene dada por la contemplación
de la misma a través de una idea fija y obsesiva —el *Quijote*. Es posible
que así sea —si algo nos enseña Cervantes es una forma de pensamiento
dialógico y auto-consciente— pero al menos se puede encontrar el apoyo
de otros estudiosos más sabios y menos quijotescos que han realizado
afirmaciones semejantes, el primero de todos Ortega y luego también

Levin, los dos autores con los que iniciamos este recorrido. Ortega afirmaba en sus *Meditaciones del 'Quijote'* que «falta el libro donde se demuestre al detalle que toda novela lleva dentro, como una íntima filigrana, el *Quijote,* de la misma manera que todo poema épico lleva, como el fruto el hueso, la *Ilíada*» (*op. cit.,* p. 116). Y de esta afirmación de Ortega se haría eco Harry Levin en 1957 al afirmar que «to crown him with an adjective of his own choosing, Cervantes continues to be the *exemplary novelist.* It is a truism of course, that he set the *example for all other novelists to follow*», a lo que añadiría en otro artículo del mismo año que «*Don Quixote* is thus an *archetype* as well as an *example, the exemplary novel of all time*».[26] Son numerosos los críticos que posteriormente se han referido al *Quijote* como *novela ejemplar,* aunque en un sentido bien diferente del que esta denominación tenía para Cervantes —no en el de relato corto de carácter edificante que plantea un paradigma moral, sino en el de relato largo de carácter realista que es el paradigma literario de un nuevo y moderno género narrativo. Pero, casi un siglo después, sigue faltando el libro que reclamaba Ortega en que se dé cuerpo a tales afirmaciones. Mientras seguimos esperando el advenimiento del exégeta que ilumine la ejemplaridad de Cervantes, podemos al menos intentar escribir capítulos del mismo, como éste sobre la novela inglesa de los siglos XVIII y XIX. El siguiente debería ocuparse del siglo XX, donde de nuevo podríamos ir más allá de las novelas quijotescas de Chesterton o Greene para reivindicar el cervantismo de autores como Joyce o Fowles, que de nuevo son hitos en la historia de la novela inglesa del siglo pasado. Pero eso, por fortuna para el lector que haya tenido la paciencia de llegar hasta esta última frase, habrá que dejarlo para otra —¿feliz?— ocasión.

---

[26] Harry Levin, «The Example of Cervantes», en *Contexts of Criticism,* Cambridge: Harvard University Press, 1957, p. 79, y «*Don Quixote* and *Moby Dick*», *ibid.,* p. 97.

Luis Astrana Marín, traductor de Shakespeare y biógrafo de Cervantes

José Montero Reguera
Universidad de Vigo

A la memoria de José Montero Alonso, en su centenario

Un escritor olvidado

Hay autores —creadores, críticos, ensayistas— cuyas trayectorias literarias han quedado relegadas al olvido; Federico Carlos Sainz de Robles acuñó para aquellos una expresión, *escritores en el purgatorio*, que lo ilustra gráficamente: escritores apenas recordados, raras veces valorados adecuadamente. Cabe aplicar una expresión similar al crítico y erudito conquense Luis Astrana Marín (5.VIII.1889-4.XII.1959), acaso acentuando la imagen, pues este no ha recibido apenas atención en el último medio siglo. En efecto, hoy las historias de la literatura pasan muy por encima, u olvidan sin paliativos a esta figura,[1] que ha dejado, además de obras de creación, una labor crítica amplia, diversificada, que tiene sus ejes en la edición de textos (Quevedo, Calderón de la Barca y Cervantes), la traducción del inglés (Shakespeare) y del latín (Séneca), y la biografía (Cristóbal Colón, Lope de Vega, Quevedo, Shakespeare, Séneca y Cervantes). Al tiempo, las pocas ocasiones en que alguien ha salido en defensa de Astrana han dado lugar para la severa corrección o la polémica periodística más o menos agria.[2]

---

[1] Noto sólo la excepción del trabajo de Alfredo Carballo Picazo, «Seguidores de Menéndez Pelayo», en la *Historia general de las literaturas hispánicas*, Barcelona: Vergara, 1973, reimpr., p. 354.

[2] Como ejemplo del primer caso, véase el apartado «La huella de Astrana Marín» incluido por Alberto Sánchez en su revisión biográfica titulada «Nuevas orientaciones en el planteamiento de la biografía de Cervantes», VV. AA., *Cervantes*, Alcalá de Henares: Centro de Estudios Cervantinos, 1995, pp. 21-25;

En él, además, he aquí la justificación última de este trabajo, quedan estrechamente relacionadas las figuras de Shakespeare y Cervantes. Al primero dedicó una intensa labor como traductor que culminó en 1930 con la primera y casi única traducción completa del escritor inglés[3]; al segundo, una extensísima biografía (siete volúmenes, más de tres mil páginas), muy discutida, pero todavía hoy insustituible.

ACERCAMIENTO A LA PERSONALIDAD DE LUIS ASTRANA MARÍN:
NOTAS PARA UNA BIOGRAFÍA
Nacido en un pequeño pueblo conquense, Villaescusa de Haro, de familia de militares, inicia sus estudios en el colegio de franciscanos descalzos de Belmonte, donde siguió, entre 1900 y 1906, estudios de humanidades y filosofía, para luego ingresar en esa última fecha en el seminario de Cuenca con el fin de seguir una carrera sacerdotal que nunca culminó, pues abandonó estos estudios en 1909. Se inicia entonces un período de su vida poco conocido, pero en el que los viajes a diversos países se suceden, especialmente a Inglaterra, pero también a otros lugares, como Francia, Italia y Portugal, donde no falta la aventura y alguna peripecia casi fabulosa.[4]

LOS PRIMEROS TRABAJOS LITERARIOS
Vuelto a España, se instala definitivamente en Madrid, donde sobrevive como puede con el único recurso de su oficio de escritor, que se derrama

---

y como ejemplo de lo segundo, la polémica surgida entre Andrés Trapiello y Francisco Rico con Astrana al fondo, que puede leerse a través de los capítulos incorporados por Trapiello al final de su biografía cervantina (*Las vidas de Miguel de Cervantes*, Barcelona: Planeta, 1993, que manejo por la reimpresión de 2004 para ediciones Folio) pp. 270-280 (los artículos se habían publicado originalmente en *La Vanguardia* de Barcelona, 9 y 23 de noviembre de 2001), y por Rico en su libro misceláneo *Los discursos del gusto. Notas sobre clásicos y contemporáneos*, Barcelona: Destino, 2003, pp. 238-244, de donde extraigo las siguientes palabras: «Y si AT hubiera entrevisto los documentos cervantinos publicados por Pérez Pastor y saqueados por Astrana (de quien emanan la sólita biografía y los suspiros que hinchen *Las vidas de Miguel de Cervantes*) habría tenido que tropezarse con 'Juan Álvarez, corrector', al que la Rivalde adeudaba ciento cuatro reales» (p. 242).
[3] Véase Esteban Pujals, «Shakespeare y sus traducciones en España», *Cuadernos de traducción e interpretación*, 5-6 (1985), pp. 82-83.
[4] Véase Gilda Calleja Medel, *Luis Astrana Marín, un solitario y casi heroico hombre de letras*, Madrid: Sociedad Cervantina de Madrid, s.f. [pero 1989 ó 1990], p. 11. Asimismo, José Montero Padilla, «Luis Astrana Marín», *Arbor*, XLV (1960), pp. 278-281.

en libros, periódicos, revistas y traducciones. Pronto alcanza una cierta notoriedad, como reflejan las evocaciones que se publican por entonces, en especial la de Rafael Cansinos Assens, que en su libro *La nueva literatura* (1917) le describe así:

Hace mucho tiempo que su rostro shakespereano, con sus ojos fijos y estáticos como los de las aves nictálopes y sus llameantes bigotes, crecidos sobre muchas rasuraciones eclesiásticas, se hizo una imagen familiar bajo las acacias de Recoletos [...] Astrana Marín tiene un alma grave y silenciosa, en la que la primavera es un tiempo triste. Ama, como yo mismo, la poesía seria y fuerte, y en muchas de sus páginas líricas los fulgores de mi *Candelabro* se reflejan alargándose en líneas rectas, como en agua pura.[5]

Se van sucediendo los artículos (en *El Imparcial*, *Heraldo de Madrid*, *Iberia*, etc.), de crítica literaria, sí, pero también sobre estrenos teatrales, ecos de sociedad, etc.; los libros (*La vida en los conventos y seminarios*, 1915; *Las profanaciones literarias. El libro de los plagios*, 1920; *Gente, gentecilla y gentuza*, 1922), algunos de fuerte contenido crítico, lo que le acarreó no pocas enemistades; y las traducciones de Shakespeare, que fueron apareciendo en la Colección Universal de la casa Calpe (luego pasaron a la benemérita colección Austral) y en Aguilar (36 tomos hasta 1923). A estas alturas es ya un escritor conocido en Madrid, como revela una larga e interesante entrevista de Alfonso Camín[6] en la que se incorporan interesantes datos sobre la vida de Astrana. En ella cabe destacar su fama de crítico implacable:

No importa, no me acobarda. Astrana Marín es un crítico. Pero no padece achaques de edad ni achaques literarios. Por otra parte, Astrana Marín no se come a los poetas crudos. Esto es una calumnia. Cuando le hice esta entrevista, comió conmigo. Y yo le he visto con estos ojos pedir perdices y aun palparles la pechuga y examinarles las partes traseras (p. 129).

Su aspecto y figura: «¿Cómo es Astrana Marín? Ni alto ni bajo, ni flaco ni grueso. No es la figura inútil de señorito español. No es el tipo

<hr>

[5] Rafael Cansinos Assens, «Luis Astrana Marín», *Obra crítica*. Introducción de Alberto González Troyano, Sevilla: Diputación de Sevilla, 1998, pp. 155-156; la cita en p. 155. R.C.A. se refiere a su libro *El candelabro de los siete brazos*, Madrid, 1914.

[6] Incluida en el libro *Hombres de España*, Madrid: Renacimiento, 1923. Utilizo la reedición parcial publicada con edición y prólogo de José Luis García Martín con el título *Entrevistas literarias*, Gijón: Llibros del Pexe, 1998, pp. 129-141.

lamentable de la baja bohemia. Astrana Marín es un hombre moderno. Es un espíritu mozo. No es el maestro. Es el camarada». (p. 129). Son interesantes asimismo los datos que se ofrecen sobre sus inicios literarios, su ideología y los años pasados en el seminario:

> Me hallaba yo en Cuenca, en cuyo Seminario estudiaba teología y griego. Ya, claro es, hacía tiempo que escribía no sólo literatura, sino también música, cuya carrera alternaba con la del sacerdocio. Por entonces, probablemente me cautivaba más la música que las letras […] Era por el verano de 1908; estábamos los estudiantes de vacaciones, y bullía en mi cabeza la idea de exhalar algo que no fuera música ni se relacionara con la carrera de cura, que yo llevaba con enojo y fastidio ya que mi espíritu fue siempre pagano y jamás católico […] Tienen los conquenses un mausoleo a las víctimas liberales asesinadas por las hordas carlistas en el célebre saqueo de 1874, si mal no recuerdo. Celébrase la fiesta el 8 de julio, procesión cívica y solemne con asistencia del Ayuntamiento, la Diputación, todo el comercio y las fuerzas vivas de la capital. Me pareció que no sentaría mal publicar una composición poética en el periódico más liberal de la localidad, en honor de las víctimas sacrificadas bárbaramente por los carlistas […] Pero […] yo era seminarista, aunque externo, y que todos mis profesores, y aun diré la capital entera, simpatizaban con el presidente don Carlos de Borbón; pues si hay una población religiosa en España, es Cuenca. Bien: escribí una silva fúnebre la víspera de aquellas solemnidades y la envié a *El progreso conquense*, periódico excomulgado. Publicóse el día señalado, y armó gran alboroto. Este primer ensayo mío poético, de mi musa satírica, me indispuso con media capital. Cuando la vi impresa, me dio un vuelco el corazón: tal sugestión ejercía en mí la letra de molde. (pp. 131-132).

Y se hace evidente su afán polemista: «Simple seminarista, aunque ya teólogo, entablé una polémica con el canónigo magistral de aquella santa catedral basílica. Y el resultado de todo ello es que tuve que dar un adiós al seminario, hechizado además por los ojos azules de la mujer que más he querido en mi vida»; con respecto a los poetas contemporáneos los califica en los términos siguientes: «Los poetas aquí, en la época presente, son intuitivos, y este es el mal: no cantan sino temas triviales. No hay nada elevado, nada épico, nada que vuele más alto del doméstico vivir cotidiano. Predominan los poetas caseros, tabernarios y vulgares» (p. 133). «Los gongoristas de ayer y los ultraístas de hoy son una misma cosa» (p. 134). «Los eufuístas son los ultraístas de hoy. Ni más ni menos. Los ultraístas son muy viejos. Ya existían en tiempos de Aristófanes, que los fustiga en *Las ranas*. Eran una especie de gongoristas o preciosistas» (p. 136). Sólo destaca a Antonio Machado, «sin que sea un poeta excepcional» (p. 139). Y no se olvida del cervantismo y los cervantistas: «El cervantista —hablo del profesional— es algo despreciable. El cervantista profesional se parece mucho a los empleados fúnebres, poco escrupulosos, que profanan el silencio de los sepulcros para arrancar a los muertos el oro de las dentaduras o les cercenan los dedos para arrancarles las sortijas» (p. 133); pero el contraste con Cervantes: «Es un valor que no se discute. Cervantes es el hijo predilecto del Renacimiento. Casi todo se lo debió a Italia. Allí estuvo de paje un tiempo con el cardenal Acquaviva» (p. 133). La entrevista se extiende por lo que han de ser las grandes constantes de la vida de Astrana: Shakespeare, Cervantes, Quevedo, críticas a los poetas contemporáneos…

VOCACIÓN (Y OBSESIÓN) POLEMISTA
En la entrevista de Camín queda reflejada una de las características más destacadas de Astrana, desde muy temprano: su vocación (casi obsesiva) polemista, que le llevó a enfrentarse a escritores muy diversos. Un libro suyo de llamativo título puede dar la pauta de esta actitud crítica: *Gente, gentecilla y gentuza. Críticas y sátiras* (Madrid, s. f, [pero 1922]). Se trata de un libro a caballo entre la creación (una serie de sátiras en prosa, de carácter general) y la crítica afilada, que no se detiene ante nada ni nadie: severas críticas a Manuel Bueno a raíz de los comentarios efectuados por aquél con respecto a si hay o no hay una superstición shakesperiana (pp. 114-117), lo cual le da pie, por cierto, a una extensa comparación con la superstición cervantina (la existencia de un sentido oculto en el *Quijote*); tras ello, los adjetivos se van sucediendo: «la comedia estúpida de Benavente» (p. 11); «Contranatural y artificioso Linares Rivas» (p. 118); «Dicenta, genio tan burda y lastimosamente perdido» (p. 119), «Un dramaturgo del siglo pasado —que no fue una lumbrera, precisamente, D. Manuel Bretón de los Herreros» (p. 133); «Los artículos de Cavia, saturados de una encantadora ligereza —en su concepto puro—, fueron siempre preferibles a las inaguantables monsergas de filólogos y gramáticos del corte de Casares y de Valbuena, donde por si debió decir 'cierna', 'cierne' o 'ciernes' discuten dos años y son capaces de condenar una admirable novela so pretexto de que abunda en tales neologismos, sin mirar a más» (p. 173);[7] Eduardo Marquina es un «escritor de ripios»

---

[7] Astrana se hace eco aquí de la polémica sostenida por Julio Casares (en el diario *ABC*) y Antonio de Valbuena (en *El Imparcial*) sobre la forma correcta de

(pp. 213-219); «[...] en esta desdichada época literaria que padecemos, en donde la cobardía, la ñoñez, la melancolía y el sentimentalismo aberrado junto con la imitación de cuatro libracos franceses, son el bagaje de la mayoría de nuestros poetas llorones, nuestros novelistas pesados y cursis, nuestros cronistas perfumados y vacuos y nuestros comediógrafos de pan llevar» (p. 207).

Se extiende con pormenor en una corriente literaria (el ultraísmo) y en una escritora, Emilia Pardo Bazán. A ésta le dedica el capítulo final (pp. 244-249) que escribe a raíz de un artículo publicado en *ABC* por Doña Emilia sobre «El hombre de Stratford»: En el artículo se afirma que, en palabras de Astrana, «Para la 'eximia' condesa, Shakespeare es un pobre cómico, totalmente iliterato» y, además, «Juzgo innegable que el burgués iliterato de Stratford no pudo escribir ni concebir las geniales creaciones que se le han atribuido tantos años» (p. 248). La artillería crítica de Astrana refuta punto por punto las afirmaciones de Pardo Bazán, con textos contemporáneos de Shakespeare.

Al Ultraísmo dedica otro apartado (pp. 236-243), en el que bajo el título «La última moda literaria» se critican los principios, revistas y autores de este movimiento, que es «el alcaloide de la tontería»: la revista *Grecia* (p. 239), un «paquidermo rumiador» que «llámase D. Adriano del Valle» (p. 240), «trovadores fisicogeómetras del catastro velivolante», como un «señor [Guillermo] de Torre», y:

otro poeta, que se firma [Gerardo] Diego —será de Noche—, es más modesto y sentimental:

«Soy el caminante extraviado
Sobre las hojas muertas del calendario»
No atisbamos qué quiere decir; pero enseguida nos descubrirá la
    condición de su vida:
«Yo me arrastro
Bajo todos los puentes del fracaso».
Naturalmente, y nosotros le creemos sobre su palabra. Porque, ¿no
    ha de fracasar escribiendo como escribe «estoy enamorado / de
    una mujer que existe y que no es ella»? será pues la otra. (pp.
    240-241).

Las críticas se extienden a otros autores y ayudan a explicar la reacción de Gerardo Diego en 1927, durante la conmemoración del tercer

---

la expresión «en cierne»; véase Julio Casares, *Crítica efímera. I. Divertimentos filológicos*, Madrid: Calleja, s. f. [1918], pp. 183-214.

centenario de Góngora.

EL ENFRENTAMIENTO CON EL GRUPO POÉTICO DE 1927
En efecto, Rafael Alberti ha relatado en sus memorias las bromas que él
y sus compañeros de generación poética gastaron a críticos antigongori-
nos en 1927, con motivo de la conmemoración del tercer centenario de la
muerte de Góngora:

> En cuanto a los recuerdos divertidos... Muchos son. Citaré, entre
> otros, el auto de fe en el que se condenaron a la hoguera algunas obras
> de los más conspicuos enemigos de Góngora, antiguos y contemporá-
> neos: Lope de Vega, Quevedo, Luzán, Hermosilla, Moratín, Campoamor,
> Cejador, Hurtado y Palencia, Valle-Inclán, etc. Por la noche —la del 23
> de mayo— hubo juegos de agua contra las paredes de la Real Academia.
> Indelebles guirnaldas de ácido úrico las decoraron de amarillo. Yo, que
> me había aguantado todo el día, llegué a escribir con pis el nombre de
> Alemany —autor de *El vocabulario de Góngora*— en una de las aceras. El
> señor Astrana Marín, crítico que diariamente atacaba a don Luis,
> descargando de paso toda su furia contra nosotros, recibió su merecido,
> mandándole a su casa, en la mañana de la fecha, una hermosa corona de
> alfalfa entretejida de cuatro herraduras, acompañada, por si era poco,
> con una décima de Dámaso Alonso, de la que hoy sólo recuerdo su
> comienzo: 'Mi señor don Luis Astrana, / miserable criticastro, / tú que
> comienzas en astro / para terminar en rana'.[8]

Especial encono mostró Gerardo Diego, como revela su epistolario.
Así, en carta a Alfonso Reyes fechada el 2 de septiembre de 1926, informa
al escritor mejicano de los planes para el centenario gongorino y destaca,
«como número de fuerza, un gran auto de fe, quemando ejemplares
reales o en efigie de todos los libros que han hablado mal de don Luis
—críticos, historiadores [...]— y monigotes representativos del Catedráti-
co, el Académico y el Erudito gongorófobos. Y haremos lo posible por
quemar vivo, como muestra y para escarmiento, a Astrana Marín».[9] El 17

---

[8] Rafael Alberti, *La arboleda perdida. Primera parte*, Bacelona: Galaxia
Gutenberg y Círculo de Lectores, 2003, p. 288. Cfr. José-Carlos Mainer, *La edad
de plata (1902-1939). Ensayo de interpretación de un proceso cultural*, Madrid:
Cátedra, 1999, 5ª. ed., p. 215. Los actos en «desagravio» de Góngora no acaban
ahí: véanse más detalles en Rafael Osuna, *Las revistas del 27*, Valencia: Pre-textos,
1993, pp. 192-194, y el libro *Gerardo Diego y el III centenario de Góngora (correspondencia inédita)*, edición, introducción y notas de Gabriele Morelli, Valencia: Pre-
textos, 2001.
[9] *Gerardo Diego y el III centenario de Góngora*, ob. cit, p. 123.

de mayo del año siguiente le escribe desde Gijón a Dámaso Alonso y afirma tajantemente:

> [...] No me conformo con menos del siguiente programa.
> Por la mañana: una misa por don Luis en la de San Sebastián, por ejemplo, para que rabie Lope.
> Después: secuestro de Astrana Marín con alusiones a la hoguera inquisitorial.
> Apedrear la casa de Valle-Inclán.
> Una silba —y una silva, si es preciso— a tres voces a Alemany el viejo (aunque los dos lo son).
> Entre dos luces: auto de fe [...][10]

Y en carta a Jorge Guillén fechada el 25 de febrero de 1927 expone al poeta vallisoletano la intención de mandar a Astrana una «colección de epigramas, ovillejos, insultos y gansadas, firmadas» y añade este ejemplo: «Hay que mandarle a hacer chis / —a Luis. / Zurrarle bien la badana / —a Astrana. / Calentarle el trasportín / —a Marín. / Vaciarle bien el serrín / que almacena en el cogote / y, por blasfemar de Argote, / atiborrar de cipote / a Luis Astrana Marín».[11]

PASOS PERDIDOS DE UN ESCRITOR OLVIDADO
El tiempo difuminaría este encono —también la muerte del crítico, acaecida en 1959—, y Astrana sólo vuelve a aparecer en la prosa de Diego a través de oblicuas referencias despreciativas, como cuando elogia la edición de la poesía quevediana que publica José Manuel Blecua, ya en los años sesenta. Acaso estos juicios de la gente del 27 hayan influido también en la consideración actual de Astrana,[12] que sigue

---

[10] *Ibid.*, pp. 59-60.

[11] *Ibid.*, p. 59

[12] Sin entrar en otro tipo de consideraciones, es interesante el balance que hace Rafael Osuna de la aportación de los del veintisiete al homenaje gongorino: «No es éste el lugar de hacer un balance definitivo de las palabras de Diego, es decir, del homenaje, pero algunos juicios provisionales creemos que son factibles por el momento. Lo primero que debe afirmarse es que Góngora —y esto se dirige no a los especialistas del período, sino a los esquemas imperantes en aulas y libros de texto–, no fue, ni mucho menos, «descubierto» por la comisión organizadora de poetas, pese a que fueron estos quienes dieron el mejor y más noble clarinazo en honor del poeta cordobés, y ello porque antes de esa fecha eran, si no cuantiosos al menos no pocos, los estudios que los gongoristas «profesionales» le habían dedicado como es asimismo bien conocida la admiración que los poetas franceses y algunos españoles habían sentido por

siendo, para muchos, un auténtico desconocido[13] o, aún peor, una figura de la que se conocen unos pocos datos sutilmente reiterados para abundar en la imagen negativa del personaje.

Incluido por Julio Rodríguez Puértolas en su *Literatura fascista española*,[14] y afecto al régimen del general Franco, se olvida sin embargo la fama de librepensador que había ganado con afirmaciones incluidas en su primer libro (*La vida en los conventos*, 1915), y que la entrevista de

---

Góngora desde mucho antes. Tampoco parece ser cierto que los hispanistas extranjeros —suponemos que Penney, Marasso, Reyes, Petriconi. Foulché-Delbosc, Wilson, Thomas y Gillet, por ejemplo— hicieran más que los españoles en su acercamiento a Góngora, pues lo producido en el interior fue muy abundoso y, en algunos casos conocidos, de alta calidad. Y es preciso decir también que, inmediatamente después de 1927, los estudios sobre Góngora siguieron creciendo incesantemente, resultado ello, no sólo de la revivicación hecha por unos pocos —que «no pasó casi del año del homenaje», como afirma Alberti— sino también, y en no poca medida, de un proceso erudito en gestación desde hacía tiempo. Nada de esto desdora la enorme contribución que a las vicisitudes estéticas del gusto hicieran los poetas organizadores ni resta méritos en absoluto al homenaje que como creadores hicieron. Pero no deja de ser aconsejable llamar la atención de vez en cuando sobre los intentos monopolizadores que en este sentido y otros se advierten a veces entre los generacionistas del 27, como tampoco deja de serlo, en forma más modesta, recuperar algunos nobles y bien hechos intentos académicos del gongorismo ortodoxo, no siempre tan estériles como parece deducirse de mucho lenguaje periodístico. Si en él se dieron casos como el risible de Astrana Marín y los de García Soriano y Alemany, también en los homenajeadores poéticos podrían citarse ejemplos grotescos de vasallaje gongorino. Y después de todo, repárese en lo que, a fin de cuentas, dejaron tras sí los organizadores del homenaje, aparte de las imitaciones y las quemas: tres ediciones. Por lo que toca a revistas, ninguna de ellas publicó nada de Góngora, a excepción del soneto a Córdoba en el homenaje de Litoral y la recién mencionada «Antología» de la marginada revista *La rosa de los vientos*». (Rafael Osuna, *Las revistas del 27*, ob. cit., pp. 204-205).

[13] Andrés Trapiello confiesa que «Yo quise enterarme un poco de la vida de Astrana, para rendirle en estas páginas el homenaje que merece su libro, pero no he podido adelantar mucho. Sobre Astrana ha caído un formidable silencio, sobre su obra los académicos y cervantistos han extendido un vasto manto de sal, y con la sola excepción de Azorín («investigador realmente genial», dice él), le han pagado con el olvido o con la duda», (*Las vidas de Miguel de Cervantes*, Barcelona: Planeta, 1993, que manejo por la reimpresión de 2004 para ediciones Folio), p. 23.

[14] *Literatura fascista española*, Madrid: Akal, 1986, p. 411. Astrana Marín publicó en 1939 (Madrid: Ediciones Españolas) una obra titulada *Haces de flechas*.

Alfonso Camín también refleja; se olvida asimismo que comenzó escribiendo en periódicos de izquierdas y que su amistad con el editor Rafael Martínez Reus (con quien publicó, entre otras obras, la biografía de Cervantes y el epistolario de Quevedo), del partido Radical, se mantuvo hasta la muerte de aquél. Amigo asimismo de Marcelino Domingo, a quien parece que escondió en casa durante la revolución de Jaca en 1930, se hizo masón (acaso por influencia de aquél) y consta su vinculación a la logia de la madrileña calle del conde de Aranda.[15] Esta amistad le convertiría en patrono de la Biblioteca Nacional (cargo honorífico, sin sueldo) cuando Marcelino Domingo ocupó la cartera de Instrucción Pública en 1931. Poco amigo de políticas, una anécdota relatada por Eduardo Haro Tecglen refleja certeramente el carácter de Astrana:

> Luis Astrana Marín era visita de casa, en la época en que había visitas: la palabra va siendo ya, en esa acepción, un arcaísmo. Recuerdo especialmente su voz y su nariz; voz de sordo profundo, saltando octavas, desafinando en cuartos, en octavos de tono. Y una nariz que tal vez denotaba la filiación de antiguos conversos. Todavía se me excitan los musculillos horripiladores cuando recuerdo un encuentro con Astrana frente a lo que entonces se llamaba Ministerio de la Guerra, junto a un cuerpo de guardia bien nutrido, recién terminada la guerra: el sordo gritaba cuando creía que estaba susurrando: «¡Este Franco nos va a llevar a la catástrofe!». Astrana no era de izquierdas ni de derechas. Vivía en la época isabelina inglesa, entre Fletcher y Jonson, y Marlowe; sobre todo en Shakespeare.[16]

Poco amigo de grupos y capillas literarias, aislado del mundo por su sordera, enfrentado con muchos por su pluma mordaz y afilada,[17] en un ambiente familiar poco propicio para la creación literaria —trabajaba en la cocina, de noche, por ser la única habitación algo caliente de la

---

[15] Véase Gilda Calleja Medel, ob. cit., pp. 21-22.

[16] Eduardo Haro Tecglen, «En el nombre de Astrana», artículo publicado en el diario *El País*, 5 de octubre de 1983, que yo cito por su reimpresión en los *Cuadernos de Traducción e Interpretación*, 5-6 (1985), p. 87.

[17] Véase ahora José Montero Reguera, «La crítica sobre el *Quijote* en la primera mitad del siglo XX», *Volver a Cervantes. Actas del IV Congreso Internacional de la Asociación de Cervantistas (Lepanto, Grecia, octubre de 2000)*, Palma de Mallorca: Universidad de las Islas Baleares, vol. I, pp. 212-213.

casa—,[18] su vida representa una imagen reiterada tantas veces:

> El era —nada más y nada menos— un escritor, con todo lo que esta
> profesión exige cuando se practica honestamente, auténticamente,
> de humildad, de esfuerzo, de silencioso heroismo, de trabajo
> agotador. Él no era hombre de capillas y grupos, no se prestaba a la
> servidumbre de quienes reparten prebendas y facilitan ayudas.
> Trabajaba y vivía solitariamente, y esta soledad le dañó en cuanto a
> lo material y utilitario de la vida profesional de las Letras. Ha muerto
> en absoluta pobreza. Diríase que en él —que era hoy nuestro primer
> cervantista, que era, como tal, el alma de la Sociedad Cervantina, por
> él fundada— la sombra del escritor del *Quijote* ha estado hasta en
> estos momentos finales de su vida. Entristece, ciertamente, que así
> pueda llegar a su muerte quien se entregó de apasionado modo a la
> profesión de las Letras. Aún, como en los días de Larra, en España,
> «escribir es llorar».[19]

UNA DILATADA CARRERA LITERARIA

Iniciada en periódicos conquenses, la obra literaria de Astrana se
concreta en varios centenares de artículos periodísticos y casi una
cincuentena de libros, en los que se cuentan los de pura creación
(narraciones y teatro), las traducciones (Shakespeare, Séneca), biografías
(Cervantes, Lope de Vega, Quevedo, Séneca, etc.), las ediciones de textos
clásicos (Calderón de la Barca, Quevedo, fray Luis de León) y los ensayos
y críticas literarios. En esta ocasión me centraré sólo en algunos de los
trabajos de Astrana relacionados con el Siglo de Oro y, de manera más
concreta, las relaciones entre Shakespeare y Cervantes.[20]

EDITOR Y BIÓGRAFO DE QUEVEDO

En el contexto de sus trabajos auriseculares, Astrana, paralelamente a las
traducciones de Shakespeare, comienza a trabajar sobre Quevedo, de
quien publicará tres biografías (*El gran señor de la Torre de Juan Abad.
Relaciones de la vida de Quevedo*, 1939; *La vida turbulenta de Quevedo*, 1945;
Don Francisco de Quevedo. Ensayo biográfico, 1953), el epistolario (*Epistolario*

---

[18] Véase Eduardo Haro Tecglen, art. cit., p. 88.

[19] «Ha fallecido el gran escritor e investigador Astrana Marín», nota
necrológica publicada en el diario *Madrid*, 4 de diciembre de 1959, p. 23. El
artículo, sin firma, fue escrito por José Montero Alonso. Véase también Federico
Muelas, *Prosas conquenses*, Cuenca: El toro de barro, 1983, pp. 280-281.

[20] Incluyo al final de este trabajo una bibliografía mínima de las obras de
Astrana.

completo de don Francisco de Quevedo y Villegas, 1946) y una edición de *Obras completas de Quevedo* (1932, 2 vols.). Astrana es, sin duda, el estudioso que dedicó más esfuerzos a Quevedo en la primera mitad del siglo XX; a él se debe la primera edición de los textos (casi) completos quevedianos en formato de gran divulgación: otra cosa es la valoración que hoy en día se pueda hacer de sus aportaciones.

Con respecto a las ediciones de los textos quevedianos, estas han sido superadas, en lo que se refiere al verso, por la labor de José Manuel Blecua, concretada en su edición de *Obra poética* publicada por la editorial Castalia entre 1969 y 1971; de ésta han surgido otras ediciones, bien completas, bien en forma de antología. Así se expresaba el profesor Blecua sobre la labor editorial de Astrana:

> Esta edición, tan pretenciosa desde la portada, en la que se dice que publica los «textos genuinos del autor, descubiertos y clasificados […] con más de doscientas producciones inéditas del principe del ingenio y numerosos documentos y pormenores desconocidos» dista enormemente de ser una edición crítica. Es obra de un aficionado, y con suerte, llena de errores de todo tipo, con auténticos inéditos y otros que lo son «en colección», confundiendo muchas veces los manuscritos y editando otros a través de copias […]. Pero lo más grave fue su manera de editar ciertos poemas, taraceándolos, poniendo y quitando versos, aparte de no resolver la menor dificultad de tipo lingüístico o histórico y poniendo fechas a ojo de buen cubero; sin contar con la ocultación de que numerosos poemas habían sido publicados en libros o revistas y ahijando a don Francisco otros que el propio autor rechaza con indignación y pena. Sin embargo, prestó un excelente servicio a numerosos lectores, auque impidió que durante años se pudiese estudiar en serio la obra de Quevedo.[21]

Las obras en prosa adolecen de los mismos defectos ya señalados por Blecua; fueron sustituidas por otras (a cargo de Felicidad Buendía en 1958), pero no las mejoran. Salvo contribuciones puntuales a textos concretos (ediciones del *Buscón*, los *Sueños*, etc.), sólo empieza a ser realmente superado el trabajo de Astrana a través de la nueva edición de *Obras completas en prosa* que ha empezado a publicar la editorial Castalia y de la que han salido dos tomos (2003, 2004), en gran formato. El

---

[21] Francisco de Quevedo, *Obra poética*, edición de José Manuel Blecua, Madrid: Castalia, 1999 [1969], vol. I, pp. xxxi-xxxii.

director de esta nueva colección, Alfonso Rey, califica la labor de Astrana así:

> Las únicas *Obras completas* de Quevedo realizadas en el siglo XX proceden de la casa Aguilar, que quiso actualizar los textos de Fernández Guerra con unos volúmenes un poco más manejables, buscando, tal vez, la estantería de la clase media de la época. Encargó de esa tarea a Luis Astrana Marín, quien, en 1932, publicó en dos gruesos tomos el verso y la prosa. Muy pronto señalaron los estudiosos que sus versiones no eran seguras. Van acompañadas éstas por algunas notas textuales y bibliográficas, heterogéneas y asistemáticas, valiosas unas, imprecisas otras. Los volúmenes se cierran con dos apéndices documentales muy densos, pero falta la sobria anotación literaria de los libros de la Pléiade, que tanto agradece el lector deseoso de adentrarse en Quevedo. Probablemente Astrana no delineó con claridad su objetivo y su destinatario, por lo cual ni divulga a Quevedo, ni satisface al especialista. En el momento presente acude a su edición, más que el lector medio, el investigador, es decir, el historiador de la lengua, el del estilo, el quevedista. Tal vez esas *Obras completas* se han visto abocadas a cumplir una función distinta de la inicialmente diseñada, por lo que suelen recibir más reproches de los justos. A partir de 1958 la casa Aguilar publicó unas nuevas *Obras completas*, esta vez a cargo de Felicidad Buendía, quien disminuyó el acopio erudito de Astrana Marín sin alterar sus líneas esenciales. Contra lo que se cree no siempre sus versiones repiten o deterioran las de Astrana, aunque, en conjunto, su labor es menos estimable que la de aquél.

Sin duda, las *Obras completas* de la casa Aguilar ya no colman las expectativas de hoy. Pertenecen a otra época y urge remplazarlas, no sin un gesto de reconocimiento hacia la labor desempeñada.[22]

---

[22] Alfonso Rey, «Introducción a las obras completas en prosa de Quevedo», en Francisco de Quevedo, *Obras completas en prosa*, Madrid: Castalia, 2003, vol. I, tomo 1, p. XIX. Cfr. asimismo los trabajos Isabel Pérez Cuenca, «Basilio Sebastián Castellanos: editor de Quevedo en el siglo XIX», *Edad de Oro*, 13 (1994), pp. 113-129; «La transmisión manuscrita de la obra poética de Quevedo», *Estudios sobre Quevedo. Quevedo desde Santiago entre dos aniversarios*, ed. de Santiago Fernández Mosquera, Santiago de Compostela: Universidad de Santiago, 1995, pp. 119-131; «Las tres musas últimas castellanas: problemas de atribución», *Actas del XIII Congreso de la Asociación Internacional de Hispanistas*, ed. de Carlos Alvar y Florencio Sevilla, Madrid: Castalia, 2000, pp. 659-669; y «Algunos casos de atribuidos y apócrifos en las ediciones de la poesía de

Tampoco se libra el epistolario de las críticas de los quevedistas, pese a no contarse todavía con una edición que sustituya a la de Astrana:

> [...] la prolija y confusa edición de Astrana Marín, en donde auténticas cartas —en el sentido coloquial y literal del término— se mezclan con envíos de obras literarias —prólogos, en rigor—, falsas epístolas, simulacros literarios de subgéneros consagrados, etc. Probablemente Astrana no se paró a distinguir entre lo que era un texto escrito directamente, sin aparente pose literaria, para comunicar algo realmente a un personaje conocido que se hallaba en esos momentos físicamente lejos, y lo que era un vocerío público bajo el nombre de epístola para gritar a los cuatro vientos, por no hablar de aquel noble género epistolar que consagraron los humanistas y que se produjo en formas literariamente tan refinadas como la epístola poética.
>
> No se había teorizado entonces sobre los 'actos del lenguaje', distinguiendo la actitud de quien comete el acto de la del que recibe la epístola para: primero, el carácter de lo que se escribe (lenguaje primario o coloquial, lenguaje literario...); segundo, el talante con que el lector, el público recibe aquel mensaje.
>
> El resultado, para no cansar mucho, es que la edición del epistolario de Astrana es un verdadero disparate: una recopilación de textos de tan distinto carácter que difícilmente pueden etiquetarse con el nombre de un solo subgénero, el de 'epistolario'.[23]

Aunque son tres las biografías de Quevedo publicadas por Astrana es la titulada *La vida turbulenta de Quevedo* la más completa de las tres, a caballo entre la investigación documental, la interpretación biográfica de los textos quevedianos, y una dosis importante de errores e imaginativas elucubraciones alejadas de la realidad del biografiado. Recientemente, la biografía de Pablo Jauralde no sólo ha superado con creces la de Astrana sino que ha proporcionado a especialistas y profanos una herramienta de consulta imprescindible para acercarse a la peripecia vital quevediana.

LA BIOGRAFÍA DE LOPE DE VEGA
Publicada en 1935, la *Vida azarosa de Lope de Vega* ofrece un perfil mítico

---

Quevedo», *La Perinola*, 4 (2000), pp. 267-283.

[23] Mercedes Sánchez Sánchez, «Lo público y lo privado: acerca del epistolario de Quevedo», *Edad de Oro*, XII (1993), pp. 293-294. Más juicios en el mismo sentido en «Aspectos biográficos, literarios e históricos del epistolario de Quevedo: el códice Barnuevo», *Edad de Oro*, XIII (1994), pp. 161-170.

del biografiado en el que, aunque se señalen también algunas de sus miserias, se insiste en la consideración de Lope como el poeta nacional por antonomasia, «predestinado a realizar en solitario la nacionalización literaria de España».[24] Fue muy criticada por Joaquín de Entrambasaguas, hasta el extremo de que la biografía de éste (*Vida de Lope de Vega*, Barcelona: Juventud, 1936) cabe considerarse como una respuesta erudita al libro de Astrana, con argumentos de peso, que también, en algún caso, pueden extenderse a la biografía de Cervantes: cierta cursilería, elementos novelescos y fantásticos, pretensiones literarias no siempre agraciadas.[25]

TRABAJOS Y DÍAS CERVANTINOS DE LUIS ASTRANA MARÍN
Conocido por muchos, dentro del campo de los estudios cervantinos, por su biografía de Cervantes (1948-1958), a la que me referiré de seguido, Astrana se inicia en el cervantismo —palabra y actividad, por cierto, reiteradamente despreciada por el erudito conquense— con numerosos artículos publicados desde la segunda década del siglo veinte en periódicos y diarios madrileños: en ellos reseñó libros y ediciones cervantinas, e informó sobre las novedades cervantinas —propias o ajenas— que se iban produciendo. Véanse, por ejemplo, las reseñas que bajo el título «El *Quijote* de Rodríguez Marín. Plagios, irreverencias, caprichosas anotaciones, y variantes del texto original», publicó en *El Imparcial* (30 de septiembre, 14 de octubre, 28 de octubre, 4 de noviembre, 11 de noviembre, 18 de noviembre y 25 de noviembre de 1918) sobre la edición del *Quijote* que publicó Rodríguez Marín en 1916-1917;[26] y las informaciones que proporciona, ya en 1921, a raíz de la publicación en Estados Unidos del libro de Homero Serís sobre *La colección cervantina de la Sociedad Hispánica de América. Ediciones de Don Quijote* (Urbana, Illinois: University of Illinois Studies in Language and Literature, 1920).[27] Tras la

---

[24] Son palabras de Francisco Florit Durán. «La recepción de Lope en 1935: ideología y literatura», *Anuario Lope de Vega*, VI (2000), p. 119.

[25] Véase por ejemplo el pasaje que reproduce el profesor Florit (art. cit.) y juzgue el lector: «En la retina de Lope, fina retina de pintor, quedó pronto captado aquel suelo y aquel cielo, lleno el uno de transparencias dulces, exhalador el otro de aromas penetrantes. El gusto y la vista, el oído y el olfato, el tacto mismo, reñían allí una batalla de delicadezas y refinamientos a quién vencerá, y todos obtenían victoria. Porque nunca podía saberse si la flor vencía al fruto, o el fruto a la flor, o el color al perfume, o el sabor al tacto. Y el oído disponía de un coro de orquestas continuo, de pájaros y canciones».

[26] Remito a mi trabajo ya citado («La crítica sobre el *Quijote* en la primera mitad del siglo XX»), pp. 202 y 222.

[27] Luis Astrana Marín, «En los Estados Unidos se descubre una edición del

guerra civil española publicará habitualmente en *La Tercera* de *ABC*, donde, desde 1939 hasta la fecha de su muerte en 1959, no faltó nunca a su cita del 23 de abril con la publicación de un artículo conmemorativo del aniversario cervantino.[28]

Dos libros misceláneos incorporan asimismo numerosos artículos sobre Cervantes: *El libro de los plagios* (1920) y, sobre todo, *Cervantinas y otros ensayos* (1944), que incluye veintiún artículos breves de tema cervantino. Buena parte de todos estos trabajos fueron utilizados después en la *Vida ejemplar y heroica de Miguel de Cervantes Saavedra*. También se debe a Luis Astrana también una extensísima edición del *Quijote*, varias veces reimpresa, que incorpora el comentario de Clemencín.[29]

Menos conocida es una empresa cervantina de Astrana que todavía hoy permanece: la Sociedad Cervantina de Madrid, «entidad cultural —dice el capítulo primero de sus estatutos—, de ámbito nacional, para fomentar el conocimiento de la vida y de las obras del inmortal autor de *El Quijote*, Miguel de Cervantes Saavedra, y difundir la lengua y literatura castellanas, por cuantos medios se usan para la expresión pública del pensamiento». Esta institución tiene su sede en el solar en el que estuvo primitivamente la imprenta de Juan de la Cuesta, en la madrileña calle de Atocha, nº. 87. El veinticinco de julio de 1953 queda constituida la sociedad, para la que fueron elegidos los siguientes cargos: Luis Astrana Marín (Presidente), Ramón García y García, párroco de San Marcos (Capellán), Patricio González de Canales (Canciller), Luis Sánchez Brunete (Secretario General), Juan Antonio Cabezas (Cronista), Amador Porres García (Bibliotecario), Luis Cervera Vera (Arquitecto Conservador), Germán Cuevas Ruiz (Tesorero), Francisco de la Vega (Contador), Felix Huerta Calopa, Juan Pujol, Gaspar Escuder Berga, Wenceslao Fernández Flórez, Alberto Insúa, Rafael López de Haro, José

Quijote anterior a la tenida por primera«, *El tiempo*, 26/02/1921, 05/03/1921, 15/03/1921, 07/04/1921, 01/05/1921, 12/05/1921.

[28] A modo de ejemplo: «En el CCCXXXII aniversario de Cervantes: Supercherías y errores cervantinos» (23 de abril de 1948); «CCCXXXIII aniversario de la muerte de Cervantes: Una edición que no ha existido del *Quijote*» (23 de abril de 1949), etc.

[29] Miguel de Cervantes Saavedra, *El ingenioso hidalgo don Quijote de la Mancha*. Edición IV centenario, adornada con 356 grabados de Gustavo Doré, enteramente comentada por Clemencín y precedida de un estudio crítico de Luis Astrana Marín, más un índice resumen de los ilustradores y comentadores del *Quijote* por Justo García Morales, Valencia: Alfredo Ortells, 1980. Se publicó inicialmente en Madrid: Ediciones Castilla, 1947. El estudio de Astrana ocupa las páginas V-LXXXVI.

Montero Alonso, Ramón Sardinero García, Antonio Juan Onieva, Luis Astrana Martín y Eduardo Grima Cuenca (vocales). También participaron en aquella primera reunión constitutiva: Gregorio Marañón, Concha Espina, Eduardo Aunós, Ramón Ledesma Miranda, Antonio Tovar, Alfonso Camín, Antonio de Obregón, Alfredo Marqueríe, Torcuato Luca de Tena, Felipe Sassone y Dionisio Gamallo Fierros, entre otros.[30]

Tras la rehabilitación del edificio entre 1980 y 1987, la Sociedad Cervantina de Madrid sigue funcionando activamente y, además de numerosos ciclos de conferencias, convoca todos los años un premio de estudios cervantinos para escritores menores de treinta años que camina ya por su decimoséptima convocatoria.

Entre 1948 y 1958 aparecen los siete tomos de que consta el gran libro cervantino de Astrana: la *Vida ejemplar y heroica de Miguel de Cervantes Saavedra* (siete tomos en gran formato de 478, 392, 600, 540, 644, 562 y 820 pp). Saludada jubilosamente por Azorín,[31] la obra ha recibido durísimas críticas,[32] pero también ha creado un interesante grupo de seguidores, como muy bien estudió Alberto Sánchez:[33] Juan Antonio Cabezas, Manuel Lacarta, Cristóbal Zaragoza y Andrés Trapiello, entre otros.[34]

Considerada en general, con palabras de Juan Bautista Avalle-Arce,[35] como un «cajón de sastre», y ampliamente utilizada —aunque no

---

[30] Agradezco a José Antonio Vizcaíno Monti, Secretario General de esta institución, su amabilidad ante mis consultas. Véase también Juan Antonio Cabezas, *Cervantes en Madrid. Vida y muerte*, Madrid: Avapiés, 1990, pp. 165-172.

[31] Azorín, «Astrana Marín», *Con permiso de los cervantistas*, Madrid: Biblioteca Nueva, 1948, pp. 91-92.

[32] Véanse por ejemplo la recensión de los vols. I y II por José María Mohedano en *Anales Cervantinos*, 1 (1951), pp. 372-376; del vol. III por Ramón de Garciasol en 2 (1952), pp. 382-286; del vol. IV por Manuel Cardenal de Iracheta en 2 (1952), pp. 386-388; del vol. V por Antonio Oliver en 3 (1953), pp. 390-392; del vol. VI por Ramón de Garciasol en 6 (1957), pp. 290-292; y del vol. VII por José Ares Montes en 7 (1958), pp. 295-296.

[33] Alberto Sánchez, «Nuevas orientaciones en el planteamiento de la biografía de Cervantes», VV. AA., *Cervantes*, Alcalá de Henares: Centro de Estudios Cervantinos, 1995, pp. 21-25; del mismo, «La biografía de Cervantes: bosquejo histórico-bibliográfico», *Anthropos*, 98/99 (1989), pp. 30-40.

[34] Juan Antonio Cabezas, *Cervantes. Del mito al hombre*, Madrid: Biblioteca Nueva, 1967; del mismo, *Cervantes en Madrid. Vida y muerte*, Madrid: Avapiés, 1990; Manuel Lacarta, *Cervantes, simbología de lo universal*, Madrid: Sílex, 1988; Cristóbal Zaragoza, *Cervantes, vida y semblanza*, Madrid: Biblioteca Mondadori, 1991; Andrés Trapiello, *Las vidas de Miguel de Cervantes*, Barcelona: Planeta, 1993, hay varias reimpresiones.

[35] En el *Boletín de la Real Academia Española*, XLVIII (1968), p. 238.

siempre se confiese— por cuantos nos acercamos con cierta profundidad al escritor alcalaíno, me permito reproducir, pese a su extensión, dos largas citas que ponderan certeramente la valía del trabajo realizado por Astrana, a cargo de dos de las personas que conocen más profundamente los avatares biográficos cervantinos: Jean Canavaggio y Manuel Fernández Nieto.

Esta obra monumental sigue siendo referencia insustituible por la cantidad de informaciones, a veces inéditas, que nos proporciona; sin embargo, ha sido criticada con razón por el método que aplica y los prejuicios de que adolece. Lo que más nos llama la atención, desde nuestra perspectiva, es la manera como va perpetuando un tipo de aproximación que parecía descalificado desde principios de nuestro siglo. Casi se podría decir que Astrana Marín ha ignorado delibera-damente el paradigma de la biografía moderna, nacida después de la Primera Guerra Mundial y que, después de varias vicisitudes, goza, hoy en día, de un éxito extraordinario. Este paradigma, más allá de las formas transitorias que pueda revestir, corresponde al establecimiento de nuevas normas de objetividad, tanto en la selección de los modos de conocimiento y de las finalidades que persigue la investigación, como el tipo de escritura que elige el biógrafo. Pues bien: Astrana Marín, aunque venga acumulando datos e informaciones, no elabora ningún esquema capaz de llevarnos más allá de la estampa esterotipada de un Cervantes heroico y ejemplar, para hacernos acceder a las estructuras profun-das adyacentes a los dichos y hechos de su personaje. Aunque se ciñe a su objeto con el apasionamiento de aquel que pretende volver a sus materiales el calor de la vida, convirtiendo en sujeto su objeto de estudio, no trata de dominar esa metamorfosis afectiva. Cervan-tes, según sus propios términos, resulta para él «todo un hombre o, más bien, un superhombre que vive y muere abrazado a la humani-dad». Dicho de otro modo, el sentimiento que anima constantemente al biógrafo no llega a transformarse en una auténtica comprensión de la compleja personalidad que fue del autor del *Quijote*, irreducti-ble, en cualquier caso, a la mera suma de sus actividades controladas y conscientes. […] La empresa de Astrana no representa, ni mucho menos, la última palabra en materia de biografías cervantinas. Sin embargo, ha venido a ser una manera de arquetipo del que derivan en su mayoría las Vidas de Cervantes lanzadas en el mercado editorial desde mediados de este siglo. También se ha convertido en referencia, más o menos explícita, de cuantos han intentado subsanar sus errores o corregir sus extremos, tratando de ir más allá de la exterioridad del yo de Cervantes para adentrarse en su personalidad profunda.[36]

Sin lugar a dudas se trata del texto más importante sobre Cervantes, aunque tiene el defecto de abordar asuntos e incluir documentos marginales al tema y carecer de índices que, en obra tan compleja, permitirían una mejor utilización.[37]

No obstante no se puede hoy entrar en la investigación cervantina, sea del tipo que sea, sin utilizar la biografía enciclopédica de Astrana. En sus páginas se rellena el vacío de noticias de 1600 a 1604, se localiza la casa natalicia de Alcalá de Henares, rehace la ruta seguida por nuestro autor, en 1569, fugitivo de Madrid a Roma, da la fecha exacta de su muerte: el 22 de abril de 1616 y no el veintitrés, como sigue celebrándose. Su valor es indudable pero hay que tener cuidado con algunas suposiciones que, sin ser documentadas, pasan por ciertas. Debe tenerse en cuenta que desde su finalización, en 1958, han aparecido nuevos datos que completan puntos concretos del vivir cervantino, incorporados en posteriores estudios.[38]

ENTRE CERVANTES Y SHAKESPEARE

Acaso con Quevedo, Cervantes y Shakespeare son las figuras de las letras occidentales que atrajeron más a Astrana y a las que dedicó la mayor parte de su esfuerzo intelectual y crítico. El nombre de Shakespeare recorre los siete tomos de la biografía de Cervantes, como éste también surge con frecuencia en los trabajos shakespirianos de Astrana.[39] Señalaré

---

[36] Jean Canavaggio, «Hacia la nueva biografía de Miguel de Cervantes» [1989], *Cervantes, entre vida y creación*, Alcalá de Henares: Centro de Estudios Cervantinos, 2000, p. 21

[37] Estos índices han sido elaborados por Phyllis Emerson, *Index of Astrana Marín's Vida ejemplar y heroica de Miguel de Cervantes Saavedra, With a Chronology of Cervantes Life*, Lexington, Kentucky: Erasmus Press, 1978. Hoy también son accesibles en la siguiente dirección de internet: http://users.ipfw.edu/ jehle/ cervante/csa/emerson_index.html.

[38] Manuel Fernández Nieto, «Biógrafos y vidas de Cervantes», *Cuadernos para investigación de la literatura hispánica*, 23 (1998), p. 20.

[39] Por comodidad uso las abreviaturas *OC* para referirme a los dos tomos de las obras completas de Shakespeare (William Shakespeare, *Obras completas*, traducción y notas por Luis Astrana Marín, Madrid: Aguilar, 2003, 2 vols.), y *Vida* para referirme a la biografía cervantina.

simplemente algunos ejemplos ilustrativos.

Persuadido el erudito conquense de que «Jamás se entenderá completamente a Shakespeare si no se le relaciona con nuestra literatura del Siglo de Oro» (*OC*, II, p. 12b), son abundantes las ocasiones en que se recurre a Cervantes (también a Quevedo) para explicar palabras o expresiones traducidas. He aquí algunos ejemplos:

HIGA (Otelo, I, esc. 3, *OC*, I, p. 221), remite al *Quijote* y a la edición del «Doctísimo don Francisco Rodríguez Marín»; *I'll pledge you all*: 'hacer razón', 'corresponder a un brindis'(*Segunda parte del rey Enrique VI*, II, esc. 3ª, *OC*, I, p. 799b): Es el castellano hacer razón como, entre otros ejemplos, en el *Quijote*: «A un brindis de un amigo, ¿qué corazón ha de haber tan de mármol que no haga la razón?».

Estas ejemplificaciones dan lugar a veces a una muy discutible explicación etimológica:

MARR'D. «desfigurado» (*Julio César*, III, esc. 2, *OC*, I, p. 499b): Literalmente, es nuestra voz anticuada marrido o amarrido, que se lee ya en el *Poema de mio Cid*: 'mas déjanlas marridas, en briales y en camisas', y en Cervantes (*Quijote*, segunda parte, capítulo LXV): 'seis días estuvo don Quijote en el lecho, marrido, triste, pensativo y mal acondicionado'. Los diccionarios españoles definen mal esta palabra por afligido, triste, melancólico. Quiere decir, sencillamente, desfigurado, estropeado, magullado, como quiera que viene del anglosajón *merran*, cuya raíz es *mar*: estropear, dañar, desfigurar, corromper. Don Quijote estaba marrido a causa de su peligroso choque con el caballero de la Blanca Luna, que le había dejado 'molido y aturdido', 'sin color y trasudando', como se lee en el capítulo LXIV.

Sin embargo, Corominas-Pascual (vol. III, p. 861b) se inclinan por 'apenado', que viene «del germ. occ. *Marrjan* (gót. *Marzjian* 'irritar', a. Alem. Ant. *Marren* 'impedir, estorbar')».

De otra índole son las equiparaciones entre ambos escritores, muy abundantes, como la que tiene que ver con su formación autodidacta: «Los biógrafos, críticos y comentaristas que no hallaban explicación al hecho de que Cervantes cursara a los veinte años en el Estudio de Madrid lo que los demás jóvenes tenían ya concluido a los quince o dieciséis, la encontrarán ahora, conocidas las peregrinaciones de su casa. No fue suya la culpa. Tal vez el destino le impulsaba, como a Shakespeare, a pertenecer, para su gloria, a la egregia familia de los autodidactos» (*Vida*, II, 158); y ambos son objeto de interpretaciones erróneas: «La leyenda del Cervantes 'Ingenio lego' de Tamayo de Vargas, censura de pedantes y miopes, por no cursar Miguel en las Universidades de Alcalá o de Salamanca, es del mismo jaez que la del Shakespeare con *Small latin and less greek*, 'poco latín y menos griego' de Ben Jonson, por no haber asistido a las de Oxford o Cambridge.

Uno y otro, Cervantes y Shakespeare, fueron, contra estos asilos de literatos fracasados que se refugian, con honrosas excepciones, a enseñar a los muchachos en las Universidades, escritores eruditísimos, que supieron aliar (autodidactos libres y sin trabas) el estudio de los libros con el de la gran naturaleza, sin el conocimiento de la cual todo libro es insuficiente para el poeta, el escritor o el artista que piensen decir algo trascendental y nuevo al mundo». (*Vida*, IV, p. 466).

Y la posibilidad, sugerente, pero muy improbable de que se hubieran conocido: Shakespeare pudo estar en Valladolid en mayo de 1605, en el séquito del embajador inglés Lord Charles Howard of Effingham, conde de Nottingham «y de haber sido algunos de sus caballeros los primeros en llevar ejemplares del *Quijote* a inglaterra». A esta cuestión dedica un largo excurso sobre si se pudieron conocer o no, pero todo son conjeturas, ningún dato probado, pues, entre otras cosas, «aún no hemos tenido la fortuna de dar con la lista de alojamientos» (*Vida*, VII, apéndice XXIX, pp. 768-771); trata el asunto más por extenso en *Vida*, VI, pp. 22 y ss., donde cuenta vida y milagros del tratado por el que se firmó la paz entre Inglaterra y España en mayo de 1605. Destaca a todos aquellos que intervinieron y que tenían una mínima relación con el dramaturgo inglés; asimismo, transcribe varias cartas del primer conde de Villamediana, enviado a Londres para negociar las paces. Se trata de un ejemplo paradigmático del método seguido por Astrana en la biografía: algunos datos ciertos, muchas probabilidades, acumulación de datos y documentación no directametne relacionados con la vida cervantina, falta de pruebas fehacientes... Es muy interesante el comentario de Jean Canavaggio:

> En particular nos habría gustado conocer a través de esta relación [la *Fastiginia* de Pinheiro da Veiga] la composición exacta del séquito de Lord Howard. Entre los gentilhombres de cámara adscritos al servicio del condestable de Castilla, durante su misión en Londres, en agosto de 1604, figuraba William Shakespeare. ¿Habría acompañado el autor de *Hamlet*, como supone Astrana Marín, al año siguiente, al embajador británico a Valladolid? Resulta tentador imaginar, como han hecho algunos, un encuentro en la cumbre de los dos gigantes de las letras. Pero dejemos de soñar. Sólo hay una cosa cierta: Howard y sus compatriotas, a su regreso a finales de

junio a orillas del Támesis van a difundir el rumor de las hazañas de don Quijote. En 1607, antes incluso de que se inicie la primera traducción de la novela, el dramaturgo George Wilkins, en una comedia representada en el escenario del Globo, hará decir a uno de sus personajes: «Muchacho, sosténme esta antorcha, porque ya estoy armado para combatir a un molino de viento».[40]

Ofreceré finamente algunos ejemplos de posibles (dudosas) influencias y relaciones mutuas a través de sus obras. La intervención de Zenotia en el *Persiles* (II, 8-17) le sugiere a Astrana la siguiente pregunta: «¿No os parece estar oyendo la famosa relación de 'Próspero' en *La Tempestad* de Shakespeare?» (*Vida*, V, 146). «Algunas expresiones nos recuerdan también otras de *La tempestad*. Shakespeare y Cervantes han debido de tener una fuente común» (*Vida*, V, p. 147). Asimismo, *El laberinto de amor* y *Mucho ruido y pocas nueces* parecen estar basadas en un motivo común que parte del V canto del *Orlando furioso* (la falsa acusación de la heroína por un amante llevado de los celos), a su vez basado en las *Novelle* (nº. 22) de Bandello. Shakespeare no leería a Bandello en italiano sino la traducción francesa de Belleforest en 1559. La cercanía entre los textos (jornada 1 del *Laberinto*, y la escena I, acto IV de *Mucho ruido* se sugiere en *Vida*, VII, pp. 220-223. Por otra parte, el *Persiles* se pone en relación con las comedias *Cimbelino*, *El Cuento de invierno* y *La tempestad*:

Una misma atmósfera de melancolía envuelve a estas cuatro obras. Son creaciones de ensueño que, a poco más, sálense de los límites de la naturaleza. Ambos genios se complacen en moverse alrededor de un mundo imaginario, forjado para ellos solos. William y Miguel participan entonces de semejante bruma septentrional. Dijérase que sus caracteres viajan a menudo sin rumbo fijo, propensos a perderse, a esfumarse, a circuirse de hielos perpetuos. Nada hay más espiritual, más fino y delicado, más misterioso. La alegría quieta y reconcentrada, el dolor suave y resignado. Recuerdos de la vida de sus autores mezclados a visiones fantasmagóricas. Naufragios, peregrinaciones, aventuras en islas. El estilo se despoja de toda gala superflua. Las imágenes escasean. Coloréanse. Las reflexiones dominan. Un ascetismo rígido lo inunda todo. Empero la palabra es más justa y precisa, y el pensamiento, más hondo y elevado. Son

[40] Jean Canavaggio, *Cervantes. En busca del perfil perdido*, Madrid: Espasa-Calpe, 1992, 2ª. ed. aumentada y corregida, p. 248.

obras en las que la vida del genio, aunque la potencia del genio no flaquee, toca a su fin. Revelan tal vez cansancio, sin dañar a su excelsitud: el mismo cansancio patente en esas abstracciones nubosas, obscuras, enigmáticas, de *Las bizarrías de Belisa* de Lope de Vega, y del *Hado y divisa* de Calderón de la Barca, de algunos trabajos de la vejez de Goethe y de los últimos cuartetos de Bethoven: obras todas bellísimas, pero atardeceres y puestas de sol. (*Vida*, VII, pp. 416-7).
Etc., etc.

FINAL

Cada vez que vuelvo sobre Astrana, cuya biografía cervantina, sobre todo, y sus traducciones de Shakespeare manejo con frecuencia, se me produce un sentimiento de gran insatisfacción. Se me figura la imagen de un sabio solitario, aislado, autor de trabajos monumentales, de enorme trascendencia en su momento, pero cuyo método (o, sin ambages, su falta de método) los han convertido en recurso casi último de investigadores, así como también en rarezas bibliográficas difíciles de encontrar; un sabio que, con todos los recursos bibliográficos y eruditos que poseía —en buena parte gracias a una memoria prodigiosa—, y su dominio de otras lenguas, pudo haber hecho otra cosa, de mayor permanencia. Insatisfacción, también, al comprobar la lentitud con la que los estudios filológicos y literarios rellenan lagunas imperdonables de nuestras letras clásicas: Quevedo parece haber tenido mejor suerte, gracias a trabajos muy recientes (alguno todavía inacabado), pero ¿qué decir de una traducción completa de Shakespeare?: todavía no hay otra que haya sustituido a la de Astrana. Lo mismo cabe decir del cervantismo: hay que volver sobre la vida de Cervantes, no para hacer mero resumen o vindicaciones más o menos afortunadas, sino para rehacer lo que Astrana dejó incompleto: reordenar y revisar de nuevo los documentos, clasificar y evaluar en su justa medida los testimonios y, con ello, escribir la biografía erudita de Cervantes que aún no tenemos.[41]

Los estudios cervantinos no son, por lo general, generosos, más bien agrios; tampoco lo fue Astrana. Y, sin embargo, hoy reclamo generosidad, comprensión para un erudito sabio, víctima acaso de su propia erudición y temperamento, cuyas obras —acudo de nuevo a Alfonso

---

[41] Aunque sí tenemos todo un subgénero biográfico cervantino, con algún hito excelente (Canavaggio, por ejemplo). Remito de nuevo al trabajo de Manuel Fernández Nieto, «Biógrafos y vidas de Cervantes», *Cuadernos para investigación de la literatura hispánica*, 23 (1998), pp. 9-24.

Rey— «pertenecen a otra época y urge remplazarlas, no sin un gesto de reconocimiento hacia la labor desempeñada».

Apéndice: Bibliografía mínima de Luis Astrana Marín

Solo incluyo una selección de los libros publicados por Astrana —no registro, por ejemplo, las numerosas traducciones de Shakespeare publicadas aparte de su edición de *Obras completas*—. Los artículos publicados en diarios y revistas se cuentan por centenares y su recolección excede con mucho los límites de este artículo.

La vida en los conventos y seminarios, Madrid, 1915.

Las profanaciones literarias. El libro de los plagios, Madrid: Biblioteca Ariel, 1920.

Cuentos turcos, Madrid: Ediciones América, 1920.

Gente, gentecilla y gentuza, Madrid: Editorial Bergamín, 1922.

El cortejo de Minerva, Madrid: Espasa — Calpe, 1923.

Cristóbal Colón, Madrid: Editorial Voluntad, 1929.

Juan Martínez de Cuéllar, *El desengaño del hombre*, ed. de Luis Astrana Marín, Madrid: CIAP, 1929.

Obras completas de Shakespeare, Madrid: Aguilar, 1930.

Obras completas de Quevedo, Madrid: Aguilar, 1932, 2 vols.

Vida azarosa de Lope de Vega, Barcelona: Editorial Juventud, 1935.

Gitanos. Tragicomedia en tres actos (en colaboración con J. M. Monteagudo), Madrid: Ediciones Españolas, 1939.

Haces de Flechas, Madrid: Ediciones Españolas, 1939.

El gran señor de la Torre de Juan Abad. Relaciones de la vida de Quevedo, Madrid, 1939

Pedro Calderón de la Barca, *Obras completas*, Madrid: Aguilar, 1939.

Fray Luis de León, *La perfecta casada*, ed. y notas de Luis Astrana Marín, Madrid: Aguilar, 1940.

Vida inmortal de William Shakespeare, Madrid: Ediciones Españolas, 1941.

Ideario de don Francisco de Quevedo, Madrid: Biblioteca Nueva, 1942.

Cervantinas y otros ensayos, Madrid: Afrodisio Aguado, 1944.

La vida turbulenta de Quevedo, Madrid: Editorial Gran Capitán, 1945.

Epistolario completo de don Francisco de Quevedo y Villegas, Madrid: Instituto Editorial Reus, 1946.

Miguel de Cervantes Saavedra, *El ingenioso hidalgo don Quijote de la Mancha*. Edición IV centenario, adornada con 356 grabados de Gustavo Doré, enteramente comentada por Clemencín y precedida de un estudio crítico de

Luis Astrana Marín, más un índice resumen de los ilustradores y comentadores del *Quijote* por Justo García Morales, Madrid: Ediciones Castilla, 1947.

Vida genial y trágica de Séneca, Madrid: Editorial Gran Capitán, 1947.

Vida ejemplar y heroica de Miguel de Cervantes Saavedra, Madrid: Instituto Editorial Reus, 1948-1958, siete tomos.

Don Francisco de Quevedo. Ensayo biográfico, Barcelona: Editorial Barna, 1953.

II

Sendas Paralelas / *Parallel Paths*

Shakespeare, Cervantes, and the Project of Early Modern Blood

ROLAND GREENE

IN EARLY MODERN EUROPE, it seems, the intellectual and cultural programmes that claimed a franchise to explain everything —natural philosophy, religion, and kingship among them— kept a warrant for blood. The indispensable article of nearly every agenda, blood connected men and women of faith to God, kings to the ancestors and heroes of legend, and human bodies to the cosmos. Explanations, manifestations, and myths depended on blood to anchor them in a physical body that was timeless, historically contingent, and vividly present all at the same time. And yet despite its relevance and ubiquity across the century, or because of them, blood as a concept underwent a bewildering current of changes in science, religion, and politics. At the turn of the sixteenth century, blood was most often imagined allegorically, as a substance that represented ideas such as nobility, sacrifice, and heroism, and emotions such as love, as well as the continuity of the human and cosmic orders. Like other allegories, the concept of blood figured in a vertical scale of meanings according to which observers readily told stories — of health or disease, worldly power, or God's work on earth.

Near the end of the century, however, most of the received allegories around blood had been compromised; while they retained latent or partial authority, there would no longer be unquestioned power along the vertical axis in such chains of meaning as Galen's doctrine of the humours, the authority of royal blood, or the sacrifice of blood in the Roman Catholic Mass. The intervening era witnessed these changes and compromises under many offices —including the decline of feudalism, the reformation of Christianity, and the rise of experimental science— and the fracture of these allegories occurred unevenly and in stages. For a time near the turn of the seventeenth century, several bloods were imaginatively available at once — the words *blood*, *sang*, *sangre*, and the like were suspended between alternative or opposed understandings —making the semantics of blood a field of rich, self-refuting, and

141

polytropic terms. And while the received accounts of blood were being remade, a semantic opened in the space between them, namely the possibility of the literal —that the term *blood* and its vernacular counter-parts might evoke the liquid itself and alone, a substance that has a reality apart from the allegories of religion, history, and medicine.

In a distinctive moment of the later sixteenth century, many scientists, theologians, and poets shared this attention to the liquid: they observe its motions and speculate over its invisible life; they notice its appearances in the phases of bodily life and history; they comment on its abundance, its vividness, its symbolic complexity.[1] These observers often attribute to blood a kind of eloquence that stills the long-established allegorical conventions and clamours for new ways of situating the substance in all its settings. The generation of Shakespeare and Cervantes saw this problem acutely, and some of the seeming modernity of its plays and prose fictions can be ascribed to the consciousness of blood as a marker under contemporary revision —the power of which draws from its literality as well as its figurative associations. *The Merchant of Venice*, the Henriad, *Hamlet*, the *Novelas ejemplares*, and *Don Quijote* are the products of this consciousness, bringing renewed imagination and hard questions to the conversation of the preceding century, a kind of romance with material blood. Of course materialism is an empty standpoint outside a system of values, and where blood is concerned, the inescapable imperative to idealize allows that a material perspective is never final. I think of the later sixteenth century as an interval between allegorical conceptions of blood, in which a comprehensive vertical scale of nobility, divinity, and the cosmos fractured into the multiple scales of family, class, and race; while the modern concepts are no less allegorical than the medieval, they seem less abstract, they fall in with the new science, and they make sense to societies that find their centers in the emerging middle class. Moreover, the attraction to blood as substance, as a speaking liquid, bridges the space between one conceptual regime and the next. When new allegories connect blood to race, for instance, it will be within a fresh semantic horizon, with literal blood as a fixed point that largely belongs to the individual and the social world, and that must be part of the fictions of collective identity, not opposed or unreckonable to them.

How does the concept of blood get reinvented in the late sixteenth

---

[1] Rebecca Zorach, *Blood, Milk, Ink, Gold: Abundance and Excess in the French Renaissance* (Chicago: University of Chicago Press, 2005), pp. 33-81, addresses the themes of abundance in the iconography of blood through a detailed study of the Galerie François Premier in the Château of Fontainebleau.

century to take fresh account of the material, the liquid itself? How does it accommodate itself to the sheer bodily experience of the substance, namely blood as quotidian reality? The materiality of blood is never forgotten, of course, but during the interval between conceptual regimes, poets and others return obsessively to its corporeality and tangibility, as though finding their way home from a journey or awakening from a dream. They rediscover blood itself —with what consequences? When the old allegories are uncertain and the new ones not yet in place, how many bloods are there? And how do mere words such as *blood, sang,* and *sangre* exhibit and contain the dynamic story of these changes?

According to the received accounts that are passed from the Middle Ages into the sixteenth century, blood appeared in symbolic fashion at dynamic, climactic, transitional (and for women, cyclical) moments, when wars were being won or lost, dynasties established or overthrown, fertility and continuance enacted. Where this conception of blood intersects history, «the father of the humors» becomes a marker of nobility and heroism.[2] Where such men's blood flows, events are worth recording, while the blood of exceptional women evokes the birthing and healing that makes history feasible.[3] Where it meets religion, blood evokes the Christian economy of salvation, in which Christ's sacrifice on the cross —«in a bloody manner»— is represented in the «unbloody» sacrifice of the Mass.[4] As early as the fifteenth century, the church in Spain developed a doctrine of *limpieza de sangre* [purity of blood] that transposed this article of the liturgy into the realm of policy, enforcing distinctions among long established and recently converted Christians as well as Muslims and Jews according to a genealogy that went by the name of blood.[5] And where it intersects natural philosophy, blood stands for the correspondence between the system of the body and the larger

---

[2] Michel Foucault, *The History of Sexuality Volume I: An Introduction,* trans. Robert Hurley (New York, Vintage Books, 1980), pp. 147-50, approaches this question differently, arguing that since the seventeenth century in the West, sexuality has replaced blood as a medium of control; power that once spoke through blood came to speak of, and to, sexuality.

[3] Peggy McCracken, *The Curse of Eve, the Wound of the Hero: Blood, Gender, and Medieval Literature* (Philadelphia: University of Pennsylvania Press, 2003), treats the gendering of blood.

[4] J. Pohle, «Sacrifice», *The Catholic Encyclopedia,* 16 vols. (New York: Robert Appleton Company, 1912), vol. 13, p. 315.

[5] Albert A. Sicroff, *Les Controverses des statuts de «pureté de sang» en Espagne du XVe au XVIIe siècle* (Paris: Didier, 1960).

systems, of the elements and the cosmos, in which it is embedded.[6] Even the mundane blood of injuries and accidents tends to be recognized as heavy with meaning.

The semantics of blood in this period are connected to the fate of an intellectual program that has been much interpellated in recent years and has delivered a bounty to literary studies, namely Galenism. For several generations, scholars of early modernity have agreed that the period's general theory of the constitution of the human body was established in a set of principles conceived in Hippocrates's treatise *Nature of Man* and refined in several works of Galen.[7] The explanatory power of Galenism, however, underwent a striking change of scope during the sixteenth century: under pressure from forces within natural philosophy such as the anatomical movement and Paracelsian thought, Galenism became less a satisfactory account of how the body works and more an allegory of the mind and its passions.[8] For a tantalizing moment, until a new program was assembled around it, the blood of the physical body got free as a concept —became legible outside Galenism, and susceptible to inductive observation. Certainly it remained possible to assimilate material blood to the system of the humours and Galen's theory of health well into the seventeenth century.[9] But where blood is concerned, the

[6] Nancy G. Siraisi, *Medieval and Early Renaissance Medicine: An Introduction to Knowledge and Practice*, Chicago: The University of Chicago Press, 1990, pp. 104-106, places blood within the system of the humors.

[7] Peter Brain, *Galen on Bloodletting: A Study of the Origins, Development, and Validity of his Opinions* (Cambridge: Cambridge University Press, 1986), pp. 1-14, introduces the Galenic system; but see Luis García-Ballester, «Galen's Medical Works in the Context of His Biography», in his *Galen and Galenism: Theory and Medical Practice from Antiquity to the European Renaissance*, ed. Jon Arrizabalaga et al. (Aldershot: Ashgate, 2002), esp. pp. 3-5, on the openness of the system. Owsei Temkin, *Hippocrates in a World of Pagans and Christians* (Baltimore: The Johns Hopkins University Press, 1991), pp. 241-46, describes the relations of Hippocrates and Galen. A typical application of Galen's thought to early modern literature is Lily B. Campbell, *Shakespeare's Tragic Heroes: Slaves of Passion* (New York: Barnes and Noble, 1952), pp. 51-62.

[8] Temkin, *Galenism*, reminds us that early modern Galenism is always twice removed from Galen himself, through the interventions of Byzantine and Arab scholars (p. 98). Likewise Siraisi, *Medieval and Early Renaissance Medicine*, p. 193, observes the gradual decline of Galenism in the sixteenth century, and at pp. 86-97, the growing interest in anatomy.

[9] The leading scholar who sees Galenism in this era as largely intact is Gail Kern Paster, *The Body Embarrassed: Drama and the Disciplines of Shame in Early Modern England* (Ithaca: Cornell University Press, 1993), pp. 64-112, who believes

most searching conversations of the later sixteenth century were already post-Galenic in character and complexity. Starting from the translator John Jones's version of *Galens Bookes of Elements* (1574), many of the treatises of this period that endorsed a Galenist ontology and physiology accounted for blood in terms that were becoming obsolete to medicine, while explainers such as Thomas Wright (*The Passions of the Mind in General*, 1604) and Thomas Walkington (*The Optick Glasse of Humours*, 1607) worked to make this system as relevant to the mind as it had once been to the body; the measure of their success was that a Galenic self survived in fiction even as a Galenic body struggled to keep its primacy in science.[10] Meanwhile literary works, closely responsive to the conceptual shifts of the late sixteenth century, tell us what the treatises often cannot, that an alternative physiological model for blood is already present in the conversation, even as the Christian and chivalric allegories of blood are under revision by the theological, economic, and social changes that are transforming European societies.

While it is anticipated by several sixteenth-century anatomists, the theory of blood as a fluid that makes a circuit of the body, a liquid organ, is finally announced in Michael Servetus's *Christianismi Restitutio* [*Restoration of Christianity*] of 1553, a treatise that censures Catholics and

---

that Harvey's «discovery of the circulation eventually broke down Galenic physiology» (p. 73), not that Galenic physiology was already in decline in the later sixteenth century. Her chapter on blood rightly insists that the principal humor is deeply involved in the ideological system of patriarchal culture, and contains a great deal of useful information. Her *Humoring the Body: Emotions and the Shakespearean Stage* (Chicago: University of Chicago Press, 2004), emphasizes humoral subjectivity in the affective language of English drama.

[10] Michael C. Schoenfeldt, *Bodies and Selves in Early Modern England: Physiology and Inwardness in Spenser, Shakespeare, Herbert, and Milton*, Cambridge Studies in Renaissance Literature and Culture 34 (Cambridge: Cambridge University Press, 1999), deftly puts aside the question of Galenism's currency as a coherent account of the body, and calls it, for example, «a remarkable blend of textual authority and a near-poetic vocabulary of felt corporeal experience» (p. 3) and «a language of inner emotion» (p. 8). On the exchanges between the Galenic body and a humoral self, see Paster, *Humoring the Body*; on the later career of the humors, Katherine Rowe, «Humoral Knowledge and Liberal Cognition in Davenant's *Macbeth*», in *Reading the Early Modern Passions: Essays in the Cultural History of Emotion*, ed. Gail Kern Paster et al. (Philadelphia: University of Pennsylvania Press, 2004), pp. 169-91; and on melancholy, Douglas Trevor, *The Poetics of Melancholy in Early Modern England*, Cambridge Studies in Renaissance Literature and Culture 48 (Cambridge: Cambridge University Press, 2004).

reformers alike in its pursuit of a return to an original Christianity —and sharply revising Galen, first describes the lesser circulation through the lungs, completing the path through the entire body.[11] A literalist in theological as well as scientific matters, the Catalan scholar Servetus might be the presiding genius of the late-century turn to blood itself. Servetus revised Galen to conform to Biblical passages about literal blood and *anima* [spirit] as well as his own anatomical observations.[12] His turn to sheer material fact as a counterweight to outmoded allegory marks the reconception of blood in a liminal moment, as a material connected to private, individual experience, to singular as opposed to collective identity, that briefly stands apart from one set of received allegories before being subsumed into another.

C03 80

In this setting, Shakespeare's *The Merchant of Venice* offers an extended commentary in several voices on the contemporaneous problem of treating blood as a medium of private experience. For several of the issues that animate the play, such as religion, family, and social class, blood is already a metonym by custom. For others such as commerce and justice, the play borrows blood as an arbitrary device, a boundary beyond which Shylock's confiscation must not go. Or is it arbitrary? Nearly all of the characters subscribe to understandings of blood that accommodate their outlooks on more urgent matters; when their conflicts arrive at a crisis, the incompatibilities among these different bloods stand exposed, a semantic metric for the jagged differences that drive the play. Meanwhile, one received understanding of blood supposedly in force at this time, that of the humours, is probably the

---

[11] M. Servetus, *Christianismi Restitutio* (Frankfurt: Minerva, 1966), pp. 168-71; a translation appears in Michael Servetus, *A Translation of His Geographical, Medical and Astrological Writings*, trans. Charles Donald O'Malley (Philadelphia: American Philosophical Society, 1953), pp. 202-08. On Servetus' discovery, see William Osler, «Michael Servetus», *The Johns Hopkins Hospital Bulletin*, XXI, no. 226 (1910), p. 22. John F. Fulton, *Michael Servetus, Humanist and Martyr* (New York: Herbert Reichner, 1953), pp. 41-45, tells the transmission of Servetus' idea. James J. Bono, «Medical Spirits and the Medieval Language of Life», *Traditio* XL (1984), pp. 91-130, establishes the late medieval context for similar efforts to describe «the phenomena of life and the experience of salvation within a unified conceptual framework» (p. 99).

[12] Charles Singer, *The Discovery of the Circulation of the Blood* (London: William Dawson and Sons, 1956), pp. 29-36.

least adequate outlook —as Shylock himself demonstrates when he mocks those who would ask why he chooses flesh over ducats: «I'll not answer that; / But say it is my humor, is it answer'd?»[13] The implication here and throughout the play is that the established doctrine of the humours will not suffice to explain the feelings abroad in this world, whether Shylock's willful distortion of the capitalist ethos, Antonio's sadness, or Portia's weariness. Most of the main characters live by urges and emotions that overgo the available explanations, and the notion of humours holds a particular office —indispensable as intellectual background, but inadequate to this densely textured reality. One recent production, in fact, provided something like experimental proof of this inadequacy. In the first Brazilian production of *The Merchant of Venice*, in 1993, the producers —for the sake of the Brazilian ideology of tolerance among races —determined to foreground humoural motivations at the expense of the other engines that drive the action, but ended only in making the play incoherent.[14] How, the play asks, can blood be limited to any single model? If it belongs to all of them and none of them, then we are invited to cast new attention on blood itself, as itself —the substance not only of human life, but of many world-views. *The Merchant of Venice* deposits us in Shakespeare's distinctive moment of a multivalent blood whose material reality opens into new vantages that are more intriguing than any allegory.

In the play's contest of bloods, on the one side is the unreflective Gratiano, who counsels Antonio in the play's first scene with exhortations and stale bromides:

> Let me play the fool,
> With mirth and laughter let old wrinkles come,
> And let my liver rather heat with wine
> Than my heart cool with mortifying groans.
> Why should a man, whose blood is warm within,
> Sit like his grandsire cut in alablaster?
> Sleep when he wakes? and creep into the jaundies
> By being peevish? (I, i, 79-86)

Here is one version of the state of the humours in Shakespeare's

---

[13] William Shakespeare, *The Merchant of Venice*, in *The Riverside Shakespeare*, ed. G. Blakemore Evans et al., 2nd ed. (Boston: Houghton Mifflin, 1997), IV, i, .42-43, 309. Further citations will appear in the main text.
    [14] Geraldo U. de Sousa, «*The Merchant of Venice*: Brazil and Cultural Icons», *Shakespeare Quarterly* 45 (1994), 469-74.

time: a reference point that has ceased to move anyone or explain anything, especially Antonio's melancholy. Likelier but still insufficient is the outward-looking materialist perspective of Salerio, who sees the origin of Antonio's sadness in the hazards of navigation and commerce rather than in the motions of the humours —the «tossing» of one fluid instead of another. Another received notion of blood is that it represents superior quality in breeding or virtue, as though better blood makes a better man. The Prince of Morocco, Portia's first suitor, speaks to this view when he urges Portia to «let us make incision for your love, / To prove whose blood is reddest, [a rival's] or mine» (II, i, 6-7).[15] And yet another vestigial notion is that familial relations determine the nature of the individual. Launcelot Gobbo's father is the first to articulate this assumption in terms of possession («if thou be Launcelot, thou art mine own flesh and blood»), and even his son, the least refined figure in the play, resists such an identification —he wants to cultivate the «confusions» of identity that come with not being the son— before he concedes who he is (II, ii, 92-93, 37). Likewise, Shylock reacts to Jessica's flight in Act 3, Scene 1 with a statement of this assumption, answered by Solanio, who (pretending or not) overliteralizes what Shylock means by «flesh and blood», until Salerio openly rejects Shylock's correspondence of bloods:

SHYLOCK	My own flesh and blood to rebel!
SOLANIO	Out upon it, old carrion, rebels it at these years?
SHYLOCK	I say, my daughter is my flesh and blood.
SALERIO	There is more difference between thy flesh and hers than between jet and ivory, more between your bloods than there is between red wine and Rhenish. But tell us, do you hear whether Antonio have had any loss at sea or no? (III, i, 34-43)

Has «flesh and blood» as consanguinity lost its meaning in this society? Or rather in the contest among marginalized groups that is Shakespeare's Venice, has the pull of «flesh and blood» become a last

---

[15] While I see this exhortation as a statement of Morocco's superiority, Eric S. Mallin, «Jewish Invader and the Soul of State: *The Merchant of Venice* and Science Fiction Movies», in *Shakespeare and Modernity: Early Modern to Millennium*, ed. Hugh Grady (London: Routledge, 2000), p. 162 sees it as a profession of equality.

refuge for groups and persons lacking any other claim on power?[16] The denial of such ties to the next group down the ladder is a stock means of domination. Jessica herself, in planning her escape, seems well rehearsed in the adjustment of consanguinity, from a law of identity to a kind of social fiction that can be put aside:

> Alack, what heinous sin is it in me
> To be ashamed to be my father's child!
> But though I am a daughter to his blood,
> I am not to his manners. (II, iii, 16-19)

Whatever Jessica believes, however, her flight and conversion activate a logic that will be played out two acts later in the trial scene: «for the loss of his daughter —his own flesh and blood— he will take the flesh and blood of Antonio».[17] Still, this will be Shylock's construction, an outmoded view that in the end is not that of Portia, the Venetians, or the many-minded play itself.

These speeches belong to a contemporaneous unsettling of the conventional semantics of blood, collating the many senses of the term that once held together but now seem incoherent and contradictory: if each character knows what he or she means by blood, the play offers no coherent account. Still, there is a creeping literalness across the semantics of many speeches, as though a consensus comes to imagine the substance less as the living embodiment of connectedness —to family, to history— than as property that speaks to individual identity and humanity at large. Even for Jessica, her blood tie to Shylock means little to her «manners», casting one conventional sense of blood as a mere word that does not condition her conduct. The foregoing speeches, I believe, establish a semantic context for understanding Shylock's soliloquy, only a few moments after his exchange with Solanio and Salerio, in which he asks

---

[16] Alan Sinfield, «How to Read *The Merchant of Venice* Without Being Heterosexist», in *Alternative Shakespeares Volume Two*, ed. Terence Hawkes (London: Routledge, 1996), pp. 122-39, accounts for the play as a «network of enticements, obligations, and interdictions» (p. 129).

[17] Marc Shell, *Money, Language, and Thought: Literary and Philosophical Economies from the Medieval to the Modern Era* (Berkeley and Los Angeles: University of California Press, 1982), p. 61. Shell's discussion of blood in the context of exchange (pp. 47-83) is definitive.

> Hath not a Jew eyes? Hath not a Jew hands, organs, dimensions, senses, affections, passions; fed with the same food, hurt with the same weapons, subject to the same diseases, heal'd by the same means, warm'd and cool'd by the same winter and summer, as a Christian is? If you prick us, do we not bleed? (III, i, 59-64)

Readers and audiences inclined to Romantic notions of Shylock have often treated this speech sentimentally, while materialist critics have seen it as a rhetorical strike against the oppression he experiences from Christian Venice. In a semantic crossfire such as this play, however, the last question here ought to provoke not emotional assent or political solidarity but contemplation. Alongside the various constructions of blood as family, religion, and destiny that Shylock and some of the Venetians endorse, this appeal to common humanity stakes out a position not even Shylock himself believes in. Where blood is concerned, Shylock's preferred ideal is consanguinity or the pull of family; and for a world deeply invested in the many idealisms around blood, the mere fact of bleeding means nothing next to the question of what is in that blood, what it stands for, how it circumscribes possibilities. When Shylock thinks of blood he perceives obligations, while this speech construes it in view of rights —a shift to values that seem viscerally modern but occupy no place in his thought. The speech must be seen, I think, as a gesture that masks his own views of what blood allows, but draws on the power of the emerging semantic of the play, in which the literality and singularity of blood are more compelling —though less well understood— than the received ideals. To gain a moral advantage over his opponents, Shylock speaks for a blood that signifies only an inalienable humanity. Moreover, the speech anticipates the climactic feat by which Portia will later force Shylock to accept a version of the same view of blood, as a simply material substance that cannot be exchanged and belongs entirely to each human being. If he implies he believes that here, he will soon be obliged to take that position more seriously than he imagines.

As the play unfolds, then, many of the conventional attachments of blood are held out to be measured against everyday experience, and shown to be wanting. Will Jessica's love and faith be determined by her bloodline? Will Portia choose a husband whose blood is reddest? The available notions of blood are at once heavy with accumulated meanings and light of real significance. Perhaps the same is true of larger beliefs: the Christianity of the Venetians, for instance, weighs little alongside the more urgent imperatives of commerce and friendship that drive their everyday behaviours, while Shylock's Judaism, likely warped by his oppression, is reactive and unreflective. Friction is the groundnote of this society —between communities, between ideals and practices, between friends and within families.

In this atmosphere of friction, the resolution of the comedy demands an accommodation. As the agent of that resolution, Portia knows better than anyone among the dramatis personae that principles always fall short of practice:

> If to do were as easy as to know what were good to do, chapels had been churches, and poor men's cottages princes' palaces. It is a good divine that follows his own instructions; I can easier teach twenty what were good to be done, than to be one of the twenty to follow mine own teaching. The brain may devise laws for the blood, but a hot temper leaps o'er a cold decree. (I, ii, 12-19)

Blood here is the name of a quality that makes persons act in unruly, unpredictable fashion. Together with Bassanio's self-assessments

> Madam, you have bereft me of all words,
> Only my blood speaks to you in my veins,
> And there is such confusion in my powers . . .
>   . . . .
> When I did first impart my love to you,
> I freely told you all the wealth I had
> Ran in my veins: I was a gentleman;
> And then I told you true, (III, ii, 175-77, 253-56)

this invocation of blood casts Portia and Bassanio as the characters least encumbered by the outworn notion that virtue is ensured by family, nobility, or the past, or that happiness is a property of the unseen motions of humours. Rather, for them, when blood speaks, it tells of the individual; virtue is the outcome of a struggle within a particular person; and happiness is the result of a negotiation between oneself and the world. And blood for Portia and Bassanio, scarcely a vehicle for abstractions, is emphatically literal and everyday, as though they recognize one another by how they treat the concept. Bassanio's framing of his statement after the arrival of word from Venice allows us to anticipate that he will say something else —that his wealth is his family name, his nobility, his valour— so that when he asserts «I [am] a gentleman», a statement that nearly all Christian males in the play can make, we are obliged to realize that his blood is simply his blood, a token of honour and integrity that every figure, even one born female and Jewish like Jessica, can claim. «Gentleman» is perhaps the commonest social category in Shakespeare's plays; since gentility in this sense is defined less by blood than by property and achievement, the blood of a gentleman is a blood empty of extraordinary value but redolent of human worth and possibility.[18] A hundred years earlier Bassanio's statement that the blood of a gentleman is a kind of wealth would have been virtually a catachresis, a metaphor that seemingly goes astray because one of its elements is misapplied (the blood of a gentleman instead of a nobleman; wealth in place of common currency) but makes sense by forcing us to take new account of reality. A hundred years later, when the term «gentleman» had become widely applicable, a safety valve for class mobility, the statement would be unremarkable. But in Shakespeare's moment, Bassanio's self-assertion shows the making of a new program for blood from what remains of an older one. In the new order that only Portia and Bassanio fully inhabit in the play, blood is what it will be for Servetus and William Harvey, the substance of life that is everywhere in the body at all times, that belongs as much to the commonplace as to crisis, and that, more present and recognizable than the other humours, lives in this order beyond the limit of the Hippocratic and Galenic systems.

In the climactic trial scene, then, Bassanio and Portia unknowingly echo each other a hundred lines apart, both insisting that blood must be part of the resolution between Antonio and Shylock that puts the former out of danger. When after Shylock's refusal of six thousand ducats Bassanio insists to Antonio that «the Jew shall have my flesh, blood, bones, and all, / Ere thou shalt lose for me one drop of blood» (4.1.112-13), he unwittingly envisions an outcome in which blood figures as both a metaphysical element —signifying a bond between friends— and a material token representing only itself, with a value that cannot be measured or paid out. Adapting one recent discussion of *The Merchant of Venice* in economic terms where blood is scarcely mentioned, we might say that while blood stands for many things in the play, this scene demonstrates what becomes ever more evident through the sixteenth century, that the question of value around blood —we might frame it as use-value in relation to exchange-value— has reached a crisis, and

[18] Lawrence Stone and Jeanne C. Fawtier Stone, *An Open Elite: England 1540-1880* (Oxford: Clarendon Press, 1984), pp. 3-29 gives context to the changing senses of «gentleman» from the late sixteenth century.

accordingly blood cannot be exchanged, equated, or even quantified: it is only itself, a circumventing of the value-relation.[19] Speaking in the idealist register of friendship, Bassanio outlines a resolution in the commercial register of barter, much as the Duke of Venice anticipates another part of the resolution when he asks Shylock «How shalt thou hope for mercy, rend'ring none?» (IV, i, 88). Antonio, perhaps the most commercially minded figure in the play, nonetheless operates within an older world-view where blood is concerned, and he barely hears the pledge: «I am a tainted wether of the flock, / Meetest for death» (IV, i, 114-115). It hardly occurs to him or any of the other Venetians that blood has a place in their inventory of commodities; the claim that Bassanio will preserve Antonio's blood must be heard on the Rialto as commendable but hollow bravado implicating their friendship on the one hand and Antonio's person on the other —but not his blood itself, because blood means so many things in *The Merchant of Venice* that it is mostly unthinkable as only itself.

Portia, in the role of Doctor Balthazar, exploits the distance between a panoply of voices within the play who speak to waning notions of blood and the emergent perspective in (and especially out of) the play that favours a literal, mechanical understanding of it. When her injunction for mercy is refused by Shylock, she is obliged (and encouraged by him) to enforce the most literal reading of the bond:

PORTIA   Have by some surgeon, Shylock, on your charge,
          To stop his wounds, lest he do bleed to death.
SHYLOCK   Is it so nominated in the bond?
PORTIA   It is not so expressed, but what of that?
          'Twere good you do so much for charity.
SHYLOCK   I cannot find it, 'tis not in the bond. (IV, i, 257-262)

Here occurs unheralded the insight that gives the scene its denouement: Portia sees blood as an object with which to exert leverage over Shylock's literalism. The position that she and Bassanio represent, that blood is a token only of personal identity and a substance unto itself, confronts Shylock's determination to read the bond strictly:

PORTIA   Tarry a little, there is something else.
          This bond doth give thee here no jot of blood;

[19] Richard Halpern, *Shakespeare among the Moderns* (Ithaca: Cornell University Press, 1997), p. 190. On the «use-value» of flesh and blood, see pp. 203-07.

> The words expressly are «a pound of flesh».
> Take then thy bond, take thou thy pound of flesh,
> But in the cutting of it, if thou dost shed
> One drop of Christian blood, thy lands and goods
> Are by the laws of Venice confiscate
> Unto the state of Venice. (IV, i, 305-12)

The power of the scene comes in Portia's resolving, not only Antonio's mortal danger, but the condition of blood as a vehicle for many of the values that the play puts into contradiction. She grafts Shylock's literalism onto the question of blood's nature, rendering Antonio's «Christian blood» an object —not the carrier of virtue or power, but property— that falls under the legal terms of the bond; the abstractions that envelop blood at many points in the play are dispelled in favour of a starkly materialist position, barely attenuated by the adjective «Christian». Interpreting the bond in this fashion, and of course severing «flesh» from «blood» in her injunction, Portia plays out in forensic terms what she and Bassanio have understood all along —the self-sufficiency of blood. A recent critic observes that «Shylock's case unravels because he is blocked from access to blood», but one might argue with equal force that he is blocked from the symbolic meanings of blood that have been accumulating in the play, and offered too much access to blood as a thing that cannot be handled, counted, or equated —and it is the irreconcilability of these bloods that defeats him.[20] It might also be said that Shylock's inability to carry out the injunction argues for the inseparability of flesh and blood, but that inseparability comes as a relearned lesson that depends on attention to blood as itself, not the truism it has been for Shylock and others. The exhilaration of this denouement is that the dramatic resolution coincides with a recalibration of the concept of blood: Shylock, and we, are obliged to entertain the emergent early modern blood at the expense of the retreating senses of the term. While the motif of the bond redeemed by flesh but not blood has a long life among the play's antecedents from the thirteenth-century *Gesta Romanorum* forward, Shakespeare alone sees in it the outcome of a cultural problem that has been voiced from several angles.[21] Even an immediate antecedent such as Anthony Munday's prose fiction *Zelauto: The Fountain of Fame* (1580) invokes blood only in the trial scene, as an

---

[20] Mallin, «Jewish Invader», in *Shakespeare and Modernity*, ed. Grady, 162.

[21] Geoffrey Bullough, *Narrative and Dramatic Sources of Shakespeare*, 8 vols. (London: Routledge and Kegan Paul, 1957), vol. 1, pp. 446-54.

incommensurable substance not to be spilled but hardly an object of semantic and cultural transformation throughout the fiction.[22] Portia as Doctor Balthazar resolves public and private matters together through blood, in that she not only settles Antonio's debt but speaks to Bassanio in a register he and she best understand; in that sense the trial scene is a kind of love letter to him, and the fulfillment of a view of blood that is gaining currency in the culture at large. Adrift in a new order in which blood is not always tied to lineage, heroism, religion or the cosmic order, Shylock is no less a casualty of this new concept than he was before —there is something tyrannical about calling Antonio's thoroughly material blood «Christian» even when Shylock is denied the possibility of maintaining his Jewish bloodline. But then neither conceptual program is fair to the part of Shylock that exceeds the outlines of a stock theatrical Jew, and the final imperative of this resolution is to enforce at all costs the authority of the Christian Venetians. As one astute critic argues, in the resolution Venetian society has it both ways, convicting Shylock not because of his Jewishness —that would flout the city-state's well-known tolerance— but because he is «an alien» who has sought «the life of [a] citizen» (IV, i, 349, 351), a crime that then calls up a punishment particularly adapted to his religion, namely conversion.[23] The contradiction of reifying blood as merely material and then invoking its «Christian» character belongs to this display of inspired hypocrisy. In sum, then, Portia advances an entirely modern agenda for blood, except when she reaches back enough to provide the play with a makeshift comic ending —and herself with a marriage, since she has vowed to marry Bassanio only if Antonio is spared.[24] Despite the inconsistency, and in the face of implicit tragedy, Portia manages to make the emergent conception of blood seem fresh and necessary, and the word itself becomes a metric of where one stands in the early modern world.[25]

ᘓ ᔍ

For my purposes, the last word will belong to Cervantes, for whom both the received and emergent senses of blood are open to extravagant parody in *Don Quijote*. Spanish society enters early modernity saturated

---

[22] Anthony Munday, *Zelauto: The Fountaine of Fame, 1580,* ed. Jack Stillinger (Carbondale: Southern Illinois University Press, 1963), p. 179.

[23] James Shapiro, *Shakespeare and the Jews* (New York: Columbia University Press, 1996), pp. 188-89.

[24] Paster, *The Body Embarrassed,* p. 92.

[25] Shell, *Money, Language, and Thought,* pp. 74, 82-83.

with idealist meanings of blood, and Cervantes has perhaps an unusual measure of interest in proposing, like Portia, a counter-idealist representation of blood that will compel attention to the substance itself. For one thing, blood is a metric here no less than in *The Merchant of Venice*: it distills into one concrete emblem the obsolescent values of the protagonist, who represents a social class unmoored in a changed Spain.[26] Further, *Don Quijote* registers the heat of not only social tension but intellectual ferment; the energies accumulating behind blood are too much to ignore. Accordingly, Cervantes pushes the project shared by many early modern writers to the point that anything other than a literal understanding of blood is made to seem absurd. His counterpart is Shakespeare, because as contemporaries they recognize in blood a concept under revision, and register that revision for a less learned, more diverse audience than an earlier generation of writers had.

Blood in *Don Quijote* appears through a single word, *sangre*, that opens onto several modes with starkly different relations to the world at large. One of these is the heroic blood of romance, which encompasses the idealist abstractions of Shakespeare's Duke of Morocco. While Quijote himself sees this blood throughout the novel, the reader does not, for its power depends for the most part on scarcity and indirection. It is evoked in prospect and retrospect, as when Quijote sees an icon of Santiago Matamoros with bloody sword, or when he prepares for battle with the Caballero del Bosque: the two knights awaken their squires and «mandáronles que tuviesen a punto los caballos, porque en saliendo el sol habían de hacer los dos [caballeros] una sangrienta, singular y desigual batalla».[27] This sort of blood cannot be shed in the here and now of the novel, since the valor it signifies belongs to an inaccessible past and an unlikely future, never to the present.

Another mode belongs to the clinical blood of late Renaissance science, which flows copiously from the wounds given and received by the men of this world; frustrated on his errand to Dulcinea, Sancho Panza even pummels his own head and draws this blood from himself.[28] Such blood is subject to human disposition, and resists abstract meanings in favor of a matter-of-fact quality. And a third mode is particular to Spain and its territories, namely the *sangre* that is judged for *limpieza* or purity by statute and custom, betokening lineage as a *cristiano viejo*,

[26] Carroll B. Johnson, *Cervantes and the Material World* (Urbana: University of Illinois Press, 2000), pp. 3-4.

[27] Miguel de Cervantes, *Don Quijote de la Mancha*, ed. Francisco Rico, 2 vols. (Barcelona: Galaxia Gutenberg y Círculo de Lectores, 2004), vol. 1, p. 804.

[28] Cervantes, *Don Quijote*, ed. cit., vol. 1, p. 323.

converso, or *morisco*. One might ask of the novel the same question we ask of the Renaissance at large: is this all the same blood? When a master and servant fall to blows in the confusion of a dark inn, or when a carrier thrashes Don Quijote in his bed, is the blood that gushes forth the same as the blood that signifies valor, or that can be pure or impure? The contradictions of early modern blood are brought to crisis here, rendering the concept not only semantically open but —what we have not noticed elsewhere— illegible to the characters themselves, who cannot know how to connect a bloody mouth to the distinctions they maintain in principle, or why a largely abstract concept should flow so freely that it makes a room into a lake.[29] Cervantes stages this illegibility much as Shakespeare does, by compelling attention to the material substance of blood, as if to suggest that the reality controls all of these abstractions. But he goes further, insisting on blood's condition as a fluid available to human agency; where people make their own blood and control its appearances, the received abstractions will be in danger of collapse. I will look briefly at two episodes from the First Part of *Don Quijote* and another from the Second.

A little more than halfway through the First Part, starting in Chapter 33, the main plot of the novel is interrupted by the priest's reading aloud a tale in manuscript, «El Curioso Impertinente», to the other characters. The story concerns a husband, Anselmo, who decides to test the strength of his happy marriage to Camila by encouraging his best friend Lotario to seduce her; Camila and Lotario begin an affair, and complications ensue. At the tale's climax, Camila is determined to restore her reputation with Anselmo but continue her affair with Lotario: she mounts a scene, witnessed by her husband, in which she pretends to attack Lotario with a dagger, he fends her off, and she plunges the instrument into her upper torso in such a way that she seems to injure herself:

> [Camila] tan vivamente fingía aquel estraño embuste y falsedad, que por dalle color de verdad la quiso matizar con su misma sangre... Haziendo fuerza para soltar la mano de la daga, que Lotario la tenía asida, la sacó y, guiando su punta por parte que pudiese herir no profundamente, se la entró y escondió por más arriba de la islilla del lado izquierdo, junto al hombro, y luego se dejó caer en el suelo, como desmayada.
>
> Estaban Leonela y Lotario suspensos y atónitos de tal suceso, y todavía dudaban de la verdad de aquel hecho, viendo a Camila

---

[29] Cervantes, *Don Quijote*, ed. cit., vol. 1, p. 479.

tendida en tierra y bañada en su sangre. Acudió Lotario con mucha presteza, despavorido y sin aliento, a sacar la daga, y en ver la pequeña herida salió del temor que hasta entonces tenía y de nuevo se admiró de la sagacidad, prudencia y mucha discreción de la hermosa Camila...

Leonela tomó... la sangre a su señora, que no era más de aquello que bastó para acreditar su embuste, y, lavando con un poco de vino la herida, se la ató lo mejor que supo, diciendo tales razones en tanto que la curaba, que, aunque no hubieran precedido otras, bastaran a hacer creer a Anselmo que tenía en Camila un simulacro de la honestidad.[30]

While in the denouement of *The Merchant of Venice* blood is revealed afresh as material substance and property, in this scene Cervantes goes further by entertaining the faulty connections between its material appearance and the abstractions of virtue and heroism; we see here what we never see in Shakespeare, an Anselmo who, witnessing actual blood, sees truth where we recognize deception. Instead of Portia's suspension of abstractions, this tale turns on Camila's shrewdness in summoning a host of them with a few drops of real blood. But this is only one in a train of such episodes.

Part One, Chapter 35 interrupts the novela of «El Curioso Impertinente» with an interlude in which Quijote, asleep in the inn where the story is being read, dreams that he is in battle against the giant who menaces the Princess Micomicona. Sancho Panza witnesses the start of this struggle and calls the priest, the barber, and the innkeeper from the reading of the tale, saying

—Acudid, señores, presto y socorred a mi señor, que anda envuelto en la más reñida y trabada batalla que mis ojos han visto. ¡Vive Dios que ha dado una cuchillada al gigante enemigo de la señora princesa Micomicona, que le ha tajado la cabeza cercen a cercen, como si fuera un nabo! . . .

En esto oyeron un gran ruido en el aposento y que don Quijote decía a voces:

—¡Tente, ladrón, malandrín, follón, que aquí te tengo y no te ha de valer tu cimitarra!

Y parecía que daba grandes cuchilladas por las paredes. Y dijo Sancho:

---

[30] Cervantes, *Don Quijote*, ed. cit., vol. 1. pp. 450-52.

—No tienen que pararse a escuchar, sino entren a despartir la pelea o a ayudar a mi amo; aunque ya no será menester, porque sin duda alguna el gigante está ya muerto y dando cuenta a Dios de su pasada y mala vida, que yo vi correr la sangre por el suelo, y la cabeza cortada y caída a un lado, que es tamaña como un gran cuero de vino.

—Que me maten —dijo a esta sazón el ventero— si don Quijote o don diablo no ha dado alguna cuchillada en alguno de los cueros de vino tinto que a su cabecera estaban llenos, y el vino derramado debe de ser lo que le parece sangre a este buen hombre.[31]

As the narrator goes on, Quijote «había dado tantas cuchilladas en los cueros, creyendo que las daba en el gigante, que todo el aposento estaba lleno de vino». The innkeeper, furious at the loss of the wine, begins to beat Quixote much more fiercely than he or anyone would beat him if the room were awash with blood. Quixote's heroic «blood» —that which can never be shown in the novel— is replaced by an even more prosaic and literal fluid, but one that has more exchange value in the quotidian order of this provincial inn. This is to parody the problem of articulating a discourse of blood as part of the everyday, because at one stroke Quixote seemingly accomplishes a virtual enactment of the early modern project around blood. But he only appears to carry blood over from legend and symbol into material reality: in fact this episode confirms that the blood of his chivalric fantasies has no place in the emergent modern world, that its parodic equivalent might be wine but that there will be no rivers of heroic or monstrous blood in this inn. While Quijote, with eyes of romance, sees all blood as heroic, even he would notice that there is too much of it here —but he is asleep throughout this episode, and after sleepwalking through the battle with the wineskins, is taken to bed without awakening.

Finally, these episodes are answered by another, in chapter 21 of the Second Part, in which yet another seeming irruption of blood changes the course of the plot. The rich farmer Camacho is about to marry the most beautiful girl in a neighboring village, Quiteria. Since childhood she has loved the poor shepherd Basilio, but out of covetousness and despite Basilio's many natural gifts, Quiteria's father arranges a marriage to Camacho. Quijote and Sancho attend the wedding, and at the moment that Camacho and Quiteria appear, Basilio announces his prior claim on Quiteria, then theatrically impales himself on his dagger. On the edge of

[31] Cervantes, *Don Quijote*, ed. cit., vol. 1. pp. 454-55.

death, «bañado en su sangre», Basilio asks Quiteria to marry him since he is about to die anyway.[32] Camacho, he observes bitterly, will be delayed only a little in claiming her as his bride. She and Camacho agree, the marriage is carried out, and then Basilio

> con presta ligereza se levantó en pie, y con no vista desenvoltura se sacó el estoque, a quien servía de vaina su cuerpo. Quedaron todos los circunstantes admirados, y algunos dellos, más simples que curiosos, en altas voces comenzaron a decir:
> —¡Milagro, milagro!
> Pero Basilio replicó:
> —No ¡milagro, milagro, sino industria, industria!
> El cura, desatentado y atónito, acudió con ambas manos a tentar la herida, y halló que la cuchilla había pasado, no por la carne y costillas de Basilio, sino por un cañón hueco de hierro que, lleno de sangre, en aquel lugar bien acomodado tenía, preparada la sangre, según después se supo, de modo que no se helase.[33]

Having established that the blood of romance is unavailable here, Cervantes goes further than perhaps any contemporaneous writer of fiction in representing blood as what it has never been before this era, a substance emphatically literal rather than ideal. Basilio's cry «industria, industria!» is the refrain of this shift. For blood in this episode does not figure anything more abstract but is itself figured by a denatured approximation of itself; the meaning under construction by Basilio is not family or nobility but literal blood as inert, instrumentalized fluid. In the triptych of episodes starting with the novela of «El Curioso Impertinente», Cervantes shows there is no natural correspondence between the appearance of blood and the conclusions drawn by its observers, that counterfeit blood evokes the same values as real —and that where early modern blood is concerned, there is no place for the heroic or the miraculous. The reflection on a quotidian blood, imagined since the early sixteenth century, is realized here at the expense of the received abstractions. The cry «industria, industria» seals the changes that have been underway throughout the century.

---

[32] Cervantes, *Don Quijote,* ed. cit., vol.1, p. 877.
[33] Cervantes, *Don Quijote,* ed. cit., vol. 1, pp. 879-80.

En torno a dos personajes festivos: el shakesperiano Falstaff y el cervantino Sancho Panza

Université de la Sorbonne Nouvelle-CRES

Se está acercando el día 23 de abril, fecha en que desaparecieron Cervantes y Shakespeare, el mismo año 1616, a pesar de que el segundo falleciera en realidad unos diez días después del primero a causa de la diferencia entre el calendario gregoriano (aplicado en España) y el juliano (utilizado en Inglaterra).[1] Es como si la muerte hubiera querido reunir, más allá de esas contingencias, a dos ingenios universales, símbolos de sus naciones respectivas, ellas mismas amigas o enfrentadas, según los momentos históricos de ese agitado período.

A decir verdad, el autor del *Quijote* no debió de oír ni siquiera mencionar al de *Enrique IV*.[2] Y si éste pudo tener noticias de la

---

[1] Desde las investigaciones de Luis Astrana Marín (véase en particular *Vida ejemplar y heróica de Miguel de Cervantes Saavedra*, 7 ts., Madrid: Instituto Editorial Reus, 1948-1958, VII, pp. 458-461), sabemos que Cervantes murió en realidad el 22 de abril de 1616, siendo el 23 de abril el día de su sepelio. No obstante, el 23 de abril sigue siendo la fecha «oficial» de su defunción...

[2] Nada permite afirmar que Shakespeare figurara en el séquito del almirante inglés, Lord Charles Howard, quien, con ocasión de las paces firmadas entre España e Inglaterra, encabezó una embajada que vino a Castilla y entró en Valladolid el 26 de mayo de 1605, de modo que el embajador y sus acompañantes asistieron al bautismo del príncipe Felipe (el futuro Felipe IV), el día 29 de mayo. Se ha conjeturado que en la villa del Pisuerga se concocieron y entablaron relaciones el dramaturgo inglés y el autor del *Quijote*, quien debía de saborear el éxito de su libro recién publicado. Pero tal conjetura, emitida por Luis Astrana Marín, no se apoya en ningún documento fehaciente (véase *Vida ejemplar y heróica...*, VI, pp. 22 y sigs.; VII, apéndice XXIX, pp. 768-771). De las fiestas vallisoletanas vinculadas al bautismo del príncipe y a la acogida tributada al embajador inglés y a su séquito, existe una relación dedicada al conde de

161

publicación del *Quijote* con cierta rapidez[3] y hasta leer en inglés las aventuras del caballero manchego y de su escudero, a partir de 1612,[4] esto no tuvo ninguna incidencia en las obras shakesperianas de las cuales vamos a ocuparnos ya que son todas anteriores de unos años a la salida del texto cervantino.[5]

Y sin embargo, entre los escritos del que triunfa en el teatro de la época isabelina y aquellos del que se hace famoso sobre todo por su prosa, las afinidades son incuestionables más allá de las diferencias genéricas, aunque sus caminos se separen luego más de una vez.

Desde este punto de vista, quisiéramos confrontar dos figuras festivas que se han hecho asimismo universales: Falstaff y Sancho Panza.

Antes de ir más allá, hay que puntualizar que el personaje shakesperiano aparece y se estructura fundamentalmente en dos dramas complementarios de fines del siglo XVI: la primera y la segunda parte de *Enrique IV* (1597-1598). Después, el autor evoca su muerte en el epílogo de esta última obra y en *Enrique V* (1599), antes de resucitarle en *Las alegres comadres de Windsor*, ese divertido juguete teatral, suponiendo que lo escribiera en 1600 y no unos cuantos años antes.[6] Sea lo que fuere,

---

Miranda (un ejemplar en la BNM), indebidamente atribuida a Cervantes: *Relación de lo sucedido en la ciudad de Valladolid desde el punto del felicísimo nacimiento del Príncipe Don Felipe Dominico Víctor nuestro Señor: hasta que acabaron las demostraciones de alegría que por él se hizieron,* Valladolid: Juan Godínez de Millis, 1605. Puede verse el texto correspondiente en apéndice (pp. 4-41) a la *Fastiginia* de Tomé Pinheiro da Veiga, trad. y ed. de Narciso Alonso Cortés, Valladolid: Imprenta del Colegio de Santiago, 1916. Hubo otras relaciones de estos acontecimientos: cfr. Jenaro Alenda y Mira, *Relaciones de solemnidades y fiestas públicas de España,* 2 vols., Madrid: Sucesores de Rivadeneyra, 1903, I, n°s 480-489; véase asimismo la información de Narciso Alonso Cortés en su reedición de la relación citada (pp. 1-2).

[3] Es de suponer que al regresar a Inglaterra, los acompañantes de Lord Howard hablarían del *Quijote,* salido a luz desde hacía poco, cuando estuvieron Valladolid, ya que el éxito del libro era grande.

[4] Recuérdese que la primera traducción del *Quijote* de 1605 al inglés es la de Thomas Shelton, que se publicó en Londres por William Stansby, en 1612 (cfr. José Simón Díaz, *Bibliografía de la literatura hispánica,* VII, Madrid: CSIC, 1970, n° 1405).

[5] No nos toca hablar aquí de la comedia inglesa *Cardenio* que algunos atribuyen a Shakespeare.

[6] Recuérdese lo que dice la tradición: la reina Isabel I, encantada por el personaje de Falstaff, muy popular desde la representación de las dos partes de *Enrique IV,* le hubiera pedido a Shakespeare que escribiera rápidamente una comedia centrada en ese personaje, inserto ahora en una intriga amorosa, para que se representara en la Corte. El dramaturgo hubiera compuesto *Las alegres*

Falstaff se encuentra vinculado esencialmente a las dos partes de *Enrique IV*, y nuestras observaciones sobre este personaje estarán relacionadas sobre todo con estos dos dramas.[7]

CR ∞

Si comparamos los títulos de las obras de Shakespeare y de Cervantes a las cuales nos referimos, podemos darnos cuenta de la diferencia de óptica en un principio. Por lo que hace a *Enrique IV*, tanto la mención que figura en el registro de los libreros como el título de la primera edición ponen de relieve el papel que desempeña Falstaff frente al soberano (y al príncipe): *La historia de Enrique IV* [...]. *Con las jocosidades de sir Juan Falstaff*[8] (primera parte) y *La segunda parte de Enrique IV* [...]. *Con las humoradas de sir Juan Falstaff.* Por un lado está el núcleo de la realeza con la heroicidad, en particular con la batalla de Shrewsbury, y por otra, las bufonadas de Falstaff. Aparece pues esa pareja de vieja raigambre, el príncipe y el bufón. Pero Falstaff emerge de tal manera, que no sólo se ha hecho muy popular, sino que el crítico Pierre Messiaen, allá por los años 1940, no ha vacilado en intitular el ensayo que dedicaba a las dos partes de *Enrique IV, Falstaff* a secas.[9] Y algo parecido pasa con *Las alegres comadres de Windsor*, ya que en el texto que se imprime en el volumen in-quarto de 1602, el divertido Falstaff ya figura en el título.[10] Es decir que desde los orígenes, la dimensión cómica de estos textos —que no es la única— se hallaba puesta de relieve, realizando esa mezcla de géneros que será asimismo la tónica de la comedia española lopesca.

comadres... en unas dos semanas. La obra se hubiera llevado al escenario en 1601, con ocasión de las fiestas tributadas al enviado de Austria.

[7] Hemos utilizado las eds. siguientes de las obras mencionadas de William Shakespeare: *The First Part of King Henry IV*, ed. A.R. Humphreys, The Arden Shakespeare, London: Methuen, 1960; *The Second Part of King Henry IV*, ed. A.R. Humphreys, The Arden Shakespeare, London: Methuen, 1966; *The Winter's Tale*, ed. J.H.P. Pafford, The Arden Shakespeare, London: Methuen, 1963. Para facilitar las cosas, citamos por las traducciones siguientes al español: *Enrique IV (Partes I y II)*, trad. y ed. de Ángel Luis Pujante, Madrid: Espasa Calpe, 2000; col. «Austral», 505; *Las alegres comadres de Windsor*, trad. de Luis Astrana Marín, Madrid: Espasa Calpe, 1979[6]; col. «Austral», 452. Empleamos las siglas que aquí van: E_1 (=*Enrique IV, Parte I*); E_2 (= *Enrique IV, Parte II*); C (= *Las alegres comadres de Windsor*).

[8] Véanse las introducciones a las eds. mencionadas en la nota anterior.

[9] Véase William Shakespeare, *Les comédies*, nouvelle traduction française avec remarques et notes par Pierre Messiaen, Paris: Desclée de Brouwer, 1939.

[10] Véanse las introducciones a las eds. citadas en la nota 7.

No ocurre lo mismo por lo que hace a Sancho en el *Quijote,* ni en la primera parte de 1605 ni en la segunda de 1615.[11] El único personaje sobre el cual se llama la atención es el hidalgo manchego —luego promovido a caballero— aunque se halla delineado desde el título con una orientación claramente paródica. Verdad es que el *Quijote* remeda burlescamente el título de los libros de caballerías centrados en la exaltación de un héroe que se hace célebre por sus hazañas.[12]

El otro personaje de la inmortal pareja, Sancho Panza, sólo aparece en el capítulo 7 de la primera parte, pero va a imponerse muy rápidamente con sus características cómicas. Además, es él quien, a principios de la segunda parte, cuando se evoca lo que dicen los lectores acerca de la primera, reivindica su estatus y su asociación con el Manchego.[13] Lo mismo ocurre a través de lo que le ha confiado el bachiller Sansón Carrasco, que acaba de regresar de la Universidad de Salamanca, de manera que le declara a don Quijote: «me dijo que andaba ya en letras la historia de vuestra merced, con nombre de *El ingenioso hidalgo don Quijote de la Mancha:* y dice que me mientan a mí en ella con mi mesmo nombre de Sancho Panza».[14]

Más allá de la pareja de los libros caballerescos, caballero/escudero, aflora, aquí también, la pareja señor/acompañante bufón, en un contexto degradado. En realidad, las cosas son mucho más complejas, pues la reversibilidad, en el *Quijote,* viene a invertir más de una vez, todas las perspectivas. Y en efecto, en la segunda parte, los duques, por voluntad propia, se esfuerzan por transformar en bufones al melancólico caballero de la Triste Figura y a su escudero.

La dimensión cómica y las perspectivas abiertas por los textos en que se insertan hermanan pues a Falstaff y a Sancho.

---

[11] Como en nuestros trabajos cervantinos anteriores, nos servimos de la ed. del *Quijote* hecha por Luis Andrés Murillo, 2 vols., Madrid: Castalia, 1978[2].

[12] Véase nuestro estudio, «Acerca de la portada de la primera parte del *Quijote.* Un problema de recepción», en *Silva. Studia philologica in Honorem Isaías Lerner,* ed. Isabel Lozano-Renieblas y Juan Carlos Mercado, Madrid: Castalia, 2001, pp. 525-534.

[13] Don Quijote ya le había dicho: «juntos salimos, juntos fuimos y juntos peregrinamos» (II, 2, p. 54) y había refrendado lo dicho empleando la metáfora del cuerpo, del cual él era la cabeza y Sancho los miembros (*ibid.* p. 55), metáfora que Sancho comenta desde su punto de vista (*ibid.,* p. 55). Posteriormente, cuando le cuenta lo que la gente dice de ellos, el escudero aparece al lado de su señor y por ejemplo le dice: «y por aquí van discurriendo en tantas cosas, que ni a vuestra merced ni a mí nos dejan hueso sano» (*ibid.,* p. 56).

[14] *Don Quijote,* II, 2, p. 57.

Es que en el trasfondo de ambos personajes se encuentran viejos ritos festivos que celebran el paso del frío y del adormecer de la Naturaleza a su renacimiento, a la gran germinación de la vida en época primaveral, o también, el paso del moribundo año viejo al año nuevo. Son fiestas carnavalescas, en sentido amplio de la expresión —corresponden a los equinoccios y solsticios—, caracterizadas por inversiones y paradojas, por la exaltación de todo lo que evoca ese renacer del cuerpo y del mundo y también por esa emergencia del tiempo nuevo, con grandes comilonas, numerosas libaciones, un erotismo muy presente y siempre con gran jolgorio. De ahí la glorificación de los atributos y símbolos que corresponden a estas actividades. Asimismo, para marcar lo específico que era ese tiempo de la fiesta regeneradora se invertían las normas habituales y, gracias a los disfraces que permitían en particular el efímero cambio de sexo, se liberaban la palabra y la risa. Se enaltecían pues los valores opuestos a lo que las reglas de la vida habitual prescribían. Ese tiempo fuera del tiempo normal de las cosas, tiempo de margen, correspondía a festividades muy antiguas, que han cuajado tanto en las Saturnales y Lupercales, como en los Carnavales de la Edad Media y en la fiesta inglesa de la *Misrule*, por ejemplo. Durante estas festividades se proclamaba casi siempre a un rey paródico, rey de burla, rey de inversión, que desaparecía simbólicamente al acabar el jolgorio y al volver al tiempo y a los valores usuales.[15]

Por lo que hace al Carnaval y a la fiesta del *Lord of Misrule*, su gran época ha correspondido a los siglos medievales. Esas festividades muy populares en un principio —festividades de inversión y locura—, se han ido transformando y canalizando. El ímpetu primitivo ha disminuido porque han subido las gradas de los palacios, se han afinado y han inspirado a profesionales que las han transformado en verdaderos espectáculos codificados y en formas simbólicas utilizadas por el teatro

[15] Véanse en particular los trabajos siguientes: Julio Caro Baroja, *El Carnaval (análisis histórico-cultural)*, Madrid: Taurus, 1965; Claude Gaignebet, *Le Carnaval*, Paris: Payot, 1974; Daniel Fabre, *La fête en Languedoc*, Toulouse: Privat, 1977; *Carnavals et Mascarades*, ed. P. G. d'Ayala y M. Boiteux, Paris: Bordas, 1988; Augustin Redondo, «Le Carnaval: des rites sociaux aux jeux théâtraux», en *Il Carnavale: dalla tradizione arcaica alla traduzione colta del Rinascimento*, Roma: Centro Studi sul Teatro Medioevale e Rinascimentale, 1990, pp. 23-39. Véanse también Stuart Clark, «Inversion, Misrule and the Meaning of Witchcraft», *Past and Present*, n° 87 (enero de 1981); Christina Hole, *A Dictionnary of British Folk Customs*, London: Paladin, 1979; Natalie Zemon Davis, «The reasons of Misrule», *Id., Society and Culture in Early Modern France*, Stanford: Stanford University Press, 1975.

y la literatura en general.[16]

Durante el reinado de Isabel I de Inglaterra, ese hervor festivo se va apaciguando, en particular porque los puritanos lo ven con muy malos ojos. Algo parecido pasa en España en la época de Felipe II, pero esto no quiere decir que ni en Inglaterra ni en España los festejos correspondientes hayan desaparecido.

Si bien la reina Isabel I renunció a utilizar los servicios de un *Lord of Misrule*, no dejó por eso de promover fiestas de espíritu «carnavalesco», como se percibe muy bien a través del teatro de Shakespeare.[17] Además, después de la muerte de la soberana, en 1603, su sucesor Jacobo I bien reintrodujo en su corte la tradición de la fiesta de la *Misrule* con el *Lord* correspondiente.[18]

En España, con la subida al trono de Felipe III, en 1598, un viento de liberación sopla sobre la Corte. Es como si los cortesanos quisieran olvidar, entre risas y disfraces, las coacciones impuestas por el ascético Felipe II, en los últimos años de su reinado. Se asiste a una verdadera carnavalización de la Corte. Por esos años se publican varios «libros de entretenimiento» —como se decía entonces—, de marcada orientación festiva. Entre ellos sobresale el *Quijote*, profundamente penetrado de atmósfera carnavalesca.[19]

Esos juegos bien están presentes en *Enrique IV* y en las *Alegres comadres de Windsor* así como en el *Quijote* y los ponen de realce los personajes que nos interesan. En efecto, tanto Falstaff como Sancho son

---

[16] Véanse especialmente Mijail Baijtín, *La cultura popular en la Edad Media y en el Renacimiento. El contexto de François Rabelais,* trad. española de J. Forcat y C. Conroy, Barcelona: Barral, 1974; François Laroque, «La notion de *misrule* à l'époque élisabéthaine», en *L'image du monde renversé et de ses représentations littéraires et paralittéraires de la fin du XVIe siècle au milieu du XVIIe,* ed. Jean Lafond y Augustin Redondo, Paris: Vrin, 1979, pp. 161-170.

[17] Véase John Nichols, *The Progresses and Public Processions of Queen Elisabeth,* 3 vols, London: J. Nichols, 1823. Sobre la época de Isabel I, véase, por ejemplo, *The Reign of Elisabeth I,* ed. Christopher Haigh, London: Macmillan, 1984; Michel Duchein, *Elisabeth 1ʳᵉ,* Paris: Fayard, 1992. Acerca del impacto de las fiestas «populares» en el teatro de Shakespeare, véanse Robert Weiman, *Shakespeare and the Popular Tradition in the Theater,* Baltimore: John Hopkins University Press, 1978; François Laroque, *Shakespeare et la fête. Essai d'archéologie du spectacle dans l'Angleterre élisabéthaine,* Paris: PUF, 1988.

[18] Véase John Nichols, *The Progresses, Processions and Magnificent Festivities of King James the First,* 4 vols., London: J. Nichols, 1828.

[19] Véase nuestro libro *Otra manera de leer el «Quijote». Historia, tradiciones culturales y literatura,* Madrid: Castalia,1998².

personajes carnavalescos.[20]

En un texto anónimo inglés de los años 1620, atribuido por algunos a Nicholas Breton, Carnaval, que el vulgo llama *Shrove Tuesday*, aparece bajo la forma de un monarca barrigudo, símbolo de la abundante absorción de alimentos y de bebidas de la época festiva[21] y lo mismo pasa en España con las evocaciones paralelas de la época de Carnestolendas (o Antruejo).[22]

CR SO

Falstaff[23] se halla caracterizado por su enorme barriga y así se le pinta numerosas veces en todos los textos que utilizamos. El mismo se define de la manera siguiente: «Yo soy el de la gran panza».[24] Se insiste pues sobre su capacidad de tragar y más tragar, como verdadero «Juan Tragante» —según lo indicado por el príncipe Enrique[25]— y también se subraya su gusto acentuado por el vino, sobretodo el jerez que exalta sobremanera, como se hacía en tiempo de Carnaval.[26] Tiene propensión a ser dormilón pero asimismo lujurioso. En *Enrique IV* no sólo frecuenta los burdeles sino que tiene relaciones dudosas con la posadera, y más íntimas con una prostituta, de modo que es sifilítico.[27] En *Las alegres*

---

[20] Sobre la confrontación de los personajes de Falstaff y Sancho Panza, sólo conocemos un trabajo: el inconsistente artículo de Beatriz Maggi, «Falstaff y Sancho Panza», *Cuadernos Hispanoamericanos*, n°s 613-614 (julio-agosto de 2001), pp. 155-165

[21] Véase F. Laroque, *Shakespeare et la fête*, p. 109.

[22] Véase A. Redondo, *Otra manera de leer el «Quijote»*, pp 196-197.

[23] Sobre el personaje de Falstaff se ha escrito mucho, pero nada o casi nada en la perspectiva que nosotros privilegiamos. Véanse, por ejemplo, Andrew Cecil Bradley, «The Rejection of Falstaff», en *Id., Oxford lectures on Poetry*, London: Macmillan, 1934[2], pp. 247-275; John Dover Wilson, *The Fortunes of Falstaff*, Cambridge: The University Press, 1943; M. Prior, «Comic Theory and the Rejection of Falstaff», *Shakespeare Studies*, IX (1976), pp. 159-171; J.A.B. Somerset, «Falstaff the Prince and the Pattern of '2 Henry IV'«, *Shakespeare Survey*, 30 (1977), pp. 35-45; Harry Levin, «Falstaff's Encore», *Shakespeare Quaterly*, 32, (1981), pp. 5-17; David Wiles, «Falstaff», Id., *Shakespeare's Clown*, Cambridge: Cambridge University Press, 1987.

[24] Véase E_2, I, 2, p. 195.

[25] Véase E_1, II, 2, p. 91.

[26] Véanse E_1, II, 4, pp. 118-119; E_2, I, 2, p. 198; E_2, IV, 2, pp. 268-269; C, III, 5, p. 66; etc.

[27] Véanse E_1, I, 2, p. 67; E_1, II, 4, p. 118; E_1, I, 2, p. 68; E_2, II, 2, p. 216; E_2; II, 4, p. 221.

comadres, quiere enamorar a dos mujeres casadas, que le harán pagar su deshonestidad. Aunque medroso, es fanfarrón y no pierde ocasión de jactarse de sus inventadas proezas, ahuyentando, según dice, a centenares de ladrones o enemigos.[28] En la guerra, se vanagloria, por ejemplo, de haber apuñalado mortalmente al temible caballero Percy, ya matado por el príncipe.[29]

Hombre carnavalesco, lo que le caracteriza fundamentalmente es una festiva pujanza vital, la cual supone la satisfacción de todas las actividades biológicas regeneradoras, sobre todo en un hombre que ya envejece. Él mismo expresa muy directamente que, a pesar de ser militar, la guerra no le entusiasma. Odia la muerte: «lo mío es la vida», declara.[30]

Lo que le conviene es el ambiente festivo, la alegría de la taberna o de la posada, lugares de paso en que todo es posible, en donde, gracias al vino, se pueden saciar sus apetencias y decir muchas verdades. Por ello lo vemos en varias escenas de este tipo en que se desarrolla una reveladora sociabilidad de la fiesta. En una de estas escenas expresa su alegría cantando canciones tradicionales de taberna.[31] Una de ellas, entonada por un compañero suyo, es particularmente significativa ya que habla de comer, beber, disfrutar y también de alegrarse pues llega el tiempo del gozo, del Carnaval (todo esto dicho expresamente[32]). En uno de los lances correspondientes, rodeado de la posadera y de su amante, la prostituta Dora, Falstaff canta vaciando un orinal,[33] como en esas escenas de Carnestolendas teatralizadas. Los participantes, salían con tal tipo de artefacto, símbolo de las exigencias corporales, pero también de esa inversión jocosa de valores, que conducía a exaltar lo bajo, las actividades más ruines, y todo lo que el decoro prohibía en el curso de la vida normal.[34]

De ahí que las máscaras del tiempo festivo estén presentes tanto en la primera como en la segunda parte de *Enrique IV*; de ahí que el príncipe y su acompañante se disfracen de ladrones y luego de mozos de taberna.[35] Algo parecido ocurre en *Las alegres comadres*, en que Ford sale disfrazado y aparenta ser otra persona, Brook, mientras Falstaff toma la

---

[28] Véanse E_1, II, 4, p. 107; E_1, V, 3, pp. 166-167.

[29] Véase E_1, V, 4, pp. 174-175.

[30] Véase E_1, V, 3, p. 168.

[31] Véase E_2, II, 4, p. 221.

[32] Véase E_2, V, 3, p. 292.

[33] Véase E_2, IV, 2, p. 221.

[34] Véase M. Bajtín, *La cultura popular...*, pp. 78 y sigs.

[35] Véanse E_1, II, 2, pp. 92-93; E_2, II, 2, p. 217; E_2, II, 4, p. 220.

apariencia de una mujer vieja, bruja además,[36] cambiando aparentemente de sexo como en las fiestas carnavalescas. Por otra parte, en la última parte de esta obra, se asiste a un enmascaramiento general, transformándose ahora Falstaff en Herne el cazador, con la frente coronada de grandes astas de ciervo, trasmutación probable del diabólico y carnavalesco cazador salvaje que aparece en la «estantigua» o «cacería salvaje».[37] Viene a ser, en cierto modo, y desde otro punto de vista, por los tormentos que tiene que aguantar, el chivo expiatorio (del cual hablara Frazer en su *Rama dorada)* el cual, gracias al sacrificio, permite la regeneración y la unión de la comunidad.[38]

Por otra parte, es el propio Falstaff quien habla de mantear a su compañero Pistola, borracho, que le ha desafiado, como se solía hacer en muchas partes cuando las festividades de Carnestolendas.[39]

Hasta el combate simbólico entre Carnaval y Cuaresma aparece de varias formas en *Enrique IV*. En primer lugar, se trata de un enfrentamiento con divertidos insultos entre el carnavalesco Falstaff y el Príncipe, quien, aunque encanallado, representa el orden institucional cuaresmal. Enrique le espeta una serie de calificativos que remiten a sus características y en particular a su carnosidad, como «montaña de carne». Falstaff trata al vástago real de «famélico», de «piel de anguila», de «bacalao seco», etc., características éstas que corresponden todas a la época de Cuaresma.[40] Del mismo modo, al final de la segunda parte, después del largo período de margen e inversión carnavalesca que corresponde a la actuación de Enrique y Falstaff hermanados en la festiva degradación, llega el momento de enderezar al mundo, de hacer triunfar la Cuaresma y los valores normales en la sociedad bien organizada. El príncipe, que asume ahora la realeza, transformado en Enrique V, toma el camino de la gravedad real y de la virtud, rechazando a Falstaff y condenándolo con sus acólitos al destierro y a la cárcel, para que recen, hagan penitencia y así puedan reformarse.[41] Al triunfar de tal modo la Cuaresma,

---

[36] Véanse C, II, 2, p. 45; C, IV, 2, pp. 75-78.

[37] Véanse C, V, 4, p. 80 y C, V, 5, pp. 90-91. Acerca del cazador salvaje que aparece en la estantigua, véase A. Redondo, *Otra manera de leer el «Quijote»*, pp. 109 y sigs.

[38] Véase James George Frazer, *Le rameau d'Or*, trad. Henri Peyre, 4 vols., Paris: Robert Laffont, 1981-1984, vol. III, 2ª parte: «Le bouc émissaire».

[39] Véase E_2, II, 4, p. 228. Acerca del manteamiento en época de Carnestolendas, véase J. Caro Baroja, *El Carnaval*, pp. 55-57 y nuestro libro, *Otra manera de leer el «Quijote»*, pp. 197-198.

[40] Véase E_1, II, 4, p. 108.

[41] Véase E_2, V, 5, pp. 301-302.

Falstaff/Carnaval no puede sino desaparecer o sea morir (lo que ya se anticipa en el epílogo de la segunda parte de *Enrique IV* y se evoca en *Enrique V*[42]), como se halla destruido el monigote que simboliza al martes lardero al acabar las Carnestolendas y al llegar el Miércoles de Ceniza.

Hay además un momento específico en esta obra en que el alegre gordinflón viene a ser un afímero rey de burla como en las fiestas de Carnestolendas o en las de la *Misrule*. Ya lo veremos posteriormente.

Tan carnavalesco como él es Sancho Panza, personaje sobre el cual, con esta orientación, hemos llamado la atención, en otros trabajos. Sin embargo, no es una duplicación del jocoso inglés.

Él también es una «panza» y su nombre completo, Sancho Panza, remite a uno de esos santos barrigudos exaltados burlescamente durante las fiestas de Carnestolendas, como San Gorgomellaz, San Tragantón o Sant Pansart.[43] O sea que para los lectores contemporáneos del *Quijote*, tal denominación delineaba inmediatamente al personaje en una perspectiva carnavalesca, como un tragón, un bebedor (inseparable de su bota, no pierde ninguna ocasión de echarse un trago de vino), un dormilón también amigo de estar a sus anchas. La primera evocación que se hace de él es la siguiente: «Iba Sancho Panza sobre su jumento como un patriarca, con sus alforjas y su bota».[44]

Si bien la técnica teatral exige la presencia física del personaje lo que supone que Falstaff ha de aparecer enseguida en el escenario con una inmensa barriga, en el caso de Sancho, en una obra narrativa, las cosas van por otro camino. En efecto, a Cervantes le basta con nombrar para crear la imagen correspondiente, sin tener que describir al personaje, y hasta puede jugar con esta imagen. Efectivamente, en el capítulo 9 de la primera parte del texto, cuando el segundo autor encuentra en el alcaná de Toledo los cartapacios de la historia perdida de don Quijote, que dejó escrita Cide Hamete Benengeli, el historiador árabe, dice que encerraban una pintura de los protagonistas:

> Junto a él [don Quijote] estaba Sancho Panza, que tenía del cabestro a su asno, a los pies del cual estaba otro rétulo que decía: *Sancho Zancas*, y debía de ser que tenía, a lo que mostraba la pintura, la barriga grande, el talle corto y las zancas largas, y por esto se le debió de poner el nombre de Panza y de Zancas que con estos dos sobrenombres le llama algunas veces la historia.[45]

---

[42] Véase E₂, *Epílogo*, p. 304; *Enrique V*, II, 2 y 3.

[43] Véase nuestro libro, *Otra manera de leer el «Quijote»*, pp. 196-197.

[44] Véase *Don Quijote*, I, 7, p. 127.

[45] *Ibid.*, I, 9, p. 144.

Sancho sería pues tanto el *panzudo* como el *zancudo*, pero tal geminación no podía cuajar porque hubiera conducido a destruir la inmortal pareja. Zancudo sólo puede serlo el alto, flaco y cuaresmal don Quijote, el «Caballero de la Triste Figura», como ha de apodarlo su escudero. El carnavalesco Sancho sólo puede ser *panzudo* y *paticorto*, de modo que en todo el libro no se vuelve a evocar la otra imagen del campesino.[46]

Él también es medroso, como lo ilustra en el episodio de los batanes, lo que da lugar a un lance muy maloliente, relacionado con las carnavalescas exigencias corporales,[47] equivalentes, en cierto modo, al episodio del orinal que vacía Falstaff. Sin embargo, no es nada fanfarrón, aunque tiene clara conciencia de que ha gobernado la ínsula Barataria de un modo ejemplar.[48]

A la diferencia de Falstaff, Sancho, que también goza de ese impulso vital que caracteriza al inglés, no es nada lujurioso. Verdad es que está casado y tiene hijos, pero además se refiere varias veces a su mujer, Teresa Panza, la cual desempeña su propio papel en la narración. Cierto es que en alguna ocasión el escudero ve la posibilidad de casarse con una doncella de la princesa con la cual debe unirse don Quijote. Pero esto no corresponde más que a un momento fugitivo y se halla vinculado a los sueños heroicos del caballero y a los desvaríos del señor y de su servidor.[49]

Los disfraces de las festividades de Antruejo desempeñan, en el *Quijote* también, un papel fundamental. Se trata de divertirse siendo otro, lo que libera los actos y las palabras. El escudero, cuando sale para asumir el cargo de gobernador de la ínsula Barataria, va disfrazado (vestido mitad de capitán mitad de letrado) y lo mismo ocurre con otros personajes con los cuales Sancho está en contacto (Dorotea/Micomicona, Sansón Carrasco/Caballero del Bosque y luego de la Blanca Luna, Mayordomo/Dueña dolorida, etc). Y, según lo que pasaba en esas fiestas, Sancho, cual monigote carnavalesco, está manteado en la segunda venta, y en el texto se evocan entonces las Carnestolendas, de modo muy significativo.[50]

Sancho es un hombre que gusta de la sociabilidad, sobre todo de la de la venta, lugar de paso e intercambio, en que la palabra se libera y, por ello, las ventas cobran tanta importancia en el *Quijote*. Corresponden a

---

[46] Sobre todo esto, véase nuestro libro, *Otra manera de leer el «Quijote»*, p. 469.
[47] Véase *Don Quijote*, I, 20, pp. 245-246.
[48] *Ibid.*, II, 53, p. 446.
[49] *Ibid.*, I, 21, pp. 261 y 263.
[50] *Ibid.*, I, 17, p. 214.

las posadas que tanto le agradan a Falstaff. El escudero afecciona especialmente la sociabilidad festiva, como en el episodio de las bodas de Camacho, donde tiene ante los ojos una auténtica tierra de Jauja.[51] Verdad es que Sancho es muy pacífico —él mismo lo dice—, enemigo de los enfrentamientos,[52] aunque no vacila en ayudar a su señor cuando es necesario.

A pesar de su amor por el sosiego, en el episodio de la ínsula, tiene que habérselas con ficticios enemigos, como ocurría en diversas manifestaciones festivas de la época de Carnestolendas. Pero se trata asimismo de una forma paródica del emblemático combate entre Carnaval y Cuaresma. En efecto, el gobernador, encerrado entre dos paveses, como galápago, cae al suelo y se halla pisoteado, lo que corresponde a la muerte simbólica de Sancho/Antruejo. La fiesta carnavalesca ha terminado, ese tiempo del gobierno burlesco, tiempo de margen fuera del tiempo normal, acaba ya; el orden cuaresmal va a reinar de nuevo en Barataria.[53]

No obstante, dentro del mismo episodio, ya había tenido que enfrentarse Sancho con el doctor Pedro Recio de Agüero, encarnación de la Cuaresma, el cual no quería darle de comer, obligándole a una extremada vigilia, otorgándole sólo, por fin, un pedazo de pan y una cebolla. Una vez más, el combate se resolvía en contra del gobernador, personificación del Carnaval.[54]

Pero no ocurre lo mismo al final de la obra. Si en *Enrique IV,* triunfaba la Cuaresma y desaparecía Falstaff, en el *Quijote,* se invierten las perspectivas: el que desaparece es el cuaresmal caballero mientras queda en pie Sancho Panza, aunque llora a su señor. ¿Será, a pesar de todo, el triunfo de las fuerzas expansivas de la vida?

Si bien Falstaff y Sancho Panza son dos personajes carnavalescos que hunden sus raíces en la fiesta de Carnestolendas, con todas sus características y significados vitales (lo que los hermana con relación a la mayoría de sus peculiaridades), también tienen sus diferencias, y, de paso, hemos visto algunas. Pero lo que les distingue, más que todo, es su diferencia de estatus social y de comportamiento. Falstaff es un hombre de la urbe y un caballero,[55] aunque venido a menos e inserto en un universo degradado. Ha sido paje del duque de Norfolk, lleva la espada

---

[51] *Ibid.,* II, 20, pp. 187-189.

[52] Véase, por ejemplo, *ibid.,* I, 15, p. 193.

[53] Sobre el episodio de la ínsula Barataria, y con esta orientación, véase nuestro libro, *Otra manera de leer el «Quijote»,* pp. 453-473.

[54] *Ibid.,* pp. 466-468.

[55] Véanse E_1, II, 3, p. 139; E_2, I, 2, pp. 191 y 192, etc.

y tiene dos servidores, el paje que le ha asignado el príncipe y un mozo, Bardolfo, verdadero pícaro. Asimismo posee un caballo que le roban (su mozo tendrá que comprarle otro).[56] Siempre con deudas, ha reunido una pandilla de verdaderos tunantes que se atreven a robar dinero del tesoro real y cuando él mismo tiene que reclutar soldados se las arregla para cobrar la cantidad que corresponde a los que figuran en las listas sin haber entrado realmente en filas.[57] Es que el príncipe le ha nombrado capitán y tiene todos los malos vicios de los soldados. Además, utiliza su astucia en cualquier circunstancia para aprovecharse de los demás, aunque también puede ser burlado —según esa técnica festiva del burlador burlado— como le ocurre con el príncipe o con las comadres de Windsor.

No obstante, un afecto indiscutible le une al futuro Enrique V y lo que más que todo le precipita en la tumba es el rechazo de éste al final de *Enrique IV*: no sólo no medrará sino que ya no verá ni hablará a su soberano.

Por otra parte, y a pesar de ser un pillo, ha estudiado en el Colegio de San Clemente y tiene cierta instrucción que sabe utilizar festivamente en más de una ocasión.[58]

Sancho Panza sobre este punto es muy diferente. Es un campesino, hombre de la tierra, que no sabe leer ni escribir. Su única instrucción le viene de las prédicas, de la observación de la naturaleza y de la llamada «cultura popular» transmitida por oralidad.[59] Buena manifestación de ello es su utilización frecuente de los refranes así como de las consejas y cuentos.[60]

Hombre de bien aunque sin bienes, se ha dejado convencer por don Quijote quien se lo ha llevado como escudero, lo que, para él, era ya una promoción social (aunque siga con su asno, que a él también le roban, como a Falstaff su caballo). Espera otros medros, como el ser conde o gobernador de una ínsula, lo que le ha de enajenar en más de una ocasión.

Al mismo tiempo, Sancho es un hombre de la naturaleza primitiva,

---

[56] Véanse E_1, III, 2, p. 240; E_2 I, 2, pp.192, 193; etc.

[57] Véanse respectivamente E_1, II, 2, p. 91 y E_1, IV, 2, p. 148.

[58] Véase por ejemplo E_2, III, 2, pp. 251-252.

[59] Acerca del personaje de Sancho y de su inserción en este universo, véase nuestro libro, *Otra manera de leer el «Quijote»*, pp. 70 y sigs.

[60] Sobre los refranes sanchescos y sus características, véanse en particular los trabajos de Monique Joly, *Etudes sur «Don Quichotte»*, Paris: Publications de la Sorbonne, 1996, «Textes et documents du CRES», VI, 3ª parte, A: «Paremiología», pp. 207 y sigs.

un hombre sencillo y bondadoso debajo de su rústica corteza, que le ha cobrado afecto a su señor. En efecto, cuando don Quijote, preparando su tercera salida, tiene intención de dejarle, él no lo puede aceptar.[61] Además, la última parte del trayecto común del segundo libro corresponde al intento afectuoso, por parte del escudero, de salvar a su señor de la melancolía que se ha apoderado de él y le conduce inexorablemente a la muerte.

Hombre astuto, asimismo, es capaz de restablecer las situaciones más difíciles. Por ejemplo, el socarrón sale del paso cuando regresa de la falsa embajada acerca de Dulcinea, o cuando inventa la aparición de la dama del Caballero de la Triste Figura al presentarle una de las tres campesinas montadas en burras, o también cuando vapulea con fuerza a los árboles, pretendiendo que son sus espaldas las que reciben los azotes, único modo de desencantar a Dulcinea, según el vaticinio de Merlín en el bosque.[62] Sin embargo, pueden burlarle, por ejemplo en casa de los duques; pero, en algunos momentos, logra invertir la relación burlador/burlado, en detrimento del gran señor.

Hermanos y diferentes al mismo tiempo, Falstaff y Sancho se hallan confrontados a una misma experiencia, que, momentáneamente, llega a sublimarlos y a transformarlos de personajes carnavalescos en representantes de la cultura cuaresmal. Se trata de un encumbramiento paródico que corresponde a esa inversión tan característica de las fiestas de Carnestolendas y de la *Misrule*. Un pobre diablo se halla efímeramente enaltecido a una realeza burlesca.

Por lo que hace a Falstaff, ya existe un episodio característico muy fugaz en que el príncipe le dice que, cuando sea rey, le corresponderá el mandar colgar a los otros. Con mucha gracia, Falstaff contesta: «¡Magnífico, por Dios, que seré un gran juez!».[63] Pero este anticipo burlesco del encumbramiento desemboca en una escena posterior, en la primera parte de *Enrique IV*. El príncipe le pide que desempeñe el papel del rey su padre, y le pregunte a él, su hijo, por el modo de vida que lleva. De manera paródica, Falstaff declara: «Esta silla será mi trono, esta daga mi cetro y este cojín mi corona».[64] Se presenta como un rey de burla y los espectadores no tienen que olvidar que esto es puro juego, que no atañe en nada a la gravedad de la realeza, de manera que el príncipe insiste todavía más: «Tu trono parecerá una baqueta, tu cetro de oro, una daga

[61] Véase *Don Quijote*, II, 7, p. 90.
[62] *Ibid.*, respectivamente, I, 31, pp. 382 y sigs.; II, 10, pp. 109 y sigs.; II, 71, pp. 572-573.
[63] Véase E$_1$, I, 2, p. 69.
[64] Véase E$_1$, II, 4, p. 112.

de plomo, y tu preciada corona, una calva lastimosa».[65]

El discurso del nuevo rey es rimbombante y pronunciado con una fingida emoción que traducen las interrogaciones acumuladas. Si bien reprende al príncipe por su vida apicarada, la alusión a sus defectos físicos (el labio colgante, la mirada mísera) y las comparaciones utilizadas no dejan de comunicar al parlamento una orientación festiva, tanto más cuanto que acaba por una exaltación de Falstaff, evocado como hombre virtuoso, de espléndida presencia y excelente guía para el joven. Este discurso que las exclamaciones de la posadera hacen todavía más divertido, viene a ser paródico de aquél que le incumbiría a un verdadero rey. La perspectiva cuaresmal se diluye y triunfa el jocoso verbalismo de las Carnestolendas o de la *Misrule.*[66]

Pero la escena tiene una segunda parte en que, según las normas carnavalescas, se cruzan los papeles, destronando a Falstaff (él mismo lo dice), al término de este efímero encumbramiento. Ahora, el príncipe hace de rey y el rechoncho caballero ha de ser el hijo. El ficticio padre censura la conducta del vástago, pero atribuye los desmanes de Enrique a la influencia del «diablo encarnado en un viejo gordo»[67] o sea en ese Falstaff cuyos defectos salen a relucir y conducen, a pesar de la defensa que presenta el falso príncipe (o sea el propio interesado) a una conclusión terminante, el destierro del caballero, especie de anticipo profético de lo que hará Enrique V, a poco de subir al trono.

Es un verdadero juego de máscaras y un desdoblamiento lúdico de personalidades, con una orientación jocosa, en consonancia con la época festiva que le corresponde al personaje de Falstaff. Pero, de paso, gracias a las burlas, se pueden decir unas cuantas veras.

Diferente viene a ser el encumbramiento paralelo que conoce el carnavalesco Sancho, cuando se convierte en fugaz gobernador de la ínsula Barataria, por voluntad del duque, quien desea divertirse a sus expensas. Como ya hemos estudiado detalladamente el episodio en otro trabajo, sólo daremos aquí unas cuantas orientaciones rápidas.[68]

Sancho llega a la ínsula, vestido de una manera abigarrada, a modo de loco carnavalesco, y va a evolucionar entre máscaras, pues todos los dignatarios no son sino servidores ducales disfrazados que le acogen con burlescas ceremonias. Gobierno de burla, reinado irrisorio en que, sin embargo, se van a invertir las perspectivas. Sancho toma a pecho su función gubernativa y él, el rústico y analfabeto campesino, con sólo el

---

[65] Véase E_1, II, 4, p. 112.

[66] Véase E_1, II, 4, p. 113-114.

[67] Véase E_1, II, 4, p. 115.

[68] Véase nuestro libro, *Otra manera de leer el «Quijote»*, pp. 453-473.

«Christus en la memoria» (o sea con la ley de Cristo impresa en el corazón), va a ilustrar lo que puede ser un gobernador recto, que no cobra derechos ni lleva cohechos, que se desvela por el bien de la ínsula y juzga como un verdadero Salomón. Su íntegro gobierno y su deslumbrante justicia provocan la admiración de los que los presencian, de modo que los burladores se hallan burlados y que Sancho triunfa. Sin embargo, su fracaso como capitán, bien le demuestra que no está hecho para el cargo, para la perspectiva cuaresmal. La falta de comida es para él un tormento iniciático que le acendra y le hace digno del gobierno que ocupa. Pero al mismo tiempo, provoca la transformación de su ser, se va a quedar «en los huesos mondos», como se lo dice a don Quijote en la carta divertida que ha mandado que le escribieran. Se está volviendo el cuaresmal Sancho Panza, lo que es imposible. Tiene pues que dejar el gobierno.

Sin embargo, una vez más, las burlas se convierten en veras. En una España corroída por la crisis, en que triunfan el cohecho, la prevaricación y la injusticia, el campesino, en el marco de una estructura carnavalesca, la de un transitorio mundo al revés, el que corresponde a un reinado de burla, y entre destellos de comicidad, hace posible que se exprese ese afán de rectitud y de justicia que podrían provocar la restauración de España. El discurso festivo viene a ser, de tal modo, discurso político.

Desde este punto de vista, Sancho supera en mucho al Fastaff convertido en rey de burla que, en resumidas cuentas, no hace más que defender sus bellaquerías transformadas en «virtud». Verdad es que las exigencias de la representación teatral no le dan a Shakespeare la libertad que le comunica a Cervantes la utilización de la prosa «novelesca».

Esa locura carnavalesca, inversora de perspectivas, empalma con la tradición de la alegre locura utilizada por el Humanismo, por Erasmo en particular, en su célebre *Elogio de la locura*. Permite comprender asimismo que los dos personajes se puedan trasmutar en «locos» en el otro sentido de la palabra, es decir en bufones.

En ambientes palaciegos, el bufón —loco, truhán, chocarrero, hombre de placer o gracioso, que así se le llamaba también— se beneficia de la impunidad otorgada a la locura tanto más cuanto que varios truhanes reales salían efectivamente de un manicomio. Esa libertad le comunica al loco un suplemento de poder, libera su palabra, lo que le permite, entre risotadas, invertir el discurso oficial en más de una ocasión y revelar la verdad escondida, es decir la otra faz del mundo. Pero el estatus del loco es ambiguo ya que su impunidad tiene su contrapartida, o sea su *indignitas*. Si bien por un lado provoca la risa, por otro tiene que aguantar las agresiones verbales y hasta físicas de los que le rodean.[69]

Es lo que ilustran tanto Falstaff como Sancho.

A Falstaff, el príncipe le considera como un verdadero bufón. Es lo que dice a Poins, en ausencia del caballero.[70] Tienen que divertirse de otra manera en espera de la llegada del truhán. Y al final de la obra, cuando Enrique ya es rey, le trata directamente de *loco* y de *bufón* y se refiere a sus *bufonadas*.[71] Por ello el príncipe no vacila en burlarle como en el episodio del dinero del tesoro real, en insultarle con frecuencia, aludiendo a su grasa, su voracidad, sus borracheras, su lubricidad, su cobardía, su bellaquería e infamia. De la misma manera, dice que quiere zurrarle[72] y para que sufra físicamente, en vez de nombrarle capitán de un cuerpo de jinetes, le da el mando de una compañía de infantería, ya que sabe que le han robado el caballo, y comenta irónicamente: «A este gordo bribón le daré una tropa de infantería. Doscientos metros de marcha serán su muerte».[73] Por fin, transformado ya en Enrique V, le rechaza brutalmente, crueldad que será la causa de su muerte, como se dice en *Enrique V*, y sin embargo, antes de ser rey, el príncipe, al creer que Falstaff había fallecido en la guerra, había sentido su muerte.[74]

Enrique y Falstaff ilustran de tal manera la relación clásica que existe entre el príncipe y el bufón.

Se podría pensar que a esta pareja le corresponde, en la obra cervantina, la que constituyen don Quijote y Sancho, como lo han escrito de manera errónea algunos críticos. Pero el caballero manchego no es ningún príncipe —aunque en sus sueños se vea casado con la hija de algún rey— y si bien puede reírse de las simplicidades de su escudero y hasta pegarle en una ocasión (porque el campesino se había reído de él en cierto lance[75]), no le considera como un bufón.[76] Rápidamente relaciones de confianza y afecto se establecen entre ellos, de manera que

---

[69] Véanse, sobre el particular, José Moreno Villa, *Locos, enanos, negros y niños palaciegos. Siglos XVI y XVII*, México: La Casa de España, 1939; Maurice Lever, *Le sceptre et la marotte. Histoire des fous de Cour*, Paris: Fayard, 1983; Fernando Bouza, *Locos, enanos y hombres de placer en la Corte de los Austrias*, Madrid: Ed. «Temas de Hoy», 1996.

[70] Véase E$_1$, II, 4, p. 99.

[71] Véase E$_2$, V, 5, p. 301.

[72] Véase E$_2$, II, 4, p. 230.

[73] Véase E$_1$, II, 4, p. 119.

[74] Véase E$_1$, V, 4, p. 172.

[75] Véase *Don Quijote*, I, 20, pp. 248-249.

[76] Por ejemplo, en casa de los duques, amonesta a Sancho para que no se transforme en truhán (II, 31, p. 277).

la pareja caballero/escudero va por un camino muy diferente del de la pareja anterior.

Lo que lo demuestra además es que los duques de la segunda parte —equivalen a unos príncipes—, deseosos de divertirse a expensas de don Quijote y Sancho, van a transformarles en truhanes (verdad es que el caballero es también un loco, como Sancho, pero de otro tipo). De tal modo, esos Grandes idean burlas, a veces agresivas, de que son víctimas los dos personajes.

Por lo que hace a Sancho, tiene que sufrir, por ejemplo, el intento de lavado de las barbas, el castigo de los 3300 azotes que ha de recibir para desencantar a Dulcinea, la explosión de Clavileño que hubiera podido acabar de manera sangrienta, las mamonas, pellizcos y alfilerazos que ha de sufrir para resucitar a Altisidora,[77] tormentos, estos últimos, que hacen pensar en los pinchazos y quemaduras que, en *Las alegres comadres*..., ha de aguantar el otro bufón, Falstaff, en la burla del bosque.[78]

Pero en el caso de Sancho, como en el del chocarrero inglés, la libertad de palabra que le da su estatus de «loco» merece subrayarse.

Uno y otro son graciosos en toda la extensión de la palabra.

Falstaff utiliza «ese chorro de palabras que brota con impúdica insolencia»[79] para dirigir sus pullas a los que le rodean, no vacilando en emplear el motejar con frecuencia. Al paje le trata de «gigante» y luego de «puto» y de «renacuajo», a su mozo Bardolfo, de «narigudo» y de «caballero de la ardiente lámpara», porque tiene una enorme y colorada nariz de borracho, de modo que sigue con divertidos improperios: «perenne luminaria», «hoguera eterna», etc.[80] A la prostituta Dora, la llama «santita» y luego «sifilítica», etc.[81] Cuando habla del juez Simple que ha sido su compañero de estudio en el Colegio de San Clemente, alude ante sus acompañantes a la extremada delgadez que tenía entonces, con un arte de la caricatura que hace pensar en el dómine Cabra del *Buscón:*

> Desnudo parecía un rábano partido, con una cabeza estrafalaria esculpida encima. Era tan delgado que, para un corto de vista, su cuerpo era invisible. Era la encarnación del hambre....[82]

---

[77] Véanse respectivamente, II, 32, p. 294; II, 35, pp. 314-319; II, 41, p. 351; II, 69, pp. 559-561.

[78] Véase C, V, 4, p. 93.

[79] Véase E_2, II, 1, p. 207.

[80] Véanse respectivamente, E_2, I, 2, pp. 190-192; E_1, III, 3, pp. 135-136.

[81] Véase E_2, II, 4, p. 221.

[82] Véase E_2, III, 2, p. 251.

El príncipe tampoco se libra de sus dichos jocosos. Dice de él, por ejemplo, de manera denigrante, que es «un buen muchacho aunque simple. Habría sido un buen despensero; habría descortezado bien el pan».[83] De la misma manera, sabe tomarle el pelo a Enrique. Cuando están en guerra y el príncipe le pide que le preste su espada, Falstaff le contesta que se lleve su pistola y asistimos entonces al diálogo siguiente:

PRÍNCIPE   Dámela. ¿Eh? ¿La guardes en la funda?
FALSTAFF   Sí, Hal, está ardiendo. Lo que hay dentro saquea una ciudad.
(*El Príncipe va a sacar la pistola y se encuentra una botella de jerez*)[84]
.

Divertida exaltación del poder del vino que puede tumbar a los enemigos mejor que las pistolas y que se compagina con esa glorificación del jerez que hace Falstaff en otro pasaje.

Pero ya que se está en una fase guerrera, le dice el príncipe: «¿Es éste el momento de bromas?». Efectivamente, como se lo dice Poins al futuro Enrique V, Falstaff todo lo echa a broma.[85]

Pero esta libertad de bromear, de burlarse de todo y de todos le da la posibilidad de decir unas cuantas verdades, por ejemplo sobre los desastres de la guerra que iguala a todos los hombres y los precipita en la muerte: «¡Carne de cañón, carne de cañón! Llenarán la fosa igual que otros mejores».[86] De la misma manera, embiste contra el *honor*. Contra él lanza una larga diatriba, muy del gusto también de la España desengaña-da de finales del siglo XVI y principios del siglo XVII, de la del *Guzmán de Alfarache*, por no citar más que un texto: «¿Qué es el honor? Una palabra. ¿Qué hay en la palabra honor? ¿Qué es ese honor? Aire. ¡Bonita cuenta!...».[87]

Es que detrás del tiempo histórico que corresponde a la acción de la obra teatral, está aflorando la época isabelina, con sus guerras, su sentido ilusorio del honor, sus transgresiones sociales (las que se evocan también en *Las alegres comadres…* cuando se habla de esa abundancia de «caballe-ros que ya se dan con rebaja»[88]). Época asimismo de un llamativo desarrollo comercial con sus viajes marítimos y sus negocios transoceáni-cos, que permiten una serie de medros. Es lo que dice Falstaff en *Las*

---

[83] Véase E$_2$, II, 4, p. 229.
[84] Véase E$_1$, V, 3, p. 167.
[85] Véase E$_2$, II, 4, p. 231.
[86] Véase E$_1$, IV, 2, p. 150
[87] Véase E$_1$, V, 1, p. 160.
[88] Véase C, II, 1, p. 35.

alegres comadres... cuando afirma que «quiere acomodarse al espíritu de la época y medrar».[89] Bien ve que en «estos tiempos mercaderiles la virtud se tiene en poco»[90] y que lo que importa es el dinero. De modo muy revelador, evoca el que podría reunir gracias a sus fechorías y se refiere entonces a las Indias Orientales y Occidentales.[91]

Paralelemente a Falstaff, Sancho es muy gracioso. Lo dice don Quijote: «no tuvo caballero andante en el mundo escudero más hablador ni más gracioso del que yo tengo»[92] y lo refrenda la duquesa al valorar «las gracias y los donaires» del escudero.[93]

Sancho tiene su propio raudal de palabras, con esas sartas de refranes que divierten a los duques y enfadan a don Quijote, a pesar de ser como se dice en el texto «pequeños evangelios» y encerrar la sabiduría popular. Pero, en ocasiones, Sancho bien sabe hacerse el tonto y en realidad, con ellos, se burla del duque. Cuando éste está hablando del gobierno de la ínsula, provoca al escudero con un refrán: «Plega a Dios, Sancho, que así sea; porque del dicho al hecho hay gran trecho».[94] El otro le sigue la corriente y le contesta:

Haya lo que hubiere [...]; que al buen pagador no le duelen prendas, y más vale al que Dios ayuda que al que mucho madruga, y tripas llevan pies que no pies a tripas; quiero decir que si Dios me ayuda, y yo hago lo que debo con buena intención, gobernaré mejor que un gerifalte.[95]

Lo que efectivamente ha de demostrar después.

Sus divertidas prevaricaciones idiomáticas crean un lenguaje específico que permite revelar otra verdad del mundo. El ejemplo más llamativo de ello es tal vez el que está relacionado con Catón. Parodiando la referencia a las autoridades clásicas, característica de la cultura oficial, Sancho afirma: «fue una sentencia de Catón Zonzorino, romano, que dice: 'y el mal para el que fuere a buscar'».[96] No se pueden poner en tela de juicio, de manera más jocosa, los canónes de la cultura erudita pues Catón el Censor (=Censorino) se transforma en Catón el Zonzo, el tonto

---

[89] Véase C, I, 3, p. 28.
[90] Véase E_2, I, 2, p. 196.
[91] Véase C, I, 3, p. 28.
[92] Véase *Don Quijote*, II, 30, p. 272.
[93] *Ibid.*, II, 30, p. 272.
[94] *Ibid.*, II, 34, p. 307
[95] *Ibid.*, II, 34, pp. 307-308.
[96] *Ibid.*, I, 20, pp. 241-242.

(=Zonzorino). Se sustituye la autoridad sabia, objeto de burla, por la de los refranes que remiten al saber y a la memoria viva de la comunidad.[97] Con mucho humor sabe mofarse de los que quieren reírse de él y de su señor. Por ejemplo, en la burla de la dueña dolorida, ésta llega ante los dos personajes y se dirige a ellos con un lenguaje ampuloso y burlescamente paródico del de los libros de caballerías. Acaba de este modo:»quisiera que me hicieran sabidora si estará en este gremio, corro y compañía, el acendradísimo caballero don Quijote de la Manchísima, y su escuderísimo Panza»,[98] a lo cual le contesta el escudero, siguiéndole la corriente e invirtiendo la situación:

El Panza aquí está, y el don Quijotísimo asimismo; y así podréis, dolorosísima dueñísima, decir lo que quisieridísimis; que todos estamos prontos y aparejadísimos a ser vuestros servidorísimos.[99]

Del mismo modo, cuando después del fingido viaje aéreo, el duque quiere hacer befa del campesino, le empuja a contar lo que ha visto. Sancho alude pues a la constelación de las Siete Cabrillas (o sea la de las Pléyades) y dice que se apeó de Clavileño para entretenerse con ellas. Le interrumpe entonces el Grande: «¿Vistéis allá entre esas cabras algún cabrón?».[100] Frente a tal insulto, Sancho le espeta al duque: «No señor; pero oí decir que ninguno pasaba de los cuernos de la luna».

Esta contestación, aparentemente enigmática, está relacionada con un hecho preciso: el escándalo causado en una época reciente por la mala vida que llevaba la esposa del primogénito del último duque de Villahermosa y Luna, ya que le ponía los cuernos al marido. Y la tradición dice que detrás de los duques aragoneses del *Quijote*, están los de Villahermosa y Luna, magnates unidos a Aragón, reino donde transcurre la escena con el escudero.[101]

Sancho invierte pues la situación, una vez más, y marca el triunfo, por la palabra, del que los duques han querido transformar en bufón. De nuevo, los burladores se hallan burlados.

Así, por su discurso y su acción, el campesino sencillo revela una serie de lacras de la España contemporánea.

Ya hemos visto cómo echaba mucha luz sobre los problemas del

---

[97] Véase nuestro libro, *Otra manera de leer el «Quijote»*, p. 75.
[98] Véase *Don Quijote*, II, 38, p. 330.
[99] *Ibid.*, II, 38, p. 330.
[100] *Ibid.*, II, 41, p. 354.
[101] Sobre el particular, véase nuestro libro, *Otra manera de leer el «Quijote»*, pp. 446-451.

gobierno y de la justicia y abría la vía a una reflexión política sobre el particular. Pero al mismo tiempo, y a su modo, testimonia sobre la fiebre del endonar y el afán de ennoblecimiento que corroe buena parte de la sociedad española. En efecto, como cristiano viejo, ufano de su limpieza de sangre, desea llamarse don Sancho Panza y venir a ser conde. Bien se ha dado cuenta de que, como dice Quevedo, «poderoso caballero es don dinero». En un país en crisis, éste permite que todo pueda alcanzarse. Por ello, el escudero no vacilaría en transformarse en negrero, vendiendo los vasallos negros del reino Micomicón, lo que remite a la importancia de las Indias Occidentales, así como a la producción y al comercio americanos.[102] También se convertiría en mercader, confeccionando y vendiendo el famoso bálsamo de Fierabrás, lo que le daría la posibilidad de realizar pingües beneficios.[103] Si Sancho sigue a su señor y se enajena como él, no deja de tener los ojos abiertos sobre el mundo que le rodea.

🙚 🙘

Falstaff y Sancho Panza son dos personajes festivos contemporáneos que, a pesar de hallarse insertos en obras que pertenecen a géneros diferentes, tienen muchos parecidos y unas cuantas desemejanzas. Lo que les hermana es que hunden sus raíces en la misma tradición carnavalesca y en las mismas prácticas de la bufonería cortesana. El uno y el otro son personajes inversores que, gracias a la libertad que les otorga su estatus ambiguo de «locos», pueden manejar un discurso festivo que les permite dominar muchas veces la situación y revelar las verdades del mundo circundante. No obstante, Falstaff a pesar del afecto que experimenta por el príncipe, no deja de ser un astuto granuja, mientras que Sancho, hombre sencillo y socarrón, unido entrañablemente a don Quijote, adquiere una auténtica dignidad, que trasciende la comicidad en varias ocasiones, en particular en el revelador episodio de la ínsula Barataria.

Al crear a esos personajes, que han adquirido una fama universal y se han convertido en verdaderos tipos, Shakespeare y Cervantes, más allá de sus diferencias, se hermanan, ellos también, en esa república de las letras en que pueden reunirse la Inglaterra isabelina y la España del Siglo de Oro.

---

[102] *Ibid.*, pp. 370 y sigs.

[103] Véase nuestro trabajo, «El episodio del bálsamo de Fierabrás en el *Quijote*», *Hommage à Jean Canavaggio*, Madrid: Casa de Velázquez, 2004.

Cada loco con su tema:
Perfiles de la locura
en Shakespeare y Cervantes

VALENTÍN NÚÑEZ RIVERA

Universidad de Huelva

EN LA LITERATURA DE todos los tiempos la representación de la locura constituye un argumento recurrente. Y, dada esa gran amplitud de horizontes, se trata de un asunto poliédrico, complejo, de mil facetas, porque entraña múltiples aspectos. Consiste en una realidad social, en una patología, y también pasa a convertirse en un símbolo y en un tema literario. Existen además varios tipos de locura literaria. El modo más constante, si partimos de la literatura medieval, queda representado por la *locura de amor* o amor *hereos*, que conduce a un estado de desesperación y tristeza, producto de la melancolía amorosa.[1] Una representación alegórica de este tipo de personaje demente lo encarna el *hombre salvaje* de la novela sentimental, imagen de las fuerzas indómitas del deseo y de las bajas pasiones del *amor loco*.[2] Otro ejemplo posible, esta vez de locura más agresiva y colérica, lo proporciona el *Orlando furioso* (1516). En ambos casos, la locura amorosa es de naturaleza caballeresca, porque el protagonista en la literatura de los siglos XV y XVI pertenece a un ámbito aristocrático y, por tanto, prestigioso. Con todo, este tipo de comporta

---

[1] Una fuente primordial es la de Bernardo de Gordonio, *Lilio de medicina*, Sevilla, 1495 (ed. Brian Dutton y Mª Nieves Sánchez, Madrid: Arco Libros, 1993). Y un estudio clásico lo aporta John Livingston Lowes, «The Lovers Maladye of Hereos», *Modern Philology*, 11 (1914), pp. 1-56.

[2] El trabajo inicial se debe a Alan Deyermond, «El hombre salvaje en la novela sentimental», *Filología*, X (1964), pp. 97-111, recogido con adiciones en su *Tradiciones y puntos de vista en la ficción sentimental*, México: UNAM, 1993, pp. 17-42. Puede completarse con *The Wild Man Within. An Image in Western Thought from the Renaissance to Romanticism*, ed. E. Dudley y M. E. Novack, Pittsburg: University, 1972

miento de *loco*
amor resulta execrable desde el punto de vista moral,[3] si bien su significación difiere notablemente de la locura natural. De todas formas, aunque sea un tema literario sobre todo, la locura de amor es diagnosticada como una locura real en la tratadística médica contemporánea.[4] Tiene su propia sintomatología y medios terapéuticos.

A este tenor, la locura real en el tiempo supone un espacio de marginación, materializado en el encierro y la estigmatización social; por ejemplo, mediante una vestimenta especial e identificativa. Por lo general, con sayas o camisas de determinados colores, o bien, por medio de la desnudez. Ese aspecto de la reclusión o el apartamiento se plasma en la concentración hospitalaria en las *casas de locos* u *hospitales de inocentes*, ubicados en las grandes ciudades.[5] Por su parte, la posibilidad del destierro se simboliza en la alegoría de la *nave de los locos,* donde se evacua a los enfermos hacia lugares apartados del resto de las gentes. Ahora bien, a diferencia de muchos otros marginados, el judío, la prostituta, el pícaro, valorados únicamente desde un rasero negativo, el loco se contempla desde una óptica paradójica, que incluye a la vez una apreciación altamente positiva, consustancial a todo elemento relativo a la locura. Esa es, precisamente, la premisa básica para la revalorización renacentista de la figura del loco.[6] Por un lado, existe un rechazo y marginación evidentes, por su falta de razón, facultad que caracteriza al hombre y que lo destaca de los animales. Pero, además, a causa de su irresponsabilidad social, el loco se ve libre de las trabas sociales y del decoro que imponen las normas imperantes y los protocolos.

[3] Para las cuestiones de ideología amorosa en nuestras letras medievales resulta fundamental, Pedro M. Cátedra, *Amor y pedagogía en la Edad Media (Estudio de doctrina amorosa y práctica literaria),* Salamanca: Universidad de Salamanca, 1989.

[4] Véase, por ejemplo, Massimo Ciavolella, *La malatia d'amore dall'Antiquità al Medioevo,* Roma: Bulzoni, 1976; Danielle Jacquart y Claude Thomasset, *Sexualité et savoir medical au Môyen Age,* Paris: Presses Universitaires de France, 1985; Bienvenido Morros, «La difusión de un diagnóstico de amor desde la antigüedad a la época moderna», *Boletín de la Real Academia Española,* 79 (1999), pp. 93-150.

[5] Sobre los distintos aspectos del tema de la locura sigue siendo imprescindible Michel Foucault, *Historia de la locura en la época clásica,* México: FCE, 1979, 2 vols. Complétese para el ámbito español con Enrique González Duro, *Historia de la locura en España. Tomo I. Siglos XIII al XVII,* Madrid: Temas de Hoy, 1994.

[6] Un trabajo de base se debe a Robert Klein, «Un aspect de l'herménéutique à l'âge de l'Humanisme classique. Le theme du fou et l'ironie humaniste», *Archivio di Filosofia,* 3 (1965), pp. 11-25.

DE BURLAS Y DE VERAS CON EL TEMA DE LA LOCURA

El loco, así pues, puede llegar a ejercer una radical libertad de pensamiento y expresión, envidiada por el común de las gentes. Y esa libertad lo conduce directamente a la felicidad. De ahí que su indignidad vital, sea, por contrapartida, una fuente de privilegios, gracias a su inhabilitación social, que lo introduce en una realidad paralela, surgida de la evasión. Esa perspectiva *desde fuera* de la sociedad le permite, a su vez, la visión satírica o desmitificadora. Puesto que constituye «el otro», como el pobre o el pícaro, se ve legitimado para cuestionar a los demás. El loco ostenta un *estatuto privilegiado* desde el punto de vista moral, porque se convierte en *atalaya* de la condición humana. Esa serie de privilegios toma cuerpo simbólico como nunca en el espacio subversivo del carnaval, una de cuyas manifestaciones más típicas se cifra en la *fiesta de locos*. En el *mundo al revés*[7] que instaura el carnaval, el loco puede funcionar como rey por un día y ejercer sus privilegios,[8] haciéndose su dueño. Una nivelación o equiparación entre rey y loco, con una inversión total de valores, puesto que el personaje más abyecto se convierte en el más elevado, hecho que resulta posible porque, efectivamente, en el ámbito de la corte el rey se rodea de una serie de hombres de placer: bufones, truhanes o locos de corte. Los tales bufones, locos fingidos y, por ello, de carácter simbólico, ejercen un auténtico *Mester de la locura*.[9] Y la función fundamental de su locura simulada consiste en suscitar la risa, pero, de camino, usando de su licencia acostumbrada, ofrecer la verdad desnuda de sus apreciaciones. En la representación del loco, por tanto, se mezcla una dimensión burlesca o cómica, que siempre aparece rodeando al bufón y a su público, y otra seria o desmitificadora.

Ambas perspectivas, las *burlas* y las *veras*, se desarrollan en la expresión lingüística de los bufones, que se ha dado en llamar *discurso bufonesco*. Una modalidad enunciativa que se atiene a unas reglas y principios característicos, basados en la paradoja, el uso de refranes, etc.[10]

[7] *Vid.* el libro *L'image du monde renversé et ses représentations littéraires et paralittéraires de la fin du XVIe siècle au milieu du XVIIe*, ed. Jean Lafond y Augustin Redondo, Paris: Vrin, 1979.

[8] Véase Jacques Heers, *Carnavales y fiestas de locos*, Madrid: Península, 1988; además, Julio Caro Baroja, *El carnaval*, Madrid: Taurus, 1984 y, por supuesto, M. Bajtín, *La cultura popular en la Edad Media y el Renacimiento*, Madrid: Alianza, 1987.

[9] Téngase en cuenta Fernando Bouza, *Locos, enanos y hombres de placer en la corte de los Austrias. Oficio de burlas*, Madrid: Temas de Hoy, 1991.

[10] Es pionero el estudio de Paolo Valerio, «The language of Madness in the Renaissance», *The Yearbook of Italian Studies* (1971), pp. 199-234. Para el caso de España, véase Lia Schwartz, «Discurso paremiológico y discurso satírico: de la

Y la principal característica de este tipo de locura, paradójica o emblemática,[11] radica en su fuerza visionaria, en la apreciación de la verdad auténtica, frente a los engaños de las apariencias. En definitiva, la aprehensión del conocimiento, trascendiendo hacia otra visión del mundo y de las cosas. Y es que el loco no actúa en virtud de comportamientos espurios o intereses propios, sino sólo guiado por una lucidez primigenia. Semejante dimensión de la locura, como fórmula paradójica de conocimiento, es la que suscita el interés del Humanismo cristiano de los Países Bajos y Alemania, que la adoptan como figura simbólica. La locura se convierte, en este sentido, en un método perfecto de exposición dialéctica para los humanistas; el loco funciona como instrumento de investigación de la naturaleza humana. La candidez del loco, su inocencia moral, lo elevan a la categoría de *loco santo* y lo convierten en portador de una locura espiritual, propia del caballero cristiano, frente al hombre mundano. Desde esta concepción, el loco representa la voz insobornable de la verdad, puesto que la locura es fuente de inspiración divina. De ahí la reversibilidad entre locura y conocimiento o entre *stultitia* y *sapientia*, tal como lo acuñó Nicolás de Cusa en su concepto de la *Docta ignorantia* en 1440. El otro hito literario sobre la locura, de finales del siglo XV, lo constituye *La nave de los locos* de Sebastián Brant (1494).[12] A Brant le debemos la creación de un emblema de amplia difusión en la época,[13] consistente en un pomposo navío sin gobierno donde todo tipo de locos se embarcan en un viaje sin retorno hacia *Narragonia*, reino infernal de locura. Pero, un poco después, en 1508, será Erasmo quien desarrolle en toda su extensión el discurso bufonesco en el *Elogio de la locura*.

---

locura y sus interpretaciones», *Filología*, XX,2 (1985), pp. 51-73 y más recientemente Jesús García Varela, «Factores del discurso del marginado en la literatura del Siglo de Oro», *Thesaurus*, XLIX (1994), pp. 275-292.

[11] Para la tradición paradójica resulta fundamental Rosalie L. Colie, *Paradoxia epidemica. The Renaissance Tradition of Paradox*, Princeton: Princeton University Press, 1966. Con respecto a la aplicación y desarrollo del concepto en Erasmo, véase: Sister M. Geraldine, «Erasmus and the Tradition of Paradox», *Studies in Philology*, LXI (1964), pp. 41-63; Jean-Claude Margolin, «La paradoxe, pierre de touche des 'jocoseria' des humanistes», en *Le paradoxe au temps de la Renaissance*, ed. M. Th. Jones-Davies, Paris: Jean Touzot, 1982, pp. 59-84 y «Parodie et paradoxe dans l'*Éloge de la Folie* d'Erasme», *Nouvelles de la République des Lettres*, II (1983), pp. 27-57.

[12] Con una traducción al castellano: *La nave de los necios*, Madrid: Akal, 1998.

[13] Existe traducción latina en España por Badius Ascensius, Burgos, 1502. Cfr. La introducción de la ed. cit., a cargo de Antonio Regales Serna.

Ahora es la propia *Moria* la que toma la palabra para expresar sus cualidades excelentes por medio de una paradoja. El loco de remate o el necio son los únicos seres felices, junto con el viejo y el niño. Son ellos solos los que hablan con franqueza y dicen la verdad. Los hombres —y los sabios— en particular, se ven impelidos hacia una sed insaciable de conocimiento. A esos sabios-tontos los llama Erasmo *morosofos*, siguiendo a Luciano. Pero, a pesar de sus desvelos, el conocimiento del hombre está constituido de manera que capta mejor la apariencia de las cosas que la realidad auténtica.[14] Erasmo se valió del símbolo de los *Silenos de Alcibíades*, unas cajas deformes por fuera pero perfectas en su forma en el interior,[15] para ejemplificar la doble faz de las cosas del mundo, de modo que lo más auténtico y mejor está escondido a los ojos. Este concepto lo refirió de pasada en el *Elogio de la locura*[16] y lo desarrolló más por extenso en el *Adagio* 201.[17] Todas las cosas son reversibles, puesto que poseen dos caras, lo blanco y lo negro, la verdad y la contraverdad. Una faceta exterior, digna de escarnio y una interior, elogiable. Nuestra visión cotidiana concibe falsos juicios, pero el loco posee una especial unión con la verdad, con los arcanos. Los hombres en general, sin embargo, son como *Silenos invertidos* o contrarios, que aparentan lo mejor, pero que no encierran nada bueno en el fondo.

LA LITERATURA BUFONESCA O DEL LOCO

En este apretado recorrido por el simbolismo literario del loco se ha destacado fundamentalmente el espacio festivo del carnaval y la dignificación literaria del bufón de corte por obra de Erasmo. Pues bien, por un lado, a partir de los estudios sobre el carnaval, desde la perspectiva antropológica o la interpretación bajtiniana, y, por otro, con la investigación sobre la influencia del *Elogio de la locura* en la literatura del Renacimiento,[18] se ha ido constituyendo, desde los años 30 a esta parte, una pauta de estudio literario que conocemos en el ámbito hispánico como *literatura bufonesca o del loco* y que analiza las manifestaciones del comportamiento o el discurso demente en la literatura.[19] Esta *literatura del*

[14] Véanse, como mínimo, las ediciones del *Elogio de la locura* por parte de Pedro Rodríguez Santidrán (Madrid: Alianza, 1989) y O. Nortes Valls (Barcelona: Bosch, 1991).

[15] Que se nombraban en Platón, *Banquete*, 215b-b.

[16] Ed. Rodríguez Santidrán, p. 29.

[17] Erasmo de Rotterdam, *Escritos de crítica religiosa y política*, Barcelona: Círculo de Lectores, pp. 107-150.

[18] Para este período cronológico resulta fundamental el volumen *Folie et déraison à la Renaissance*, Bruselas: Universidad Libre, 1979.

[19] La aplicación del concepto a las letras españolas le corresponde principal-

loco puede desarrollarse en todos los géneros y modalidades literarias, puesto que constituye una entidad supragenérica. Me conformaré con citar algunas de las muestras más destacables en España,[20] como los poetas judaicos del XV (Villasandino, Baena, Montoro),[21] Sebastián de Horozco,[22] Villalobos, Francesillo de Zúñiga,[23] Antonio de Guevara,[24] etc. Yo mismo he trabajado sobre el influjo del *Elogio de la locura* en el *Lazarillo*.[25] Y es clara la naturaleza bufonesca del *Estebanillo González* o de la *Pícara Justina*.[26] No obstante, tras el repaso sucinto a este elenco de obras, resulta ciertamente contradictorio que el maestro Bataillon, en su primera aproximación sobre el seguimiento de Erasmo en España,[27] negara la influencia del *Elogio de la locura*. Sobre este asunto llamó primero la atención Antonio Vilanova, que, en una serie de trabajos,[28]

mente a Francisco Márquez Villanueva, «Literatura bufonesca o del *loco*», *NRFH*, XXXIV, 2 (1985-1986), pp. 501-528, donde compendia otros trabajos anteriores.

[20] De modo general contamos con Martine Bigeard, *La folie et les fous littéraires en Espagne, 1500-1650*, Paris: Centre d'Études Hispaniques, 1972 y, centrado en cuestiones más particulares, *Visages de la folie (1500-1650)*, ed. Augustin Redondo y André Rochon, Paris: Université de la Sorbonne, 1981.

[21] Francisco Márquez Villanueva, «Jewish fools of the Spanish Fifteenth Century», *Hispanic Review*, 50 (1982), pp. 385-409.

[22] Francisco Márquez Villanueva, «Sebastián de Horozco y la literatura bufonesca», en *Homenaje a Antonio Vilanova*, Barcelona: Universidad, 1989, pp. 393-431.

[23] *Crónica burlesca del emperador Carlos V*, ed. Diane Pamp de Avalle-Arce, Barcelona: Crítica, 1981.

[24] Cfr. para los autores citados, Jean Canavaggio, «La estilización bufonesca de las comunidades (Villalobos, Guevara, Francesillo)», en *Hommage à Robert Jammes*, ed. Francis Cerdan, Toulouse: Presses Universitaires du Mirail, 1995, I, pp. 121-32.

[25] Valentín Núñez Rivera, *Razones retóricas del 'Lazarillo'. Teoría y práctica de la paradoja*, Madrid: Biblioteca Nueva, 2002.

[26] En este sentido, véanse los trabajos de Victoriano Roncero: «*Estebanillo González*: novela bufonesca», en *Estudios de literatura española del Siglo de Oro dedicados a Elias L. Rivers*, Madrid: Castalia, 1992, pp. 207-220; «La novela bufonesca: *La pícara Justina* y el *Estebanillo González*», en *Studia Aurea. Actas del III Congreso de la AISO*, Toulouse-Pamplona: GRISO-LEMSO, 1996, III, pp. 455-461; «*Lazarillo, Guzmán*, and Buffoon Literature», *MLN*, 116 (2001), pp. 235-249; «El tema del linaje en el *Estebanillo González*: la 'indignitas hominis'», *Bulletin of Hispanic Studies*, LXX (1993), pp. 415-423.

[27] *Erasmo y España. Estudios sobre la vida espiritual del siglo XVI*, México: FCE, 1979.

[28] Los trabajos de Antonio Vilanova a este respecto, elaborados desde 1949, se recogen conjuntamente en *Erasmo y Cervantes*, Barcelona: Lumen, 1989, pp. 7-

mostró todo lo que el *Quijote* debía a Erasmo. Quizá a partir de la influencia de Jerónimo de Mondragón y su *Censura de la locura humana* de 1598. También Eugenio Asensio recuperó un texto que recrea por primera vez el tema de la *Moria*.[29] Se trata de los *Triumphos de locura* (1521) de López de Yanguas. Así las cosas, en un replanteamiento posterior a estas matizaciones, el hispanista francés se rindió a la evidencia de que la locura de don Quijote se debe en gran medida a la enseñanza de Erasmo.[30] Y desde una perspectiva más abarcadora, un libro ya clásico de W. Kaiser trató de Cervantes como el último *loador de la locura*, junto con Shakespeare y Rabelais,[31] objeto este último, por otro lado, del análisis de M. Bajtín.

A pesar de poder identificar sin esfuerzo la importancia del tema de la locura en Shakespeare y Cervantes, no nos queda, sin embargo, constancia de que ambos leyeran a Erasmo. No obstante este desconocimiento, son muchos los estudios que proponen un marco de influencias directas.[32] Lo que sí constituye una evidencia, en cualquier caso, son las concomitancias entre Shakespeare y Cervantes en el tratamiento de la locura literaria; y también su mutuo paralelismo con muchos de los presupuestos erasmianos. A este respecto, recurriré sólo a una cita del maestro Bataillon para evitarme mayores y engorrosas explicaciones. Dice:

> No pidamos a la locura cervantina que se parezca muchos más a la *Moria* según Erasmo que a la locura shakespereana. También es un problema insoluble saber lo que Shakespeare había leído de Erasmo. El novelista español, como el dramaturgo inglés, sigue un camino que había abierto el autor de la *Moria*. No dudemos en situar a Cervantes en la estela de Erasmo, con Rabelais y Shakespeare, entre

---

125.

[29] Eugenio Asensio, «Los estudios sobre Erasmo de Marcel Bataillon», *Revista de Occidente*, 63 (1968), pp. 302-319.

[30] Se trata de un estudio de 1969-1971, «Un problema de influencia de Erasmo en España. *El elogio de la locura*», recogido en *Erasmo y el erasmismo*, Barcelona: Crítica, 1977, pp. 327-346.

[31] Walter Kaiser, *Praisers of Folly. Erasmus, Rabelais, Shakespeare*, Londres: Victor Gollancz, 1964.

[32] En el caso de Cervantes las referencias específicas se brindarán más adelante. Sobre la influencia de Erasmo en Shakespeare son útiles: Kazuo Auki, «The *Praise of Folly* and Shakespeare's Early and Middle Comedies», *Shakespeare Studies*, 18 (1979-1980), pp. 1-27; B. J. Baines, «Shakespeare's Plays and the Erasmian Box», *Renaissance Papers* (1981), pp. 33-44.

los *loadores de la Locura* que inauguran en la literatura moderna un tono nuevo.[33]

Este será, pues, el propósito del presente estudio, el tratar de poner en paralelo el tema de la locura en Shakespeare y Cervantes, relacionándolos a ambos con la dimensión festiva o carnavalesca[34] y con la locura paradójica de Erasmo. En el caso de Cervantes, la elección de las obras para el análisis no ofrece ninguna duda. No me ha quedado, afortunadamente, más remedio que ceñirme al *Quijote* y, su hermano menor, el *Licenciado Vidriera*. Para Shakespeare el abanico de posibilidades resulta más complejo. Por mi parte, he decidido centrarme en cuatro obras, estableciendo un corte genérico y a la vez cronológico. Estudiaré *Como gustéis* (1599) y *Noche de Reyes* (1601), dos de las llamadas por Bloom *altas comedias*[35] del período isabelino; y analizaré dos de las grandes tragedias, *Hamlet* (1600-1601) y el *Rey Lear* (1605-1606).[36]

LA LOCURA Y SUS MÁSCARAS EN EL *QUIJOTE*

Acaso sea el *Quijote* la obra donde la locura se muestra de modo más complejo y donde quizá se contengan todas sus facetas posibles. En efecto, don Quijote constituye la máxima expresión literaria del tema del loco.[37] Y además, la locura del personaje construye el eje temático que posibilita la trama toda de la novela.[38] Así pues, resulta factible establecer

---

[33] M. Bataillon, «Un problema...», pp. 345-346.

[34] Aunque en muy menor medida, puesto que el prof. Redondo ya lo ha hecho en su intervención para este mismo volumen. En este sentido, téngase en cuenta asimismo, James Iffland, *De fiestas y aguafiestas: risa, locura e ideología en Cervantes y Avellaneda*, Madrid/Frankfurt am Main: Iberoamericana/Vervuert, 1999.

[35] Harold Bloom, *Shakespeare. La invención de lo humano*, Barcelona: Anagrama, 2002.

[36] Ni que decir tiene que por mi condición de profesor de Literatura española esta aproximación al teatro de Shakespeare es básicamente intuitiva y debida a un acercamiento como mero lector. Por ello la bibliografía shakesperiana utilizada y citada resulta bastante limitada.

[37] Otra posible línea de estudio, complementaria con esta que llevo a cabo en torno al personaje de don Quijote, se centraría en Sancho Panza, como representación de la locura carnavalesca. El propio Sancho, se reconoce igual de loco que su amo, entre otros motivos porque lo sigue en su locura, y lo mismo piensan todos los demás personajes, especialmente en la *Segunda parte*. Para todo ello véase la propuesta de Augustin Redondo en este mismo volumen.

[38] Un trabajo inicial, ya bastante superado, es el de Alberto Navarro González, «La locura quijotesca», *Anales Cervantinos*, I (1951), pp. 273-294.

la significación de una gran parte de los episodios desde la demencia del protagonista, que, para mayor complejidad, va evolucionando a lo largo de la obra. La crítica ha dedicado mucho empeño a la caracterización fisonómica y temperamental de don Quijote, siguiendo las directrices de la medicina de la época.[39] Y también se ha hecho el diagnóstico de la locura quijotesca según la medicina actual.[40] Desde la tipología médica contemporánea —que se basaba en la teoría de los humores como se desarrolla, por ejemplo, en el *Examen de ingenios para las Ciencias* de Huarte de San Juan, que al parecer, fue leído por Cervantes[41]— el hidalgo responde al tipo colérico, que deviene paulatinamente en melancólico.[42] Pero la melancolía de don Quijote no consiste en la melancolía natural, de naturaleza fría y seca, sino en la melancolía antinatural o adusta (caliente y seca, como el carácter colérico) que tiene su origen en la bilis caliente.[43] Ese temperamento melancólico se caracteriza por ser fuente de ingenio, además de por estar propenso a la locura, ambas características perfectamente compatibles, como se sabe desde Aristóteles (*Problemas*,

---

[39] Por ejemplo, Daniel H. Heiple, «Renaissance Medical Psycology in *Don Quixote*», *Ideologies and Literatures*, 2 (1979), pp. 62-72. Frente a la teoría de los humores, Michael D. Hasbrouck propone una dimensión diabólica para la locura del hidalgo en «Posesión demoníaca, locura y exorcismo en el *Quijote*», *Cervantes*, 12, 2 (1992), pp. 117-126.

[40] Caroll B. Johnson, *Madness and Lust. A Psychoanalytical Approach to 'Don Quixote'*, Berkeley and Los Angeles: University of California Press, 1983; Benito Brancaforte, «El diálogo de Cervantes con la locura», en *Homenaje a José Antonio Maravall*, ed. Carmen Iglesias *et al.*, Madrid: Centro de Investigaciones Sociológicas, I, 1985, pp. 329-42. Además, *Quixotic Desire: Psychoanalytic Perspectives on Cervantes*, ed. Ruth Anthony El Saffar y Diana de Armas Wilson, Ithaca, NY: Cornell UP, 1993.

[41] David F. Arranz Lago, «Sobre la influencia del *Examen de ingenios* en Cervantes. Un tema revisitado», *Castilla*, XXI (1996), pp. 19-38. Además, Harry Sieber, «On Juan Huarte de San Juan and Anselmo's Locura in *El curioso impertinente*», *Revista Hispánica Moderna*, XXXVI, 1-2 (1970-71), pp. 1-8.

[42] Un estudio clásico es el de Juan Bautista Avalle-Arce, «La locura de vivir», en *Don Quijote como forma de vida*, Madrid/Valencia: Fundación Juan March/Castalia, 1976, pp. 98-143. Importantísimo resulta también, Augustin Redondo, «La melancolía y el *Quijote* de 1605», en *Otra manera de leer 'El Quijote'. Historia, tradiciones culturales y literarias*, Madrid: Castalia, 1997, pp. 121-146.

[43] Resume y matiza propuestas anteriores, Lourdes Simó Goberna, «El juego cervantino de locura-lucidez y la variedad de interpretaciones del *Quijote*» en *Actas del III Coloquio Internacional de la Asociación de Cervantistas: Alcalá de Henares, 12-16 de noviembre, 1990*, Barcelona/Madrid: Anthropos/Ministerio de Asuntos Exteriores, 1993. pp. 227-242.

XXX).[44] De esa naturaleza *ingeniosa* del hidalgo, es decir, creativa, imaginativa y aguda, se nos informa convenientemente desde el título.[45] Tal como se muestra en el primer capítulo, el trastorno del personaje se ha producido por una hipertrofia de la imaginativa, de donde depende la percepción consciente, y de la fantasía, a causa de la lectura indiscriminada de libros de caballerías, el poco comer y la demasiada vigilia. Erasmo, sin ir más lejos, hace referencia en los *Coloquios* a un refrán que viene al pelo para este caso: «Soñar e no dormir oficio es de locos».[46]

Ahora bien, don Quijote tiene intactos el entendimiento y la memoria. La locura sólo le afecta en lo tocante a la imaginación, que le hace concebir una percepción errónea de la realidad. No se trata, desde luego, de una locura caprichosa o aleatoria, sino monotemática, referente exclusivamente a las andanzas caballerescas. Cuando sale de su obsesión andante, don Quijote actúa como cuerdo. Los psiquiatras actuales diagnosticarían a don Quijote una monomanía o mitomanía delirante o esquizofrénica.[47] Así las cosas, podemos afirmar que la demencia de don Quijote se plasma sobre todo en el plano de la actuación, encaminándose a instaurar en el mundo el orden de la caballería andante, de la cual se considera campeón. Aunque proviene, eso sí, de un ejercicio intelectual, de la lectura y asimilación de los libros de caballerías; pero en lo tocante a sus razonamientos don Quijote piensa como cuerdo. En su opinión sobre el estado mental del caballero, los distintos personajes diagnostican e interpretan de modo certero la enfermedad. El cura compatriota, por ejemplo, confirma la monomanía de don Quijote, «de manera —dice— que como no le toquen en sus caballerías, no habrá nadie que le juzgue sino por de muy buen entendimiento».[48] Por su lado, el canónigo de la venta (I, 50) se admira de la mezcla de verdades y mentiras en sus

<hr/>

[44] Lo aporta Dolores Romero López, «Fisonomía y temperamento de Don Quijote de la Mancha», en *Estado actual de los Estudios sobre el Siglo actual de Oro. Actas del II Congreso Internacional de Hispanistas del Siglo Oro*, ed. Manuel García Martín *et al.*, Salamanca: Universidad, 1993, II, pp. 879-885.

[45] *Vid.* Otis H. Green, «El ingenioso hidalgo», *Hispanic Review*, 25 (1957), pp. 75-193.

[46] *Coloquios*, VI, *De senectute*, a partir de Vilanova, *op. cit.*, p. 37.

[47] Un seguimiento de la sintomatología quijotesca se lleva a cabo en José Manuel Bailón Blancas, *Historia clínica del caballero Don Quijote*, Madrid: Ed. del autor, 1989.

[48] Todas las citas van por Miguel de Cervantes, *Don Quijote de la Mancha*, ed. Francisco Rico, Barcelona: Crítica/Instituto Cervantes, 1998. La cita en cuestión se reproduce a partir de la página 356. En adelante se indica arriba el número correspondiente.

palabras, de sus «concertados disparates», *oxímoron* que explica a la perfección las razones ambiguas del personaje.[49] Pero, sin duda, la definición de la reversibilidad paradójica en la locura de don Quijote obtiene su plasmación más cabal en el encuentro con el Caballero del Verde Gabán y su hijo. A don Diego Miranda, que todavía no conoce la primera parte de la historia, le parece un «cuerdo loco y un loco que tiraba a cuerdo» y dice: «ya le tenía por cuerdo y ya por loco, porque lo que hablaba era concertado, elegante y bien dicho, y lo que hacía, disparatado, temerario y tonto» (p. 768). A pesar de ello, como le confiesa a su hijo poeta, antes le tiene por loco que por cuerdo. Don Lorenzo, el hijo, lo califica, por su parte, como un *loco bizarro*, es decir, curioso, y lo califica como «un entreverado loco, lleno de lúcidos intervalos» (p. 776). Esa fluctuación, entremetida o entremezclada, entre la discreción y el disparate caracteriza el comportamiento de don Quijote y da lugar a su cualidad paradójica o reversible, de raíz erasmiana.[50]

Aparte de estas manifestaciones explícitas sobre la locura de don Quijote, a lo largo de sus aventuras, el caballero se ve confrontado con una serie de imágenes simbólicas o emblemas de la locura, que algunas veces coinciden con la suya propia, representándolo entonces, y que otras suponen una modalidad distinta. Los tales emblemas, muchos de ellos estudiados por Augustin Redondo en diversos artículos, potencian y subrayan simbólicamente la propia demencia del Quijote.[51] Comenzaré aportando varios símbolos de detalle, como los *Molinos de viento* con los que se enfrenta en el capítulo 8:[52] el viento y el aire son símbolo de la locura y de la vaciedad intelectual; el barbero con la bacía, es decir «vacía» y *al revés*, en cuanto que concepto emblemático de la locura, interpretado como yelmo de Mambrino[53]; o el más gráfico de los

---

[49] Así denomina Antonio Carreño su artículo sobre la enunciación demente del personaje: «Los concertados disparates de don Quijote (I, 50): sobre el discurso de la locura» en *En un lugar de la Mancha: Estudios Cervantinos en Honor de Manuel Durán*, ed. Georgina Dopico Black y Roberto González Echevarría, Salamanca: Almar, 1999, pp. 57-76.

[50] Para una interpretación del *Quijote* desde el principio paradójico, véase Charles Presberg, *Adventures in paradox: Don Quijote and the Western Tradition*, Pennsylvania: Penn State University Publications, 2001.

[51] Augustin Redondo, *Otra manera de leer 'El Quijote'*... A lo largo del trabajo se irán pormenorizando algunos de los capítulos.

[52] Por ejemplo, A. Redondo, *op. cit.*, pp. 325-339.

[53] Cfr. el magnífico trabajo de A. Redondo, «Parodia, lenguaje y verdad en el *Quijote*: el episodio del yelmo de Mambrino (I, 21 y I, 44-45)», en *Otra manera de leer 'El Quijote'*..., pp. 477-484.

requesones (p. 769), representación igualmente de la locura, que se reblandecen por las sienes de don Quijote.[54] Y en el mismo nivel que este sistema de pequeñas connotaciones se sitúan todas las referencias, que sólo puedo aducir de pasada, a los colores simbólicos de la locura, el verde sobre todo, pero también el rojo y amarillo, e incluso el azul.[55] Continuando con las analogías, incluso en el nombre de Quijote, bien a partir de Quijada, referido a las quijadas prominentes, o de *Quesada*, aludiendo al queso, habría connotaciones de locura, según el mismo Redondo.[56]

Con todo, mucho más significativo se muestra el desdoblamiento, o como reflejo en un espejo, de la locura de don Quijote —y no olvidemos que el espejo es símbolo de la misma[57]— en otros personajes y situaciones. Esto ocurre sobre todo en la *Segunda parte* de la obra. Ya en su *Prólogo* (pp. 619-20) se desarrollan, por ejemplo, dos cuentecillos de locos y perros, el loco hinchaperros y el aplastaperros.[58] Los perros son símbolo de la melancolía saturnina y, por tanto, pueden verse víctimas de la locura.[59] Como ha mostrado Luis Gómez Canseco estas anécdotas supondrían una crítica velada a la hinchazón literaria de Avellaneda.[60] Y en el primer capítulo el barbero amigo cuenta la historia de un loco sevillano que finge estar cuerdo para que lo saquen del manicomio.[61] El loco sevillano presenta la misma sintomatología que don Quijote y sirve para el comentario de la condición mixta del personaje, en una fórmula de *mise en abyme*. Nada más comenzar la segunda parte, por tanto, se

---

[54] Sobre las relaciones del queso con la locura existe bibliografía citada por Redondo en «El personaje de don Quijote: tradiciones folklórico-literarias, contexto histórico y elaboración cervantina», *Nueva Revista de Filología Hispánica*, XXIX (1980), pp. 36-59, p. 45, recogido en *Otra manera de leer 'El Quijote'*, pp. 205-230.

[55] Por ejemplo, en II, 1 don Quijote aparece vestido de rojo y verde.

[56] Para las cuestiones del nombre, cfr. A. Redondo en «El personaje de don Quijote…».

[57] Porque constituye el sueño de una presunción, un espejismo surgido del apego a sí mismo. Cfr. Foucault, *op. cit.*, I, p. 45

[58] Maurice Molho, «Para una lectura psicológica de los cuentecillos de locos del segundo *Don Quijote*», *Cervantes*, 11, 1 (1991), pp. 87-98.

[59] Cfr. A. Redondo, «La melancolía…», p. 137.

[60] Luis Gómez Canseco, «Cervantes contra la hinchazón literaria (y frente a Avellaneda, 1613-1615)» en *Cervantes e Italia. Actas del X Coloquio Internacional de la Asociación de Cervantistas*, ed. Alicia Villar Lecumberri, Palma de Mallorca: Asociación de Cervantistas, 2001, pp. 129-147.

[61] Cfr. Alfred Rodríguez y Paul R. Herron, «La locura como tema barroco en *El Quijote*», *Letras de Deusto*, XXV, 68 (1995), pp. 207-14.

insiste en la locura particular del héroe, que sólo en apariencia se muestra reestablecido, trayendo al caso el cuento de otro loco que le sirve de reduplicación. Porque, por añadidura, el cuerdo fingido se enfrenta dialécticamente a otro loco del manicomio, algo que también le ha ocurrido a don Quijote. Por lo demás, Monique Joly ha estudiado cómo posiblemente esta historieta sea una respuesta al capítulo último del Avellaneda, en el que don Quijote queda encerrado en el hospital del Nuncio de Toledo.[62]

De mayor calado simbólico son, en cualquier caso, los dos pasajes que aduciré en adelante, también del *Quijote* de 1615. En primer lugar, el encuentro del hidalgo con una compañía de comediantes que van a representar el auto de las *Cortes de la muerte* (II, 11). Entre los representantes aparece un bufón o *bojiganga*, personificación de la locura fingida, con sus cascabeles y vejigas, que, en su condición bufonesca, arremete contra don Quijote, un loco de verdad, aunque representando también su propio papel, pues va disfrazado de caballero andante.[63] En realidad, la imagen de los dos locos enfrentados parece un anuncio del tema del *gran teatro del mundo* y del teatro dentro del teatro, que más tarde se comenta en el capítulo XII (p. 636) y que también tiene lugar con el episodio del *Retablo de Maese Pedro*. Por otro lado, y según la interpretación de la crítica más perspicaz, el barco encantado de II, 29, donde se suben don Quijote y Sancho al final de la tercera salida, representa el emblema de la *nave de los locos*.[64] En efecto, se embarcan hacia el mundo de locos y verdadero Infierno que será para ambos el Palacio de los Duques, una especie de *Narragonia*, y los episodios ocurridos allí, incluidas las aventuras de la Ínsula Barataria.[65]

En otras ocasiones, sin embargo, don Quijote encuentra en su camino itinerante a otros locos que no lo representan, sino que, muy al contrario,

---

[62] Monique Joly, «Historias de locos», *Rilce*, 2 (1986), pp. 177-183. Ahora en *Études sur don Quixote*, Paris: Université de la Sorbonne, 1996, pp. 151-162. Aunque don Quijote no será internado, como en Avellaneda, al final de la *Primera parte* recibe el ultraje del encerramiento, cuando es enjaulado para llevarlo a su aldea.

[63] Váyase, como mínimo, a la lectura que realiza Stephano Arata del episodio (ed. cit., pp. 132-134), con mención de la bibliografía pertinente.

[64] Se trata de una propuesta de Francisco Márquez Villanueva («La locura emblemática en la segunda parte del *Quijote*», en *Trabajos y días cervantinos*, Alcalá de Henares: Centro de Estudios Cervantinos, 1995, pp. 23-57, especialmente en pp. 31-32) a partir del desarrollo del tema de la locura humanista.

[65] De Barataria y Sancho ha tratado A. Redondo, por lo que no desarrollaré el tema aquí.

suponen otra forma distinta de locura literaria, sirviéndole de contrapunto. En este sentido, es francamente interesante todo el episodio de Cardenio y la penitencia de don Quijote en Sierra Morena (I, 23-26).[66] Cardenio se presenta como un loco verdadero, pero un loco por amor, trasunto del salvaje de la novela sentimental.[67] Cuando don Quijote lo conoce desea emularlo y se propone hacer penitencia en Sierra Morena, verdadero infierno alegórico,[68] fingiéndose loco de amor por Dulcinea. Es decir, un loco monotemático, se finge loco de amores en una suerte de locura de segundo grado.[69] Don Quijote tiene que elegir entonces entre los dos tipos de demencia amorosa: o bien la locura furiosa, colérica, de Orlando; o ya, la locura pacífica por melancólica (p. 290) de Amadís, por la que finalmente se inclina.[70]

Un loco más enigmático que Cardenio, resulta ser el Caballero del Verde Gabán (II, 16-18), sobre cuya simbología precisa la crítica no se ha puesto en todo punto de acuerdo. El color verde de su indumentaria delataría, desde luego, la condición demente del caballero.[71] En este sentido, don Diego Miranda constituiría con respecto a don Quijote la *coincidentia oppositorum* entre locura y razón, que se resume en el propio manchego. Por otra parte, significa el representante de la vida prudente y dosificada, de un racionalismo seco y deshumanizador, que lo conduce al aislamiento social. En apariencia, por tanto, y así lo interpreta Sancho, podría funcionar como emblema del loco santo erasmiano. Ahora bien, ahondando un poco más si cabe, acaso aludiría al sabio aislado y envanecido de su saber y del poder de la razón, que critica también el

---

[66] Cfr. mi trabajo en prensa, «La historia de Cardenio desde la poética sentimental», para un volumen monográfico en homenaje al *Quijote* (Kassel: Reichenberger).

[67] Citaré sólo Michèle Gendreau Massaloux, «Los locos de amor en *El Quijote*. Psicopatología y creación cervantina» en *Cervantes, su obra y su mundo*, ed. Manuel Criado de Val, Madrid: Edi-6, 1981, pp. 687-91. Cfr. Deyermond, art. cit.

[68] Salvador Jiménez Fajardo «The Sierra Morena as Labyrinth in *Don Quixote* I», *Modern Language Notes*, XCIX (1984), pp. 214-34; Javier Herrero, «Sierra Morena as Labyrinth: From Wildness to Christian Knighthood», *Forum for Modern Language Studies*, XVII, 1(1981), pp. 55-67.

[69] Cfr. Carlos Feal, «Against the Law: Mad Lovers in *Don Quixote*» en *Quixotic Desire...*, pp. 179-99.

[70] Analizan el desdoblamiento de locura, Alfred Rodríguez y Paul R. Herron, «La locura como tema barroco en *El Quijote*»...

[71] Así lo entiende Francisco Márquez Villanueva, «El caballero del Verde Gabán y su mundo de paradoja», en *Personajes y temas del Quijote*, Madrid: Taurus, 1975, pp. 147-227; y más tarde en «La locura emblemática...».

propio Erasmo.[72]

Como afirma Castiglione en *El Cortesano*, en todos los hombres existe una *simiente* de locura.[73] Ese tema de la locura generalizada es el que parece desarrollarse con la aventura de los rebuznos (II, 25-27).[74] En primer lugar, no puede olvidarse que el burro es uno de los símbolos de la necedad humana y figura simbólica central del carnaval,[75] de modo que existe una relación evidente de la fiesta del asno con la de los locos. Ante el comportamiento irreconciliable y belicista de las gentes, don Quijote, en su faceta de cuerdo, aboga por una postura pacífica. Sea como fuere, todos estos ingredientes novelescos se quedarían en lo puramente anecdótico si no entrañaran una significación más profunda y de mayor alcance semántico. Como ha subrayado Avalle-Arce, uno de los temas centrales en Cervantes radica en el interés por el problema de la verdad y las formas de conocimiento para alcanzarla.[76] En esta suerte de escepticismo Cervantes coincide con Erasmo. Las pruebas externas de los hechos resultan engañosas, porque no existe una verdad tangible o empírica, sino que se presenta problemática y cambiante. De ahí el relativismo del conocimiento humano y de la razón, con una oscilación constante entre esencia y apariencia, entre el ser y el parecer. Frente a los límites de la razón, la locura posibilita una alternativa de adentrarse en los arcanos de la verdad y descubrir las falacias de lo evidente. A esa realidad multiforme, presente por doquier en el *Quijote*, Américo Castro la denominó «realidad oscilante»,[77] concepto que se aviene perfectamente con la reversibilidad de la locura quijotesca. Un objeto puede ofrecer diversas apariencias, como los Silenos erasmianos,[78] por eso don Quijote

[72] Evalúa las perspectivas tanto positivas como negativas sobre don Diego, A. Redondo, «El personaje del Caballero del Verde Gabán», en *Otra manera...*, pp. 265-289, especialmente pp. 265-266.

[73] Exactamente se dice: «En cada uno de nosotros hay alguna simiente de locura, la cual, si se granjea, puede multiplicarse casi en infinito...», Baltasar de Castiglione, *El Cortesano*, ed. Rogelio Reyes Cano, pp. 44-45.

[74] Cfr. Stanislav Zimic, «La guerra de los rebuznadores», en *Los cuentos y novelas del Quijote*, Madrid: Iberoamericana, 1997, pp. 253-265.

[75] Cfr. Heers, *op. cit.*, pp. 118-122.

[76] Es un planteamiento inteligentemente desarrollado por Juan Bautista Avalle-Arce en «Conocimiento y vida en Cervantes» en *Nuevos deslindes cervantinos*, Barcelona: Ariel, 1975, especialmente pp. 17-58. Debe complementarse con A. Redondo, «Parodia, lenguaje...».

[77] Américo Castro, *El pensamiento de Cervantes*, Barcelona/Madrid: Noguer, 1980 (ed. ampliada, con notas del autor y de J. Rodríguez-Puértolas, pp. 82 y ss). Existe reedición en Madrid: Trotta, 2002.

[78] James Iffland, «Don Quijote como Sileno: ¿Una pista para descifrar las

percibe un aspecto y el resto de los personajes otro distinto. Muchas veces se trata de un «engaño a los ojos». Las alucinaciones de don Quijote le conducen a una percepción errónea de la realidad, a través de su vista desquiciada. Pero en las más de las ocasiones, don Quijote conforma otra realidad de modo voluntario. Pretende reconstruir el mundo de otra manera, de forma que se avenga a su propósito y que le permita trascender lo que le circunda. Su cometido no es otro que el de reestablecer el orden caballeresco.

En las primeras aventuras, la de los molinos y los rebaños, los frailes o los batanes, la vacilación espontánea de la realidad la explica don Quijote por obra y gracia de encantamientos que transmutan o desdibujan los contornos de las cosas.[79] En puridad, don Quijote interpreta el mundo según la horma de la literatura, mediante la convención caballeresca. Singularmente ilustrativos de esa *realidad oscilante* son los episodios relativos al yelmo de Mambrino, en los capítulos 19 a 21 y 44 y 45 de la *Primera parte*. En la primera ocasión, la disputa sobre si la pieza que porta el barbero en su cabeza se trata de una vulgar bacía o del famoso yelmo divide la opinión entre don Quijote y Sancho. Pero en la venta (pp. 520, 222 o 524) participan todos los personajes que se han ido encontrando allí y, a instancias del cura, le siguen el juego a don Quijote, con lo que construyen un verdadero *mundo al revés* del que sólo el barbero queda descolocado. La clave de la oscilación permanente en la interpretación del mundo la plasma el propio Sancho con la acuñación de un término singularmente feliz, el de *baciyelmo*, que vendrá a ser cifra de la novela toda. Ese contagio de los desvaríos de don Quijote a los demás, viéndose entonces todos ellos envueltos, constituye un tema recurrente en la *Segunda parte* y uno de sus esquemas compositivos de mayor rendimiento. Así ocurre, por supuesto, en el palacio de los Duques o en la ínsula Barataria, donde, como afirma un capellán, «los cuerdos canonizan sus locuras» (p. 891). Tan locos pasan a ser los burladores como los burlados, en un sutil juego de espejos erasmianos.

Así pues, todas las confusiones de 1605 proceden de la mala

---

intenciones de Cervantes?», *Anales Cervantinos*, XXXIV (1998), pp. 135-44.

[79] Para la propuesta de tales procedimientos puede ser un punto de partida, Richard L. Predmore, *El mundo del Quijote*, Madrid: Ínsula, 1958, pp. 113-129 y 131-165. También, Bénédicte Torres, «Percepciones sensoriales, ilusión y locura en *El ingenioso hidalgo don Quijote de la Mancha* de Miguel de Cervantes», en *Volver a Cervantes. Actas del IV Congreso Internacional de la Asociación de Cervantistas*, ed. Antonio Bernat Vistarini, Palma de Mallorca: Universitat de les Illes Balears, 2001, I, pp. 637-46. Asimismo, los capítulos III.3 y III.4 de A. Redondo, *Otra manera...*

interpretación de las apariencias, siendo ilusiones ópticas infundadas o pretendidas. En la *Segunda parte*, sin embargo, la locura de don Quijote resulta menos palpable, parece que se ha ido templando, quizá por el mes de reposo que media entre las dos. Ya se adecua mejor a lo que le rodea, pero en el fondo su figura resulta incluso más cómica, porque los engaños no proceden de sus ojos, sino de las argucias de los demás. La misma realidad se convierte en artificiosa, emblemática o literaria.[80] Y es que la oscilación es ahora suscitada. La respuesta de don Quijote a estas tergiversaciones será su progresivo aislamiento e interiorización y una melancolía cada vez más acusada, que lo sume en el desengaño. El primero que lo confunde es el propio Sancho, con el embuste de una Dulcinea encantada bajo la forma de una grosera aldeana (II, 10). Como es consciente de la locura de su amo, lo convence de una realidad degradada que articula por obra de encantamientos. Don Quijote tiene que rendirse a la evidencia, puesto que ahora está calibrando correctamente la realidad, y esto le lanza a un profundo abatimiento

A partir de este punto una de las pretensiones más constantes de don Quijote se centra en descifrar el encantamiento de su amada. En relación con estas ansias de conocimiento se desarrolla el episodio de la Cueva de Montesinos (II, 22-24), uno de los más enigmáticos de la novela.[81] Dentro de esa especie de caverna platónica don Quijote obtiene revelaciones fundamentales sobre su designio caballeresco y la interpretación literaria de la realidad. Así pues, la bajada del héroe a la Cueva es un proceso de iniciación y de penetración en los arcanos de mundo, aunque él mismo no sepa muy bien lo que le ha ocurrido.[82] Se le han manifestado sus héroes y ha contemplado a la propia Dulcinea. Pero la reacción posterior de don Quijote sobre lo visto será de duda y cautela. ¿Ha sido realidad o sólo un sueño? Su titubeo se muestra radical y los encantadores adversos siguen siendo los causantes de su escepticismo.

En la *Segunda parte*, pues, la mayor finalidad del héroe consiste en

---

[80] Es el concepto propuesto por Márquez Villanueva, «La locura emblemática...».

[81] No voy a reseñar aquí la abundante bibliografía sobre el episodio, acúdase para ello a la completísima que aporta la ed. cit. Pero téngase en cuenta, al menos, Edward. C. Riley: «Metamorfosis, mito y sueño en la cueva de Montesinos» en *La rara invención. Estudios sobre Cervantes y su posteridad literaria*, Barcelona: Crítica, 2001, pp. 89-105.

[82] Se trata de un descenso a los infiernos, como estudia Jean Canavaggio, «Don Quijote baja a los abismos infernales: la cueva de Montesinos», en *'Descensos ad Inferos'. La aventura de ultratumba de los héroes (de Homero a Goethe)*, ed. Pedro M. Piñero Ramírez, Sevilla: Universidad, 1995, pp. 155-174.

calibrar las relaciones entre su percepción y la de los demás. Por eso interroga, y también lo hace Sancho (pp. 844-845), al mono adivinador de Maese Pedro sobre la verdad o la mentira de los sucesos y misterios de la cueva. El problema consiste en que sus pretendidos poderes adivinatorios son un auténtico fiasco (pp. 855-856). Y después, las andanzas junto a los duques, que ya han leído el *Quijote* de 1605 y saben de qué pie cojea el caballero, no hacen más que agravar la melancolía de don Quijote, que progresivamente va dejando el plano de la actuación y se convierte en un mero observador, por ejemplo en todo lo relativo a la Ínsula Barataria.[83] A partir de aquí la depresión no mejora, porque con la actuación de Sansón Carrasco disfrazado de Caballero del Bosque, don Quijote se ve obligado a renunciar a la utopía caballeresca[84] y, como único remedio de trascendencia, decide acogerse a una nueva locura literaria, la de hacerse pastor, el Pastor Quijótiz.[85] No obstante, las ilusiones le duran poco y en el último capítulo llega a abominar de los libros de caballerías. Tiene plena autoconciencia de haber estado loco. Así pues, en el umbral de la muerte, un don Quijote desengañado recobra el juicio y regresa a su antiguo nombre, Alonso Quijano el Bueno, a su nombre de cuerdo.[86] Todos se admiran de que el loco don Quijote haya vuelto a la cordura con tanta facilidad. Pero no, la salud mental de don Quijote resulta obligada, se debe a la justicia poética, porque su locura tenía un propósito social y activo. Cuando ya no puede ejercerlo cesa de tener sentido como personaje y se deja morir.[87] La momentánea fantasía

---

[83] Véase, por ejemplo, Jean Canavaggio, «Las bufonadas palaciegas de Sancho Panza», en *Miguel de Cervantes. Estudios en la víspera de su centenario,* Kassel: Reichenberger, 1994, I, pp. 237-58 y «Burlas y veras de Sancho Panza en casa de los duques» en *Tiempo de burlas. En torno a la literatura burlesca del Siglo de Oro,* ed. Javier Huerta Calvo, Emilio Peral Vega y Jesús Ponce Cárdenas, Madrid: Editorial Verbum, 2001, pp. 67-76.

[84] Heinz-Peter Hendress, *Los ideales del Quijote en el cambio de valores desde la Edad Media hasta el Barroco. La utopía restaurativa de la Edad de Oro,* Pamplona: EUNSA, 2000.

[85] Véase para mayor abundamiento mi «A ratos en la Arcadia. Variaciones cervantinas sobre la utopía pastoril (El *Quijote,* 1605-1615)» en *Utopía. Los espacios imposibles,* ed. Rosa García, Eloy Navarro y Valentín Núñez, Francfort: Peter Lang, 2003, pp. 117-133. Añádase, Victor Ivanovici, «Arcadia, la última locura de don Quijote», en *Volver a Cervantes. Actas del IV Congreso Internacional de la Asociación de Cervantistas...,* I, pp. 583-92.

[86] Véase la interpretación de Carlos Miguel Andrés Gil, «El libro de Avellaneda como purgante de la locura quijotesca», *Cervantes,* 16, 1 (1996), pp. 3-11.

[87] Cfr. William Melczer, «Did Don Quixote Die of Melancholy?», en *Folie et*

pastoril no casa, en realidad, con su proyecto caballeresco de miras solidarias. Es un mero espejismo pasajero antes de la muerte.

VIDRIERA O LA LOCURA COMO CONOCIMIENTO

El otro gran loco de Cervantes,[88] el *Licenciado Vidriera*, debió de ser escrito o concluido poco después de aparecer el primer *Quijote*, en torno a 1606, aunque algunos autores lo conciben como anterior.[89] Ambos comparten una característica esencial, puesto que los dos son locos intelectuales, y éste aún más si cabe que el caballero. En la novela ejemplar, de nuevo, las relaciones entre locura e intelecto llegan a convertirse en el eje del relato. Efectivamente, la parte más extensa de la obra, casi sus dos terceras partes, es la que se corresponde con el tema de la locura del Licenciado, cuando es conocido por todos con el nombre de Vidriera, por parecérsele estar hecho todo de vidrio. El cambio de nombre, o *polionomasia*, se convierte en un importante indicativo de las transmutaciones de la personalidad del protagonista[90] y sobre todo de la estructura de la novela, de índole claramente tripartida.[91] Al periodo de formación intelectual del futuro Licenciado le corresponde el nombre de Tomás Rodaja; y a la etapa posterior a la curación, el de Rueda. En el tal apellido Rueda, con su correspondiente diminutivo Rodaja, se ha pretendido identificar el movimiento incesante e inestable de la rueda de la Fortuna; y también el símbolo del mundo al revés o de la reversibilidad entre loco y cuerdo.[92]

---

déraison..., pp. 161-170.

[88] Vidriera, por supuesto, también ha sido interpretado como un loco erasmiano. El estudio de conjunto sobre el particular pertenece a José Ramón Sampayo Rodríguez, *Rasgos erasmistas de la locura del licenciado Vidriera, de Miguel de Cervantes*, Kassel: Edition Reichenberger, 1986.

[89] *Vid.* el resumen que hace Jorge García López en su edición de las *Novelas ejemplares*, Barcelona: Crítica, 2001, pp. LV-LVI.

[90] Francisco García Lorca, «El licenciado Vidriera y sus nombres», en *De Garcilaso a Lorca*, Madrid: Ediciones Istmo, 1984, pp. 123-138.

[91] La propuesta tripartita ha sido la más aducida; por ejemplo, este es el caso de Augustin Redondo, «La folie du cervantin Licencié de Verre (traditions, contexte historique et subversión)», en *Visages de la Folie...*, pp. 33-44. Asimismo, Jacques Joset, «Bipolarizaciones textuales y estructura especular en *El Licenciado Vidriera*», *Imprevue*, I (1981), pp. 95-103. Por su parte, Roberto Ruiz («Las 'tres locuras' del Licenciado Vidriera», *Nueva Revista de Filología Hispánica*, XXXIV [1984-1985], pp. 839-847) establece las tres partes en relación con el *Elogio de la locura* de Erasmo. Además, Jorge Urrutia, «Paralelismo formal en *El Licenciado Vidriera*», *Edad de Oro*, III (1984), pp. 289-97.

[92] Cfr. Redondo, «La folie...», pp. 34-35.

A pesar de que la locura del Licenciado está inducida por el sortilegio amoroso a manos de una prostituta toledana, en la primera sección del relato ya existen indicios para la posterior demencia del protagonista, claramente escorada hacia la melancolía saturnina. Por un lado se duele de *indignitas*; pues oculta sus ancestros; y por otro adolece de *insecuritas*, muestra evidente de la melancolía, que le lleva a la inestabilidad y el deambulaje constantes.[93] La máxima aspiración de Tomás es conseguir la fama a través de los estudios y las letras. Y finalmente lo lleva a término, pues, en efecto, se hace famoso, por su memoria y entendimiento; y no contento con la buena reputación en la Universidad se embarca para realizar un viaje iniciático y de conocimiento por Italia y Flandes con el capitán Valdivia. A su vuelta a Salamanca ocurre el encantamiento de marras y se le turban los sentidos al licenciado. De nuevo, como en el *Quijote*, el personaje sufre de una monomanía delirante[94] y cree que todo él está hecho de vidrio, de pies a cabeza.[95]

Esto por lo que respecta a los actos. Sin embargo, en sus razonamientos «ninguno pudiera creer sino que era uno de los más cuerdos del mundo».[96] Durante los dos años que dura la locura, su entendimiento experimenta un aumento espectacular y responde como un oráculo a las

---

[93] *Ibid.*, p. 34

[94] Para un estado de la cuestión sobre la patología del personaje, con las consiguientes referencias bibliográficas, recúrrase a M. Dolores y M. José Osuna Cabezas, «Psicopatología en *El Licenciado Vidriera* de Cervantes», en *Medicina y Literatura, II*, ed. Esteban Torre, Sevilla: Padilla Libros, 2003, pp. 243-254.

[95] Una patología que fue descrita en algunas fuentes contemporáneas. Los modelos vivos que se han ido comparando con Vidriera son abundantes, pero destacan los citados por Huarte de San Juan. El acopio primigenio se debe a A. G. Amezúa, *Cervantes, creador de la novela corta española*, Madrid: CSIC, 1958, II, pp. 159 y ss. Algunas fuentes teóricas se añaden en Sybil Dümchen, «The Function of Madness in *El licenciado Vidriera*», *Cervantes' 'Exemplary Novels' and the Adventure of Writing*, Minneapolis: The Prisma Institute, 1989, pp. 99-123. Asimismo, *vid.* Cesare Segre, «La estructura psicológica de *El licenciado Vidriera*», en *El buen amor del texto. Estudios españoles*, Barcelona: Destino, 2004, pp. 145-159, especialmente 153 y ss.

[96] Las citas van por la ed. cit., *Novelas ejemplares*, ed. Jorge García López, Barcelona: Crítica, 2001. Remito en este caso a la p. 299. La nota bibliográfica (pp. 837-857) constituye un excelente estado de la cuestión sobre los estudios de la novela. Cfr., asimismo, desde un punto de vista global, Antonio Rey Hazas, «La compleja lectura de *El licenciado Vidriera*» en *Comentario de textos literarios*, ed. Manuel Crespillo y José Lara Garrido, Málaga: Universidad de Málaga, 1997, pp. 93-108.

preguntas y enigmas que le plantean todos, «con grandísima agudeza de ingenio». Las agudezas y los aforismos son la pieza clave del *discurso paremiológico* del loco. Es entonces cuando, con la locuacidad visionaria propia del demente, se dedica a hacer pública una colección de sentencias críticas y descalificaciones contra las distintas profesiones y estados[97]; y, en definitiva, en contra de la sociedad en su conjunto. En el apogeo de sus sermones, un influyente cortesano se lo lleva a Valladolid y allí su reconocimiento llega a cotas insospechadas, por más que acepte una condición cuasi bufonesca.[98] Pero más para desgracia que para su bien, un jerónimo exorcista lo cura de la dolencia mental y Vidriera intenta ganarse de cuerdo la fama que tenía cuando loco. En apariencia sólo ha cambiado el vestido, pues antes, como loco que era, iba con una camisa y un bastón,[99] pero sus sermones ya no llaman la atención de casi nadie; y cada vez menos, porque ya no está tocado con la genialidad de la locura. Su ingenio es ahora corriente y moliente: de la misma naturaleza que el de los demás. Por eso decide emprender otra vez la carrera de las armas y volverse a Flandes, donde logró eternizarse en compañía de su amigo Valdivia.

La enajenación mental de Vidriera corre en paralelo con su desquiciamiento vital. El licenciado es un personaje que siempre ha tendido a la ciencia y el estudio, pero que, sin embargo, no se ha reconocido, no ha mirado hacia su interior. De continuo ha vivido aislado, sobre todo ajeno al mundo de los sentimientos. Antes de estar loco no nos dice que haya hablado con nadie, ni que llegara a intimar con nadie. Sólo observa y aprende. Luego de estar enfermo rechaza generalmente a las gentes y sólo acepta que le formulen preguntas desde lejos, por miedo a que quiebren su fragilidad de cristal. Vidriera representa la encarnación de

---

[97] Cfr. Daniel L. Heiple, «*El licenciado Vidriera* y el humor tradicional del loco», *Hispania*, LVI (1983), pp. 17-20 y Anthony Close, «La tradición de los motes y *El licenciado Vidriera*» en *Actas del IV Congreso Internacional de la Asociación Internacional Siglo de Oro (AISO), Alcalá de Henares, 22-27 de julio de 1996*, ed. María Cruz García de Enterría y Alicia Cordón Mesa, Alcalá de Henares: Universidad de Alcalá de Henares, 1998, pp. 441-48. Un pormenorizado análisis y aislamiento de cada uno de los dichos puede verse en George A. Shipley, «Vidriera's Blather», *Cervantes*, 22.2 (2002), pp. 49-124.

[98] Cfr. Redondo, «La folie...», pp. 41-42.

[99] Sobre el significado de los cambios de indumentaria, véase Consuelo García Tallarín, «Lo real y lo simbólico en *El licenciado Vidriera*. Algunas consideraciones sobre su ejemplaridad», en *Lenguaje, ideología en las 'Novelas ejemplares'*, ed. Jesús de Bustos Tovar, Madrid/Toulouse Le Mirail: Universidad, 1983, pp. 43-49.

una desmedida voluntad de saber y conocimiento,[100] pero siempre encerrado en sí mismo. Se le ha comparado por ello con un cínico nihilista y melancólico, incapaz de ejercitar el amor y con un corrosivo rencor y odio generalizados, plasmados en los vituperios que lanza contra la sociedad.[101] Desde luego, es un solitario, un crítico extremo e inconformista, que pretende una libertad radical, alejada del mundo. En su naturaleza, la locura de Vidriera se asemeja bastante a la del sabio prepotente y endiosado que critica Erasmo. Esta intelectualidad abstracta y ensimismada lo separa diametralmente de don Quijote. Como sostiene Riley la locura del caballero es generosa, ya que tiene una cara pública, mediante la cual ayuda a los menesterosos. Vidriera, por el contrario, se asemeja un tanto a D. Diego Miranda.

Pero, a pesar de esa diferencia entre la motivación externa de don Quijote y la interiorizada de Vidriera, las semejanzas entre ellos son evidentes.[102] La locura funciona para ambos como una fórmula de realización personal. Aunque los resultados los aboquen más bien al fracaso. Porque don Quijote fracasa en la recuperación del afán justiciero caballeresco, y es vencido y lo recluyen finalmente. Y Vidriera también se ve obligado a abandonar el mundo de las letras, en el que había planificado su fama.[103] Los dos personajes, pues, terminan curándose y reintegrándose en la sociedad.[104] Eso sí, sólo cuando están curados de su locura, Vidriera se muestra útil a la colectividad en su condición de soldado. En ambos casos, la locura significa un modo de ser más auténtico, que los eleva de la alineación y el rechazo social, de la vida gris

---

[100] Cfr. Alban K. Forcione, «*El licenciado Vidriera* as a Satirical Parable: The Mystery of Knowledge» en *Cervantes and the Humanist Vision: A Study of four Exemplary Novels,* Princeton: Princeton University Press, 1982 y la reseña de F. Márquez Villanueva, «Erasmo y Cervantes, una vez más», en *Trabajos y días cervantinos...*, pp. 63-67.

[101] Edward. C. Riley, «Cervantes y los cínicos: *El licenciado Vidriera* y el *Coloquio de los perros*» en *La rara invención. Estudios sobre Cervantes y su posteridad literaria,* Barcelona: Crítica, 2001, pp. 219-238.

[102] Un resumen de tales semejanzas y diferencias queda expuesta en J. García López, ed. cit., p. 845. *Vid.* Además, V. E. Mungía García, «*El Licenciado Vidriera* y Don Quijote», *Anales Cervantinos,* XXX (1992), pp. 157-162.

[103] La oposición tópica entre *armas* y *letras* la ha estudiado G. Edward, «Cervantes's *El Licenciado Vidriera*: Meaning and Structure», *Modern Language Review,* LXVIII, 3 (1973), pp. 559-568.

[104] Para Cesare Segre («La estructura psicológica de *El licenciado Vidriera...*») la estructura narratológica y sociológica de la novela se cimenta en el objetivo de la conquista de la honra, de modo que habría que leerla como una tentativa de afirmación social por parte de un modesto labrador.

y frustrada de los cuerdos. Para don Quijote esa fórmula se manifiesta en transponer el prototipo caballeresco. Para Vidriera, en desentrañar con su libertad absoluta los entresijos de la madeja social. Según la crítica, ahí descansaría el simbolismo del vidrio.[105] Desde luego, como se apuntó antes, el espejo es una de las imágenes más universales de la locura, de la vanidad de quien se autoensalza a sí mismo, como hace Vidriera. Pero además, el cristal en su transparencia deja verlo todo y así Vidriera puede descifrar lo que queda vedado para los demás y llegar a lo esencial.[106]

TODOS SOMOS LOCOS... SHAKESPEARE Y LA LOCURA FESTIVA

En *Vidriera* la locura sólo afecta al licenciado. Es más, a diferencia del resto de las *Novelas Ejemplares*, es protagonista único y, desde luego, no por casualidad, sino a causa de su aislamiento. En el *Quijote*, por su lado, se extiende a Sancho y a otros personajes más o menos importantes, que le sirven de contrapunto. En *Noche de Reyes*, sin embargo, la locura es un tema coral, porque atañe a todos los personajes en su conjunto.[107] Mejor podríamos decir, incluso, que inunda el ambiente y posibilita la acción. Y la prueba de tal amplitud se muestra desde el título, que alude a la *fiesta de los locos*, celebrada tradicionalmente el día de la Epifanía.[108] Con gran probabilidad, la obra fue escrita por Shakespeare para representarse en ese día, como agasajo y recibimiento de un noble italiano en la corte isabelina.[109] Como corresponde a ese tiempo de carnaval, todo es confusión en esta comedia y nada es lo que parece; la realidad resulta oscilante en toda su envergadura. Y uno de los mecanismos para lograr

---

[105] Sobre el simbolismo del vidrio, Stanislav Zimic, *Las Novelas ejemplares de Cervantes*, Madrid: Siglo XXI, 1996, p. 188. Además, A. Redondo, «La folie…», pp. 39-40.

[106] Porque la realidad puede penetrarlo y trascenderlo. El vidrio sería signo de la inteligencia humana y de la verdad. Por lo demás, la liberación de la corporeidad aludiría a la esencial libertad del pensamiento del loco.

[107] Un útil libro de conjunto sobre el contexto de la locura en Shakespeare es el de Duncan Salkeld, *Madness and Drama in the Age of Shakespeare*, Manchester: Manchester U. P., 1994. Asimismo, V. Gentilli, *La recita della folia: Funzioni dell'insania nel teatro dell'età di Shakespeare*, Turín, 1978. Más centrados en el autor, R. H. Goldsmith, *Wise Fools in Shakespeare*, Michigan: East Lansing, 1955; Enid Welsford, *The Fool: His Social and Literary History*, Londres: Faber and Faber, 1935.

[108] Tomo la mayor parte de los datos de William Shakespeare, *Noche de Reyes*, ed. Manuel Ángel Conejero Dionís-Bayer y Jenaro Talens, Madrid: Cátedra, 2000. Un libro de conjunto es el de S. Wells, *Twefth Night: Critical Essays*, Nueva Cork: 1986.

[109] Ed. cit., p. 9.

este cambio radica en la constante suplantación de personalidad por medio de los disfraces y el travestismo, dos prácticas eminentemente carnavalescas.[110]

La trama principal resulta bastante sencilla. En Iliria el duque Orsino está enamorado de la condesa Olivia, pero ésta lo rechaza porque vive retirada por la muerte de un hermano. La historia paralela se centra en Viola, que se disfraza de Paje de Orsino, y su hermano gemelo Sebastián, cuyo parecido inducirá a nuevas equivocaciones. Ahora bien, para llevar a cabo nuestro análisis sólo nos interesa el conjunto de fantoches que pulula en torno a la condesa y que constituye una trama secundaria, por la que seguramente se recuerda la obra, sin embargo. En ese grupo grotesco se cuentan, por un lado, sir Toby Regüeldo y sir Andrew Malafaz o Carapálida,[111] compinches de juerga de María, una guasona dama de compañía de la condesa. Sir Toby, primo de Olivia, es un borrachín obeso, un Falfstaff en miniatura, que se contrapone a su binomio carnavalesco,[112] sir Andrew, seco y enjuto como la Cuaresma, aunque se desvive por las mascaradas y las bromas.[113] Pero, sin lugar a dudas, los dos personajes principales en esta trama farsesca son Feste, el bufón, y Malvolio, el mayordomo de la condesa, que está enamorado secretamente de ella. El primero representa al bufón de corte. Es, por tanto, un loco profesional, que ya entretenía al padre de la condesa, el cual pone de manifiesto la reversibilidad de aquellos que le rodean. Todos son más bufones que él mismo, puesto que gustan de sus locuras. En realidad, él es el único cuerdo de la obra, a pesar de su apariencia de loco. Y por eso se convierte en el árbitro de las ironías, llegando a gobernar la comedia en su conjunto. Muchas de sus intervenciones tienen como objeto la reflexión sobre el intercambio de papeles entre el loco y el cuerdo. Afirma, por ejemplo, que «¡Las palabras son guantes de cabritillo para aquel que sabe usarlas, pues muy pronto se les encuentra el revés!».[114] Pero actúa sin acritud; por eso, según palabras de Harold Bloom, es el más encantador de los locos de Shakespeare.[115] Su cometido

---

[110] Un estudio clásico se debe a E. Montagut, «The Carnival World of *Twefth Night*», en *Variorum Edition de Twefth Night*, ed. H. H. Furness, Filadelfia: 1901.

[111] Traducciones posibles de sir Toby Belch y sir Andrew Aguecheek, respectivamente.

[112] Un parecido notable, al menos en lo físico, con la pareja de don Quijote y Sancho.

[113] Recordemos, de paso, la interpretación de don Quijote y Sancho que hace Augustin Redondo, *Otra manera...*

[114] Ed. cit., p. 267.

[115] Bloom, *op. cit.*, p. 298.

parece, desde luego, mucho más festivo que el de un bufón anterior en el tiempo, el Touchstone[116] de *Como gustéis*, más corrosivo en sus intervenciones. Este Touchstone es el precedente de toda una serie de bufones palaciegos. Por ejemplo, *Tersites*, bufón de Ayax y de Aquiles en *Troilus y Criseida* (1601-2)[117]; o *Lavache*, bufón de la casa de la condesa en *A buen fin no hay mal principio* (1602-1603), un personaje viejo y resentido, pero con una enorme paciencia y benevolencia con los demás. Y asimismo hay bufones, aunque de muy menor relevancia, en obras tardías como *Timón de Atenas* (1608) y *La Tempestad* (1611). Touchstone y Feste, en definitiva, coinciden en pertenecer a la propia cosecha de Shakespeare, que lo integra en la fuente principal seguida en cada caso, Lodge[118] y Plauto,[119] respectivamente.

Touchstone está al servicio de Rosalinda y la acompaña a su retiro forzado, pero al final, utópico, del bosque de Arden, junto a su padre, el duque derrocado. Allí, según las palabras de la propia Rosalinda, servirá de consuelo con sus payasadas. En ese espacio de liberación, frente al proceso persecutorio del duque impostor, todos alaban la sabiduría del bufón. El duque por ejemplo, afirma que: «Utiliza su locura como un reclamo y, bajo ese disfraz, dispara su ingenio».[120] El bufón es poseedor de una locuacidad disparatada que pone en práctica a cada momento. La mayor parte de sus apostillas versan, de nuevo, sobre el carácter intercambiable entre la necedad y locura, de manera que él, aparentemente loco, resulta ser más cuerdo que quienes aplauden sus bufonerías. Dice a este respecto: «Pena me da de que los necios no puedan hablar como discretos de lo que éstos hacen como necios» (p. 189); o también espeta el proverbio siguiente: «cuando hasta el sabio se tiene por necio, el necio cree que es sabio» (p. 294). Mas a pesar de esta dualidad esencial, Touchstone se presta a una mascarada propia del carnaval, casándose en una boda jocosa con la cabrera Audrey, y haciendo una parodia sobre la oposición *corte vs. aldea*, que gravita en toda la obra. Por su parte, el enfrentamiento principal del bufón Feste se establece con el otro loco de

---

[116] Resulta muy ilustrativo el nombre del bufón, que significa «piedra de toque».

[117] En su condición de esclavo, el bufón es insultado y maltratado por Áyax, que le llama perro. Él se defiende con una lengua afilada con que moteja a su amo como luego hará con Aquiles.

[118] Los datos para *Como gustéis* proceden de la ed. de Manuel Ángel Conejero Dionís-Bayer y Jenaro Talens, Madrid: Cátedra, 2000. Para este particular, pp. 39-40.

[119] Ed. cit., pp. 13-14.

[120] *Ibid.*, p. 309.

Noche de Reyes, el mayordomo Malvolio. Y esta es un característica en el funcionamiento dramático de los dos payasos, el polarizar su actuación como réplica al otro, a quien ridiculizan y ponen de evidencia. Malvolio, desde luego, es un ser estirado y presuntuoso, que se opone a la permanente bobería del trío bromista y del bufón, amenazando con informar de ello a la condesa. Por eso, María planea una venganza en forma de engaño burlesco para que el mayordomo sirva de mofa a todo el mundo. Con su autocomplacencia habitual, Malvolio se imagina incluso que llegará a ser conde consorte. Así las cosas, creerá sin problemas que una falsa carta de amor pertenece a su señora, quien lo reclama para una cita furtiva. Cuando acude a ella ataviado con unas ridículas medias amarillas,[121] resulta apresado y encerrado como si estuviera loco. En la prisión, Feste lo visita disfrazado del cura don Topas, lo cual subraya más si cabe la sorna para los burladores. Pero él jura y perjura que está en sus cabales, sin saber que todo se trata de una farsa bufonesca en que él mismo constituye el bufón. A pesar de creer que está en posesión de la verdad, Malvolio cae con estrépito en el engaño e interpreta equivocadamente las apariencias. Como también les ocurre a Olivia y Orsino. Todos los personajes, pues, son víctimas de un error en la interpretación de la verdad. Y es que como apunta el bufón, «Nada en suma es lo que es» (p. 373).

El ensimismamiento de Malvolio tiene acaso su correspondencia en el personaje de Jaques de *Como gustéis*, uno de los cortesanos que acompaña al duque exiliado en Arden. Constituye, como el mayordomo, el auténtico loco de la comedia, enfrentado dialécticamente con el bufón. Pero si, como loco, a Malvolio le corresponde la prisión, a Jaques se le brinda la otra posibilidad de alienación, el destierro liberador. El personaje, al que, en un momento dado, se le llama *Monsieur melancolie*, es una representación por antonomasia de este temperamento sombrío, que lo conduce a un aislamiento basado en la creencia de un ingenio superior. Como Vidriera, Jaques se dedica a lanzar invectivas y dardos contra todos, en un afán moralizador (p. 211). Unos de sus modos de aprendizaje, de nuevo como en Vidriera, han sido los viajes (p. 272). En su papel de filósofo pesimista y cínico pretende la equiparación con la libertad del bufón para decir lo que se le antoje. Esgrime la idea de la bufonería de todo el mundo: «Oh bufón sabio A cuadros tendríamos que ir todos» (p. 227), afirma. Y ansía para sí la condición bufonesca: «¿Ojalá

---

[121] El amarillo es símbolo de desesperación, pero en este caso, por la carga burlesca que entraña, se acerca a la indumentaria bufonesca. Lo mismo ocurre en el episodio de la visita nocturna de doña Rodríguez a don Quijote, que se presenta envuelto «en una colcha de razo amarillo» (II, 48).

yo pudiera ser bufón / y de bufón llevar el traje de colores!» (p. 227). La
razón de esta apetencia es conseguir la libertad que les caracteriza. Le
dice al duque:

...Habrás de darme la libertad total
y privilegios amplios como los que alcanza el viento
para soplarle a quien me plazca, tal como a un bufón le corresponde,
y quienes más atacados sean por mi locura
más habrán de reírse. ¿Qué porqué, mi señor?
La razón es llana como el camino de la iglesia.
El discreto que del bufón se duele
parecerá bufón, aunque le cueste,
si insensible al golpe no se finge
quedando la locura del discreto en evidencia
hasta por la mirada más casual del necio.
Investidme, pues, con su atavío y dadme venia
para que diga lo que pienso, y de una parte a otra
limpiaré el cuerpo infecto de este infecto mundo
si el mundo con paciencia mi medicina acepta (pp. 227-228).

En cualquier caso, Jaques mantiene una gran diferencia con el bufón,
a pesar de competir con él en cuanto al ingenio. Primero, porque la
locura de Touchstone es fingida y la melancolía de este segundo, natural.
Y después, porque las burlas del bufón, como él mismo ha mantenido,
llegan a ser añoradas y requeridas por todos, incluso por aquellos a
quienes pone en solfa. Sus impertinencias, sin embargo, lo alejan
irremediablemente del aprecio social. Ese alejamiento se convierte en
definitivo cuando decide recluirse, finalmente, en un monasterio. Tira,
en efecto, por la calle de en medio, como Vidriera, y se separa del todo
de la colectividad.

LA DEMENCIA IRRESPONSABLE DE HAMLET Y LEAR

Muy al contrario de la locura festiva que impregna la *Noche de Reyes*, en
las tragedias de Shakespeare *Hamlet* y *Lear* la demencia va unida al
sufrimiento y la muerte.[122] Debido a la convención genérica, se trata de
una locura que afecta a los grandes, a los reyes, y que, por tanto, incumbe
a la colectividad y tiene repercusiones sobre el Estado. Laertes, hermano
de Ofelia, lo afirma categóricamente refiriéndose al comportamiento de
Hamlet: «No le está dado, como a las personas más humildes, escoger

---

[122] Cfr. Henry Somerville, *Madness in Shakespearean Tragedy*, Londres: 1955.

por sí mismo, pues que de su elección dependen la seguridad y el bienestar de todo el Estado».[123] Los reyes, así pues, no tienen ningún poder de elección, ninguna libertad en su comportamiento. Todo lo contrario de los locos, que pueden hacer lo que les venga en gana en cada momento. Por eso, cuando intentan gozar de libertad tienen que fingir o asumir un estado de locura. Tanto para *Hamlet* como para *Lear* la locura supone una falta de responsabilidad con respecto a su misión regia. Hamlet se finge loco cuando conoce por boca del espectro del padre que su tío ha sido su asesino. Así, pretende salvar su vida, pero también liberarse de tener que vengar al progenitor, tal como le correspondería en calidad de heredero y como le ha exigido el fantasma. La locura de Lear, por su parte, es el último peldaño en la dejación de poder que ha decidido el monarca en aras de una vida disoluta. Así pues, cada uno a su modo, son dos comportamientos indignos e indecorosos. Una falta de decoro que sólo puede disculpar la locura.

Hamlet no es un ser activo, sino un intelectual, amante de la poesía, de los libros y el teatro.[124] Este rico mundo interior supone su único refugio moral y espiritual, para confortar su ser atormentado por el asesinato del padre y el concubinato de la madre. Su modo de realizarse en el mundo no se produce tanto por la acción, sino sobre todo a través de las palabras. Los parlamentos de que usa, extensos y paradójicos, se enredan en argumentos oscuros y silogismos. El lenguaje no es, desde luego, capaz de ofrecer expresiones unívocas: está plagado de incertidumbres, paradojas e indefiniciones. La misma inexactitud rodea, como sabemos, el ser y el parecer de las cosas. Por ejemplo, la locura fingida de Hamlet es interpretada incorrectamente por sus allegados. Polonio, el padre de Ofelia, considera que la enfermedad del príncipe se debe al amor por ésta y trama un engaño para comprobarlo. Estratagema que supondrá finalmente su propia muerte a manos de Hamlet. La representación del príncipe parece perfecta, desde luego; está inundado por la melancolía, vaga por las galerías de palacio y dice disparates, aunque con «lúcidos intervalos», como don Quijote. Lo anota perspicazmente Polonio: «Loco como está, no deja de hablar con cierto método» (p. 269). Y Polonio, asimismo, le achaca una especial lucidez, propia de los dementes: «Tiene ingenio —vaya para las respuestas... Es la agudeza de los locos, algo que razón y cordura no poseen con tanta abundancia...»

---

[123] William Shakespeare, *El rey Lear*, ed. Manuel Ángel Conejero Dionís-Bayer y Jenaro Talens, Madrid: Cátedra, 2000, pp. 153-155.
[124] Sobre la locura de Hamlet versan, por ejemplo: Macleod Yearsley, *The Sanity of Hamlet*, Londres: John Bale, 1932; Theodore Lidz, *Hamlet's Enemy: Madness and Myth in Hamlet*, Londres: Vision, 1976.

(p. 271).

Cuando se descubre que su locura no es de amor, el tío de Hamlet decide exiliarlo a Inglaterra, para apartarlo así de cualquier trato humano. La otra posibilidad sería recluirle; y es que como dice el monarca espurio: «La locura de los grandes no debe quedar sin vigilancia» (p. 367). Claudio, en efecto, intuye un peligro latente en el comportamiento del príncipe. Lo que le ha puesto sobre aviso es la representación que hacen ante él unos cómicos, contratados al efecto por Hamlet, para que dramaticen la historia del asesinato de su padre. Teatro dentro del teatro. La representación que supone la locura de Hamlet y la representación de los funestos sucesos. Cuando Ofelia pierde la razón, los personajes piensan que ha sido por culpa de la muerte del padre; pero, en realidad, su dolencia es locura de amor por Hamlet, que poco a poco se le ha ido de al lado. Su hermano Laertes, procediendo de modo diametralmente opuesto al príncipe danés, arrostra el deber de vengar esta locura, que como amorosa que es acaba en suicidio.[125]

El eje de toda la obra se vertebra, en fin, en torno al acto V. La escena del cementerio con los dos sepultureros constituye una experiencia reveladora para el príncipe, una especie de descenso a los Infiernos.[126] Ya ha dejado a un lado la locura y se enfrenta a la cara más descarnada de la muerte, representada por la falta de pudor con la que los enterradores se refieren a ella. Entre conversaciones macabras aparece nada más y nada menos que el cráneo de Yorick, el bufón de su padre. En Hamlet, curiosamente, no hay bufón vivo, el único bufón es una calavera. Y no existe bufón porque la verdad le ha sido revelada al príncipe por el espectro paterno. Hamlet es el propio bufón de sí mismo; es un loco fingido que representa un papel, como los cómicos que contrató en su día. Pero ahora la pantomima ha terminado. Cuando Hamlet se entera de que quien va a ser enterrada en la tumba recién cavada es su amada Ofelia, decide batirse en duelo con Laertes. Y termina por acuchillar a su tío Claudio, a quien no se había atrevido a matar con anterioridad. Es en este momento cuando afronta la responsabilidad que tenía en sus manos y que no se decidió a emplear. Su fiel amigo Horacio será el encargado de desvelar finalmente toda la verdad por expreso deseo de Hamlet: «y deberás narrar mi verdadera historia a cuantos no sepan de ella» (p. 707), anuncia a todos. Por fin, la verdad de los hechos se hará resplandeciente,

---

[125] El modo de expresión para esta Ofelia demente son una serie de canciones, aparentemente sin sentido, pero que entrelazan pensamientos y recuerdos, como dice su hermano.

[126] Véase Francisco García Tortosa, «El infierno en las tragedias de Shakespeare», en *Descensus ad Inferos...*, pp. 175-197, especialmente, pp. 192-197.

y se sabrá «la forma en que todo esto acaeció» (p. 715).

El tema de los falsos indicios de la realidad y de la falacia del lenguaje también proporciona el punto de partida para la *Tragedia del rey Lear*.[127] El viejo rey quiere repartir su reino entre sus tres hijas, porque ansía librarse en la vejez de toda carga y obligación. Pero Lear comete un error fatal. Hace la pregunta de cuál de las tres lo ama más. Gonerill y Regan se deshacen en elogios retóricos y engañan con sus palabras al monarca, como se podrá comprobar más tarde. Sin embargo, Cordelia, la menor, se resiste a decir nada («¿Qué ha de decir Cordelia? Ama y no digas nada»[128]), porque sólo quiere poder demostrarlo con la sinceridad de su actuación. Sin embargo, el rey está ciego para la acción de su hija y reniega de ella, desterrándola a Francia. Su fiel cortesano Kent también pretende sincerarse con el rey y decirle la pura verdad, esto es, que su actuación es indecorosa y está fuera de sentido: «El honor se somete a la sinceridad cuando la realeza sucumbe a la locura. Mantente en el poder y a tu más honda consideración somete este arrebato sin sentido» (p. 72). Pero Lear tampoco consiente con esta muestra de sinceridad y también lo destierra.

Desde el arranque de la obra, al rey se le caracteriza como a un hombre colérico al que la vejez ha llevado a multiplicar sus veleidades y caprichos. En definitiva, está al borde de la locura o predispuesto a ella. Como dice Gonerill: «los viejos necios se vuelven como niños» (p. 93). Y como sostiene Erasmo eso los hace igualmente libres frente al sabio.[129] La relajación moral del rey se comprueba en el gusto que lo embarga por las francachelas constantes y que son el objeto del enfado de sus dos hijas favorecidas, con las que se turna para vivir. Su compañero inseparable en estos momentos es el bufón, además del propio Kent, que disfrazado de mendigo, continúa a su lado como un perro fiel. Lear quiere cerca al bufón para que lo divierta, y por eso lo reclama con insistencia. Pero también le exige que le diga la verdad. Una verdad descarnada y cruel

---

[127] El tema de la locura en Lear ha sido muy estudiado. Por ejemplo, Enid Welsford, «The Fool In King Lear» en *Shakespeare: King Lear*, ed. Frank Kermode, Londres: Macmillan, 1994, pp. 123-134; George Orwell, «Lear, Tolstoy and the Fool», *ibid*, pp. 135-150; Carolyn S. French, «Shakespeare's Folly: King Lear», *Shakespeare Quarterly*, 10 (1959), pp. 523-529; K. Muir, «Madness in King Lear», *Shakespeare Survey*, 13 (1960); J. W. Bennett, «The Storm Within: The Madness of King Lear», *Shakespeare Quarterly*, 13 (1962), pp. 137-155.

[128] William Shakespeare, *Hamlet*, ed. Manuel Ángel Conejero Dionís-Bayer y Jenaro Talens; introducción de Cándido Pérez Gallego, Madrid: Cátedra, 2003, p. 67.

[129] *Elogio de la locura*, ed. cit., p. 46.

que terminará por desengañarlo del todo y abocarlo a la locura. Él que ha despreciado la actitud de su hija y de Kent, sí acepta, sin embargo, la verdad del bufón («Y si mientes, sire, te haremos azotar», p. 107). Éste, por su lado, lo tacha de loco y de ser más bufón que él mismo: «bufón el uno ahí, / otro a cuadros aquí» (p. 105). En realidad, con sus palabras paradójicas y reprobatorias, el bufón está volviendo loco al rey y éste se va dando cuenta poco a poco: «No dejéis que enloquezca, loco no, dulces cielos! ¡Conservad mi razón! ¡Yo no quiero estar loco» (p. 119).

Mientras tanto, las dos hijas mayores le afean y recriminan la conducta de viejo caduco y pretenden limitar su séquito personal. Ante esta verdadera tortura mental, una noche de tormenta, Lear se vuelve inevitablemente loco. Ahora va a tener lugar la experiencia verdaderamente reveladora y liberadora de su vida.[130] Su ansiada libertad se representa en la salida forzada de la corte y el ingreso en una cabaña, plasmación del mundo natural. Se convierte así en un nuevo desterrado shakespereano. Lear lucha simbólicamente con la tormenta, porque, en realidad, está luchando consigo mismo. En este viaje iniciático, el rey Lear va pertrechado de Kent y del bufón. Pero aún aparecerá otro personaje demente. Se trata de Edgar, el hijo legítimo de Gloucester, que ha tomado la figura del lunático Tom pobre. También ha sido desterrado por su padre, expulsado como Lear y Kent, quien de modo paralelo con la actitud de Lear, no ha sabido comprender su comportamiento, favoreciendo al malvado Edmund el bastardo. Así pues, el anciano rey tiene delante de sí, como contemplándose en un espejo, a dos locos estrafalarios y disfrazados. Pero él es un loco auténtico, a causa del desengaño que ha experimentado con sus hijas.

En estas escenas, por lo demás, comprobamos, de una vez por todas, el poder igualador de la locura. El hasta entonces rey se convierte ahora en un simple loco que conversa con otros locos fingidos. Asistimos a un mundo al revés, pero muy al contrario de lo que ocurre en el carnaval, donde el loco es rey por un día. Ahora bien, la locura de Lear tiene un componente muy positivo, en contra de lo que pudiera parecer en un principio. Mediante su estado demente ha conseguido la liberación total que pretendía. Con su desnudamiento corporal durante la noche de la tormenta también se ha despojado de las cosas materiales, para acercarse cada vez más a la verdad. Una verdad que consiste en el amor auténtico y único de Cordelia, como comprobará enseguida.

CR SO

---

[130] Cfr. García Tortosa, art. cit., pp. 186-190.

Una palabra con mucha presencia en la obra es el término *nada*. Nada es lo que le dice Cordelia a su padre. La nada es, asimismo, la imagen que de Lear tiene su bufón, que lo define como un cero («Ahora eres un cero sin más cifras y yo soy más que tú; yo soy un bufón y tú, nada», p. 107) y como una sombra (p. 109). También cuando Edgar se disfraza de pobre dice que «Edgar ya no es nada» (p. 142). La personificación de ese nihilismo se plasma comúnmente en *Nemo*, un personaje dignificado por Ulrich von Hutten en un poema latino de 1510. Y no por casualidad, *Nemo* hace también acto de presencia en el *Licenciado Vidriera*. Cuando uno le pregunta al Licenciado «que cuál había sido el más dichoso del mundo. Respondió que *nemo*, «porque *nemo novit patrem, nemo sine crimine vivit, nemo sua sorte contentus, nemo ascendit in coelum*» (p. 293).[131] Vidriera, con su indefinición cristalina, representa en sí mismo una perfecta simbolización de *Nemo*, la suprema alteridad, todo lo contrario al común de las gentes.

Una prueba de este contraste aparece gráficamente resumido, por ejemplo, en el *Auto chamado da Lusitania*, de Gil Vicente. El personaje de *Ninguém* se enfrenta dialécticamente con *Todo o mundo*. *Nadie* va vestido como pobre y *Todo el mundo* como un rico mercader. El primero dice que busca la conciencia y que siempre dice la verdad; mientras que el segundo se desvive por el dinero y es mentiroso y lisonjero. El desposeimiento progresivo de la materialidad permite el conocimiento de uno mismo y la interiorización, desvelando el verdadero valor de las cosas. Pero ese conocimiento no se puede efectuar con la razón, sino que sólo ha de vislumbrarse a través de la locura. Y la visión nihilista, de desprendimiento progresivo de las cosas materiales, y aun de la razón, significa el último estadio de la locura; la alternativa más radical respecto a la realidad circundante.[132] No obstante, el nihilismo sólo puede desembocar en el fracaso o la desaparición. Así ocurre con la huida de Vidriera, la reclusión de Malvolio y Jaques o la muerte de don Quijote, Hamlet y Lear. Y es que como le dice este último a su bufón: «Nada puede hacerse con nada» (p. 104).

---

[131] Es decir, «porque nadie conoce al padre; nadie vive sin crimen; nadie está contento con su suerte; nadie asciende al cielo».

[132] Cfr. Alban Forcione, «El desposeimiento del ser en la literatura renacentista: Cervantes, Gracián y los desafíos de *Nemo*», *Nueva Revista de Filología Hispánica*, XXXIV (1984-1985), pp. 654-690.

Entre rostros ficticios y textos reales: Écfrasis y emblema en Cervantes y Shakespeare

JORGE CASANOVA
Universidad de Huelva

Prior est in sensu quod in intellectu

CERVANTES Y SHAKESPEARE DESAPARECEN el mismo año. En el espacio de unas horas entre el día 22 y 23 de abril de 1616 mueren las dos figuras literarias que habrán de convertirse en las más representativas, las más citadas, las más editadas de las literaturas española e inglesa. Ambos parten desde la muerte hacia la inmortalidad en el mismo momento en el tiempo: sus lectores y lectoras tienen unos cuatrocientos años para debatirse entre Quijote, Lear, Persiles, Troilo, etc.: cuatrocientos años de historias de lectura, algunas muy públicas, otras muy privadas, pero todas ellas lecturas exigentes. Dice Umberto Eco que «todo texto... es como una máquina perezosa que le pide al lector o lectora hacer parte de su trabajo», o sea, espera que interprete algunas de sus claves, que las reciba y/o las reconozca, reconociéndose al hacerlo como lector o lectora de otros textos que le ayudan a leer otro más[1]; otras nuevas máquinas perezosas que brillan más y mejor con el aporte interesado de las personas que se les aproximan y las leen. El presente trabajo se propone realizar unas calas en las obras de Miguel de Cervantes y William Shakespeare para ilustrar algunos de esos aportes interesados que lectores y lectoras se veían obligados a realizar para que las «máquinas» pasaran de ser artefactos perezosos a motores significantes. Tomando como punto de partida la figura de ambos autores, y su posibilidad, o imposibilidad, de representación visual, pasaremos a centrarnos en

---

[1] «Every text...is a lazy machine asking the reader to do some of its work» (Umberto Eco, *Six Walks in the Fictional Woods*, Cambridge: Harvard University Press, 1994, p. 3.

algunos ejemplos de uso de dos modos específicos de crear contacto funcional entre imagen y texto durante los siglos XVI y XVII: écfrasis y emblema.

അ ജ

Tanto Cervantes como Shakespeare participan dentro del panorama literario de su tiempo y de su espacio en la utilización de técnicas de representación en las que el texto y la imagen interaccionan. Sin embargo, el modo en que ambos autores se sirven de la écfrasis y el emblema, el modo en que aproximan, genéricamente, texto e imagen, y sobre todo el resultado textual que arroja dicha aproximación, los ubica en un plano diferenciado, y diferenciador; un plano desde el que la obra misma cede al atento trabajo de lecturas bien informadas, para amenazar desde el texto el mismo marco referencial que acaba de ser desvelado. Para Cervantes y para Shakespeare, como para el resto del Renacimiento europeo, emblema y écfrasis materializan de modo expreso, y proyectan funcionalmente, el topos horaciano *ut pictura poiesis*: la poesía es pintura locuaz, la pintura es poesía muda. Esta ecuación se halla en el centro de las poéticas renacentistas europeas, y canaliza, desde finales del siglo XV hasta principios del XVIII, la reflexión sobre lo poético y lo pictórico, la relación entre lo verbal y lo visual. La justificación de este hermanamiento entre ambas artes revelaba una de las preocupaciones intelectuales de primer orden: enunciar una teoría de la imitación en la que tanto pintura como poesía poseyeran un *status* idéntico en cuanto a su capacidad de vivificar el objeto artístico. Para dicha vivificación poeta o pintor habían de contar con las habilidades adecuadas, porque de lo contrario la imitación o bien carecía de similitud o se convertía en plagio. Imagen y texto pueden convertirse en lo que no quieren ser. Sobre estos peligros nos instruye convenientemente don Quijote cuando está volviendo a su aldea, héroe «vencido y asendereado... pensativo además por una parte, y muy alegre por otra», conocedor, como se lee, no sólo ya de la auténtica realidad de sus aventuras sino de los peligros que encierra una representación desmedida o poco controlada. Sancho le dice que pronto sus hazañas habrán de decorar mesones, bodegones y barberías pero que espera que sean unas manos duchas las que lo hagan. Sin embargo, la respuesta de don Quijote quiere rescatar su fama de esta posibilidad, si bien ya es imposible rescatarla de ser pasto de otras narraciones, como la de Avellaneda:

Tienes razón, Sancho —dijo don Quijote—, porque este pintor es como Orbaneja, un pintor que estaba en Úbeda, que cuando le preguntaban qué pintaba, respondía: «Lo que saliere»; y si por ventura pintaba un gallo, escribía debajo: «Este es gallo», porque no pensasen que era zorra. Desta manera me parece a mí, Sancho, que debe de ser el pintor o escritor, que todo es uno, que sacó a luz la historia deste nuevo don Quijote que ha salido.[2]

El pintor de tabernas de Sancho y el escritor de plagios de don Quijote quedan como ejemplos no aptos. Mientras tanto Cervantes va apuntando, en las postrimerías de la segunda parte de su obra, hacia el hecho de que las artes, para reproducir la realidad, han de ejecutarse con una técnica, contar con un asidero teórico, saber trasladar las estrategias clásicas sobre la imitación. Y con dicha traslación el Renacimiento reevalúa las herramientas propias para llevarla a cabo.[3]

En la retórica clásica, se conoce como écfrasis el arte de la descripción verbal. Aunque el término se usara al principio de modo bastante libre, fue adquiriendo mayor consistencia técnica en su significado, y acabó por designar a la descripción literaria, generalmente de un objeto artístico. El Renacimiento italiano, por mano de Angelo Poliziano nombra a Homero maestro ecfrástico, a pesar de, o como dice François Rigolot, a causa de, su ceguera, el bardo griego es capaz de llevar *ante*

---

[2] Miguel de Cervantes, *El ingenioso hidalgo don Quijote de la Mancha*, ed. Luis Andrés Murillo, Madrid: Castalia, 1978. (II, 71, p. 574).

[3] En un episodio anterior, el de Clavijo, Cervantes nos instruye también sobre la naturaleza de la poesía y el quehacer poético (II, 16). En un análisis de ese episodio, Helena Percas de Ponsetti («Cervantes, Painter of Thoughts», *Cervantes: Bulletin of the Cervantes Society of America*, 8 (1988), pp. 135-148), concluye que Cervantes pone en práctica técnicas pictóricas que «address the far from perfect practices of contemporary artists, and his departure from the classical representation of Poetry and of Painting as beautiful women deified by transcendent symbols, and by mottos and inscriptions, as found, for instance, in Cesare Ripa's 1603 edition of his illustrated *Iconologia*, make of Cervantes a conceptual forerunner...» (p. 148). Sin embargo hay que tener en cuenta que desafiar imágenes emblemáticas no aleja al autor de la práctica habitual de usar dichas imágenes en composiciones literarias. En este sentido, estoy más de acuerdo con Rocío Olivares Zorrilla, «Historia crítica sobre los emblemas en el Quijote», *Espéculo*, Madrid: Universidad Complutense, 2005 (http://www.ucm.es/ info/ especulo/ numero30/ emblquij. html, acceso 22/09/2005). En el útil trabajo de Olivares, se indica que Cervantes utiliza «una compleja construcción emblemática dentro del discurso... como muestra de las peculiares técnicas de Cervantes para invertir con ironía la enseñanza moral de los emblemas».

oculos lo humano.[4] Esa vivificación retórica no sólo cumple con los objetivos de crear una *pictura loquens*, sino que irá invadiendo el terreno propio de lo visual para instalarse en el centro de debate sobre *Ut Pictura*, propiciando el argumento de que la poesía es siempre superior a la pintura.[5] En el Renacimiento inglés es sir Philip Sidney el encargado de dar cuerpo a esta visión de *Ut Pictura Poesis*, al defender la poesía como arte imitativa por excelencia llevando su capacidad de vivificación por encima de la propia inmediatez visual de la pintura, así como más allá de otras disciplinas como la filosofía o la historia.[6]

El sendero que sigue la écfrasis para establecer el poder visual de lo verbal en la literatura del Renacimiento se plasma en un largo viaje de ida desde la retórica clásica. La descripción literaria expone sobre el texto unas pinceladas que dejan en manos de lectores y lectoras el dibujo final, si bien dicha imagen puede verse desafiada una vez formada y requerir, de nuevo, la vuelta a lo textual. Veamos por ejemplo el ejercicio de auto-écfrasis, si se me permite el término, que nos ofrece Cervantes en el

---

[4] Véase F. Rigolot, «The Rhetoric of Presence: Art, Literature, and Illusion», en *The Cambridge History of Literary Criticism. Vol. 3: The Renaissance*, ed. Glyn P. Norton, Cambridge: Cambridge University Press, 1999, pp. 161-67.

[5] La famosa frase horaciana —*ut pictura poesis* («la poesía es como la pintura»)— tiene su antecedente en quiasmo *poesia tacens, pictura loquens* («poesía silenciosa, pintura elocuente») atribuido por Plinio (*De gloria Atheniensium* 3, 347a) a Simónides de Ceos. *Ut pictura poiesis*, como topos renacentista, apunta a una reflexión sobre lo sublime de la práctica artística. Es un debate que busca comprender una recepción ideal de la obra, a través de una composición anatomizable de la misma. Quizá sea por ello que requería una aproximación a la naturaleza de cada medio, el pictórico y el textual, con una posible propuesta de intersección entre ambos. Como dice sir Philip Sidney en su *Defence of Poetry*: «all virtues, vices, and passions, so in their own natural states, laid to the view, that we seem not to hear of them, but clearly to see through them» (Sir Philip Sidney, *A Defence Of Poetry*, ed. Jan van Dorsten, Oxford: Oxford University Press, 1978, p. 33). Esa ecuación entre texto e imagen lo expresaron en el Renacimiento muchos autores, también, desde la obvia perspectiva clásica, también lo hizo Ben Jonson: «Poetry, and picture, are arts of a like nature; and both are busy about imitation. It was excellently said of Plutarch, poetry was a speaking picture, and picture a mute poesy. For they both invent, feign, and devise many things, and accommodate all they invent to the use, and service of nature» (*Timber, or Discoveries*, en Ben Jonson, *The Complete Poems*, ed George Parfitt, New Haven: Yale University Press, 1975, p. 419).

[6] La edición española de la obra de Sidney de Berta Cano, Mª Eugenia Perojo y Ana Sáez, (*Defensa de la Poesía*, Madrid: Cátedra, 2003) cuenta con una extensa y muy documentada introducción. Para el debate sobre *Ut Pictura Poesis*, véanse pp. 76-80.

prólogo de las *Novelas Ejemplares*. El autor se disculpa por haber rechazado incluir fronstipicio alguno en su obra y, por tanto, no proporcionar imagen de sí mismo. Habrá de ser una imagen que justifique no sólo su persona sino también su obra. Ante la inexistencia de un grabado con su retrato, Cervantes, al menos, nos da el texto que debería acompañarlo:

> ...poniendo debajo del retrato: este que veis aquí, de rostro aguileño, de cabello castaño, frente lisa y desembarazada, de alegres ojos y de nariz corva, aunque bien proporcionada, las barbas de plata, que no ha veinte años que fueron de oro, los bigotes grandes, la boca pequeña, los dientes ni menudos ni crecidos, porque no tiene sino seis, y esos mal acondicionados y peor puestos, por que no tienen correspondencia los unos con los otros; el cuerpo entre dos extremos, ni gran de, ni pequeño, la color viva, antes blanca que morena, algo cargado de espaldas, y no muy ligero de pies; este digo que es el rostro del autor de *La Galatea* y de *Don Quijote de la Mancha*, y del que hizo el *Viaje del Parnaso* (...) Llamase comúnmente Miguel de Cervantes Saavedra. Fue soldado muchos años, y cinco y medio cautivo, donde aprendió a tener paciencia en las adversidades. Perdió en la batalla naval de Lepanto la mano izquierda de un arcabuzazo, herida que, aunque parece fea, el la tiene por hermosa, por haberla cobrado en la mas memorable y alta ocasión que vieron los pasados siglos, ni esperan ver los venideros, militando debaxo de las vencedoras vanderas del hijo del rayo de la guerra, Carlo Quinto, de felize memoria [...] En fin, pues ya esta ocasion se passó, y yo he quedado en blanco y sin figura, sera forçoso valerme por mi pico, que aunque tartamudo, no lo sera para dezir verdades, que, dichas por señas, suelen ser entendidas.[7]

Una vez perdida la ocasión de haber incluido un retrato suyo en ese frontispicio ya inexistente, el ejercicio de écfrasis detallado contiene no sólo imagen, de anatómica precisión, sino también una descripción de su discurso, con alusiones a sus obras, incluso aquellas todavía no publicadas como el *Viaje del Parnaso* que vio la luz un año más tarde, en 1614. Al vivificar su imagen física, Cervantes crea una écfrasis de una obra que no existe para describir de modo más certero otra obra que sí existe y comienza precisamente con ese retrato textual; se trata de un retrato al

---

Miguel de Cervantes, *Novelas ejemplares*, ed. Juan Bautista Avalle-Arce, Madrid: Castalia, 1987, p. 63.

que se añaden referencias a su obra y a su biografía y que, por tanto, reclama la categoría de verdad: es un compendio difícilmente alcanzable sólo con la imagen gráfica, cuya inmediatez se quedaría corta. Al haber «quedado en blanco y sin figura» el autor se presenta *ante oculos* de un modo mucho más global, constatando así quizá esa superioridad del discurso ante la imagen; una superioridad de la que Cervantes es plenamente consciente al admitir: «Será forzoso valerme por mi pico». Sin duda el autor se vale de su «pico» incluso antes de comenzar las Novelas. Cumple aquí el autor del Quijote con Erasmo, en la *Educación del Príncipe Cristiano*, que dice que no muere aquel que deja una viva imagen de si tras su muerte. Cervantes lleva la écfrasis hasta el terreno de la función autorial.[8]

Estamos ante un lugar común en la literatura europea: el retrato de autor. Se trata de una imagen o un texto, normalmente, ambos periféricos que vivifican al autor ante la expectativa de la lectura de su obra. El espíritu de la autodescripción de Cervantes, las indicaciones hechas hasta ahora sobre imagen, texto, autoría, los temores de Cervantes al rechazar un grabado, y sobre todo esa consciencia de que la écfrasis de si mismo

---

[8] Sin duda, cualquier referencia al retrato en el Renacimiento europeo ha de pasar por la obra de John Pope-Hennesy, *The Portrait in the Renaissance*, New York: Pantheon Books, 1966. Antoine Compagnon (*La Seconde Main, ou le travail de la citation*, París: Seuil, 1979) habla de *periferia* literaria como el espacio que recoge los efectos del discurso literario sin formar parte del mismo; ese mismo espacio es el del retrato de autor que Pope-Hennessy localiza fuera del texto o la composición misma, pero que contribuyen al marco que contiene las obras (*Op. cit.*, pp. 4-20). Retrato y texto definen simultáneamente al autor. Este tipo de descripciones recogen el debate entre imagen y discurso al recordarnos que es el discurso el espejo del alma, *oratio speculum animi est*, sin dejar de señalar que la imagen es verídica (*ad vivam*) y, por tanto, se nos ofrece también como imagen fiable del autor, *imago animi vultus est*. (Cicerón, *De Oratore*, III, lix, 221). El debate entre imagen física e imagen textual tiene un gran alcance durante el Renacimiento europeo y viene a representar la pervivencia de dos corrientes enfrentadas desde el clasicismo al tiempo que ilustra y soporta las nuevas concepciones de autoría que acabarían por abrirse camino de la mano de Montaigne, Burton o el propio Cervantes. El mismo Shakespeare expresa en varias ocasiones dentro de su obra su postura al respecto, constituyendo las palabras de Duncan quizá el mejor ejemplo: «There's no art / To find the mind's construction in the face»: (*Macbeth*, ed. A. R. Braunmuller, Cambridge: Cambridge University Press, 1997, I, iv, 11-12). Para ver la relación entre emblema y el retrato de autor puede consultarse entre otros estudios: Jesús María González de Zárate, «Las claves emblemáticas en la lectura del retrato barroco», en *Goya. Revista de Arte*, 187/188 (1985), pp. 53-62.

siempre superará cualquier intento de reproducción gráfica, parecen corroborarse si nos fijamos en un retrato de Shakespeare y en su comentario. Este es el retrato incluido en el First Folio de la obra de Shakespeare de 1623.

Se trata del conocido grabado de Martin Droushout, cuya contrapágina contiene unos versos al lector de Ben Jonson:

> TO THE READER
> This figure, that thou here seest put
> It was gentle Shakespeare cut;
> Wherein the Graver had a strife
> With Nature, to out-doo the life.
> O, could he but have drawne his wit
> As well in brasse, as he hath hit
> His face, the print would then surpasse
> All, that was ever writ in brasse.
> But, since he cannot, reader, looke

Not on his picture, but on his booke.[9]

Shakespeare, ya muerto, no puede rechazar su retrato pero queda claro, por boca de Ben Jonson, que la imagen nunca superará al texto, y por eso la recomendación es «reader, looke / Not on his picture, but on his booke». Este «looke... on his booke» parece reclamar una suerte de hipálage, un *read his picture* frente a un *view his book*. Pero como dice el propio Jonson esa lectura visual sería incompleta. Aunque bien visto, una mirada completa a la écfrasis shakespeareana también puede tener sus inconvenientes.

Si bien Cervantes nos convence con la descripción de sí mismo como medio para reclamar el *status* de verdad completa, Shakespeare juega con la écfrasis como representación tan fehaciente de la realidad que la verosimilitud acaba por confundir a los receptores. Este es el caso en *The Rape of Lucrece* (1594), Shakespeare describe el dibujo de la agonía de Troya pero, al tiempo que nos provee con su visión sobre las artes visuales, la poesía y su idea de recepción; infla el proceso de visión de la pintura con hipérbole, *admiratio* y quiasmo de modo que la descripción ponga en peligro no sólo el modelo horaciano de *ut pictura poesis* sino también el propio efecto ecfrástico. Lucrece, que ha sido violada por Tarquin, se debate en su dolor y en sus ansias de venganza. Busca un modelo que le muestre la cara real del dolor, como si buscara un espejo de los sentimientos que ella misma experimenta. Se concentra en el cuadro del sitio de Troya:

> At last she calls to mind where hangs a piece
> Of skilful painting, made for Priam's Troy,
> Before the which is drawn the power of Greece,
> For Helen's rape the city to destroy,
> Threat'ning cloud-kissing Ilion with annoy,
> Which the conceited painter drew so proud,
> As heaven (it seemed) to kiss the turrets bow'd.[10]

El fragmento tiene más de doscientos versos, (vv. 1359-1582) y el complejo ejercicio de lectura *in crescendo* de la visión del cuadro no tiene cabida en las presentes páginas.[11] Los lectores y lectoras del poema leen

---

[9] John Heminge and Henrie Condell eds., *Mr. William Shakespeares Comedies, Histories, & Tragedies*, London: Isaac Iaggard, and Ed. Blount, 1623.

[10] William Shakespeare, *Complete Sonnets and Poems*, ed. Colin Burrow, Oxford: Oxford University Press, 2002, pp. 315-316, vv. 1366-1372.

[11] Pueden hallarse útiles y completos relatos de la historia de Lucrece en Ian

la visión de una visión, ya que entre la écfrasis del cuadro y el lector o lectora está Lucrece evaluando su propia visión, advirtiendo pronto que no todo en el cuadro podía ser verdad:

> For much imaginary work was there;
> Conceit deceitful, so compact, so kind,
> That for Achilles' image stood his spear,
> Griped in an armèd hand, himself behind
> Was left unseen, save to the eye of mind:
> A hand, a foot, a face, a leg, a head
> Stood for the whole to be imaginèd.[12]

La perfección de la imagen vuelca los elementos propios hasta un nivel de esencialidad que coloca a la espectadora en un estado de alerta. Aquiles no está visible, y ha quedado reducido a su lanza, la visión del guerrero queda así relegada, como dice Shakespeare, a los ojos de la mente. Sin embargo, Lucrece se deja llevar por este engañoso juego, y acaba entregándose al efecto de la imagen, creyendo que la representación del sitio de Troya es tan real como para poder atajar los males de la historia atacando el cuadro mismo, arañando la parte del cuadro en la que se halla el falso Sinon, que para ella representa a Tarquin, el amigo de su esposo y su violador:

> 'Such devils steal effects from lightless hell;
> For Sinon in his fire doth quake with cold,
> And in that cold hot-burning fire doth dwell;
> These contraries such unity do hold
> Only to flatter fools and make them bold;
> So Priam's trust false Sinon's tears doth flatter
> That he finds means to burn his Troy with water.
> Here, all enraged, such passion her assails,
> That patience is quite beaten from her breast.

Donaldson, *The Rapes of Lucretia: A Myth and Its Transformations*, Oxford: Oxford University Press, 1990; Coppelia Kahn, «The Rape of Lucrece», *Shakespeare Studies*, 9 (1976), pp. 451-453; Katherine Eisaman Maus, «Taking Tropes Seriously: Language and Violence in Shakespeare's *Rape of Lucrece*», *Shakespeare Quarterly*, 37 (1986), pp. 66-82. No se puede olvidar la imprescindible discusión que del poema hace Nancy Vickers, «The Blazon of Sweet Beauty's Best: Shakespeare's Lucrece», en *Shakespeare and the Question of Theory*, ed. Patricia Parker y Geoffrey Hartman, Nueva York: Methuen, 1985, pp. 95-115.

[12] William Shakespeare, *Lucrece*, ed. cit., pp. 318-319, vv. 1422-1428

> She tears the senseless Sinon with her nails,
> Comparing him to that unhappy guest
> Whose deed hath made herself herself
> At last she smilingly with this gives o'er:
> 'Fool, fool!' quoth she, 'his wounds will not be sore'.[13]

Lucrece, que tras agredir el cuadro, se da cuenta de que las heridas de Sinon no dolerán, ni sangrarán, reconoce su locura.

Es evidente que este pintor, a diferencia de aquel de Orbaneja del que hablaba don Quijote, ha reproducido la realidad hasta el punto de atraer la intervención de la propia Lucrece en la escena que ella ansía modificar destruyendo parte de la misma, modificando la realidad representada para hacer de ella la realidad deseada. No habrá dolor más que él suyo, y al reconocerlo se coloca cerca de la valoración de don Quijote sobre pintores y poetas no aptos para las tareas sobre las que reclaman maestría. En el caso de Lucrece la *enargeia* facilita el contacto entre espectadora y obra al tiempo que sugiere a los lectores y lectoras ese juego de límites que han de reconocer, valorar y disfrutar.[14] Quijote

---

[13] *Op. cit.*, pp. 325-326, vv. 1555-1568. Recordemos aquí las palabras de sir Philip Sidney en su *Defence of Poesy* sobre aquella tercera clase de poetas que eran capaces de vivivficar de tal modo que merecían el título más que ningún otro: «the third indeed right Poets, of whom chiefly this question ariseth: betwixt whom and these second, is such a kinde of difference, as betwixt the meaner sort of Painters, who counterfeyt onely such faces as are set before them, and the more excelent, who having no law but wit, bestow that in colours upon you, which is fittest for the eye to see, as the constant, though lamenting looke of Lucretia, when she punished in her selfe another faulte: wherein hee painteth not Lucretia whom he never saw, but painteth the outward bewty of such a vertue. For these third be they which most properly do imitate to teach & delight: and to imitate, borrow nothing of what is, hath bin, or shall be, but range onely reined with learned discretion, into the divine consideration of what may be and should be. These be they that as the first and most noble sort, may justly be termed Vates: so these are waited on in the excellentest languages and best understandings, with the fore described name of Poets». Sir Philip Sidney, *Defence of Poesy*, ed. Richard Bear, Renascence Editions, University of Oregon, 1995. (http://darkwing.uoregon.edu/%7Erbear/defence.html, acceso 22/09/2005).

[14] En un interesante artículo en el que se valora la écfrasis sobre la representación de Troya como bisagra que articula el paso de lo doméstico a lo épico a través de la lírica del episodio —a través de la locura de Lucrece— Marion Wells define *enargeia* citando palabras de Erasmo: «We employ this (*enargeia*) whenever, for the sake of amplifying or decorating our passage, or giving pleasure to our readers, instead of setting out the subject in bare simplicity, we fill in the colours and set it up like a picture to look at, so that we

cansado pero, teóricamente, activo advierte de los peligros de la representación. Lucrece llena de energía sólo advierte su error al final, marcando el camino del goce ecfrástico a quien lea su historia. Shakespeare demuestra bien que, aunque la écfrasis otorgue al texto el dramatismo visual para colocar al personaje descarnado en manos de los lectores, la indefensa Lucrece, llevada al paroxismo por una representación de la realidad, representa una locura mucho más compleja. Por eso, Shakespeare decide recomponer el potencial engaño de lo ecfrástico y colocar el ataque desmedido de Lucrece en otro ámbito más allá del de la propia visión, un ámbito que pueda reclamar una idea de verdad sujeta a un ejercicio de mímesis mucho más complejo que el de la vivificación textual de imágenes.

Ese medio relacionado con el debate sobre la imagen y el texto pero de naturaleza multimedial será el emblema. Según la *Princeton Encyclopedia of Poetry and Poetics*, el emblema es «a didactic device consisting, normally, of three parts: a word (*mot* or *motto*), a woodcut or engraving symbolically expressing the word, and a brief verse *explicatio* or application of the idea expressed in the combination».[15]

Estas líneas exponen la estructura del *emblema triplex*, que es una forma icónico-verbal cuyas tres partes se identifican como *inscriptio*, *pictura* y *subscriptio*, o mote, imagen y epigrama. Contra visiones en exceso restrictivas del emblema de tres partes, Peter M. Daly propone una perspectiva más flexible, y dada esa generosidad algunas cuestiones formales están destinadas a quedar abiertas: «Loosely speaking, the emblem is a form of allegorical or symbolical expression, but its relation to allegory, symbolism, metaphor, and conceit is difficult to establish».[16]

Como género creativo el emblema en el Renacimiento europeo se asocia al nombre del abogado milanés Andrea Alciato, que inicia en 1531 una oleada de publicaciones de libros de emblemas que no entrará en recesión hasta el siglo XVIII. Los libros de emblemas se constituyeron en auténticos depositarios del saber clásico, la retórica, la poética, la política,

---

seem to have painted the scene rather than described it, and the reader seems to have seen rather than read (Erasmus 11.5)» (100). Marion A. Wells, «'To find a face where all distress is stell'd': *Enargeia, Ekphrasis*, and Mourning in the *The Rape of Lucrece* and the *Aeneid*», *Comparative Literature*, 54.2 (2002), pp. 97-126.

[15] Alex Preminger, et al., *Princeton Encyclopedia of Poetry and Poetics*, Princeton: Princeton University Press, 1974, p. 217.

[16] Peter M. Daly, *Literature in the Light of the Emblem: Structural Parallels between the Emblem and Literature in the Sixteenth and Seventeeth Centuries*, Toronto: University of Toronto Press, 1979, p. 3.

la teología, todos los terrenos que pudieran concernir al sujeto renacentista acaban de una manara u otra reflejados en esos manuales llenos de imágenes y texto, que circularon por Europa de modo libre. De alguna manera podría decirse que el libro de emblemas es un auténtico género paneuropeo.[17] La influencia de estos libros sobre las artes y la vida en general es difícil de calibrar, pero lo que si es incontestable es que se convirtieron en un locus avanzado del debate sobre *Ut Pictura Poiesis*. La conjunción en la misma página de imagen y texto resolvía muchos problemas.

La existencia de estos libros influye de tal modo en la literatura que es difícil encontrar autores o autoras del Renacimiento que no muestren en sus obras su condición de lectores de emblemas. Una condición que

---

[17] Para una visión de conjunto de la emblemática en España y sobre todo en Cervantes, pueden consultarse las obras siguientes: Antonio Bernat Vistarini y John T. Cull, *Enciclopedia de los emblemas españoles ilustrados*, Madrid: Akal, 1999; John T. Cull, «Heroic Striving and Don Quixote's Emblematic Prudence», *Bulletin of Hispanic Studies*, 67 (1990), pp. 265-277 y «Death as the Great Equalizer in Emblems and in Don Quixote», *Hispania*, 75.1 (1992), pp. 10-19. Véase también Maria Caterina Ruta, «Aspectos iconológicos del Quijote», *Nueva Revista de Filología Hispánica*, 38.2 (1990), pp. 875-886. John T. Cull, «Emblemas en el Quijote», en *Emblemata Aurea. La emblemática en el arte y la literatura del Siglo de Oro*, ed. de Rafael Zafra y José Javier Azanza, Madrid: Akal, 2000. Otro interesante trabajo del mismo autor es «Visiones y símbolos emblemáticos en la poesía de Cervantes», *Anales cervantinos*, 34 (1998), pp. 169-212. En el caso de Shakespeare es de obligada referencia la obra de Henry Green, *Shakespeare and the Emblem Writers: An Exposition of their Similarities of Thought and Expression. Preceded by a View of Emblem-Literature down to A.D. 1616*, Londres: Trubner, 1870. No se trata sólo del primer estudio sobre la presencia del emblema en la obra de Shakespeare, sino que es también el estudio pionero sobre literatura inglesa y emblemática. Green demuestra, clasifica, y organiza las influencias e información que los emblemas tienen en la totalidad de la obra de Shakespeare, aportando una completísima concordancia aún de uso obligado. El propio Green abre sus libro indicando que lo que sigue se trata de: «a new method of illustration for the dramas of Shakespeare» (p. vi). A lo largo del siglo XX se han sucedido estudios que, a pesar de no ser tan específicos como el de Green, aportan gran cantidad de material emblemático shakespeareano. Conviene citar: Rosemary Freeman, *English Emblem Books*, Londres: Chatto & Windus, 1948; Robert J. Clements, *Picta Poesis. Literary and Humanistic Theory in Renaissance Emblem Books*, Roma: Edizioni di Storia e Letteratura, 1960. De gran utilidad es el volumen *Shakespeare and the Emblem. Studies in Renaissance Iconography and Iconology*, editado por Tibor Fabiny (Szeged: Papers in English and American Studies, 1982), el cual contiene una bibliografía, que empieza con el mencionado trabajo de Henry Green, comentada y muy completa.

por otro lado incidía de modo expreso en la recepción de las mismas, ya que la utilización de los ecos emblemáticos en las obras literarias garantizaba un nivel de comprensión más allá del texto mismo. Y para ver uno de esos ecos, recuperemos el momento de locura de Lucrece, cuando araña el cuadro. El ataque inútil de Lucrece es la culminación catártica de su visión del cuadro. Se ha sentido engañada por el cuadro como por Tarquin, pero su impulso de venganza es desmedido y mal dirigido; tal y como le sucede a Áyax, que enfurecido arremete contra un rebaño de ganado y mata a los animales.[18] Alciato ilustra este suceso bajo el mote «*Insani Gladius*»:

Su furia se debe a no haber alcanzado las armas de Aquiles que la diosa Tetis había asignado al más valiente. El epigrama termina: «se equivoca de medio a medio y, no siendo dueño de su razón, se precipita a su propia ruina».

Es innegable que ese guerrero loco del emblema nos lleva naturalmente a don Quijote.[19] Nos resultara quizá incluso más fácil, por tanto,

---

[18] Andrea Alciato, *Emblemas*, ed. Santiago Sebastián, Madrid: Akal, 1993, p. 217.

[19] Muchos son los estudios de distinta índole y tamaño publicados sobre la salud mental y don Quijote. Francisco Márquez Villanueva nos ayuda a considerar cómo el *Elogio de la locura* de Erasmo influye sobre Cervantes. «La locura emblemática en la segunda parte del Quijote», en *Trabajos y días cervantinos*, Alcalá de Henares: Centro de Estudios Cervantinos, 1995 (Biblioteca

aplicar la imagen de Alciato a don Quijote. Si leemos unas líneas del capítulo XVIII de la primera parte del Ingenioso Hidalgo, nos pondremos en situación:

«¿No oyes el relinchar de los caballos, el tocar de los clarines, el ruido de los tambores?»

«No oigo otra cosa», respondió Sancho, «sino muchos balidos de ovejas y carneros».

Y así era la verdad, porque ya llegaban cerca los dos rebaños.

«El miedo que tienes», dijo don Quijote, «te hace, Sancho, que ni veas ni oigas a derechas. Porque uno de los efectos del miedo es turbar los sentidos y hacer que las cosas no parezcan lo que son; y, si es que tanto temes, retírate a una parte y déjame solo; que solo basto a dar la victoria a la parte a quien yo diere mi ayuda.»

Y, diciendo esto, puso las espuelas a Rocinante, y puesta la lanza en el ristre, bajó de la costezuela como un rayo.

Diole voces Sancho, diciéndole: «¡Vuélvase vuestra merced, señor don Quijote, que boto a Dios que son carneros y ovejas las que va a embestir! ¡Vuélvase, desdichado del padre que me engendró! ¿Qué locura es esta? ¡Mire que no ay gigante ni caballero alguno, ni gatos, ni armas, ni escudos partidos ni enteros, ni veros azules ni endiablados! ¿Qué es lo que hace?, ¡pecador soy yo a Dios!»

Ni por esas volvió don Quijote; antes, en altas voces, iba diciendo: «¡Ea, caballeros, los que seguís y militáis debajo de las banderas del valeroso Emperador Pentapolin del Arremangado Brazo, seguidme todos; veréis cuán fácilmente le doy venganza de su enemigo Alefanfaron de la Trapobana!»

Esto diciendo, se entró por medio del escuadrón de las ovejas, y comenzó de alanceallas con tanto coraje y denuedo, como si de veras alanceara a sus mortales enemigos[20]

de Estudios Cervantinos, 2), pp. 23-57. Asimismo en « Un aspect de la littérature du 'fou' en Espagne», *L'Humanisme dans les lettres espagnoles,* ed. A.. Redondo y J. Vrin, París: Librairie Philosophique J. Vrin, 1979, pp. 233-250. Márquez Villanueva vincula este capítulo del Quijote con Das Narrenschiff (1494) o Nave de los locos del alemán Sebastián Brant, precursora del Elogio y de los libros de emblemas renacentistas. Véase también Robert Klein, «El tema del loco y la ironía humanista», en *La forma y lo inteligible: Escritos sobre el renacimiento y el arte moderno,* ed. André Chastel, trad. Inés Ortega Klein, Madrid: Taurus, 1980, pp. 393-408. El más importante para los propósitos de este estudio es el trabajo de Marisa C. Alvárez, «Emblematic aspects of Cervantes's Narrative Prose», *Cervantes: Bulletin of the Cervantes Society of America,* 8 (1988), pp. 149-158.

[20] Miguel de Cervantes, *El ingenioso hidalgo Don Quijote de la Mancha,* ed. cit.,

La versión española del emblema de Alciato es la de la traducción de Bernardino Daza Pinciano de 1549:[21]

Figure 1

I, 18, p. 222-223.

[21] El epigrama de Alciato reza así en traducción de Daza Pinciano: «Soy obra de Lisipo, y soy llamada/La coyuntura del tiempo prendido,/De quien no hay cosa que no esté domada./Estoy en lo más alto y más subido/De aquesta rueda, porque siempre ruedo./Y el pie de leves alas es fornido/Porque parar no pueda ni estar quedo,/Y para declarar mi delgadeza/Y cuánto desatar y cortar puedo,/Navaja traigo de gran agudeza./Y porque a quien topare pueda asirme/Cabello dio delante a mi cabeza./Y por si alguno permitiere irme/No pueda por detrás después tomarme,/Prendiéndome con mano cierta y firme,/Quiso de la cabeza despojarme/De los cabellos la parte postrera/Y en público lugar manifestarme/Para que vista fuese de cualquiera» (Andrea Alciato, *Emblemas*, trad. Bernardino Daza Pinciano, Madrid: Editora Nacional, 1975, Emblema 121, pp. 68-69).

Está claro que la temeridad que parte de la ira, de la locura, no proporcionara nunca una venganza o una victoria. Tanto en el caso de Lucrece como en el de don Quijote, en ambos episodios, se traslada a la lectura una exigencia adicional, pero una exigencia con una recompensa segura. Por un lado, los lectores acceden a reconocer la imagen del loco Áyax, y al hacerlo leen catafóricamente porque saben ya que el resultado del avenate, las líneas que siguen no arrojaran un resultado positivo. Por otro, la inserción del código emblemático garantiza una comunicación consensuada entre autor y lectores, una comunicación cuyo arbitro queda fuera de la historia misma, y si queremos no sólo en un lugar, esto es en un libro de emblemas concreto, sino que podía corroborarse en diferentes textos, ya que los mismos conceptos podían reproducirse bajo diferentes versiones tanto en la parte gráfica como la textual. La variabilidad de las versiones entre los mismos emblemas, sin embargo, nunca era óbice para dudar del mensaje, como le sucede a Lucrece al enfrentarse al cuadro.

El personaje de Shakespare nos proporcionará otro ejemplo de emblema interesante. En este caso el emblema no sólo ayuda a lectores y lectoras sino que justifica a los propios personajes dentro del texto. Antes de su catarsis, Lucrece en un estado de consciencia desesperada, busca un refugio, algo que dote de sentido a su desgracia en soledad, violada y alejada de su marido. Por ello expresa su convencimiento de que no hay nada que podamos hacer contra los designios de Fortuna, *Occasio*, la oportunidad rige nuestras vidas:

> 'Unruly blasts wait on the tender spring;
> Unwholesome weeds take root with precious flowers:
> The adder hisses where the sweet birds sing;
> What virtue breeds iniquity devours.
> We have no good that we can say is ours
>   But ill-annexed Opportunity
>   Or kills his life or else his quality.
>
> O Opportunity, thy guilt is great!
> 'Tis thou that execut'st the traitor's treason;
> Thou sets the wolf where he the lamb may get;
> Whoever plots the sin, thou point'st the season;
> 'Tis thou that spurn'st at right, at law, at reason;
> And in thy shady cell, where none may spy him,

Sits Sin, to seize the souls that wander by him.[22]

Para Lucrece la oportunidad la ha desposeído de su virtud al traerle la desgracia: «What virtue breeds iniquity devours». La invocación *ad ocassionem* de Lucrece plantea el reverso del emblema de Alciato (y de Whitney, en su versión inglesa):[23]

Ocasión, oportunidad, aparece como todo el mundo la conoce, calva y lista para ser cogida por los pelos. La *suscriptio* explica todas las razones para dicha representación en forma de diálogo, en el que también se atribuye la iconografía de la ocasión al escultor Lisipo. La razón de esa contradicción es que las representaciones de Ocasión aparecen con la nuca calva y un mechón de cabello al viento. Esta misma dualidad es la que soporta el hecho de que pudiera portar tanto fortuna como de infortunio. Parece que para Lucrece, ante el hecho de haber sido agraciada con la segunda versión, llega a la conclusión de que es inútil rebelarse y comienza su camino hacia el suicidio:

---

[22] William Shakespeare, *Lucrece*, ed, cit., pp. 290-291, vv. 869-882.
[23] Geoffrey Whitney, *A Choice of Emblems*, ed. Henry Green, New York: Benjamin Bloom, 1967.

In vain I rail at Opportunity,
At Time, at Tarquin, and uncheerful Night;
In vain I cavil with mine infamy,
In vain I spurn at my confirmed despite:
This helpless smoke of words doth me no right.
The remedy indeed to do me good
Is to let forth my foul-defiled blood.[24]

Sin embargo también era posible concebirla fundamentalmente como una imagen positiva, eso sí, siempre pendiente de su mechón al viento, o sus guedejas, como dice Cervantes en el episodio de Peña Pobre, en el que dice que no hay que dejar escapar la ocasión cuando «Y, pues estos lugares son tan acomodados para semejantes efectos, no hay para qué se deje pasar la ocasión, que ahora con tanta comodidad me ofrece sus guedejas» (I, 25, p. 258). O como comenta Martín de Riquer sobre el *Persiles*: a la Ocasión o Fortuna, la pintaban calva, pero con un copete o mechón (aquí guedejas) al que el hombre aspira a agarrarse cuando es propicia. «No dejes, señor, que la ocasión que ahora se te ofrece se vuelva la calva en lugar de la guedeja» (Persiles, II, 11).[25]

Santiago Sebastián ha analizado la relación de esta imagen con la de Fortuna, cuya rueda sirve a Ocasión de soporte, como se ve en la imagen. Se trata de una rueda móvil, flotante, de un cabello al viento. No se puede decir que se no den facilidades para atraparla, a pesar de que algunos emblematistas dieran con la solución al plantar la rueda de Fortuna en tierra y con un clavo, modo este en que Covarrubias confecciona su emblema número 65 para representar la virtud. Sin embargo donde la imagen emblemática se trasfunde de manera más completa con el texto cervantino es, de nuevo, en el prólogo de las *Novelas Ejemplares* que citaba al principio de este trabajo, y con el que iniciaba mi aproximación a la écfrasis y el emblema. Me estoy refiriendo a las dos ocasiones que en el se mencionan, por un lado esa alta ocasión de Lepanto cuyo resultado es la perdida de la mano, por otro la ocasión de haber incluido su retrato, que deja pasar el autor para incluir su propio texto en lugar de una imagen. Ni la mano, ni el rostro han sido

---

[24] William Shakespeare, *Lucrece*, ed. cit., p. 298, vv. 1023-1029.
[25] Ellen Lokos en su artículo «El lenguaje emblemático en el *Viaje del Parnaso*» (*Cervantes: Bulletin of the Cervantes Society of America* 9.1 [1989], pp. 63-74) analiza diversos momentos en el *Viaje del Parnaso* bajo la tesis expresa de que es necesario canalizar el flujo emblemático de la obra sobre un concepto post-estructuralista de «competencia literaria» basado en Jonathan Culler y Roland Barthes.

trasladados a ese espacio introductorio, periférico, casi publicitario. Y sin embargo ambos están más presentes que nunca.

ભ ૪ઝ

Como decía Paolo Giovio: «S'é veduto adunque che il principio di rapresentare i pensieri per mezzo delle figure è stato prodotto dalla natura nelle menti umane».[26] Tanto écfrasis como emblema surgen del mismo debate teórico. El hecho de que ambas técnicas convivan en los textos de Cervantes o de Shakespeare, como en tantos otros del Renacimiento europeo, habla no sólo de un común origen, sino también del ejercicio cosnciente de ambos autores por crear espacios reconocibles dentro de las expectativas de lectura. Esos espacios son los que propician el encuentro entre lo que Daly llama «the emblematic mode» y lo que Mario Praz designa como hábito mental y de lectura del barroco. No sólo se trata de un realce del soporte emblemático como fuente o inspiración, sino de su reflejo en las maneras de producir y de recibir artefactos literarios entre finales del siglo XVI y finales del XVII en toda Europa.

El oximoron quiástico horaciano salvaguarda un viaje de ida de la écfrasis que deja al lector o lectora ante la imagen verbal, el emblema plantea un viaje de ida y vuelta, llega a los lectores y vuelve al texto dotado al mismo de un significado que en principio se muestra resistente a la intervención. Tras la lectura de la imagen emblemática, como tras el impulso pasional que promueve la écfrasis, el texto se mostrara menos flexible. Sin embargo se trata de una inflexibilidad fruto de la negociación, la cual establece la posibilidad de crear una verdad estable y multimedial externa al texto y al mismo tiempo íntimamente ligada a él y a las personas que lo leen. Dice el emblematista inglés Geoffrey Whitney: «To say more than said…». Si recordamos las palabras de Ben Jonson, el texto dice más de lo que vemos, pero si decimos más de lo que realmente decimos, el texto quedará como sustrato esencializado. La utilización del emblema en la literatura renacentista parece reforzar lo ecfrástico, volviendo a la idea de imagen locuaz y re-codificando la inmediatez gráfica para abrir nuevas posibilidades al incluir en esencia la estructura del emblema como motor de la composición literaria. Lo que se dice, si se dice con el trasfondo de un emblema, queda doblemente dicho al realizar una alusión que refuerza el texto mismo en su viaje

---

[26] Citado en Gennaro Savarese y Andrea Gareffi, *La letteratura delle immagini nel cinquecento*, Roma: Bulzoni Editore, 1980, p. 5.

hasta el lector o la lectora. Sería sólo una tendencia natural del maridaje entre imagen y texto, entre ficción y realidad, porque como dijo Leonardo da Vinci: «L'anima desidera stare col suo corpo, perché senza gli istrumenti organici di tal corpo nulla puó operare ne sentire».[27]

Mente videbori.

---

[27] Leonardo da Vinci, *Codice Atlantico*, citado en Giancarlo Innocenti, *L'immagine significante: studio sull'emblematica cinquecentesca*, Padova: Liviana Editrice, 1981, p.53.

Montemayor, Shakespeare y Cervantes: Sendas paralelas o caminos de ida y vuelta

ELENA DOMÍNGUEZ ROMERO
Universidad de Huelva

LOS TRATADOS AMOROSOS ITALIANOS gozaron de un gran éxito en la Europa del Renacimiento, siendo éste uno de los motivos por el que han llegado a constituir un punto de referencia fundamental a la hora de establecer paralelismos entre las distintas obras que se escribieron en la época. Así, por ejemplo, Shakespeare, con la publicación de sus obras *Love's Labours' Lost* (1595) y *As You Like It* (1599), recorre una senda que transcurre paralela a la que ya había recorrido Gaspar Gil Polo al publicar una continuación de *La Diana* (1558-1559) con fines moralizadores. *La Diana* (1564) de Montemayor es una celebración de la pasión amorosa para la que se siguen los *Diálogos* de León Hebreo, con la consiguiente falta de una resolución feliz de sus casos amorosos y las críticas de la Contrarreforma. Gaspar Gil Polo parte de este punto y, con una clara intención moralizadora, retoma la historia de Jorge de Montemayor y recurre al tratado de Pietro Bembo titulado *Los Asolanos* (1505), mucho más ortodoxo que el de León Hebreo previamente utilizado por su antecesor, para llegar a la curación de la pasión amorosa y acallar las críticas a través del matrimonio y la resolución feliz de los casos amorosos de la obra.

Por su parte, Cervantes es un reconocido admirador y un digno continuador de Gaspar Gil Polo. Al igual que Jorge de Montemayor, siempre había prometido una segunda parte de su *Galatea* (1595), en la que probablemente tenía la intención de conducir su propia obra a un fin parecido al que llevó a Gaspar Gil Polo a escribir una continuación para la *Diana*. Pero Cervantes muere, la continuación prometida no se lleva a cabo, y la *Galatea* que nos queda constituye un camino de ida y vuelta, un punto de inflexión que no transcurre paralelo ni al de Shakespeare ni al de su admirado Gaspar Gil Polo. Las teorías se cruzan en el camino de Cervantes sin llegar a constituir un punto de partida desde el que haya que recorrer una distancia determinada ni llegar a un destino teórico concreto moralmente superior a cualquier otro.

En *La Galatea* de Cervantes se cruzan destinos y puntos de partida sin que ningún posicionamiento teórico predomine sobre los demás o llegue a constituir el canon moral a seguir:

> It is indeed tempting to oversimplify matters and suggest that Cervantes intended merely to depict the difference between the theory and practice of love with the extreme types of lovers already documented. However, a close examination of the love cases in the *Galatea* tends to confirm that Cervantes objects to both extremes, each of which, in its own way, strips its adherents of their essential humanity.
>
> These statistics indicate, for one thing, the extreme difficulty of human love reaching fruition. And for that reason, the weight of the evidence supports the contention that Cervantes intended to contrast the superiority of divine love to the inconstancy and transience of all things human. This insight, in turn, represents an affirmation that the pastoral dream of a terrestrial paradise does not really exist; that erotic anarchy must be abandoned in favour of compromise and engagement with the world.[1]

Por eso la obra de Cervantes funciona como un punto de inflexión en el que se dan las claves fundamentales de no adhesión a ningún tratado amoroso concreto, así como de crítica a cualquier tipo de convencionalismo que sí sigue Shakespeare a la hora de trazar un camino paralelo al de las dos *Dianas*. Gracias a la crítica antipetrarquista, Shakespeare, al igual que Gaspar Gil Polo en su continuación de *La Diana*, es capaz de dar el salto desde la no interacción de los personajes y la imposibilidad de llegar a una solución feliz para los casos amorosos de *Love's Labour's Lost*, hasta los esponsales múltiples con los que concluye *As You Like It* tras la ridiculización de las costumbres cortesanas y la convención petrarquista.

CR SO

---

[1] John T. Cull, «Another Look at Love in *La Galatea*», en *Cervantes and the Pastoral*, ed. José J. Labrador Herraiz y Juan Fernández Jiménez, Cleveland: Penn State University, 1986, p. 71.

La Diana de Jorge de Montemayor es una celebración de la pasión amorosa, así como de todo aquello que dicha pasión conlleva, incluido el sufrimiento que el petrarquismo y el propio León Hebreo promueven. Así, el libro IV aparece precedido por tres libros iniciales en los que se presentan los problemas amorosos de los protagonistas de la obra, y seguido por otros tres libros más en los que se ofrecen soluciones para estos problemas. En cada uno de los tres primeros libros, una sola pastora narra su caso amoroso, ya que cada historia se extiende a lo largo de un solo libro y se cuenta sin interrupciones. A partir del libro V, sin embargo, la obra cobra un tono completamente diferente y las narraciones se interrumpen constantemente, sin que su extensión vuelva a limitarse a un único libro o capítulo. La falta de sintonía entre las dos partes del libro podría estar condicionada por la contradicción psicológica de los personajes. Todos los personajes de la primera parte del libro representan el papel de amantes rechazados. Todos se creen en la posición no privilegiada de amar sin ser correspondidos a pesar de que todos ellos, no obstante, lleguen a situarse en alguna que otra ocasión en la supuestamente deseada y privilegiada posición de personajes amados. El concepto de amor en Jorge de Montemayor no admite reciprocidad entre los protagonistas de los distintos casos amorosos. El amante es, por definición, rechazado, porque el amado es siempre indiferente y cruel. Los primeros tres libros de la obra representan, por lo tanto, la situación estática del amante, mientras que el estilo de los tres últimos se ajusta mucho más a la supuesta autonomía y libertad de movimiento de la que disfruta el amado desde su posición privilegiada y no sujeta al permanente rechazo.[2]

Jorge de Montemayor recurre a la Sabia Felicia y su magia ante su propia imposibilidad de salvar las distancias que separan a los personajes supuestamente buenos de los supuestamente malos, a los amantes de los amados. Felicia representa la idea de que los amantes deben ser recompensados por su fidelidad, mientras que los amados infieles deben ser castigados. Al introducir en la obra al personaje de Felicia, Montemayor muestra que él, como los narradores de sus primeros tres libros, se mantiene fiel a la idea de que «el otro», el personaje amado, es el personaje feliz. Si en los tres primeros libros se aprecia la alienación progresiva del amante, el Libro IV podría entenderse como un intento de reconciliación entre el amante y el mundo. El esfuerzo, no obstante, resulta en vano, ya que no consigue alterar la relación amante/ amado

---

[2] R. El Saffar, «Structural and Thematic Discontinuity in Montemayor's *Diana*», *Modern Language Notes*, 86 (1971), p. 184.

previamente expuesta. En lugar de poner de manifiesto que los papeles de amante y amado coexisten en todos los personajes, la solución de Jorge de Montemayor, con Felicia y su agua mágica, sólo consigue invertir estos papeles: los amantes protagonistas, Sireno y Sylvano, se vuelven felices mientras que la amada más importante, Diana, se vuelve tremendamente desgraciada.[3] Jorge de Montemayor, como sus personajes, nunca llega a ver la posible coexistencia amante/ amado, con lo que impide que la solución feliz inicialmente propuesta por Felicia pueda llegar a funcionar. Una resolución basada en la eliminación de la pasión amorosa hubiera dado lugar a un final anticlimático en una obra en la que se celebra dicha pasión. Especialmente cuando, y como reconoce Creel,

> Subjection to a cruel, alien will was well-known to a society emerging from the age of feudalism, and love literature provided an opportunity to condemn such cruelty energetically on the pretext of a purely personal aim, that of overcoming the resistance of a disdainful lover. As that literature became fashionable and its humanizing influence grew stronger, love melancholy came to be regarded, paradoxically, as the force of a new freedom: the greater the agony, the greater the force with which one was considered to be inspired.[4]

El marco teórico en el que se asienta la novela de Jorge de Montemayor favorece el análisis y la comprensión de la obra previamente mencionados. Jorge de Montemayor trata de mostrar en su novela las características que el «amor loco», o amor nacido del deseo sensual y el «amor bueno», verdadero, honesto, inspirado por la belleza espiritual, tienen en común. Pone asimismo de manifiesto que el amor de intenciones puras nacido de la razón puede dar lugar a una pasión incontrolable puesto que, como ya indicó Castiglione, nuestra alma es en extremo inclinada a los sentidos.[5] Cuando Jorge de Montemayor parafrasea los *Diálogos de amor* de León Hebreo mientras ilustra en los episodios de su *Diana* la idea de que «[a]quel exceso y ímpetu no es más propio del deshonesto que del honesto; antes es una propiedad de cualquier género

---

[3] *Ibid.*, pp. 196-197.

[4] Bryant L. Creel, «Aesthetics of Change in a Renaissance Pastoral: New Ideals of Moral Culture in Montemayor's *Diana*», *Hispanófila*, 33 (1990), p. 17.

[5] B. Castiglione, *El cortesano*, ed. Mariano Pozzi, Madrid: Cátedra, 1994, (IV, 62).

de amor»,[6] se aparta de las ideas comúnmente expresadas en los tratados de amor renacentistas más conservadores como el de Pietro Bembo en *Los Asolanos*, donde se distinguen dos caminos: el de la razón por el que discurren los instintos naturales, y el de las perturbaciones por los que se mueven los instintos no naturales que conducen al alma a su destrucción.[7]

Tanto Castiglione como Jorge de Montemayor podrían estar influidos por la idea de Ficino de que el alma humana se inclina tanto al deseo de la búsqueda de Dios como a su apetito natural por su propio cuerpo, donde este último deseo queda fuera de cualquier tipo de reproche moral.[8] Además, la aproximación de Montemayor a la diferenciación entre apetito de gratificación sexual y un tipo de pasión mucho más generalizada se basa en una ambigüedad semejante a la que puede encontrarse en el tratamiento que León Hebreo hace de este mismo tema. León Hebreo distingue entre «pasión carnal» y «pasión espiritual», aunque éste llegue a manifestar que el primer tipo de pasión al que se refiere deja de existir tan pronto como se consigue el objeto deseado, mientras que en el segundo caso la pasión sigue en aumento gracias al placer carnal:

> El amor de los amantes cuyas penas dejan cesan con la ganancia de la carnal delectación no depende de la razón sino del apetito carnal; […] sus penas y pasiones son carnales y no espirituales, como las inmensas de admirable penetración y de intolerable pungimiento que sienten los amantes cuyo amor depende de la razón. Estos tales, por el deleite carnal no consiguen remedio para su dolor, ni se les mitigan que después de tal unión son mucho mayores y más incomportables.[9]

De donde se deduce que, en un principio, la diferencia entre los dos tipos de pasión se establece en función del objeto de deseo de cada una de ellas. Después, no obstante, una vez que se llega a la conclusión de que el objeto de la pasión carnal puede ser el mismo que el de la pasión

---

[6] León Hebreo, *Diálogos de amor*, trad. Inca Garcilaso de la Vega, ed. P. Carmelo Sanz de Santa María, en *Obras completas del Inca Gracilaso de la Vega*, Madrid: Atlas, 1960, vol. I, p. 197.

[7] Todas las citas de *Los Asolanos* están sacadas de Pietro Bembo, *Opere in volgare*, Florencia: Sansoni, 1961.

[8] P. O. Kristeller, *The Philosophy of Marsilio Ficino*, trad. Virginia Conant, New York: Columbia University Press, 1943, pp. 194-195.

[9] *Diálogos*, ed. cit. p. 44.

espiritual — aunque sin alterar la naturaleza espiritual esencial de la última — la posible diferencia desaparece en tanto en cuanto el placer carnal deja de ser un objeto indigno de la pasión espiritual. Jorge de Montemayor también sigue las teorías un tanto sofistas de León Hebreo para llegar a esta noción de amor reacio a dejarse gobernar por la razón a pesar de ser fruto de la misma: «aunque el perfecto amor sea hijo de razón… no se deja gobernar por ella».[10] Lo que la *Diana* encierra, pues, tras su celebración de la castidad, es una afirmación de que la naturaleza sensual no está reñida con los fines espirituales, pudiendo llegar a ser incluso parte de los mismos. En este sentido, Jorge de Montemayor se aparta de las teorías ortodoxas de Ficino, donde se considera que el amor es un deseo de belleza a pesar de que la belleza se aparte de los sentidos más bajos.[11]

Mientras más perfecto es el amor, más apasionado se vuelve: «quanto más perfecto es, con tanto mayor velocidad y enagenamiento de sí mismo, va a buscar la persona amada».[12] Sin embargo, lejos de ser contraproducente, esta sensación se convierte en un signo de refinamiento y elevación para aquéllos que la experimentan: «en estos casos de amor… el ánimo generoso y el entendimiento delicado… lleva grandísima ventaja al que no lo es».[13] El amor, pues, pasa a ser una generosa virtud: «como el amor sea virtud y la virtud siempre haga assiento en el mejor lugar, está claro que las personas de suerte serán muy mejor enamorados que aquellas en quien ésta falta».[14] Pero la nobleza del amante no va en función de su clase social, ya que pasa a ser privilegio de los nobles de espíritu: «los que sufren más son los mejores».[15] La *Diana* es, por tanto, una contribución a ese tipo de literatura tan valorada en el Renacimiento en la que se adelantaba el culto al sufrimiento amoroso:

The wretchedness of the lover mattered insofar as he/she were unhappy and might even be destroyed physically by the sheer intensity of that unhappiness, but beyond that such suffering was a matter of such ultimate indifference that the detachment of the lover's will from his incapacitating lovesickness was emphasized with ostentation, the degree of which corresponded to the degree of

---

[10] *Ibid.*, p. 197.

[11] P. O. Kristeller, *Op. cit.*, p. 65.

[12] León Hebreo, *Diálogos*, ed. cit., p. 196.

[13] *Ibid.*, p. 170.

[14] *Ibid.*, p. 170.

[15] *Ibid.*, p. 167.

nobility of character of the one who suffered.[16]

Gaspar Gil Polo recoge el testigo de Jorge de Montemayor y publica la continuación de la *Diana* que el portugués había prometido. Sigue para ello las teorías amorosas que Pietro Bembo expone en su tratado amoroso, *Los Asolanos*. Estas teorías son más ortodoxas que las que expone León Hebreo en sus *Diálogos de amor*, que ya habían servido de fuente al autor de la primera *Diana*. Además, el continuador de Montemayor es heredero del tono moralizante de destacados humanistas del Renacimiento como Vives o Erasmo. De hecho, su continuación de la *Diana*, *Diana enamorada*, tiene una clara intención moralizadora:

That *Diana enamorada* is only apparently a continuation of Montemayor's *Diana* is obvious to anyone who has read both works with care. Gil Polo continues what he requires of Montemayor's story but only to lead the reader to a conclusion about the nature of love radically different from anything he will find stated or implied in the first *Diana*. It is clear from the tone of Gil Polo's work that he considered Montemayor's conception of love to be not only mistaken but pernicious. There is a certain puritanism about *Diana enamorada* which may not be commonly associated with the pastoral novel in most readers' minds. The shepherds and shepherdesses of pastoral are normally chaste enough but what we find in *Diana enamorada* is a denunciation in very vehement terms of what ordinarily passes for love in pastoral literature.[17]

En la novela de Gaspar Gil Polo se narra la historia de Diana, una malmaridada que, lejos de estar enamorada de su esposo, sufre por el amor no correspondido de Sireno, su primer amante, al que olvidó tras un año de ausencia para obedecer a su padre y contraer matrimonio con un tercero llamado Delio. Pero la Diana de Gaspar Gil Polo, a pesar de estar tocada de la pasión amorosa, se comporta en todo momento con decoro de casada fiel hasta que un segundo matrimonio con su amado Sireno remedia su pasión amorosa y resuelve su caso felizmente. Gaspar Gil Polo teme la reacción de los lectores aludiendo a su intención moralizadora desde la epístola preliminar con la que abre su obra:

---

[16] Bryant L. Creel, *op. cit.*, pp. 8-9.

[17] R. O. Jones, «Bembo, Gil Polo, Garcilaso», *Revue de Littérature Comparée*, XL (1966), p. 526.

A este libro nombré *Diana enamorada,* porque, prosiguiendo la *Diana* de Montemayor, me pareció convenirle este nombre, pues él dejó a la pastora en este trance. El que tuviere por deshonesto el nombre de *enamorada* no me condene hasta ver la honestidad que aquí se trata, el decoro que aquí se guarda en la persona de Diana, así en su plática como en el secreto con que encubre su pasión, y el fin a que se encamina esta obra, que no es otro sino dar a entender lo que puede y sabe hacer el Amor en los corazones, aunque sean tan libres y tan honestos como el de Diana; las penas que pasan sus aficionados y lo que importa guardar el alma de tan dañosa enfermedad.[18]

Gaspar Gil Polo recurre al matrimonio como medio para curar la pasión amorosa de Diana, y basa su defensa del mismo en la crítica al amor que lleva a cabo en su novela siguiendo las teorías de Pietro Bembo. La idea de que el amor es una trampa capaz de envenenar las mentes de los hombres aparece así en la *Diana enamorada:*[19]

Y en fin todas las hazañas que se cuentan del Amor, no son cosa que nuestras miserias y flojedades. Y puesto caso que las tales proezas fuesen suyas, ellas son de tal calidad que no merecen alabanza. ¿Qué grandeza es cautivar los que no se defienden? ¿Qué braveza acometer los flacos? ¿Qué valentía herir los descuidados? ¿Qué fortaleza matar los rendidos? ¿Qué honra desasosegar los alegres? ¿Qué hazaña perseguir los malaventurados? Por cierto, hermosa pastora, los que quieren tanto engrandecer este Cupido, y los que tan a su costa le sirven, debieran, por su honra, darle otras alabanzas, porque con todas éstas el mejor nombre que gana es el de cobarde en los acometimientos, cruel en las obras, vano en las intenciones, liberal de trabajos y escaso de gualardones.[20]

---

[18] Gaspar Gil Polo, *Diana enamorada,* ed. Francisco López Estrada, Madrid: Castalia, 1988, p. 83.

[19] Gaspar Gil Polo recurre al tratado de Pietro Bembo: «Senza fallo esso Amore niuno è che piacevole il chiami, niun dolce, niuno umano il nomò giamai: di crudele, d'acerbo, di fiero tutte le carte son piene. Leggete d'Amore quanto da mille se ne scrive: poco o niente altro in ciascun troverete che dolore. Sospirando i versi in alcuno, piangono di molti i libri interi: le rime, gl'inchiostri, le carte, i volumi stessi son fuoco. Sospizioni, ingiurie, nimicizie, guerre già in ogni canzone si raccontano, nella quale d'amor si ragioni; e sono questi in amore mediocri dolori. Disperazioni, rubellioni, vendette, catene, ferite, morti, chi può con l'animo non tristo o ancora con gli occhi asciutti trapassare?» (ed. cit., p. 27)

[20] *Diana enamorada,* ed. cit., p. 101.

De un modo similar, Alcida pone de manifiesto en esta obra que el amor es un invento, un producto de las mentes ociosas «el cual es fingido por vanos entendimientos, seguido de deshonestas voluntades y conservado en las memorias de los hombres ociosos y desocupados».[21] También cuestiona Alcida en el transcurso de su intervención las atribuciones del Dios Cupido, a quien identifica con la causa de muchos efectos negativos:

Porque viendo que los hombres por querer bien padecían tantos males, sobresaltos, temores, cuidados, recelos, mudanzas y otras infinitas pasiones, acordaron de buscar alguna causa principal y universal, de la cual, como de una fuente, naciesen todos estos efectos. Y así inventaron el nombre de Amor llamándolo dios, porque era de las gentes tan temido y reverenciado. [22]

Otra idea que llega a *Diana enamorada* a través del tratado de Pietro Bembo es la de que el amor depende única y exclusivamente de la voluntad humana, ya que las canciones de los enamorados «son maneras de hablar y sobrados encarecimientos con los que los enamorados venden por muy peligrosos sus males, pues tan ligeramente se vuelven de cautivos, libres, y vienen de un amor ardiente, a un olvido descuidado».[23]

---

[21] *Ibid.*, p. 99. La consideración de Alcida no sería significativa si Perottino no hubiera defendido una postura similar en *Los Asolanos* de Pietro Bembo: «Amore, valorose donne, non figliuolo di Venere, come si legge nelle favole degli scrittori, [...] ma da soverchia lascivia e da pigro ozio degli uomini, oscurissimi e vilissimi genitori, nelle nostre menti procreato, nasce da prima quasi parto di malizia e di vizio, il quale esse menti raccolgono» (ed. cit., p. 23)

[22] *Diana enamorada*, ed. cit., p. 99. Para ello, la Alcida de Gaspar Gil Polo también sigue la siguiente argumentación de Pietro Bembo: «In quel tempo adunque che il giovane mondo i suoi popoli poco ammaestrati avea, fu Amore insieme con molti altri fatto Idio, si come tu di', Lisa, non per altro rispetto se non per dimostrare a quelle grosse genti con questo passione poteva. E veramente se noi vogliamo considerando traspassar nel potere, che Amore sopra di noi ha e sopra la nostra vita, egli si vedrà chiaramente infiniti essere i suoi miracoli a nostro gravissimo danno e veramente maravigliosi, cagione giusta della deità dalle genti datagli, si come io dico» (*Opere*, ed. cit., p. 29)

[23] *Diana enamorada*, ed. cit., p. 97. Estas palabras también tienen su origen en *Los Asolanos*: «Il quale, se con diritto occhio si mira, non che egli nel vero non sia Idio, il che essere sarebbe sceleratezza pure a pensare non che mancamento a crederlo, anzi egli non è altro se non quello che noi medesimi vogliamo. Per ciò che conviene di necessità che Amore nasca nel campo de' nostri voleri, senza il

La última arenga de Felicia tiene una clara intención moralizadora. En ella la diosa defiende la importancia del amor verdadero y honesto sobre los efectos negativos de Cupido. Según explica Felicia, el amor honesto y verdadero constituye el único camino posible hacia la virtud, la perfección, el conocimiento, y las cosas espirituales: «Éste es el honesto y permitido amor, con el cual a las virtudes, habilidades, perfecciones, sabidurías y cosas celestiales nos aficionamos».[24] La Felicia de Gil Polo, además, expone sus teorías del amor al final de la obra. Según estas teorías, la razón es el concepto opuesto a la idea de Cupido previamente defendida en las obras:

> Por donde tengo por cierto que este Cupido, si algo es, será el desenfrenado apetito, y porque de este tan ordinariamente queda vencida la razón, se dice que los hombres del amor quedan vencidos. Hablo ahora del amor terreno, que está empleado en las cosas bajas, no tratando del verdadero amor de las cosas altas y perfectas, al cual no le cuadra el nombre de Cupido, pues no nace del sensual y codicioso apetito, antes tiene puesto su fundamento en la cierta y verdadera razón.[25]

Con la exposición de las teorías amorosas de Pietro Bembo queda

---

quale, si come pianta senza terreno, egli aver luogo non può giamai. É il vero che, comunque noi, ricevendolo, nell'animo gli lasciamo aver piè e nella nostra volontà far radici, egli tanto prende di vigore da se stesso, che poi nostro mal grado le più volte vi rimane, con tante e così pungenti spine il cuore affliggendoci e così nuove maraviglie generandone, come ben chiaro conosce chi lo pruova». (Pietro Bembo, *Opere*, ed. cit., p. 39)

[24] *Diana enamorada*, ed. cit., pp. 313-314. Romito también expresa ya una opinión paralela a la de Felicia en el tratado de Pietro Bembo: «... il falso e terrestre e mortale amor spogliandosi, si vestiranno il vero e celeste e immortali...» (*Opere*, ed. cit., p. 161)

[25] *Diana enamorada*, ed. cit., p. 313. En la obra de Pietro Bembo: «Certo, sì come a chi in quelle guisa ama, le più volte aviene che quelle venture lo seguono, che ci disse Gismondo che seguivano gli amanti: risvegliamento d'ingegno, sgombramento di sciocchezza, accrescimento di valore, fuggimento d'ogni voglia bassa e villana e delle noie bella vita in ogni luogo in ogni tempo dolcissimo e salutevolissimo riparo; così a chi in questa maniera disia, altro che male avenire non gliene può, per ciò che bene spesso quell'altre sciagure lo 'ncontrano, nelle quali ci mostrò Perottino che incontravano gli amanti, cotante e così gravi: scorni sospetti, pentimenti, gelosie, sospiri, lagrime, dolori, manchezza di tutte le buone opere, di tempo, d'onore, d'amici, di consiglio, di vita e di medesimo perdezza e distruggimento». (*Opere*, ed. cit., p. 133)

justificada la necesidad del matrimonio como medio para curar la pasión amorosa que se defiende en la *Diana enamorada*. Como buen servidor de su rey, Gaspar Gil Polo sigue los postulados contrarreformistas y escribe la continuación de una obra que, para ser moral, requiere del casamiento de la protagonista femenina:

> Aquí está tu Amador antiguo Sireno, cuyo corazón por arte mía y por la razón que a ello le obliga, está tan blando y mudado de la pasada rebeldía, como es menester para que sea contento casarse contigo. Lo que te ruego es que obedezcas a mi voluntad, en cosa que tanto te conviene, porque aunque parezca hacer agravio al marido muerto casarse tan prestamente, por ser cosa de mi mano y haber entrevenido en ella mi decreto y autoridad, no será tenida por mala. Y tú, Sireno, pues comenzaste a dar lugar en tu corazón al loable y honesto amor, acaba ya de entregarle tus entrañas, y efectúese este alegre y bien afortunado casamiento, al cumplimiento del cual son todas las estrellas favorables.[26]

Gaspar Gil Polo es por tanto un seguidor del Concilio de Trento que, ante las críticas recibidas por la *Diana* de Jorge de Montemayor, trata de cerrar las heridas abiertas por su predecesor recurriendo al matrimonio como medio para curar la pasión amorosa de Diana, quien había quedado en este trance en la obra de Jorge de Montemayor. La primera *Diana* es precisamente un canto a la pasión amorosa en la que los personajes no interaccionan, ya que la curación amorosa a través del matrimonio no es necesaria cuando lo que se exalta es la sensualidad y el sufrimiento amoroso destinado a ennoblecer los corazones.

ଓ ଯ

Como digno sucesor del autor de *Los siete libros de la Diana*, Cervantes cuestiona en su *Galatea* los mismos preceptos con los que la Contrarreforma cuestiona la moralidad de la obra de Jorge de Montemayor. La negación de los estereotipos y los convencionalismos sitúa a *La Galatea* de Cervantes en una posición intermedia, a modo de cruce de caminos, en el que se cuestionan preceptos y convencionalismos al mismo tiempo que se elimina la adhesión a cualquier tipo de filosofía o tratado

---

[26] *Diana enamorada*, ed. cit., p. 259.

amoroso.[27] Muestra de ello es el hecho de que este «digno sucesor de Montemayor» diga admirar a Gaspar Gil Polo y no tenga inconveniente alguno en elogiarlo tanto en su «Canto de Calíope» como en el *Quijote* (I, 6), sin que esto conlleve que en el mismo *Quijote* se sigan los preceptos contrarreformistas que llevaran a Gaspar Gil Polo a escribir una continuación de intención moralizadora para la primera *Diana*.[28] La posición intermedia de *La Galatea* de Cervantes rompe, por tanto, con la evolución lineal representada por *La Diana* de Jorge de Montemayor y su continuación, *Diana enamorada*, en lo que a tratados amorosos se refiere. Esto es, el paso de la celebración de la pasión amorosa que se da en *La Diana* a la curación de la misma que se lleva a cabo en la obra de Gaspar Gil Polo.[29]

Como en el Libro IV de *La Diana* de Jorge de Montemayor, Cervantes también incluye una discusión sobre la naturaleza de la belleza y el amor en el Libro IV de su *Galatea*, con la que sostiene el armazón espiritual del libro. Para ello enfrenta a dos pastores, Tirsi y Lenio, con dos conceptos de amor inicialmente opuestos. Según expone el desamorado Lenio, la infelicidad amorosa tiene lugar porque nunca se consigue gozar «perfecta y enteramente» la belleza corpórea; ésta nos es ajena, y lo extraño no depende del propio albedrío sino de la fortuna y caso arbitrarios. Las perturbaciones o pasiones del ánima son cuatro: el exceso de deseo, el de alegría, el de temor de miserias venideras y el dolor de las calamidades actuales. El desear demasiado es propio del amor; y este exceso mueve desórdenes, y contra él no puede razón; y no es único, sino que de él se derivan otros muchos. Además, los deseos son diversos, según los objetos y fortunas de los amadores. Fáciles son los principios de este amor, y sus efectos, difíciles y desastrosos:

> Amor es fuego que consume el alma,
> yelo que yela, flecha que abre el pecho

---

[27] F. López Estrada, «Influencia italiana en *La Galatea* de Cervantes», *Comparative Literature*, 4 (1952), pp. 162-166.

[28] Justamente, cuando el cura responde al barbero refiriéndose a las continuaciones de la *Diana*: «Pues la del Salmantino —respondió el cura—, acompañe y acreciente el número de los condenados al corral, y la de Gil Polo se guarde como si fuera del mesmo Apolo; y pase adelante, señor compadre, y démonos prisa, que se va haciendo tarde». Véase Miguel de Cervantes, *El ingenioso hidalgo Don Quijote de la Mancha*, ed. Vicente Gaos, Madrid: Espasa Calpe, 1987, p. 145.

[29] Sobre las fuentes de esta discusión véase G. Stagg, «Plagiarism in *La Galatea*», *Filologia Romanza*, 6 (1959), pp. 225-276.

> que de sus mañas vive descuidado;
> turbado mar do no se ha visto calma,
> ministro de ira, padre del despecho,
> enemigo en amigo disfrazado,
> dador de escasso bien y mal colmado,
> afable, lisongero,
> tirano crudo y fiero.[30]

Tirsi contesta a Lenio alegando que amor y deseo «vienen a ser diferentes afectos de la voluntad».[31] El amor es de tres maneras: honesto, útil y deleitable. El honesto mira a lo eterno y lo divino; el útil, a lo terreno —riquezas, mandos y señoríos; el deleitable, a las cosas gustosas y placenteras. Las tres maneras de amor merecen alabanza: el honesto sólo para en Dios; las otras dos son naturales: el deleitable más que el provechoso. El carácter natural procede del pecado de orígenes y de sus consecuencias: el útil es amor que sirve para conservar la vida humana; el deleitable, para perpetuarla. Y si hay alguna maldad, está en los accidentes que se allegan al amor, no en éste. Y por el amor se conoce la belleza; los antiguos filósofos, por el camino de las bellezas terrenales, llegaron a la primera causa de las causas y conocieron que había un solo principio sin principio de todas las cosas; admiróles la obra de la naturaleza, mayordoma de Dios, sobretodo, el cuerpo humano «porque en la figura y compostura del hombre se cifra y cierra la belleza que en todas las otras partes della se reparte, y de aquí nasce que esta belleza conocida se ama»:[32]

> Es el amor principio del bien nuestro,
> Medio por do se alcanza y se grangea
> El más dichoso fin que se pretende,
> De todas sciencias sin igual maestro;
> Fuego que, aunque de yelo un pecho sea,
>
> En claras llamas de virtud le enciende;
> Poder que al flaco ayuda, al fuerte offende.[33]

Como Gaspar Gil Polo cuando trata de curar la pasión amorosa de

---

[30] Miguel de Cervantes, *La Galatea*, ed. J. B. Avalle-Arce, Madrid: Espasa Calpe, 1987, p. 305, vv. 8-16.

[31] *Ibid.*, p. 308.

[32] *Galatea*, ed. cit., p. 310.

[33] *Ibid.*, pp. 316-317, vv. 15-21.

Diana a través del matrimonio, Tirsi también considera que el matrimonio es un buen remedio para controlar el uso perverso de amor conducente a excesos negativos capaces de conseguir que cualquier cosa buena se convierta en mala. Lenio cambia su posicionamiento teórico, evoluciona, y acaba aceptando su derrota cuando reconoce haberse enamorado sin respuesta:

> Ahora puedes, famoso pastor, tomar justa venganza del atrevimiento que tuve de competir contigo, defendiendo injusta causa que mi ignorancia me proponía. Ahora digo que puedes levantar el brazo, y con algún agudo cuchillo traspasar este corazón, donde cupo tan notoria simpleza como era no tener al amor por universal señor del mundo. Pero de una cosa te quiero advertir: que si quieres tomar al justo la venganza de mi yerro, que me dejes con la vida que sostengo, que es tal, que no ay muerte que se le compare.[34]

Esto no significa, no obstante, que la obra de Cervantes experimente una evolución paralela a la que se da en las dos Dianas. Lenio es capaz de reconocer su derrota, de llegar a enamorarse perdidamente, porque no es un constructo teórico que existe en función de la defensa de ninguna doctrina amorosa concreta.[35] Como Lenio, Cervantes tampoco da muestras de comulgar en su *Galatea* con ningún tratado amoroso concreto. Por este motivo, en su obra, los personajes capaces de evolucionar como Lenio, se cruzan con personajes como Gelasia que se mantienen obstinadamente en el campo opuesto porque así lo sienten.[36] Precisamente, el mismo Lenio acaba enamorándose de una dama que ni lo corresponde ni parece dar muestras de cambio a pesar de los consejos que el pastor recibe del viejo Damon:

---

[34] *Ibid.*, pp. 400-401.
[35] Sobre Lenio y su derrota y sometimiento final al amor véase el estudio sobre los personajes de la obra en M. Ricciardelli, «Originalidad de *La Galatea* en la novela pastoril española». Montevideo: Publicaciones lingüísticas y literarias del Instituto de Estudios Superiores de Montevideo, 1966, pp. 3-28.
[36] Véase F. López Estrada, «*La Galatea* de Cervantes. Estudio Crítico». La Laguna: Secretariado de Publicaciones de la Universidad de La Laguna, 1948, p. 93. El autor explica en este punto de su estudio: «No es necesario insistir en el origen de los elementos que forman el «puzzle» de Lenio y de Tirso; la creación está en la fuerza cohesiva de ellos mismos que forman unidades contrapuestas, a las que se sienten adheridos por entero, con un criterio vital, unos u otros personajes. No importa que Lenio sucumba a sus teorías y que se pase al bando de Tirso».

No cedáis a los peligros, porque la gloria será tanta que quite el sentimiento de todo dolor. Y como a los antiguos capitanes y emperadores, en premio de sus trabajos y fatigas, les eran, según la grandeza de sus victorias, aparejados triunfos, así a los amantes les están guardados muchedumbre de placeres y contentos, y como a aquéllos el glorioso recibimiento les hacía olvidar todos los incómodos y disgustos pasados, así al amante de la amada amado.[37]

Todo esto, en una obra en la que, como en la continuación de *La Diana* que llevara a cabo Gaspar Gil Polo, el matrimonio no sólo se justifica filosóficamente en el discurso de Tirsi, sino también en el del desamorado Lenio, quien lo señala como función del amor en la mayor exaltación del amor matrimonial que se da en la obra.[38] En Cervantes no existe ninguna intervención mágica o prodigiosa a favor de los amantes. Por eso los casos amorosos se cierran con el matrimonio, sin que puedan existir amores fuera del mismo:

All other lovers must set their sights realistically, and follow the golden road of moderation. This is the final statement on love in the Galatea. The realization that Christian marriage is the only acceptable solution to pastoral love is a paradox that effectively precludes a viable continuation to the novel. The pastoral romance can barely tolerate a single wedding, much less the multiple nuptials that a continuation would logically entail.[39]

De hecho, Cervantes es el único autor pastoril que explica las razones del matrimonio:

Y viendo asimismo que la belleza humana había de llevar tras sí nuestros afectos e inclinaciones, ya que no le pareció quitarnos este deseo, a lo menos quiso templarle y corregirle, ordenando el santo yugo del matrimonio, debajo del cual al varón y a la hembra los más de los gustos y contentos amorosos naturales les son lícitos y debidos.[40]

Quizás por este motivo, aunque la influencia de Pietro Bembo esté clara ya que existen calcos literales de Pietro Bembo cuando Lenio parte

[37] *Galatea*, ed. cit., p. 315.
[38] F. López Estrada, *Op. cit.*, p. 36.
[39] John T. Cull, *Op. cit.*, p. 71.
[40] *Galatea*, ed. cit., p. 311.

de la afirmación de que el amor es deseo de belleza y explica: «el amor que la belleza corporal amare como último fin suyo, este tal amor no puede ser bueno, y éste es el amor de quien yo soy enemigo»,[41] se está refiriendo a ese mismo tipo de amor que acarrea la «asolación de ciudades, ruina de Estados, destrucción de imperios y muertes de amigos» al que ya se habían referido Gaspar Gil Polo y Pietro Bembo como un amor que trae consecuencias negativas como en Mirra, Píramo y Medea. Esto es, el mismo amor al que Felicia llama en *La Diana enamorada* de Gaspar Gil Polo: «amor terreno que está empleado en las cosas baxas», también hay autores que han rastreado la presencia de León Hebreo, y quizás por ese mismo motivo, Cervantes ponga en boca de Damon su celebración de la no adhesión a ninguna teoría amorosa concreta y su crítica a cualquier tipo de convención que condicione un comportamiento social determinado:[42]

> No permanece siempre en un estado
> el bien ni el mal, que el uno y otro vase;
> ...
> La sujeción se cambia en señorío,
> en placer el pesar, la gloria en viento,
> che per tal variar natura è bella.

œ ∞

El análisis de las obras de Shakespeare *Love's Labours' Lost* y *As You Like It* indica una evolución paralela a la que se da en *La Diana* de Jorge de Montemayor y la continuación de la misma llevada a cabo por Gaspar Gil Polo en materia de teoría amorosa. La senda recorrida por Shakespeare en estas dos obras es paralela, a su vez, a la que recorre Gaspar Gil Polo cuando se decide a continuar la obra de Jorge de Montemayor. Shakespeare, sin embargo, para alcanzar el mismo final feliz consistente en matrimonio defendido por la Contrarreforma que Gaspar Gil Polo decidió añadir a la *Diana* de Jorge de Montemayor, sigue la línea de Cervantes y se apoya en la crítica a las convenciones sociales y los estereotipos en lugar de tratados amorosos ortodoxos como el de Gaspar Gil Polo. Las dos obras de Shakespeare tienen características en común con *La Galatea* de Cervantes, previamente considerada punto de inflexión

---

[41] *Ibid.*, p. 296.

[42] F. López Estrada, *Op. cit.*, pp. 81-117.

entre las trayectorias comunes de los dos pares de obras objeto de estudio. *Love's Labours' Lost*, sin embargo, no se ajusta a ninguna teoría amorosa concreta, siendo éste el motivo por el que la resolución feliz de sus casos amorosos no marca el final de la obra. Por eso no tiene un final, una resolución de los casos. En *As You Like It*, no obstante, se llega a la resolución feliz de los casos tal y como se hacía en *Diana enamorada*. Sin embargo, al contrario de lo que ocurre en la obra de Gaspar Gil Polo, esto se consigue gracias al cuestionamiento previo de cualquier tipo de teoría.

Tanto *Love's Labours' Lost* como *As You Like It* transcurren en ambientes alejados de lo urbano en los que sus personajes se encuentran recluidos bien por voluntad propia como ocurre en la primera, bien forzados por los entramados de la corte. Esta vida de reclusión es literaria y artificiosa en ambos casos a pesar de que en las dos obras existen dos personajes femeninos, Jaquenetta y Audrey, quienes no forman parte de este mundo a pesar de vivir en él. En ambas obras se dan cuatro casos amorosos, aunque sólo en la segunda de ellas se llega a alcanzar la resolución feliz de los mismos gracias a que el personaje cortesano femenino de *As You like It* llamado Rosalind se encarga de romper con los postulados neoplatónicos que condicionan la reclusión en *Love's Labour's Lost*:

> *Love's Labour's Lost* and *As You Like It* are a symmetrical diptych, possibly based upon the concept of the Labours of Hercules. The conventional dating of the latter play c. 1600 may be six or seven years too late, based on a revised text. *Love's Labour's Lost* narrates the story of an unsuccessful courtship, important ingredients of which, we might add, are its rejection or perversion of the traditional values of Christian pastoral. As accounts of the ways in which *As You Like It* corresponds to, or elaborates upon, or satirizes, or subverts, the pastoral convention are legion, I will concentrate on the internal evidence which might induce us to decide that *Love's Labour's Lost* is, as it were, the anti-masque *to As You Like It*'s masque.[43]

Al contrario de lo que ocurre en *La Diana* de Jorge de Montemayor, los personajes de *Love's Labour's Lost* no llegan a interaccionar o a relacionarse entre sí:

---

[43] D. A. Ormerod, «*Love's Labour's Lost* and Won. The case for *As You Like It*», *Cahiers Elisabethains*, 44 (1993), p. 12.

In *As You Like It,* however, education and love go hand-in-hand: Orlando listens to Rosalind, and they converse, rather than competing in a victor/vanquished mode. It is inevitable, therefore, that in *Love's Labour's Lost,* disputation, rather than conversation, leads to rejection; the women turn their backs on the men, and decline to participate in celebratory dance. The men's efforts to impress are really a form of self-love, whereas, in *As You Like It,* the final dance has the full Renaissance cosmological undertone, man's microcosmic mimicry of the macrocosmic harmony of the heavens.

In *Love's Labour's Lost,* love-letters are furtive objects of shame, hidden, and denied by their senders. Orlando's attitude to his love is open —he tells the world of it through his banal verses. This extends to the nature of disguise as it figures in both plays. The disguise of Navarre and his friends is a genuine attempt at deception in order to dupe the mistreated guests, and it produces anger and discord. The men do not behave as good hosts, attempting to make sport at the guests' expense. They are ungentle men. In *As You Like It,* however, disguise is constructive; the creation of Ganymede on Rosalind's part leads to a successful wooing and an education in keeping faith.[44]

El cortejo se entiende en esta obra de Shakespeare como el más refinado y emblemático de los juegos sociales. Se gana o se pierde dependiendo no sólo de la habilidad de los participantes, sino también de la suerte. Hombres y mujeres nunca juegan en un mismo equipo en esta obra de Shakespeare. Aparecen siempre claramente diferenciados, ya que los hombres no tienen un buen concepto de las mujeres de las que se enamoran mientras que éstas, a su vez, parecen burlarse constantemente de la falta de inteligencia de los hombres que las cortejan. Las mujeres, por su parte, no se comportan como amadas ideales, ya que no sólo son capaces de responder con burlas a las declaraciones amorosas de sus amantes, sino de criticar el carácter afectado de las mismas. Pero los hombres tampoco cumplen los preceptos del buen amante petrarquista, por mucho que utilicen un estilo afectado cuando intentan cortejar a sus damas. La mejor prueba de ello es el hecho de que no sean capaces de reconocer a sus damas en la fiesta de disfraces y dediquen sus quejas amorosas a la persona equivocada. El cortejo se vuelve, pues, un juego de tintes antipetrarquistas que pasa por la falta de espiritualidad que el amor experimenta en favor de la sensualidad.

---

[44] D. A. Ormerod, *op. cit.,* p. 16.

Love's Labour's Lost consiste en la celebración de la gratificación sensual más que del matrimonio, por lo que la resolución final, feliz y socialmente esperada de los casos amorosos carece aquí de tanto sentido como carecía en *La Diana* de Jorge de Montemayor:

> The fact that the dialogues between the two groups of lovers always walk the fine line between earnestness and playfulness makes the lack of comedic closure less conspicuously conflicting with the generic horizon of expectations which would anticipate a definite, socially and sexually stabilizing, resolution. The agreement to postpone all final decisions is not incongruous with the preceding action which has encouraged interaction but not commitment.

Shakespeare's dramatization of the critical potential of the courtier's self-consciousness... draw out the implications of the *Courtier*, whose author, conscious of the way in which rhetoric constructs the conditions of social life, also suggests the potential for mobility and mutability that such consciousness implies.[45]

As You Like It presenta una situación parecida a la de *Love's Labour's Lost*, ya que aquí también se cuestionan las convenciones establecidas. De hecho, en un momento concreto de *As You Like It*, Rosalind también llega a burlarse de los sonetos que Orlando le dedica. La diferencia es que aquí la interacción entre los protagonistas de los distintos casos amorosos es posible, ya que existe una intención real de llegar a alcanzar una unión que marque el final feliz. No sería posible de otro modo que dicha resolución pudiera llevarse a término:

With acknowledgement of a new moral prestige in love and marriage, and greater acceptance of a kind of equality in the marital relationship as portrayed on the English stage, the popular romantic comedies of the 1590s, including Shakespeare's, found itself in a position to move increasingly towards accommodation and mutuality. Shakespeare controls the impulse towards misogyny... to find a resolution of sexual conflict through the male discovery that most of the misogynistic feeling is chimerically in himself rather than in the women.[46]

---

[45] D. Baldini, «The Play of the Courtier: Correspondences between Castiglione's *Il libro del Cortegiano* and Shakespeare's *Love's Labour's Lost*», *Quaderni d' italianistica*, 18.1 (1997), pp. 17-18, 19.

[46] D. Bevington, «'Jack hath not Jill': Failed Courtship in Lyly and Shakespeare», *Shakespeare Survey*, 42 (1990), p. 10

La crítica antipetrarquista necesaria para la feliz resolución de los casos amorosos de *As You Like It* queda suficientemente reflejada en la situación de los personajes femeninos de la obra llamados Audrey y Rosalind ya que Audrey, por el simple hecho de ser una cabrera no idealizada, tiene muchos menos problemas que la cortesana Rosalind a la hora de alcanzar un mismo final feliz. Touchstone es un bufón de corte que muestra su amor por la cabrera no idealizada, Audrey, de modo consciente y natural: «As the ox hath his bow sir, the horse his curb, and the falcon her bells, so man hath his desires, and as pigeons bill, so wedlock would be nibbling».[47] No puede cortejarla con ninguna canción de corte petrarquista que ella es incapaz de comprender, así que no tiene que esconder sus verdaderas intenciones tras la máscara de un discurso idealizado: «When a man's verses can not be understood, nor a man's good seconded with the forward child, understanding, it strikes a man more dead than a great reckoning in a little room» (III, iii, 9-12). Hubiera preferido que las cosas fueran de otro modo: «I do truly. For thou swear'st to me thou art honest. Now, if thou wert a poet, I might have some hope thou didst feign» (III, iii, 21-23), pero acaba concluyendo: «be it as it may be, I will marry» (III, iii, 36-37).

El amor del bufón de la corte acaba conduciendo a la cabrera Audrey al matrimonio que ella abiertamente desea: «I do desire it with all my heart; and I hope it is no dishonest desire, to desire to be a woman of the world» (V, iii, 3-4) —esto es, una mujer casada. El deseo de ser una mujer libre no sujeta a las convenciones cortesanas, los tratados amorosos y los libros de conducta resulta muy honesto en una obra en la que es precisamente esa liberación lo que permite la libre expresión de los sentimientos necesaria para alcanzar no sólo la feliz resolución de cualquier caso amoroso, sino también el matrimonio que muchas mujeres necesitan para alcanzar una posición social segura en la época.

En el caso amoroso protagonizado por los personajes cortesanos Rosalind y Orlando, Rosalind no tiene la posibilidad de conocer las verdaderas intenciones que su amado Orlando, condicionado por la tradición, sólo puede expresar de manera velada a través de los poemas que le dedica a su dama. La falta de confianza en Orlando impide a

---

[47] Véase William Shakespeare, *As You Like It*, ed. A. Brissenden, Oxford: Oxford University Press, 1993, III, iii, 72-74. El resto de las referencias a esta obra corresponden a esta misma edición, y se citan entre paréntesis en el texto. Sobre amor consciente y amor natural, véase J. Sproxton, *The Idiom of Love: Love Poetry from the Early Sonnets to the Seventeenth Century*, Liverpool: Duckworth, 2000, pp. 15-33.

Rosalind expresar sus verdaderos sentimientos abiertamente. A lo largo de la obra, ella solo puede compartir su secreto con su prima Celia: «O coz, coz, coz, my pretty little coz, that thou didst know how many fathom deep I am in love! But it can not be sounded» (IV, i, 188-190), o esconderse tras su disfraz de Ganymede para tratar de ayudar a Orlando a conocer sus verdaderos sentimientos: «You may as soon make her that you love believe it, which I warrant she is apter to do than to confess she does. That is one of the points in the which women still give the lie to their consciences» (III, ii, 369-372).

Tanto Rosalind como Audrey consiguen casarse finalmente con sus respectivos contrayentes a pesar de sus diferentes clases sociales y de las condiciones tan diferentes en las que se desarrollan sus historias amorosas. Al ser mujeres en una época en la que éstas solo existían en función de su relación con el paradigma del matrimonio, no es de extrañar que ambas mujeres prefieran disfrutar de un matrimonio que les proporcione una posición social segura en el futuro. Por este motivo, ambas mujeres se deciden a cumplir con los rituales del matrimonio. Audrey acaba cumpliendo todos los requisitos para poder acceder a la posición de esposa casta y fiel que le permitirá llegar a ser una viuda respetada en el futuro a pesar de su falta de idealización. Puede que ella sea honesta en lugar de virgen: «Well, I am not fair, and therefore I pray the gods make me honest» (III, iii, 29-30), y que esta honestidad se deba más a su fealdad que a su condición: «Truly, and to cast away honesty upon a foul slut were to put good meat into an unclean dish» (III, iii, 31-32). También es posible que ella no descubra las posibilidades del matrimonio hasta que Jacques no le advierte a Touchstone que se case con ella para evitar vivir «in bawdry».[48] De otra manera, es muy probable que ella hubiera aceptado como natural la unión clandestina que Touchstone confiesa preferir al matrimonio: «I am not in the mind but I were better to be married of him than of another, for he is not like to

---

[48] Jaques pertenece a una tercera categoría de salvajes según G. M. Pinciss, «The Savage Man in Spenser Shakespeare and Renaissance English Drama». *The Elizabethan Theatre*, VIII (1979), p. 83. «This species is composed of those who reject civilized life, take up residence alone, and gradually reverse the process of acculturation... Their reasons for fleeing the society of men may vary, but most frequently they are either ordered into exile or banishment —usually as a result of slander— or they suffer from the betrayal of love or friendship». Véase también W. Schleiner, «Jaques and the Melancholy Stag». *English Language Notes*, XVII, 3 (1980), pp. 175-179, y M. D. Faber, «On Jaques: Psychoanalytic Remarks», *The University Review*, 2 (1969), pp. 91-96.

marry me well; and not being well married, it will be a good excuse for me hereafter to leave my wife» (III, iii, 81-84). De todas formas, su papel de personaje rústico e inculto le permite expresar sus deseos de casarse libremente, sin necesidad de probar las verdaderas intenciones de Touchstone previamente.

La cortesana Rosalind, mientras tanto, tiene que superar más obstáculos que la rústica Audrey para poder llegar a casarse con su amado Orlando. Su origen cortesano niega tanto a Rosalind como a su amado Orlando la posibilidad de expresar sus sentimientos libremente, tal y como lo hacen Touchstone y Audrey. Obligado a profesar un amor idealizado a Rosalind, Orlando se siente incapaz de expresar su intención de casarse con ella en sus poemas. Obligada a mostrar un comportamiento acorde con las convenciones cortesanas, Rosalind también se siente incapaz de reconocer su amor por Orlando o sus deseos de casarse con él abiertamente. Lo único que Rosalind puede hacer es esconderse tras la identidad de Ganymede para participar con Orlando en un simulacro de debate amoroso bastante peculiar que nunca hubiera tenido lugar si Orlando hubiera creído estar hablando con su amada Rosalind en lugar de con el pastor Ganymede.[49] El debate en el que Orlando cree estar fingiendo cortejar a Rosalind mientras dirige sus quejas amorosas al pastor Ganymede, cuya verdadera identidad desconoce, sigue las pautas de un debate convencional hasta que Rosalind disfrazada de Ganymede subvierte todas las convenciones cortesanas y conduce el debate hacia el matrimonio que ella profundamente desea: «*Ros.* Then you must say 'I take thee Rosalind for wife'. / *Orl.* I take thee Rosalind for wife» (IV, i, 122-124).

Las relaciones amorosas no cumplen los requisitos de la convención en esta obra de Shakespeare ni siquiera en aquellos casos en los que sus protagonistas son pastores y pastoras idealizados como Silvius and Phebe. En un primer momento todo parece funcionar según la convención. Silvius se define a sí mismo como un amante cortesano y, desempeñando su papel, no duda en cortejar a Phebe ni en identificarla con a causa de su muerte mientras la corteja.[50] No obstante, la convención se subvierte tan pronto como Phebe, enamorada de Ganymede sin saber

---

[49] Rosalind no sólo prueba a su amado en el sentido petrarquista, sino en función de los preceptos de Ovidio. Véase al respecto D. J. Oestreich-Hart, «Therefore, Since I Cannot Prove a Lover», *Studies in English Literature, 1500-1900*, 40, 2 (2000), pp. 241-260.

[50] Ovidio aconseja a los amantes que recurran a la idea del suicidio: «ut fragilis glacies, interit ira mora». Véase P. Ovidio, *Ars amatoria*, ed. E. J. Kennedy, Oxford: Oxford University Press, (I.374).

que éste es el nombre que adopta Rosalind para refugiarse en el bosque disfrazada de pastor, se decide a aceptar el amor de Silvius, sin necesidad de cortejo, en cuanto descubre la verdadera identidad de su amado.

Todos los obstáculos que separan a estas dos parejas de personajes del matrimonio quedan finalmente resueltos, sin necesidad de cortejo, gracias a la incógnita o la serie de malentendidos que Rosalind despeja siete veces consecutivas:

Pray you no more of this, 'tis like the howling of Irish wolves against the moon. [*To Sil.*] I will help you if I can. [*To Phebe*] I would love you if I could. Tomorrow meet me all together. [*To Phebe*] I will marry you, if ever I marry woman, and I'll be married tomorrow. [*To Orl.*] I will satisfy you, if ever I satisfied man, I you shall be married tomorrow. [*To Sil.*] I will content you, if what pleases you contents you, and you shall be married tomorrow. [*To Orl.*] As you love Rosalind meet. [*To Sil.*] As you love Phebe meet. And as I love no woman, I'll meet. So fare you well. I have left you commands (V, 2, 104-115).

CR SO

La obra *As You Like It* de Shakespeare concluye con unos casamientos múltiples con los que nunca se cierra su obra anterior titulada *Love's Labour's Lost*. El autor llega a esta conclusión después recorrer una senda en cierto modo paralela a la que ya había recorrido Gaspar Gil Polo con su continuación moralizadora de *La Diana* de Jorge de Montemayor. *La Diana* es una celebración de la pasión amorosa para la que se siguen los diálogos de León Hebreo con la consiguiente falta de una resolución feliz de los casos amorosos y las críticas de la Contrarreforma. Gaspar Gil Polo parte de este punto y recurre a un tratado amoroso mucho más ortodoxo que su predecesor, *Los Asolanos* de Pietro Bembo, para alcanzar la curación de la pasión amorosa a través del matrimonio y la resolución feliz de los casos de la obra. El camino de Cervantes, sin embargo, no transcurre paralelo ni al de Shakespeare ni al de Gaspar Gil Polo. Su promesa de continuación nunca se cumple, probablemente porque *La Galatea* original constituye ya un punto de inflexión, un camino de ida y vuelta, en el que se dan todas las teorías previamente mencionadas sin que ninguna de ellas predomine sobre las demás ni marque un sentido concreto en el que deba recorrerse ninguna senda en busca de un fin moralizador.

Preposterous Things Shown with Propriety: Cervantes, Shakespeare, and the Arts of Narrative

ZENÓN LUIS MARTÍNEZ
University of Huelva

THE MOST DECENT OF WRITERS

THE MYSTERIES OF *CARDENIO* (1612-13) have made Shakespeare's possible familiarity with Cervantes matter for all sorts of conjectures.[1] The use of the Sierra Morena interpolations of Part I of *Don Quixote* as the main source for this lost play may not be too productive as a piece of critical evidence, but it could corroborate the dramatist's increasing interest in the forms, contents, and techniques of narrative fiction in the late works and collaborations. Beyond well-known source-text connections between *Pericles* (1607), *The Winter's Tale* (1610), or *The Two Noble Kinsmen* (1613) and previous romances and novels, all the late plays without exception show concerns with the problem of narrative, and carry out important re-orientations in style and subject-matter ahead of conventional dramatic writing.[2] This essay takes the comparative issue between Shakespeare and Cervantes as an excuse to endorse the much vexed

---

[1] Most frequent assessments of the authorship of *Cardenio* point at collaboration between John Fletcher and Shakespeare. On this issue see Kenneth Muir, *Shakespeare as Collaborator*, London: Methuen, 1960, pp. 148-160.The importance of Shakespeare's contribution is minimized in John Freehafer, «*Cardenio*, by Shakespeare and Fletcher», *Proceedings of the Modern Language Association*, 84 (1969), pp. 501-513.

[2] The author of *Pericles* adapted a narrative of the Hellenistic kind found in John Gower's *Confessio Amantis* as published in 1554. He also used Lawrence Twine's *The Patterne of Painful Adventures* (1594). The main source for *The Winter's Tale* is Robert Greene's short romance *Pandosto, or the Triumph of Time* (1588).In *The Two Noble Kinsmen* Shakespeare and Fletcher adapted Chaucer's «The Knight's Tale».

category of Shakespearean romance and its relation with the poetics and rhetoric of Renaissance narrative fiction in prose. The not always coincident vision of two privileged practitioners of romance in the European Renaissance evinces that both writers engaged in permanent dialogue with their own literary vehicles in order to expand the imaginative scope of their respective arts.

However, the comparative standpoint adopted here faces the problem of the unequal amount of evidence extant for each writer. Cervantes's opinions on the strengths and shortcomings of Renaissance genres can be easily traced throughout his novels, and, as classic accounts like E.C. Riley's *Cervantes's Theory of the Novel* attest, Cervantine poetics is a neatly defined field of scholarship. Conversely, Shakespearean poetics is a much less developed discipline, especially when the objects of study are the late plays.[3] Ever since Coleridge and Dowden proposed the category *romance* to label a group of plays that were neither comedies nor tragedies nor histories criticism has offered partial and often unsatisfying solutions to the problem.[4] The work of Northrop Frye continues to be one of the most lucid defences of the generic consistency of the late plays as romances. And yet Frye himself recognized the impossibility of writing on Shakespeare's art from the vantage point of the writer's own opinions, since, with the exception of the dedicatory epistles of *Venus and Adonis* (1593) and *The Rape of Lucrece* (1594), Shakespeare never raises his own voice in his work.[5] In Frye's words:

> Shakespeare seems to have had less of an ego center than any major poet of our culture, and is consequently *the most decent of writers*. It

---

[3] An attempt to fill that gap in studies of Shakespearean poetic thought is Pauline Kiernan, *Shakespeare's Theory of Drama*, Cambridge: Cambridge University Press, 1996. This book acknowledges the shortage of previous research in the field, and stresses its own explanatory and partial character (pp. 1, 4-5). Attention to the late plays is circumscribed to *The Winter's Tale* (pp. 68-85) and *The Tempest* (pp. 85-90).

[4] Samuel T. Coleridge was first in referring to *The Tempest* as a romance in 1818 (*Lectures and Notes on Shakespeare and Other English Poets*, London: George and Bell, 1885, p. 276). Edward Dowden extended Coleridge's observation to *Pericles, Cymbeline,* and *The Winter's Tale* (*Shakespeare,* New York: 1877, pp. 55-56)

[5] In the first of these epistles Shakespeare calls *Venus and Adonis* «the first heir of my invention» (William Shakespeare, *Complete Sonnets and Poems,* ed. Colin Burrow, Oxford: Oxford University Press, 2002, p. 173). This is the only explicit reference that Shakespeare makes to his own literary activity in his entire career.

is an offense against his privacy much deeper than any digging up of his bones to reduce him from a poet writing plays to an ego with something to «say».[6]

Shakespeare's alleged decency becomes a problem when we try to count on opinion as documentary evidence of an author's contribution to the poetics of a genre. Since Cervantes was much less «decent» than Shakespeare, it is my purpose here to take advantage of Cervantes's indiscretions in order to open paths toward an ampler understanding of certain aspects of Shakespeare's late plays. To be as outspoken as Cervantes was Shakespeare might have needed to turn novelist in his late years. In narrative fiction he might have found room for saying those things he never said. And yet in his late plays we find a change of direction to themes, literary problems, and aesthetic solutions that betray a poetic vision that seems closer to those genres like romance or the novel. A tendency to romance was certainly shared by Cervantes the novelist and Shakespeare the playwright, but in this field the novelist held a clear advantage over the dramatist: whereas innovative dramatic writing was still in the Renaissance an endeavour that should be carried through in spite of poetic precept and its defenders, narrative prose constituted a more fertile ground for expanding new literary potentials.[7] Much has been written about Shakespeare's generic oddities, or to use Northrop Frye's phrase again, his «offences against propriety».[8] These breaches of decorum in the late plays are the likely result of the playwright's re-orientation of his dramatic art toward a sort of proto-novelistic enterprise —and such a one that is not incompatible with these plays' status as theatre. In an attempt to track down connections between each writer's late incursions into romance, I will analyse major problems of the poetics of drama and narrative prose. I will also explore each author's imaginative expansions and transgressions of major poetic dicta. Cervantes's *Persiles* and Shakespeare's *Pericles* will be prominent in a

---

[6] Northrop Frye, *A Natural Perspective: The Development of Shakespearean Comedy and Romance*, New York: Columbia University Press, 1965, p. 43, my emphasis.

[7] Edward C. Riley has made the case of the relative generic freedom of the novel in comparison with less modern genres. See *Teoría de la novela en Cervantes*, trans. Carlos Sahagún, Madrid: Taurus, 1981, p. 39. From a purely theoretical perspective a similar point was defended by Mikhail Bakhtin in his comparison of the epic and the novel. See M. M. Bakhtin, *The Dialogic Imagination. Four Essays*, ed. Michael Holquist, Austin: University of Texas Press, 1981, pp. 3-40.

[8] *Op. cit.*, p. 42.

discussion that contains incisions into several other works — *The Winter's Tale, The Tempest,* and the first part of *Don Quixote* (1605).

IN DESPITE ALL RULES OF POETRY, AND THE ART COMICALL
Three years after Shakespeare's and Cervantes's deaths, the latter's posthumous novel *Los trabajos de Persiles y Sigismunda, Historia septen trional* (1617) was published in London.[9] The book, a translation of the 1618 French rendering of the Spanish original text, arrived too late for Shakespeare's use, but Fletcherian plays like *The Custom of the Country* (1620) proved Cervantes's imitation of Hellenistic romance a dear sourcebook for later dramatists, full as it was of those fanciful plots that audiences and readers of Shakespeare's late and Fletcher's early plays so much enjoyed.[10] Cervantes himself was well aware of the dramatic potential of his protagonists' ordeals, and he took delight in portraying, with characteristic irony, the literary qualms that might have lagged behind any effort at transforming novelistic into dramatic matter. Early in Book III of *Persiles,* the protagonists arrive in Badajoz, where a young playwright is tantalized by a canvas painted by a Lisbon artist that represents, in the fashion of Renaissance narrative *tableaux,* the adventures of Periandro and Auristela —the feigned names of Persiles and Sigismunda— in Northern lands. The dramatist's fantasies of a play about their adventures are narrated thus:

> ¡Válame Dios, y con cuánta facilidad discurre el ingenio de un poeta y se arroja a romper por mil imposibles! ¡Sobre cuán flacos cimientos levanta grandes quimeras! Todo se halla hecho, todo fácil, todo llano, y esto de manera que las esperanzas le sobran cuando la ventura le falta, como lo mostró este nuestro moderno poeta cuando vio descoger acaso el lienzo donde venían pintados los trabajos de Periandro. Allí se vio él en el mayor que en su vida se había visto, por venirle a la imaginación un grandísimo deseo de componer de todos ellos una comedia; pero no acertaba en qué nombre le pondría: si le llamaría *comedia,* o *tragedia* o *tragicomedia,* porque si sabía el

---

[9] *The Travels of Persiles and Sigismunda, a Northern History, Wherein, amongst the variable Fortunes of the Prince of Thule, and this Princesse of Frisland, are interlaced with many Witty Discourses, Morall, Politicall, and Delightfull,* London: H. L., 1619. Partial translations of the quotes from the Spanish original used in this paper are from this edition.

[10] On Fletcher's play and Cervantes's *Persiles* see Diana de Armas Wilson, *Allegories of Love. Cervantes's Persiles and Segismunda,* Princeton: Princeton University Press, 1991, pp. 191-199.

principio, ignoraba el medio y el fin, pues aun todavía iban corriendo las vidas de Periandro y Auristela, cuyo fin habían de poner nombre a lo que dellos se representase. Pero lo que más le fatigaba era pensar cómo podría encajar un lacayo consejero y gracioso en el mar y entre tantas islas, fuego y nieves; y, con todo esto, no se desesperó de hacer la comedia y de encajar el tal lacayo, a pesar de todas las reglas de la poesía y a despecho del arte cómico...[11]

Cervantes's «moderno poeta» —we should understand the adjective in its Spanish sense of «green», «inexperienced»— certainly embodies the novelist's implicit scorn for a genre in which he ventured but had never excelled.[12] The main cases in Periandro and Auristela's lives [«los más principales casos de su historia»], have been captured in narrative painting, and now this painting has become a potential source for a play.[13] The painting clearly embodies Cervantes's own novelistic practice: what one can *see* in the painting is what we have *read* in the first two books of *Persiles*. Cervantes reminds us that the canvas is a substitute for story-telling: «[e]ste lienzo se hacía de una recopilación que les escusaba de contar su historia por menudo».[14] The Horatian adage *ut pictura poiesis* reinforces the novelist's claim of superiority over the dramatist. «In despite of all rules of poetry» [«a pesar de todas las reglas de la poesía»], Cervantes has managed to finish the first half of *Persiles*; and yet the precepts of the «art comicall» prevent the playwright from putting an end to his project. Cervantes's point forestalls the Bakhtinian claim that all major genres except the novel are ossified forms on which writers must model their matter. Conversely, and here Cervantes also prefigures Bakhtin, the novel holds a permanent dialogue with the historical liveliness of its own themes, characters, and plot.[15]

---

[11] Miguel de Cervantes, *Los trabajos de Persiles y Sigismunda*, ed. Florencio Sevilla Arroyo y Antonio Rey Hazas, Madrid: Alianza, 1999, p. 279.

[12] Cervantes implicitly scoffs playwriting in his description of this dramatist's amateurish and opportunistic wit: «Pero ninguno puso tan en punto el maravillarse, como fue el ingenio de un poeta, que de propósito con los recitantes venía, así para enmendar y remendar comedias viejas, como para hacerlas de nuevo: ejercicio más ingenioso que honrado y más de trabajo que de provecho» (*Persiles*, ed. cit., p. 278).

[13] *Persiles*, ed. cit., p. 275.

[14] *Persiles*, ed. cit., p. 276.

[15] For Bakhtin, the epic epitomises the attachment of traditional genres to an «absolute past»: «We speak of the epic as a genre that has come to us already well-defined and real. We come upon it when it is already completely finished,

Cervantes illustrates his conviction that the poetics of drama constitutes a brake to literary creation. The «moderne poet» of *Persiles* is haunted by problems with the unities of time and place, as well as with character decorum: first of all, the prospective play will find it hard to account for the entire life-span of its protagonists, as their lives are still on the run; second, the dramatist will have to find his way through so many seas, isles, or hot and cold climes, that it will be hard to find fit places for conventional dramatic types such as the «gracioso»; finally, justifying this character's existence in a world of royal and noble persons is a challenge to decorum. The implicit dictate of the superiority of prose narrative over drama in *Persiles* was by no means new to Cervantes. The dialogue between the curate and the Canon of Toledo in the closing chapters of *Don Quixote, Part I* foregrounds similar conclusions. In spite of his harsh invective against romance, the Canon can still appreciate the aesthetics of this genre, as long as it observes a marked tendency to verisimilitude: «Y siendo esto hecho con apacibilidad de estilo y con ingeniosa invención, que tire lo más que fuere posible a la verdad, sin duda compondrá una tela de varios y hermosos lazos tejida».[16] Like in *Persiles*, the visual analogy confers dignity upon the genre. But the Canon's main argument in defence of romance is its unmatched potential for «generic inclusionism»:[17]

> Porque la escritura desatada destos libros da lugar a que el autor pueda mostrarse épico, lírico, trágico, cómico, con todas aquellas partes que encierran en sí las dulcísimas y agradables ciencias de la poesía y de la oratoria; que la épica también puede escribirse en prosa como en verso.[18]

«Untied writing» [«escritura desatada»] defines the poetic stance of prose romance as the freest of all genres, in which the best of other

---

a congealed and half-moribund genre» (*Op. cit.*, p. 14). By contrast, the novel «reflects the tendencies of a new world still in the making; it is, after all, the only genre born of this new world and in total affinity with it» (p. 6).

[16] Miguel de Cervantes, *Don Quijote de la Mancha I*, ed. Florencio Sevilla Arroyo and Antonio Rey Hazas, Madrid: Alianza, 1996, p. 585.

[17] The term is Rosalie Colie's. See her «Inclusionism: Uncanonical Forms, Mixed Kinds, and *Nova Reperta*», in *The Resources of Kind: Genre-Theory in the Renaissance*, Berkeley: University of California Press, 1973, pp. 76-102. For Colie's comments on *Don Quixote* in relation to her own theory of mixed genres, see pp. 117-119.

[18] *Don Quijote I*, ed. cit., p. 585.

modes can concur. Of course, no one should grant the same freedom to tragedy or comedy, whose catering for plebeian taste has made them easy merchandise [«mercadería vendible»].[19] It is not surprising that what can be considered an accomplishment in prose romance becomes an unpardonable crime in drama. As the curate observes:

> Porque ¿qué mayor disparate puede ser en el sujeto que tratamos que salir un niño en mantillas en la primera escena del primer acto, y en la segunda salir ya hecho hombre barbado? [...] ¿Qué diré, pues, de la observancia que guardan en los tiempos en que pueden o podían suceder las acciones que representan, sino que he visto comedia que la primera jornada comenzó en Europa, la según en Asia, la tercera se acabó en África, y ansí fuera de cuatro jornadas, la cuarta acababa en América, y así se hubiera hecho en las cuatro partes del mundo?[20]

These flights from verisimilitude reach their worst extremes when playwrights stage unbelievable events gratuitously.[21] Cervantes's words echo those of sir Philip Sidney in *The Defense of Poesy* (c. 1585), whose complaints about the plays of his time anticipated a fear for what Shakespearean and Fletcherian dramaturgy would carry to its utmost consequences. In reference to Thomas Norton and Thomas Sackville's *The Tragedy of Gorboduc* (1561), and by extension a handful of coetaneous plays, Sidney registers the scorn for the classical precepts of poetry. The English dramatists' flaws become the most visible as they endeavour to import romance into dramatic art:

> For where the stage should always represent but one place, and the uttermost time presupposed in it should be both by Aristotle's precept and common reason, but one day; there is both many days and places, inartificially imagined.
> But if it be so in Gorboduc, how much more in all the rest, where you shall have Asia of the one side, and Afric of the other, and so many other under-kingdoms, that the Player, when he cometh in, must ever begin with telling where he is, or else the tale will not be

---

[19] *Ibid.*, p. 590.

[20] *Ibid.*, pp. 588-589.

[21] «Y aun en las [comedias] humanas se atreven a hacer milagros, sin más respeto ni consideración que parecerles que allí estarán bien el tal milagro y apariencia, como ellos llaman, para que gente ignorante se admire y venga a la comedia» (*Ibid.* p. 589).

conceived? Now you shall have three Ladies walk to gather flowers: and then we must believe the stage to be a garden. By and by we hear news of shipwreck in the same place: then we are to blame if we accept it not for a rock. Upon the back of that comes out a hideous monster with fire and smoke: and then the miserable beholders are bound to take it for a cave. While in the meantime two Armies fly in, represented with four swords and bucklers: and then what hard heart will not receive it for a pitched field?

Now of time, they are much more liberal: for ordinary it is, that two young princes fall in love, after many traverses, she is got with child, delivered of a fair boy; he is lost, groweth a man, falls in love, and is ready to get another childe; and all this is in two hours' space: which how absurd it is in sense, even sense may imagine, and art hath taught, and all ancient examples justified...[22]

As an anticipatory catalogue of Shakespeare's breaches of Aristotelian precepts, Sidney's commentary is matchless. But what ground Sidney's remarks about the absurdity of English stage practice are their consequences for generic indefiniteness. Cervantes and Sidney seem to join hands again: Cervantes's fictional poet in *Persiles*, in his incapacity to adapt the temporal contingencies of his story to tragedy, comedy, or tragicomedy, personifies Sidney's roster of grievances against the new English playwrights:

I have a story of young Polydorus, delivered for safety's sake, with great riches, by his Father Priam to Polymnestor, king of Thrace, in the Trojan war time; he, after some years, hearing the overthrow of Priam, for to make the treasure his own, murdereth the child; the body of the child is taken up by Hecuba; she, the same day, findeth a sleight to be revenged most cruelly of the tyrant. Where now would one of our tragedy writers begin, but with the delivery of the child? Then should he sail over into Thrace, and so spend I know not how many years, and travel numbers of places. But where doth Euripides? Even with the finding of the body, the rest leaving to be told by the spirit of Polydorus. This needs no further to be enlarged; the dullest wit may conceive it.

But besides these gross absurdities, how all their plays be neither right tragedies, nor right comedies, mingling kings and clowns, not

---

[22] Sir Philip Sidney, *A Defence of Poetry*, ed. Jan van Dorsten, Oxford: Oxford University Press, 1966, pp. 65-66.

because the matter so carrieth it, but thrust in the clown by head and shoulders to play a part in majestical matters with neither decency nor discretion, so as neither the admiration and commiseration, nor the right sportfulness, is by their mongrel tragicomedy obtained. I know Apuleius did somewhat so, but that is a thing recounted with space of time, not represented in one moment: and I know the ancients have one or two examples of tragicomedies, as Plautus hath *Amphitryo*. But if we mark them well, we shall find that they never, or very daintily, match hornpipes and funerals.[23]

For Sidney, Euripides's skill is mastery of the fable in its strictly Aristotelian sense of *mythos*, that is, the successful structural arrangement of a story so as to enhance its effectiveness in the production of certain dramatic effects. Temporal unity is achieved by beginning almost in the end, and by leaving the rest to be recounted by a messenger or a ghost. Contrariwise, mixed characters and mixed effects are the main vices of tragicomedy, a genre that is spared of its faulty nature only if its unnatural mixtures are carried out daintily, or «represented with space of time». Apuleius managed to mingle admiration and sport, because his formal vehicle —narrative fiction in prose— endowed him with the appropriate conditions for expanding time beyond «one moment». Similarly, Cervantes's notion of «escritura desatada» in novels and romances can aspire to a successful blend of genres. One of the side-effects in Sidney's remarks is the stress upon the limitations of drama when confronted with the novel —a vindication that also seems clear in Cervantes's ironic treatment of his «moderno poeta». It is not strange that the authors of prose romances like *Arcadia* (c. 1584) and *Galatea* (1585) shared a sense of the superiority of prose fiction, as well as a handful of misgivings about those poetic licenses propounded by the defenders and practitioners of a new art of writing plays. Cervantes's novelistic pride is a well-known commonplace, and the «Prólogo al Lector» of his twelve *Novelas ejemplares* (1613) the most outspoken declaration of his place in a tradition of prose fiction writing:

A esto se aplicó mi ingenio, por aquí me lleva mi inclinación, y más que me doy a entender (y es así) que yo soy el primero que he novelado en lengua castellana; que las muchas novelas que en ella andan impresas, todas son traducidas de lenguas extranjeras, y estas son mías propias, no imitadas ni hurtadas: mi ingenio las engendró

---

[23] *Ibid.* p. 67.

y las parió mi pluma, y van creciendo en los brazos de la estampa. Tras ellas, si la vida no me deja, te ofrezco los *Trabajos de Persiles*, libro que se atreve a competir con Heliodoro, si ya por atrevido no sale con las manos en la cabeza...[24]

As he was writing *Persiles*, Cervantes was aware of the audacity of his project, as well as of his emulation of a previous literary tradition. In the origin of what is known in Spanish literature as «novela bizantina» we find Heliodorus's *Ethiopian History, or Theagenes and Chariclea*, a long romance composed in the early 3rd century, and whose influx on European Renaissance literature stems from the translation of the 1534 printed Greek text to Latin, French, German, English, and Spanish. Heliodorus's presence in Italian and Spanish poetic theory is conspicuous. Alonso López Pinciano's *Philosophía Poética Antigua* (1596) provides the filter through which Cervantes assimilated Heliodorus's legacy into the composition of *Persiles*. Pinciano's praise of Heliodorus plays with the etymology of the ancient writer's name in order to state his matchlessness in narrative skills: «'Don del sol' es *Heliodoro*; y en eso del añudar y soltar nadie le hizo ventaja y en lo demás casi nadie» ['Gift of the Sun' is Heliodorus; and in the art of knitting and loosening nobody surpassed him, and in the rest almost nobody].[25] Heliodorus's skill is primarily novelistic, since he excels in the art of tying and untying narrative knots. This taste for interlacing plots precedes those other poetic potentials that make him one of the finest epic poets of all times:

...[D]e Heliodoro no hay duda que sea poeta, y de los más finos épicos que han hasta agora escripto; a lo menos, ninguno tiene más deleite trágico y ninguno en el mundo añuda y suelta mejor que él; tiene muy buen lenguaje y muy altas sentencias; y si quisiessen exprimir alegoría, la sacarían dél no mala.[26]

[Of Heliodorus there is no doubt that he be a poet, and one of the finest epic writers among those who have written until now; at the least, none of them shows more tragic delight and none in this world knits and loosens better than he does; he has very good language and very lofty adages; and if anyone wanted to extract

---

[24] Miguel de Cervantes, *Novelas Ejemplares: La española inglesa, El Licenciado Vidriera, La fuerza de la sangre*, ed. Florencio Sevilla Arroyo and Antonio Rey Hazas, Madrid: Alianza, 1996, p. 12.

[25] Alonso López Pinciano, *Obras Completas, I. Philosophía Antigua Poética*, ed. José Rico Verdú, Madrid: Biblioteca Castro, 1998, p. 213.

[26] *Ibid.*, p. 461.

allegory, he would draw it from him, and not an ill one]

Pinciano grants Heliodorus's romance the dignity of the epic genre: the art of interweaving plots in his fable, its facility for producing tragic effects, linguistic decorum,[27] and its potential for allegorical reading, articulate a judgement that must have been present in Cervantes's mind when he conceived his *Persiles* as an exercise in poetic emulation of his Hellenistic precedent. In *Persiles* Cervantes took the art of «knitting» and «loosening» to peaks unknown even to *Don Quixote*, displayed both *pathos* and moral intention in his handling of situation, character, as well as sententious language, and flirted with allegory to the extent of writing on the verge of it, both inviting his reader to indulge in moral and religious *allegoresis* and at the same time vindicating the intelligibility of his text outside the constraints of any allegorical framework.[28]

The scope of Cervantes's ambition and the feasibility of his intents are hard to imagine outside the possibilities offered by prose romance of the Byzantine or Hellenistic kind. As one approaches Shakespeare's late plays one might surmise that the English dramatist shared the Spanish novelist's vision, but lacked the vantage point granted by the novel. Yet one can still think that some of the oddities in his late plays —especially in the romances— seem less odd if conceived of as expansions of the possibilities, and trespasses of the limitations, of drama. Classifying Shakespeare's late plays as romances continues to be a matter of hot debate. The critical history of these plays from their status in the First Folio of 1623 to present-day reassessments leaves the suspicion that both

---

[27] Pinciano's praise of Heliodorus for his «altas sentencias» reminds of Sidney's wording of his own praise of *Gorboduc* for its «stately speeches and well-sounding phrases» (*Defence of Poetry*, ed. cit., p. 65).

[28] On *Persiles* as a Christian allegory see Alban K. Forcione, *Cervantes's Christian Romance: A Study of Persiles and Sigismunda*, Princeton: Princeton University Press, 1972. Forcione carries out an archetypal reading of the novel and detects «the spirit of orthodox Christianity» as its underlying intellectual force (p. 60). This interpretation is endorsed by Antonio Vilanova, who stresses the archetypal character of the lover-pilgrim [«el peregrino de amor»] as the novelistic hero of the Counterreformation (p. 344). See «El peregrino andante en el *Persiles* de Cervantes», in *Erasmo y Cervantes*, Madrid: Lumen, 1989, pp. 326-409. A different path in allegorical interpretation is taken by Diana de Armas Wilson, *Op. cit.*, esp. pp. 45-77. More recently see Bradley J. Nelson, «*Los trabajos de Persiles y Sigismunda*: una crítica cervantina de la alegoresis emblemática», *Cervantes: Bulletin of the Cervantes Society of America*, XXIV, 2 (2004), pp. 43-69. Nelson argues that Cervantes offers a strong critique of the suppression of materiality inherent to allegory and the emblem (p. 47).

their lateness and their «romantic» nature may fall in the realm of critical invention.[29] Shakespeare's late dramatic style and vision are acknowledged as genuinely different from those of his early or middle plays, but there is not consensus in accepting these changes as the effects of literary or philosophical evolutions in Shakespeare's literary mind. That Shakespeare was pointing toward a vision of human experience beyond the constraints of tragedy and comedy seems enough to accept the existence of «the different world of the last plays».[30] Shakespeare's late dramatic universe in these plays is not entirely new, but we find an intensified presence of plots that expand in place and time a dynamics of loss and reencounter, break and reconciliation, death and miraculous resurrection, chaos and restoration, suffering and redemption. I subscribe Northrop Frye's belief that the Shakespearean turn to romance in his last phase entails both «a logical evolution» and «a genuine culmination» in his dramatic art.[31] And this involves not only an evolution in poetic thought, but also a necessary adaptation of his stylistic vehicles to the lengthy vital processes of his new heroes and heroines' *histories*.[32]

Reluctance to the term romance aims at unmasking critical prejudices whereby modern readers refuse to accept the insertion of serious matter in comedies, or Shakespeare's so-called «commitment to non-realistic modes».[33] Certainly, a defence of the term is frequently ground-

---

[29] My use of the adjective *romantic* must be understood in the sense «pertaining to romance». As far as the generic classification of the four romances in the First Folio is concerned, *The Tempest* and *The Winter's Tale* appeared as comedies, whereas *Cymbeline* was printed with the tragedies. Neither *Pericles* nor *The Two Noble Kinsmen* found a place in this volume.

[30] Doreen DelVecchio and Antony Hammond, «Introduction», *Pericles*, Cambridge: Cambridge University Press, 1998, p. 51.

[31] Frye, *Op. cit.*, p. 7.

[32] I use the term «history» in all its Renaissance ambivalence. The difficulties in tracing lines of demarcation between fact and fiction as objects of narrative are frequently addressed in Renaissance literary theory. A good summary of this question in different European traditions is offered in William Nelson, *Fact or Fiction: the Dilemma of the Renaissance Storyteller*, Cambridge, Ma.: Harvard University Press, 1973, esp. pp. 38-55.

[33] The words are Stephen Orgel's, a representative voice of the detractors of the term romance. Orgel sees the necessity to abandon the term «romance» as a way of accepting the fluidity of genre categories in Shakespeare's time, as well as the myth of a mature Shakespeare «producing a drama of wisdom, reconciliation and harmony» («Introduction», *The Winter's Tale*, Oxford: Oxford University Press, 1996, pp. 5-6.

ed on the plays' positing of «a vision of the world where verisimilitude plays little or no importance».[34] In a useful and comprehensive account of critical positions, Richards and Knowles suggest the usefulness of the term as a description of these plays «when understood as an historical mode, for it links the plays to the prose romances of the 1580s and 1590s».[35] It is precisely the value of this link in the literary history of prose fiction and drama that should be the basis for discussion of Shakespeare's practice. First, because the inclusion of a variety of moods that range from tragic or epic to comic is characteristic of the genre, as Cervantes's Canon of Toledo reminds us. Second, because romance continuously shows that its investigation of non-realistic modes is not incompatible with verisimilitude. As I will try to prove below, Shakespeare's late plays share with prose romances a much stronger preoccupation with verisimilitude than the comedies and tragedies. Perhaps the problem arises as we realize the relative weakness of a theory of prose fiction in Elizabethan England. We have to wait until the late seventeenth century for discussions of the differences and boundaries between the novel and romance. Unlike England, Renaissance Spain foregrounds the inclusiveness of the term *novela*: modes as varied as chivalric, pastoral, sentimental, or Hellenistic romances, picaresque fiction, and the short *novella* in the Italianate fashion, find room in this encompassing term. Within this wide range of generic options, different even opposed responses to the dictates of poetic theory were possible, and this active concern was shared even by the more fanciful romances. As Marina Brownlee puts it, «[i]maginative literature's moral and aesthetic impact —especially its dangerous potential— was the focus of the discussion [...] Authors not only inserted remarks reflecting their views of the neo-Aristotelian *preceptos*, they transformed them into literature».[36]

In the absence of first-hand opinions in Shakespeare's works, and in the absence of a systematic theory of romance beyond the abovementioned remarks by Sidney and a few prefaces to works of prose narrative, one needs to test the expansions and transgressions of neo-Aristotelian

---

[34] Doreen DelVecchio and Antony Hammond, *Op. cit.* p. 52.

[35] Jennifer Richards and Richard Knowles, «Introduction: Shakespeare's Late Plays», in *Shakespeare's Late Plays: New Readings*, Edinburgh: Edinburgh University Press, 1999, p. 10.

[36] Marina S. Brownlee, «Cultural Commentary in Seventeenth-Century Spain: Literary Theory and Textual Practice», in Glyn P. Norton ed., *The Cambridge Companion to Literary Criticism. Vol III: The Renaissance*, Cambridge: Cambridge University Press, 1999, p. 588.

precept as they are fictionalized in the plays.[37] And fictionalisation of these principles in Shakespeare's late plays is in consonance with what Bakhtin called the *novelization* of literary genres. Bakhtin pointed that «the destruction of epic distance» and at «a radical re-structuring of the image of the individual» were signs of the novel's grasp of a new zone of contact between literature and its own contemporariness, in opposition to epic and tragic attachment to the past. This is the novel's legacy to the re-shaping of other genres since the early modern period:

> In the presence of the novel, all other genres somehow have a different resonance. A lengthy battle for the novelization of the other genres began, a battle to drag them into a zone of contact with reality...
> The novelization of literature does not imply attaching to already completed genres a generic canon that is alien to them, not theirs. The novel [...] is plasticity itself. It is a genre that is ever questing, ever examining itself and subjecting its established forms to review. Such, indeed, is the only possibility open to a genre that structures itself in a zone of direct contact with reality. Therefore, the novelization of other genres does not imply their subjection to an alien generic canon; on the contrary, novelization implies their liberation from all that serves as a brake on their unique development.[38]

Testing the impact of this process in Shakespeare's dramatic career is beyond the scope of this essay, but much remains to be said about the novelization of history in *Henry V*, or comedy in *The Merchant of Venice* and *Twelfth Night*, or tragedy in *Troilus and Cressida*, *Othello*, *Antony and Cleopatra*, and *King Lear*. However, I will focus on how this process occurs in some of the late plays, where the overcoming of the moulds of history, comedy, and tragedy generates outstanding conditions for generic liberation. In this sense, coincidences in vision and practice between Cervantes and Shakespeare open up the question as to whether a common poetics of romance was perpetrated «in despite of all rules of poetry», or simply quite at odds with some of its most coercive precepts. In what follows I will pay attention to major aspects of romance as found

---

[37] On the inexistence of a systematic theory of prose fiction in Elizabethan England see Paul Salzman, «Theories of Prose Fiction in England: 1558-1700», in Gyn P. Norton ed., *Op. cit.*, pp. 295-304, esp. pp. 295-297.

[38] M. M. Bakhtin, *Op. cit.*, p. 39.

in Shakespeare's and Cervantes's late literary practice.[39] The first is the question of verisimilitude in fiction, since the novelistic conception of *likeness of truth* posits a challenge to the strictures of poetic precept in tragedy and comedy. The second is the notion of «travail», or «trabajo» in Spanish, which functions as a structural index to the temporal and spatial ordeals of the protagonists. Finally, the structural issue cannot be separated from the moral question: the fanciful cases of romance function as monuments of exemplary truth.

LIES LIKE TRUTH

There is contradiction between the wondrous and the verisimilar

---

[39] A temptation to draw parallel paths in the literary biography of both authors arises here. Critical evidence for endorsing the existence of a late Shakespeare springs from confronting the alleged dates of composition of his plays with conspicuous changes in his art, and in spite of major disagreement on the interpretations of these plays in the context of Shakespeare's production, there is still a minimal consensus in accepting lateness as both a chronological and an aesthetic trait. The case of Cervantes is somehow more problematic, since the composition of *Persiles* must have occupied the writer during a considerable span of time from the draft of Books I and II —sometimes between 1596 or later and 1605, if we accept Avalle-Arce's conclusions, endorsed by later critics like Rey Hazas and Sevilla Arroyo— to the completion of Books III and IV and final revisions between 1612 and 1616 (Juan Bautista Avalle-Arce, «*Los trabajos de Persiles y Sigismunda: historia stentrional*», *Suma cervantina*, London: Tamesis Books, 1973, p. 204; Florencio Sevilla Arroyo and Antonio Rey Hazas, «Introducción», ed. cit., pp. i-xv). One might say that *Persiles* is not so exclusively late Cervantes as the so-called romances seem to be late Shakespeare, but perhaps the issue should be put in a different way. Vital and literary circumstances made Cervantes put off the completion of *Persiles*, and its dilated period of composition is marked by hints and announcements of what the author always imagined as the culmination of his literary career. The Canon of Toledo's speech in *Don Quixote*, the announcement of *Persiles* in the Prologue to *Novelas Ejemplares* (1613), as well as the Byzantine nature of *La española inglesa* —a novel that Avalle-Arce called «una miniatura del *Persiles*» («Introducción», *Los trabajos de Persiles y Sigismunda*, Madrid: Castalia, 1969, p. 19), and whose date of composition is commonly accepted to be 1610 or 1611, among the latest if not the latest of the twelve— reveal Cervantes's conception of his last novel as «logical evolution » and «genuine culmination» of his *oeuvre* —to borrow Frye's above-quoted words on Shakespeare. Cervantes's long-term ambition to excel in romance thus parallels Shakespeare's less documented tendency towards the genre from some of the abovementioned earlier plays to *Pericles* (1607), *Cymbeline* (1609), *The Winter's Tale* (1610), or *The Tempest* (1611).

[«tienen contradicción lo admirable y lo verisímil»].[40] This principle lays the basis for López Pinciano's discussion of verisimilitude in poetry. Likeness of truth is a poetic ideal whose materialization is not always possible, since poetic practice often shows its own limitations. The Spanish theorist made clear that the flaws of verisimilitude found in a work of fiction could be caused by the poet's own lack of skill, but also by the shortcomings of a specific genre.[41] And as far as marrying verisimilitude to wonder is concerned, drama fell somehow short of narrative fiction:

> Y es de advertir que, aunque en toda especie de fábula es la verisimilitud necesaria; pero mucho más en las dramáticas y representativas, las cuales mueven mucho más al ánimo, porque entra su imitación por el ojo, y por ser acción sujeta a la vista, la falta es mucho manifiesta más que no en aquellas especies de fábulas que entran por el oído o lectura, como son las comunes. Así que especialmente es menester la semejanza a verdad en las dichas fábulas activas; porque el bramar los bueyes al Sol y otras cosas semejantes, parecen bien dichas en el poema común, pero representarlas en teatro parecieran muy mal, que ni los bueyes se pudieran poner bien en los assadores ni pudieran bramar.[42]
>
> [And it should be noticed that, although in all species of fable is verisimilitude necessary, it is by far the more in dramas to be performed, which move our souls the most, because their imitation enters through the eye, and because the action depends on sight, the fault is more manifest than in those species of fable that enter through the ear or reading only, like those that are called common. And thus likeness of truth is especially necessary in the so-called active fables; because the groaning of oxen in the sunlight and other like things seem properly said of the common poet, but to represent them on a stage would seem ill-done, since neither oxen could be fittingly placed in the grills nor they could groan.]

Cervantes's fictional playwright in *Persiles* was an instance of both poetic inexperience and the problems met by the «active fables» in

---

[40] *Philosophía Antigua Poética*, ed. cit., p. 200.

[41] «Y como generalmente las faltas suelen estar en los artífices y no en las artes, al contrario, algunas veces suele estar la obra con alguna imperfección, no por falta del poeta sino de la misma arte, así, como todas las demás, tiene sus fragilidades y sus impotencias» (*Ibid.*, 206-207).

[42] *Ibid*, ed. cit., p. 205.

accounting for the vicissitudes and wonders of human histories within the limits of a play. But Pinciano's words could enlighten similar attempts at finding fault in Shakespeare's art. When Ben Jonson disparaged Shakespeare's historical drama in the Prologue to *Every Man in His Humour* (1599), his target was not only Shakespeare the playwright, but also a more general kind of incompetence inherent in drama when it tried to imitate or reproduce the rhythms of history.[43] And when some years later, in his «Ode to Himself», Jonson inveighed against «a mouldy tale, / Like *Pericles*», the aims must have been again the artificer as well as his art.[44] Jonson's pride as a dramatic author was always sustained by his effort to harmonize the playwright and the poet. This effort involved an orthodox adherence to the neo-Aristotelian unities, and consequently an awareness of those boundaries that drama should never surpass. To Pinciano, Cervantes, or Jonson, a play's verisimilitude meant history's subservience to the temporal, spatial, and imaginative limitations of dramatic art. Conversely, prose fiction could deal with the complex patterns of human history, and its limitations depended on the artificer's skill.

In this context, Shakespeare's art, often under suspicion in critiques like Jonson's, challenged the received notion of drama's inferiority to prose fiction in handling issues of truth, or likeness of truth. Preoccupation with verisimilitude in Shakespeare is basically of two sorts. On the one hand, the playwright faces adequacy to the precepts of time, place, action, and character decorum as found in neo-Aristotelian poetics of drama: the issue at stake is not the sheer relation between reality and

---

[43] «To make a child, now swaddled, to proceed / Man, and then shoot up, in one beard, and weed, / Past threescore years: or, with three rusty swords, / And help of some few foot-and-half foot words, / Fight over York, and Lancaster's long jars: / And in the tiring-house bring wounds, to scars» (Ben Jonson, *Every Man in His Humour*, ed. Martin Seymour-Smith, London: Ernest Benn, 1966, Prologue 7-12).

[44] «No doubt a mouldy tale, / Like Pericles, and stale / As the shrieve's crust, and nasty as his fish, / Scraps out of every dish...» (Ben Jonson, *The Complete English Poems*, ed. George Parfitt, New Haven: Yale University Press, 1975, p. 283). The term «mouldy» had been used by Jonson in a similar sense in *Volpone*: «I cannot endure, to see the rabble of these ground *ciarlitani*, that spread their cloaks on the pavement, as if they meant to do feats of activity, and then come in, lamely, with their mouldy tales out of Boccaccio, like stale Tabarine, the fabulist» (*Volpone*, ed. Philip Brockbank, London: Ernest Benn, 1968, II.2.48-52). The mention of Tabarine, the famous zany of a touring Italian troop, aligns Jonson's views with Cervantes's abovementioned scorn for amateurish comedians.

fiction, but adjustment to the sort of reality that poetic precepts allowed drama to represent.[45] On the other hand, his concern addresses the relationship between the events —whether recounted or shown— and truth: Shakespeare's position here seems coincident with a tendency in Renaissance fiction whereby showing extraordinary events was more important than establishing clear boundaries between truth and fiction.[46] However, this tendency towards the fictionalization of wonder did not imply a negligence of verisimilitude: quite the opposite, its effect was an intensified concern with it.

Adjustment to precepts of time, space or character is continuously problematized in Shakespeare's career. The sustained use of the Chorus throughout the five acts of *Henry V* (1599) is perhaps the earliest instance of the Shakespearean claim that the rhythms of history can be hardly accommodated within the boundaries of dramatic precept and the limitations of theatrical performance. This narrator-like figure proves that the adaptation of chronicle history into dramatic fiction is hardly possible without a certain degree of novelization. But this problem transcends history in a strict sense, and extends to those fictions that can claim resemblance to historical life in terms of verisimilitude: *Othello* (1604) is arguably the best example of the unbalance between dramatic time and the historical patterns that regulate the processes of human passions. The theory of the «double-time scheme», as put forward by John Wilson in the mid-nineteenth century, pointed out the oddities in the play's handling of temporal structures.[47] Wilson sustained that the play moves within the limits of a «short time» —the few hours of the first act, the few days from the end of Act I to the beginning of Act II, and the thirty-three hours from the beginning of Act II to the end of the play. However, several moments in the action demand a «longer time»: Emilia's statement that Iago has requested the handkerchief «a hundred times» (*Oth.*, III, iii, 294), and Othello's complaints about Desdemona's «hours of lust» and his ignorance about them (*Oth.*, III, iii, 340-5) can serve here as instances.[48] I do not intend to revise the interpretations of

---

[45] «The standard of judgement about what was verisimilar was *decorum*, or the doctrine of appropriateness» (Madeleine Doran, *Endeavours of Art: A Study of Form in Elizabethan Drama*, Madison: University of Wisconsin Press, 1964, p. 217).

[46] I adapt this argument from Edward C. Riley, *Op. cit.*, p. 255.

[47] These articles appeared in *Blackwood's Magazine*, November 1849, April 1850, and May 1850.

[48] On the double time scheme, see the «Introduction» in William Shakespeare, *Othello*, ed. E. C. Ridley, London: Methuen, 1958, p. lxx; also the «Introduc-

the issue: I simply mean to stress that the alleged temporal inconsistencies of time in *Othello* reveal that the play's adaptation of the temporal scheme of the *novella* that served as its source could have had its effect in the final shape of the play.[49] As drama, *Othello* represents an effort of adjustment to theatrical time. As verisimilar imitation of the emotional ordeals of obsessive jealousy, *Othello* indulges in a rather *un*dramatic novelization of time. Quite paradoxically, the play's alleged dramatic weakness constitutes its main poetic strength.

The sophistication of temporal patterns in *Othello* contrasts with the rather simple stylistic choices of later plays like *Pericles* or *The Winter's Tale*. One needs to question why Shakespeare turned back to the omnipresent choric narrator in the guise of *Henry V*: Ancient Gower, the resurrected medieval poet that plays this role in *Pericles*, solicits his audience's trust in those fable-mongers like him who «long leagues make short» and «sail seas in cockles», since it is ultimately those «who stand in th'gaps» that can «teach» readers and spectators «the stages of our history».[50] Those «stages» involve leaps in time, place, and action unacceptable even for the least strict interpretation of dramatic precept. Gower pleads innocence as he claims that he «commit[s] no crime» in presenting to their audiences plots and situations that they might not be prone to accept from the perspective of spatial verisimilitude: «To use one language in each several clime / Where our scenes seem to live» (*Per.*, IV, iv, 6-8). An identical standpoint and almost identical words are voiced by Time, the emblematic chorus that opens Act IV of *The Winter's Tale*: «Impute it not a crime / To me or my swift passage that I slide / O'er sixteen years, and leave the growth untried / Of that wide gap, since it is in my power / To o'erthrow law, and in one self-born hour / To plant and o'erwhelm custom».[51] Time's power relies on the naturalizing potential

---

tion» in William Shakespeare, *Othello*, ed. Norman Sanders, Cambridge: Cambridge University Press, 1984, pp. 14-17. Quotations from the play are from this edition, and references are given parenthetically in the text.

[49] Shakespeare adapted the seventh *novella* of the third decade in Giraldi Cinthio's *Hecatommithi* (1566). In Sanders' opinion, Shakespeare's adaptation of «the more leisurely» temporal schemes in Cinthio's narrative constitutes «the perfect vehicle for conveying the experience of obsessive jealousy» «Introduction», in ed. cit., pp, 16-17).

[50] William Shakespeare, *Pericles*, ed. Doreen DelVecchio and Antony Hammond, Cambridge: Cambridge University Press, 1998, IV iv, 8-9). Subsequent quotations from this play are from this edition, and are given parenthetically in the main text.

[51] William Shakespeare, *The Winter's Tale*, ed. Stephen Orgel, Oxford: Oxford

of its transgressive force —i.e. «to plant and o'erwhelm custom». The breach of poetic custom situates Gower and Time, odd as they may be from the point of view of character decorum, as agents of Shakespeare's «expanded vision» in the romances —a vision that aims at adjusting poetic imitation to human experience.[52] As Howard Felperin has argued for *Pericles*, the vision imposed by the Chorus is «moralistic and didactic».[53] One can certainly affirm that didacticism mediates between the oddities of the action and the audience's perception and understanding, thus signalling the moral dimension of the play's improbable circumstances.

However, issues like the dramatic unities and character decorum in *Pericles* or *The Winter's Tale* are little else than formal aspects of the vast epistemological distance between Shakespeare's dramatic vision and the generic conventions of his age when the balance of verisimilitude and wonder was at stake. The degree of acceptability of certain events for their mysterious or supernatural status was ultimately a matter of the boundaries set by each poetic genre. When by the end of the play Macbeth tries to find rational causes «To doubt th'equivocation of the fiend / That lies like truth»,[54] we interpret «equivocation» as an effect of the Weird Sisters' ambivalent words, but we are hardly surprised by how much unlike truth their sheer presence has been. Our wonder at their supernatural status is natural from the point of view of tragic effect. Their presence addresses the audience's literary competence, and not necessarily their faith or credulity. The Weird Sisters do not address a problem of verisimilitude: tragedy seldom does, since a supernatural dimension is always inherent to its own ideal of decorum.

A rather different case concerns the audience's acceptance that the twins Sebastian and Viola look exactly the same when the latter is

---

University Press, 1996, IV, I, 4-9). Subsequent quotations from this play are from this edition, and are given parenthetically in the main text.

[52] The phrase is Northrop Frye's. See *On Shakespeare*, Markham, Ont.: Fitzhenry and Whiteside, 1986, p. 170. Pauline Kiernan has emphasized the role of art in making these adjustments: «It is this insistence on art that has the power to include in its creations nature's organic processes through time that lies behind the unusually long time-spans of the Final Plays» (*Op. cit.*, p. 73).

[53] Howard Felperin, *Shakespearean Romance*, Princeton: Princeton University Press, 1972. References to this book are quoted from the reprint of its chapter on *Pericles*: This Great Miracle: *Pericles*», in David Skeele, ed. *Pericles: Critical Essays*, New York: Garland, 2000, p. 115.

[54] William Shakespeare, *Macbeth*, ed. A. R. Braunmuller, Cambridge: Cambridge University Press, 1997 (V, 5, 41-42).

dressed in male clothes. The final discovery and recognition scene of *Twelfth Night* moves from initially unsolved amazement to final rationalization —or better, naturalization— of its causes. This journey starts with Orsino's expression of surprise at the sight of the identical presences in front of him: «One face, one voice, one habit, and two persons: / A natural perspective, that is and is not».[55] The Duke's wonder signals that the evidence before his eye is riddling, as it encompasses the possibility of a visible reality and its opposite. However, the optical effect that causes the riddle is «natural». Orsino's words conjoin his resistance to belief and the feasibility of mystery. Similarly, Antonio interprets the presence of Sebastian and his double as a mysterious «division» of himself that can be yet made verisimilar by a «natural» analogy: «An apple cleft in two is not more twin / Than these two creatures» (*TN*, V, I, 207-208); and this mystery is to Olivia, simply, «most wonderful» (*TN*, V, i, 209). The supernatural option is contemplated by Viola, for whom Sebastian must be «a spirit» (*TN*, V, I, 220). Finally, the still mysterious but possible vicissitudes of romance —lost and found siblings, salvation from shipwreck, and external physical marks as the mole upon Viola's father's brow— reconcile irrational mysteries with natural explanations. The denouement of *Twelfth Night* demands from his audience a sort of literary competence that is rather different from the case of *Macbeth*. Rather than negative suspension of disbelief, romance fosters positive augmentation of our capacity for surprise and wonder.[56]

Shakespearean romance delves deep into new strategies for raising this capacity. The opening act of *The Tempest* is another case in point. The play opens with the wreck of the King of Naples' ship in the middle of a storm provoked, as we find out later, by Prospero's magic powers. However, as we begin to accept Prospero's magic as the cause of shipwreck and marvellous deliverance from the tempest, Prospero asks Miranda's help to put off his magic cloak in order later to tell the story of their lives:

---

[55] William Shakespeare, *Twelfth Night*, ed. Elizabeth Story Donno, Cambridge: Cambridge University Press, 1985, (V, I, 200-201). Subsequent quotations from this play are from this edition, and references are given parenthetically in the main text.

[56] Northrop Frye recounts an anecdote of a doctor that once admitted to him «that he was unable to enjoy a performance of *Twelfth Night* because it was a biological impossibility that boy and girl twins could resemble each other so closely» (*A Natural Perspective*, p. 18).

'Tis time
I should inform thee farther. Lend thy hand
And pluck my magic garment from me.
[Miranda helps him to disrobe]
So.
Lie there, my art. — Wipe thou thine eyes; have comfort.
The direful spectacle of the wreck, which touched
The very virtue of compassion in thee,
I have with such provision in mine art
So safely ordered that there is no soul,
No, not so much perdition as an hair
Betid to any creature in the vessel
Which thou heards't cry, which thou saws't sink ...[57]

Prospero's «provision» prepares us to believe in his rivals' otherwise miraculous escape from the tempest. He forces into Miranda and into the play's audience a kind of certainty which only the logic of his art can naturalise. Yet Prospero leaves magic aside to recount his past history, thus implying that nothing that happened then was the effect of his art. As a matter of fact, Prospero tells Miranda a story that ends with another improbable release from the sea, though this time its causes are rather different:

PROSPERO   O, a cherubin
             Thou wast that did preserve me! Thou didst smile,
             Infusèd with a fortitude from heaven,
             When I have decked the sea with drops full salt,
             Under my burden groaned; which raised in me
             An undergoing stomach, to bear up
             Against what should ensue.
MIRANDA   How came we ashore?
PROSPERO   By providence divine.
             Some food we had, and some fresh water, that
             A noble Neapolitan, Gonzalo,
             Out of his charity, who being then appointed
             Master of his design, did give us, with
             Rich garments, linens, stuffs, and necessaries
             Which since have steaded much ... (*Temp.*, I, ii, 152-165)

---

[57] William Shakespeare, *The Tempest*, ed. Stephen Orgel, Oxford: Oxford University Press, 1987 (I, ii, 22-32).

Prospero's two tales of restoration ground improbability upon causes as disparate as art and nature. Magic finds its counterpart in the mysteries beyond human control: «providence divine» —manifested in the natural effects of Prospero's fatherly love and Gonzalo's human charity— disputes with Prospero's «provision of [his] art» the privilege of dispensing the audience's capacities for belief. As main sources of wonder, natural mysteries and Prospero's magic art become metapoetic analogues of fictional literature's dealings with the extraordinary. When testing the limits of verisimilitude, not only likelihood is at stake, but also the poet's authority and skill to lie like truth.

Release from danger, healing from mortal disease, reencounters after long periods of loss, and —less frequent and more extreme— resuscitation from death are frequently revisited *topoi* by means of which romance plays out the dialectical tension between wonder and verisimilitude, and between the artificer and his or her art. Cerimon's restoration of Thaisa to life in *Pericles* confides its apparently miraculous status to previous events that are little less extraordinary: Pericles's abandonment of her coffin in the ocean near Pentapolis after her death in childbirth, and the arrival of the coffin to the hands of a famous healer in Ephesus. But Shakespeare tries to diminish the miraculous nature of resuscitation. Cerimon's power is the effect of a zealously studied art, such a one that consists, like Prospero's, in learning the secrets of Nature in order to domesticate its effects. His actions are received externally with the kind of perplexity that only miracles produce: in the words of one of the witnesses, «[t]he heavens through you increase our wonder» (*Per.*, III, ii, 93). But in the physician's logic his own triumph against death finds its own natural rationale: «Death may usurp on nature many hours, and yet / The fire of life kindle again the o'er-pressed spirits» (*Per.*, III, ii, 82-83). Thaisa's medical resuscitation is by no means resurrection, because Cerimon sets the distance between what is mysterious by nature and what is miraculous by providence.[58]

A final Shakespearean instance is Leontes and Hermione's reencounter in the last scene of *The Winter's Tale*. The thematic and structural similarities with Thaisa's case in *Pericles* are obvious, since in both plays the *topos* of restoration to life forestalls marital reencounter after years of

---

[58] DelVecchio and Hammond have rightly observed the possibility of reading this scene allegorically as a figure of resurrection. According to them, Shakespeare's powerful exercise in figural analogy is not entirely completed until Thaisa, initially restored to a world of suffering and pain, is transposed to a life of love and happiness by her final re-encounter with her husband and daughter («Introduction», ed. cit., p. 76).

loss. But the ways of wonder in this scene are far more complex than in *Pericles*. Whereas Cerimon's art naturalized the mystery of Thaisa's resuscitation, thus making the extraordinary familiar, *The Winter's Tale* takes the opposite direction. As Paulina tricks Leontes into believing that the real Hermione is a statue, the King deems her wife's movements to be caused by the miraculous animation of a marble figure. From the perspective of verisimilitude, the audience's main objection could be Leontes's extreme credulousness. Yet the poignancy of the scene relies on the author's transformation of witty and unlikely comic deceit into a powerful episode of romantic reencounter: «The fixure of her eye has motion in't, / As we are mocked with art» (*WT*, V, iii, 67-68). Situational irony may stress mockery here, but Leontes is no longer the scapegoat that channels punishment in comedy: his gullibility is less at stake than his role as a new Pygmalion. Like Cerimon's or Prospero's, Paulina's art becomes an analogue of the power of poetry. Unlike them, she makes the ordinary unfamiliar: she urges Leontes to believe that the real Hermione is a statue just to make him accept her animation and resuscitation. Like in *Pericles*, *admiratio* becomes the aim: «resolve you / For more amazement» (*WT*, V, iii, 86-87). Paulina takes Leontes's deceived eye to the realm of wonder; Leontes's desire —his «faith»— puts things back to their place: «If this be magic, let it be an art / Lawful as eating» (*WT*, V, iii, 110-111).

In the absence of Shakespeare's first-hand opinions, the relationship between the dramatist and his artistic vehicle must be found in the author's own fictional praxis. Verisimilitude in the late plays' dramaturgy is a constant search for paths beyond the strictures of dramatic imitation. Northrop Frye has argued that Shakespeare's concern with the remote, the primitive, the magical, and the supernatural, aims at putting us «in as uncritical a frame of mind as possible».[59] This step beyond dramatic verisimilitude make Jonson's critique irrelevant: against the sort of critical reluctance from the headquarters of official poetics, these plays prepare the reader for the adoption of a state of mind in which the wondrous can be naturalized. Shakespeare is to his audience what Paulina is to Leontes as she exhorts him to frame his mind to accept the fanciful: «It is required / You do awake your faith» (*WT*, V, iii, 94-95).

Whereas Shakespearean drama rehearses new paths toward verisimilitude without a visible theoretical support, Cervantes's fiction buttresses narrative practice with theoretical commentary. A few instances will suffice here: the episode of the «flying woman» —un-

---

[59] Frye, *A Natural Perspective*, p. 32.

doubtedly one of the most fanciful in *Persiles* — deserves, in the words of the narrator, to be admired rather than believed [«más para ser admirado que creído» III.15.381], since reality often surpasses the limits of imagination: «[c]osas y casos suceden en el mundo, que si la imaginación, antes de suceder, pudiera hacer que así sucedieran, no acertaría a trazarlos».[60] And thus, when the mysteries of nature challenge our capacities to believe, it is the good credit of the story-teller [«el buen crédito de quien los cuenta»] that must lay the basis of the verisimilitude of a true but unlikely tale. The opposite may be also the case: things that have never happened can acquire the shape of truth if told by a competent narrator. After Periandro finishes the account of his allegorical dream, Auristela remarks that «[d]e tal manera [...] ha contado su sueño mi hermano, que me iba haciendo dudar si era verdad o no lo que decía». To which Mauricio replies: «Esas son fuerzas de la imaginación, a quien suelen representarse las cosas con tanta vehemencia que se aprehenden de la memoria, de manera que quedan en ella, siendo mentiras, como si fueran verdades».[61] Lies like truth are the effect of the teller, as well as the hearer's own imagination. The agreement between teller and reader, or better, the writer's capacity to lead his readers to accept verisimilitude, was also an important concern of the Canon's speech in *Don Quixote*:

Hanse de casar las fábulas mentirosas con el entendimiento de los que las leyeren, escribiéndose de tal suerte que, facilitando los imposibles, allanando las grandezas, suspendiendo los ánimos, admiren, suspendan, alborocen y entretengan de modo que anden a un mismo paso la admiración y la alegría juntas; y todas estas cosas no podrá hacer el que huyere de la verisimilitud y de la imitación, en quien consiste la perfección de lo que escribe.[62]

The wonders of fiction must be tamed to the point where the reader's

---

[60] *Persiles*, ed. cit. p. 382. The idea is repeated throughout the novel: an instance is the end of Book I, in which the author announces the marvels dealt with in Book II: «cosas que, aunque no pasan de la verdad, sobrepujan a la imaginación, pues apenas pueden caber en la más sutil y dilatada sus acontecimientos» (p. 146). On Cervantes's play with verisimilitude in this episode see María A. Roca Mussons, «La mujer voladora del *Persiles*: maravillosa verosimilitud», *Actas del Tercer Congreso Internacional de Cervantistas*, ed. Antonio Bernat Vistarini, Palma: Universitat de les Illes Balears, 1998, pp. 517-529.

[61] *Persiles*, ed. cit., p. 236.

[62] *Don Quijote I*, ed. cit., p. 583.

understanding will find them palatable. Cervantes was aware of his own imaginative art when he boasted in his *Viaje del Parnaso* (1614) that his *Novelas ejemplares* (1612) had opened new paths in the Spanish language to *show a preposterous thing with propriety* [«mostrar con propiedad un desatino»].[63] The harmonization of verisimilitude and wonder is not exclusive to Cervantes's poetics, but a general tendency in Baroque fiction. Yet Cervantes believed in his own excellence at reconciling the essential discord in these principles. Decorum [«propiedad»] was for him the key to his *verisimilarizing capacity*[64]; because, as Riley has rightly observed, Cervantes oscillates between his keenness on precept and his constant search for narrative episodes where the contradictions between marvel and likelihood could be tested.[65] Cervantes believed in the need to set limits to poetic fancy, as the different strategies for its control in *Persiles* show. We owe to Riley's study a careful taxonomy of wondrous events in this novel, as well as of its forms of representation: a first category concerns natural prodigies and strange circumstances, to which a rational explanation can be at least attempted; the second addresses supernatural phenomena and miracles, and these Cervantes tries either to avoid or to present through narrative intermediaries, thus letting the reader decide on their likelihood or truth.[66]

The systematic discrimination between mysteries and miracles makes clear that Cervantes's favourite field is the first and not the second kind. A case that joins favourite Shakespearean themes like shipwreck and resuscitation becomes the best illustration of this difference. At the beginning of Book II the wrecked ship that carries Auristela and a few others is found half interred on the shores of Policarpo's Isle [«con la gavia en la arena y la quilla al cielo»]. The King and his train head on to the ship and, suspecting voices within, follow the instructions of a gentleman, who had heard a story of a similar case: a concavity is sawed on the keel, showing the spectacle of many dead bodies but also a few living others, who are immediately rescued from the vessel's entrails. In the gentleman's words, as he tries to compare the case he heard and the

---

[63] «Yo he abierto en mis *Novelas* un camino / por do la lengua castellana puede / mostrar con propiedad un desatino» [In my novels I have opened a path / Where the Castillian language can / Show a preposterous thing with propriety] (Miguel de Cervantes, *Viaje del Parnaso*, ed. Florencio Sevilla Arroyo and Antonio Rey Hazas, Madrid: Alianza, 1997, p. 82, vv. 25-27, my translation).

[64] I translate the phrase «capacidad verosimilizadora» as used by Sevilla Arroyo and Rey Hazas («Introducción», *Persiles*, ed. cit., p. xliv).

[65] E. C. Riley, *Op. cit.*, p. 39.

[66] *Ibid.*, pp. 290-301.

one in front of them:

> Yo vi esto, y está escrito este caso en muchas historias españolas, y
> aun podría ser vi[vi]esen agora las personas que segunda vez
> nacieron al mundo del vientre desta galera; y si aquí sucediese lo
> mismo, no se ha de tener a milagro, sino a misterio; que los milagros
> suceden fuera del orden de la naturaleza, y los misterios son aquellos
> que parecen milagros y no lo son, sino casos que acontecen raras
> veces.[67]

Release from the ship bears the mark of resuscitation: «Finalmente,
dándoles el aire y la luz a los medio vivos, respiraron y cobraron aliento;
limpiáronse los rostros, fregáronse los ojos, estiraron los brazos, y como
quien despierta de un largo sueño, miraron a todas partes».[68] And like in
Shakespeare's *Pericles*, figural or allegorical readings of miraculous
resurrection are tempting. But the gentleman's mention of the written
status of former occurrences in Spanish histories, as well as his careful
differentiation between mystery and miracle, situate these events, odd
as they are, in the realm of what might happen. Mystery is then a
condition of the unusual and rare, but one that remains compatible with
fictional verisimilitude.

Riley has pointed out an obsession in Cevantes's *Persiles* with
rationalizing most of its extraordinary events. And even if Cervantes
may not adduce explicit reasons to elucidate the irrational, a tendency to
making strangeness familiar is undeniable in the novel.[69] This tendency
is shared by Cervantes and Shakespeare, and it is not strange that critics
as perceptive as Riley and Frye have shown here the way to these
coincident interests. The difficult marriage of wonder and verisimilitude,
the epistemological status of the events presented, and the artificer's skill
in naturalizing — or *verisimilarizing* — the wondrous, constitute a complex
theoretical network whose most remarkable problems, riddles, and
answers are found in fictional practice. I have insisted on Shakespeare's
generic disadvantage, since his dramatic practice intends to gain a
territory for representation that poetic precept denied to drama.
However, Shakespeare's endeavour to lie like truth inscribes its own
practice in the Canon of Toledo's description of the virtues and delights

---

[67] *Persiles*, ed. cit., p. 152.
[68] *Persiles*, ed. cit. p. 53.
[69] «El *Persiles* se caracteriza por su empeño en racionalizarlo todo
» (*Op. cit.*, p. 291).

found in novels and romances: «que tanto la mentira es mejor cuando más parece verdadera, y tanto más agrada cuanto tiene más de lo dudoso y posible» [«that a lie is so much better when it seems most true, and it pleases the most when it comes closest to what is doubtful and possible»].[70]

THE TRAVAILS OF *PERSILES* AND *PERICLES*

The moral dimension of romance relies on how ready its readers are to accept the truth within its protagonists' travails. This term, undifferentiated from «travel» in the Renaissance, betrays a twofold dimension that is characteristic of romance plots: the long journeys of their protagonists are *objective correlatives* —to use T. S. Eliot's phrase— to their emotional and moral trials.[71] Travel provides material support to the characters' inner worlds —their ideals and aims, but also their uncertainties and miseries. But this does not necessarily situate Cervantes and Shakespeare within the mechanic strictures of allegorical fiction. Rather, it helps us rationalize the fanciful excesses of romance plots within the scope of the narrative exemplum. This section explores the links between the structural and the exemplary nature of travail in Shakespearean and Cervantine romance. A close reading of the initial episodes of *Persiles* and *Pericles* will pave the way to a general assessment of the narrative mode as the privileged vehicle of moral didacticism in these works.

The beginning *in medias res* of *Persiles* is remarkable for its many subsidiary narrative knots: the «terrible sound» of Corsicurvo the Barbarian's «fearefull voyce» —as the anonymous 1619 English translation of *Persiles* words it— leads us onto the «mouthe of a deepe Dungeon» where the «unhappie *Clelia*» keeps a young prisoner whose evacuation is now solicited.[72] Two short paragraphs suffice Cervantes to

---

[70] *Don Quijote de la Mancha I*, ed. cit. p. 583, my translation.

[71] «The only way of expressing emotion in the form of art is by finding an 'objective correlative'; in other words, a set of objects, a situation, a chain of events which shall be the formula of a *particular* emotion» (T. S. Eliot, 'Hamlet', *Selected Prose*, Harmondsworth: Penguin, 1953, p. 107). Eliot's insistence of the particularity of emotions expressed by these correlatives severs the term from any kinship with allegory.

[72] «Voces daba el bárbaro Corsicurvo a la estrecha boca de una profunda mazmorra, antes sepultura que prisión de muchos cuerpos vivos que en ella estaban sepultados. Y, aunque su terrible y espantoso estruendo cerca y lejos se escuchaba, de nadie eran entendidas articuladamente las razones que pronunciaba, sino de la miserable Cloelia, a quien sus desventuras en aquella profundidad tenían encerrada.

-Haz, ¡oh Cloelia —decía el bárbaro—, que así como está, ligadas las manos

belie Pinciano's statement that «none in this world knits and loosens better» than Heliodorus: imprisonment, a prospective execution, a fortunate shipwreck, cross-dressing, exchange of captives, and re-encounter between Periandro —the captive youth under whose identity hides Persiles— and Auristela —the feigned name of Sigismunda— constitute only an incomplete roster of the events that ensue from them. But the initial setting of *Persiles* is the most outstanding proof of the author's resolute defiance of the comforts of everyday experience: the Barbaric Isle —«Isla Bárbara»— builds up an extraordinary atmosphere of primitivism and chaos in which the novel's meandering beginning strives to find direction.[73] The social structure of the Isle is unveiled to the reader in the servant Taurisa's report during Periandro's short stay in Prince Arnaldo's ship. The barbarians that kept Periandro in captivity live in the hope of strange messianic times:

> [...] esta ínsula, donde dicen que estamos, la cual es habitada de unos bárbaros, gente indómita y cruel, los cuales tienen entre sí por cosa inviolable y cierta, persuadidos, o ya del demonio o ya de un antiguo hechicero a quien ellos tienen por sapientísimo varón, que de entre ellos ha de salir un rey que conquiste y gane gran parte del mundo; este rey que esperan no saben quién ha de ser, y para saberlo, aquel hechicero les dio esta orden: que sacrificasen todos los hombres que a su ínsula llegasen, de cuyos corazones, digo de cada uno de por sí, hiciesen polvos y los diesen a beber a los bárbaros más principales de la ínsula, con expresa orden que, el que los pasase sin torcer el rostro ni dar muestras de que le sabía mal, le alzasen por su rey; pero no ha de ser éste el que conquiste el mundo, sino un hijo suyo. También les mandó que tuviesen en la isla todas las doncellas que pudiesen comprar o robar, y que la más hermosa dellas se la entregasen luego al bárbaro, cuya sucesión valerosa prometía la bebida de los polvos. Estas doncellas, compradas o robadas, son bien tratadas de ellos, que sólo en esto muestran no ser bárbaros, y que las compran, con subidísimos precios, que los pagan en pedazos de oro sin cuño y en preciosísimas perlas, que de los mares de las

---

atrás, salga acá arriba, atado a esa cuerda que descuelgo, aquel mancebo que habrá dos días te entregamos; y mira bien si, entre las mujeres de la pasada presa, hay alguna que merezca nuestra compañía y gozar de la luz del claro cielo que nos cubre y el aire saludable que nos rodea» (*Persiles*, ed. cit., p. 23).

[73] Sevilla Arroyo and Rey Hazas have perceptively described this beginning as «las antípodas de la vida cotidiana» and «el reino de lo inverosímil» (*Persiles*, «Introducción», ed. cit., p. xxi).

riberas destas islas abundan; y a esta causa, llevados deste interés y ganancia, muchos se han hecho corsarios y mercaderes.[74]

Diana de Armas Wilson has emphasized the connection of this episode with the «New World topoi of cannibalism», especially with Montaigne's essay «On Cannibals».[75] She has also suggested the relevance of the Freudian notions of the primal horde, the totemic banquet, and the horror of incest to the interpretation of this episode. However, Wilson notices that «instead of a primal father, Cervantes's barbarians cannibalize alien males», and it is not totemic guilt but «the guilt of sexual difference that Cervantes then explores».[76] Certainly the prospect of a king that will be born of the strongest-stomached male barbarian and the fairest-looking foreign virgin seems to differentiate Cervantes's cannibals from those of the Freudian primal horde, since it is the hope and not the fear of a Father/King that sustains the Barbaric Law.[77] And yet, one should take into account that this Barbaric Law is, like many other messianic myths of the sort, a long delayed promise, a myth whose validity depends on the dilated announcement of its fulfilment. Not in vain Taurisa's account includes the economic network of pirates and merchants generated around this Law, and whose existence depends on the cannibals' belief that the fulfilment of the myth *shall* take place always in the future. Cervantes's barbarians inhabit a world where cannibalism grants totemic safeguard, in which the horror of real incest materializes in the symbolic incestuous share of women by the entire community, and in which the tight links between its social tissue and its economic infrastructure create extraordinary but effective conditions for verisimilitude.

To Cervantes's insight as a poet and as a social observer should one ascribe the tight internal logic of the barbaric world. The Isle embodies what Northrop Frye has called an «anticomic society», that is, «a social organization blocking and opposed to the comic drive». As a first stage of romance master-narratives, the anticomic society relies on an

---

[74] *Persiles*, ed. cit., pp. 30-31.

[75] Diana de Armas Wilson, *Op. cit.*, p. 110. On anthropophagous customs and their presence in Golden Age Spanish literature, see Luis Gómez Canseco, «A otro perro con ese hueso. Antropofagia literaria en el Siglo de Oro», *Etiópicas*, 1 (2004-2005), pp. 1-32.

[76] De Armas Wilson, *Op. cit.*, p. 116.

[77] A useful narrative sketch of the workings of the primal horde is to be found in Sigmund Freud, *Totem and Taboo. The Standard Edition*, ed. and trans. James Stratchey, New York: Norton, 1989, pp. 176-178.

«irrational law» whose function is «to regulate the sexual drive».[78] The hero and heroine of comedy are always thrown into a world whose tenets are tyranny, barbarity, sheer primitivism, and the repressive forces operating at the familial and social levels. The element of wonder is a vehicle to moral abhorrence. Accounts of cannibalism had naturalized certain myths about exotic and unknown worlds, and Cervantes's imaginative manipulation of those myths works here in favour of verisimilitude.[79] Accumulation and climax are the rhetorical devices through which the author strives to familiarize his reader with the unfamiliar. When by the end of Chapter 4 the reader confronts the utter destruction of the Isle and the apparition of a barbaric youth that guides the newly met siblings/lovers to a corner of the Island, a whole string of events has prepared the reader to accept the unusual as a rule: Periandro has been made captive by the barbarians, who spare him of death out of amazement for his extraordinary beauty; they tie him to a boat and abandon him in the seas until a providential tempest draws him to Prince Arnaldo's ship; Auristela had been bought by this Danish Prince but later kidnapped by the same barbarians; Arnaldo intends to exchange Taurisa with Auristela, but Periandro decides to disguise as a maid and become the object of the exchange; back in the Barbaric Island, the false female beauty of Periandro so deceives the governor that he resolves to perform the sacrificial rite of a male captive —Auristela in male disguise; when she is about to be executed, Cloelia discovers her identity and the false siblings are helped by Bradamiro to escape; Bradamiro is killed by a fellow's arrow, and this triggers off a fratricidal war that ends with the destruction of the Isle by fire and the providential entrance of the «bárbaro mancebo» whose use of Spanish breaks the spell of barbarity: «Sígueme, hermosa doncella, y di que hagan lo mismo las personas que contigo están, que yo os pondré a salvo, si los cielos me ayudan».[80] Amazement leads us to the dungeon out of which Periandro is first taken; out of amazement we accept the laws of the Isle; and amazement presides over its destruction and the fortunate release of those who had been drawn to it —we assume— by Fortune.

---

[78] Frye, *A Natural Perspective*, pp. 73-74.

[79] One could argue the same about Caliban in Shakespeare's *The Tempest*. On Caliban and early modern discourses of cannibalism and the New World see Alden T. Vaughan and Virginia Mason Brown, *Shakespeare's Caliban: A Cultural History*, Cambridge: Cambridge University Press, 1991, esp. pp. 23-32. These critics argue that the possibility of Caliban's name being derived from «Carib» is sounder than its derivation from «cannibal» (pp. 31-32).

[80] Cervantes, *Persiles*, ed. cit., p. 44.

As the first knot of the plot of *Persiles* comes to be loosened, one could question the extent to which Cervantes's procedure succeeds in its aspiration to «show preposterous things with propriety». Propriety in *Persiles* transcends its mere aesthetic dimension to become a moral issue. Moreover, propriety is not an absolute tenet from the start, but an aim constantly in the making throughout the novel. In *Persiles* a definite idea of decorum is only a retroactive condition given by the final discovery of the real identities of Periandro and Auristela, and our awareness that their history —as long as it is different from the novel's fable— originates before the Barbaric Isle. It is in fact another possibility inherent in the anticomic society of romance —a parent that blocks a child's desires— that is at the origin of their «trabajos»: Eustoquia, Queen of Thule, wants to give her elder son Masigmino in marriage to Sigismunda, Princess of Friesland, even though she loves Persiles, Masigmino's younger brother, who corresponds to her love. Their escape in the hope to sanctify their marriage vows in the sacred city of Rome propitiates the double dimension of their «travails» or «travels» as erotic elopement and religious pilgrimage. It should be recalled that, when they meet in the Barbaric Isle, Persiles and Sigismunda have endured two long years of separation. So retroactively too, when they marry happily at the end of the novel, the Barbaric Isle must appear as a necessary test of their suffering in their twofold nature as fugitive lovers of romantic tragicomedy and Christian pilgrims. The Isle is a radical but necessary first test of identity, since its law plays out the undersides of their constancy as lovers, but also of their Christian piety and chastity. The first four chapters of *Persiles* represent a miniature of the more complex patterns of loss, suffering, chaos, and recovery that serve as moral tests of the unblemished, idealized natures of the hero and heroine.

The nature of the protagonists' travails have fostered different sorts of interpretations. In this sense, accounts of *Persiles* in terms of allegory have been frequent: Forcione's classic reading of the protagonists' travels as a search for «the spirit of Orthodox Christianity» deserves credit, but falls somehow short of Cervantes's achievement.[81] One may accept, with Forcione, that in the background of Persiles lies a systematic structure of thought that organizes its development. If allegory is understood as the narrative strategy for bringing virtues, vices, or moral abstractions to an intelligible level through the use of human-like figures or concrete situations, one could admit that the motif of Christian pilgrimage clarifies Persiles and Sigismunda's inner spiritual world.[82] But to the

[81] Alban K. Forcione, *Op. cit.*, p. 60.
[82] The consideration of allegory as a genuine narrative mode was a

detriment of allegory one must say that, in its attempt to make the abstract comprehensible, it ends up denaturalizing the concrete. And with the exception of Periandro's dream in chapter 15 of Book II —the only allegory proper in the novel— *Persiles* never works in that direction. Christian pilgrimage, and the promise of chastity inherent to it, makes perfect sense at a plainly literal level, especially since its spiritual vicissitudes are inseparable from the more practical motivations of elopement. The Baroque travails of Persiles and Sigismunda are unique in their integration of these discordant elements at a narrative level in which the distinction between allegorical and romantic frameworks collapses. The protagonists' journey is a permanent investigation in the contradictions between its spiritual and erotic axes. These neutralize the distinctions that González Rovira has made between Byzantine and other novelistic formulae in the Spanish Golden Age:

> Frente a los viajes de la épica, los libros de caballerías o la picaresca, cuya motivación es siempre un interés práctico impuesto por la condición del protagonista (el retorno o la búsqueda del hogar, la recuperación del honor, la búsqueda voluntaria de aventuras o la consecución del sustento diario), las peregrinaciones de la novela bizantina suelen tener como objetivo la restauración de un equilibrio perdido, sea sentimental o sea espiritual, en un camino que conlleva un perfeccionamiento moral o, en la mayoría de los casos, la

---

Renaissance derivation of medieval poetic theory. In the words of a commentator of Erasmus's *De duplici copia rerum ac verborum* (1521), allegory is «a species of narrative [...] which invites a second, different interpretation, alluding to things from quite another sequence of events and to moral attitudes, emotions or types of character present» (M Veltkirchius, *Eramus de duplicii copia verborum et rerum ...ac M Veltkirchii commentaris*, London, 1569, qtd. in Lee A. Sonnino, *A Handbook of Sixteenth Century Rhetoric*, London: Routledge and Kegan Paul, 1968, p. 225). I am reluctant to think that *Persiles* can be read as an exercise in such kind of sustained allegory. I prefer to think with Northrop Frye that allegory seldom occurs in a pure guise, and is frequently a necessary effect of critical interpretation rather than an intrinsic quality of a literary work: «It is not often realized that all commentary is allegorical interpretation, an attaching of ideas to poetic imagery» (*The Anatomy of Criticism: Four Essays* [1957], Harmondsworth: Penguin, 1990, p. 89). A similar tenet is defended by Angus Fletcher, who argues that «[a]n allegorical mode of expression characterizes a quite extraordinary variety of literary kinds», among which find genres like romance and utopia (*Allegory: The Theory of a Symbolic Mode*, Ithaca, NY: Cornell University Press, 1964, p. 3).

demostración de unas virtudes preexistentes.[83]

This difference between a quest for practical interest and restoration of lost equilibrium is one that Cervantes decidedly blurs. The manifold tests of the protagonists' virtues are also trials of their erotic determination. The paradoxical nature of their travels lies in the need to reconcile their pre-existing virtues and their primal act of filial disobedience. This paradox, which epitomizes the main moral dilemma of the novel, constitutes a permanent test for reading *Persiles* as moral exemplum.

The first scene of *Pericles* presents little variation from the patterns analysed above. The beginning *in medias res* is now a matter of perspective rather than an integral aspect of the tale. Act I scene 1 begins with Pericles's confrontation of Antiochus's incestuous crime in a barbaric and primitive environment that is not far from Cervantes's island. But what is offered to the reader as the beginning of action is not the beginning of the play, since the Chorus-like figure of Ancient Gower has already introduced the tyrant Antiochus, his liaison with the unnamed Princess, as well as his savage riddance of his daughter's suitors. We remain in total ignorance of the main character's origins and the reasons why he is in Antioch. Later on we will be acquainted with what he is, but never with the reasons that make a Prince act as a dispossessed knight and undertake a quest for fame and a wife.[84] Knights do such things, but royal marriages are negotiated in rather different ways. Like in *Persiles*, the focus is on the anti-hero and the anti-comic world. With characteristic sobriety Ancient Gower narrates Antiochus's incest:

> This Antioch then, Antiochus the Great
> Built up this city for his chiefest seat,
> The fairest in all Syria.
> I tell you what mine authors say:
> This king unto him took a peer,
> Who died, and left a female heir,
> So buxom, blithe, and full of face,
> As heaven had lent her all his grace;

---

[83] Javier González Rovira, *La novela bizantina en la Edad de Oro*, Madrid: Gredos, 1996, pp. 152-153.

[84] Pericles's behaviour reflects Georges Duby's picture of the *iuvenis* or young knight of late medieval chivalric societies, that is, an aristocrat who has to increase his reputation through adventure in order to finally secure a stable social and economic position by means of an advantageous marriage. See *The Chivalrous Society*, trans. Cynthia Postan, London: Arnold, 1977, pp. 112-122.

With whom the father liking took,
And her to incest did provoke.
Bad child, worse father, to entice his own
To evil, should be done by none:
But custom what they did begin
Was with long use accounted no sin.
The beauty of this sinful dame
Made many princes thither frame
To seek her as a bedfellow,
In marriage pleasures playfellow;
Which to prevent he made a law
To keep her still, and men in awe:
That whoso asked her for a wife,
His riddle told not, lost his life. (*Per.*, Prologue, 16-38)

The anti-comic society is displayed here in all its virulent causes and effects. The geographical setting for Antiochus's incestuous law evinces familial and social confusion: the scene presents Pericles's confrontation with a tyrant surrounded by the impaled heads of his daughter's former suitors. Ritual contests, manslaughter, and hints of cannibalism surround Pericles's attempt to solve the riddle of incest.

I am no viper, yet I feed
On mother's flesh which did me breed.
I sought a husband, in which labour
I found that kindness in a father.
He's father, son, and husband mild;
I, mother, wife, and yet his child.
How they may be, and yet in two,
As you will live, resolve it you. (*Per.*, I, i, 65-72)

But rather than making amends, Pericles's solution transforms symbolic confusion into individual and social chaos. Pericles «will live» only to bear the taint of the anticomic world of Antioch —an uncanny reversal of Cervantes's Barbaric Isle. In *Persiles* we found that the staging of the totemic banquet entailed the symbolic share of women by the primal horde against an all-incestuous King/Father. In *Pericles* we find the incestuous King/Father in the process of annihilating the primal horde, thus preventing familial and social exchange.[85] But Pericles is not

---

[85] On Antiochus's double role as King and Father in the context of

Persiles. The Cervantine hero finds himself involved in the barbarians' dealings only by accident. Conversely, Pericles, moved by the Princess's beauty, resolves to enter Antiochus's game:

> See where she comes, apparelled like the spring,
> Graces her subjects, and her thoughts the king
> Of every virtue gives renown to men,
> Her face the book of praises where is read
> Nothing but curious pleasures, as from thence
> Sorrow were never razed, and testy wrath
> Could never be her mild companion.
> You gods that made me man and sway in love,
> That have inflamed desire in my breast
> To taste the fruit of yon celestial tree
> Or die in the adventure, be my helps,
> As I am son and servant to your will
> To compass such a boundless happiness. (*Per.*, I, I, 13-25)

Unlike Persiles, Pericles lets himself be carried away by desire. He contracts part of the guilt of the anti-comic world, since he is marked by Antiochus's crime. He is a part in the game of incest, since his revelation of the King's guilt conveys that he accept his own. This confirms the mechanics of Freud's Oedipus complex: Oedipus's incestuous desire matters less than the active contemplation of incest by the play's spectator.[86] Pericles is fraught with conscience, and therefore his history becomes a process in which travail and travel join hands again in their long way to atonement of a potentially tragic crime. Pericles is therefore far from the hero of Cervantes, who, in spite of his part in an act of disobedience, keeps his moral values untouched. Shakespeare's Prince

---

incestuous transgression see W. B. Thorne, «*Pericles* and the incest fertility opposition», *Shakespeare Quarterly*, 22.1 (1971), pp. 43-56; Alexander Leggatt, «The Shadow of Antioch: Sexuality in *Pericles, Prince of Tyre*», in Louise Fothergill-Payne and Peter Fothergill-Payne eds., *Parallel Lives: Spanish and English National Drama*, Lewisburgh: Bucknell University Press, 1991, pp. 167-79, and Zenón Luis-Martínez, «Incestuous Patriarchs / Tyrannical Monarchs: Antiochus's riddle in the Jacobean Theories of Kinship and Kingship», in Ricardo Sola et al. eds., *Actas del XVIII Congreso de AEDEAN*, Alcalá de Henares: Universidad de Alcalá, 1996, pp. 421-428.

[86] I have analysed this point in Freud's *The Interpretation of Dreams* (1900) in Zenón Luis-Martínez, *In Words and Deeds. The Spectacle of Incest in English Renaissance Tragedy*, Amsterdam: Rodopi, 2002, esp. pp. 29-51.

of Tyre seems closer to Cervantes's secondary characters, whose cases often have their origin in a crime committed in their youth.[87]

Like in *Persiles*, the first episode derives into complex narrative knots that include resignation of the crown, murder attempts, betrothal, marriage, childbirth, shipwreck, loss, and familial and political restoration. By the second half of the play, and certainly by the end, too many unfortunate circumstances have been culled, and the reader does no longer feel the need to fill the initial gaps concerning Pericles's origins. The account of Pericles's sufferings has naturalized its own hardly verisimilar status as posed in the beginning of the play. When Shakespeare offers his audience the wondrous spectacle of unlikely resurrection, improbable reencounter, and happy recognition, Pericles already possesses a sufficiently dignified heroic status as to deserve the rewards of all these wonders. The question of why he did and why he initiated such an unnecessary course of events is now irrelevant, since the plot has taken his readers to the realm of necessity. Not even critical recourse to myth or archetypal narrative is pertinent now. Northrop Frye envisaged a play whose setting was «not only dramatically but psychologically primitive», and whose ending betrayed a primitive-like simplicity drawn out of all the chaos of action.[88] I agree with him on his judgement of setting, but not on the psychological issue. The play offers a *tour de force* that takes initial primitivism to complex motivation and emotion. And it is in this territory of individuation that Shakespeare's *Pericles* and

---

[87] This is especially true of some of the heroes of Book I and II. Thus, Antonio's flight from Spain has as its main cause a crime committed in his youth. Or Rutilio, the Sienese dancing-master, who pays his illegitimate loves with imprisonment, and later his life is marked by a compact with a sorceress who releases him from jail and transports him to Norway —there he marries her, but has to kill her later when she metamorphoses into a she-wolf. These narrative interpolations in *Persiles* stress the idea of exemplariness to the point that Diana de Armas Wilson has called them «thirteen exemplary novels» (*Op. cit.*, pp. 151-176). In the same trend of thought González Rovira argues: «estas quince narraciones interpoladas en ambas partes del *Persiles* son relatos autobiográficos que se acercan directamente al lector, con lo que aumentan sus posibilidades de identificación emocional, conformando una galería de retratos cuya función es la de complementar, matizar o intensificar la ejemplaridad de la pareja del protagonista» (*Op. cit.*, p. 241). The moral and vital dimensions of these secondary characters differ substantially from the protagonists, whose static purity has been defined by Antonio Vilanova as «una mezcla de ilusión transcendente, inspirada por la fe, y un anhelo terrenal representado por su amor humano» (*Op. cit.*, p. 238).

[88] Frye, *A Natural Perspective*, pp. 32, 69.

Cervantes's *Persiles* meet in order to display their exemplary potentials.[89]

EXEMPLARY NARRATIVES

The exemplary nature of the protagonists' travails in each work relies on the space allowed to narrative evaluation. In novels we often take this space for granted. *Persiles* is full of moral dilemmas left unsolved —especially in the interpolations of Books III and IV. However, there is no doubt that the author took advantage of his omniscient narrator, as well as the polyphonic web of secondary narrators, to give moral substance to the trials of love and piety that traverse the novel. In drama, contrariwise, we may not expect to find clear-cut purveyors of moral authority. If a play like *Pericles* has been charged with untheatricality, one reason may be its unmistakable endorsement of narrative techniques of evaluation. Ancient Gower, the stylistic catalyst of the play's incursions into narrative fiction, is certainly responsible for the play's evolution from loose archetypal story to consistent exemplary tale. Gower's anachronistic presence could be identified as a sign of the play's stylistic clumsiness. I prefer to think, with Howard Felperin, that «Shakespeare would not cultivate an archaic medievalism in his work at this stage without sophisticated ulterior motives».[90] This section wants to trace these ulterior motives in *Persiles* and *Pericles*, as well as the method that informed them. Both method and aim show two poets that believed in the didactic stance of their poetic enterprise without indulging in naïve or unitary thought.

Much has been written about the relation between the composition

---

[89] Psychoanalytic criticism of Shakespeare's *Pericles* is perhaps the critical perspective that detects the terrain where psychological complexity and exemplary narrative join hands. A remarkable instance is C. L. Barber and Richard Wheeler's account of the play's reworking of a tale Christian exemplarity into a symbolic drama that responds to deep psychological needs of the emotional life of the family (*The Whole Journey: Shakespeare's Power of Development*, Berkeley: University of California Press, 1986, pp. 310-328). A similar point, though from a more conventional perspective of literary history, is made on Cervantes's development of the Byzantine pattern by González Rovira: «Frente a lo que afirma la crítica más reacia a este tipo de obras, la complejidad psicológica de la novela bizantina existe, aunque hay que buscarla sobre todo en esa multitud de personajes secundarios que pueblan sus páginas especialmente a partir de Cervantes: Rutilio, Antonio o Feliciana son individuos en transformación, no meros arquetipos, que van determinando su futuro y la expiación de sus errores al margen del azar en un doloroso proceso de purificación y liberación» (*Op. cit.*, p. 242) .

[90] Felperin, *Op. cit.*, p. 115.

of Cervantes's *Novelas ejemplares* (published in 1612) and *Persiles*. Important stylistic, thematic, and structural similarities have been pointed out, to the extent that one of Cervantes's late *novellas* —*La española inglesa*— has been described, for its profound Catholic spirituality, its byzantine plot of separations and reencounters, and its contrasting Northern and Southern settings, as a «miniature of *Persiles*».[91] Like *Persiles*, *La española inglesa* founds its exemplarity on the contradictions between desire and piety. Its straightforward concluding morale could perhaps prefigure the larger exemplary dimension of Cervantes's last novel:[92]

> Esta novela nos podría enseñar cuánto puede la virtud, y cuánto la hermosura, pues son bastante juntas, y cada una de por sí, a enamorar aun hasta los mismos enemigos; y de cómo sabe el cielo sacar, de las mayores adversidades nuestras, nuestros mayores provechos.[93]

Tests of beauty and virtue, our own potential for causing in others passions that fall out of our scope, and heavenly impositions upon our free will —all of them favourite themes in late Cervantes— are suggested here as lessons that this novel «could teach us».[94] Didacticism grounds its existence on possibility rather than certainty: this novel *could* teach us other things or nothing at all. Cervantes's catalogue intentionally falls short of the novel's moral potential. Possibility is the first condition of «ejemplaridad» in Cervantes; ambivalence is the second. Diana de Armas Wilson has noticed that the meanings of this word are disseminated in two English terms: *exemplarity* and *exemplariness*. Whereas the former signals a character or attitude that is worthy of respect and imitation, the latter emphasizes the cautionary nature of a narrative case. Cervantes's main characters in *Persiles* certainly base their exemplarity on their role as ethical models. But the circumstances and events in which these main characters and other ancillary figures get involved also evince their moral flaws: their exemplariness consists on their admonitory value to

---

[91] See note 39.

[92] «En el gozne de [*La española inglesa*] se articulan, por ejemplo, la acentuación del tema religioso y su concomitante, el prfeccionamiento espiritual, tan notables en la segunda mitad del *Persiles*» (Art. cit., p. 204).

[93] *Española*, ed. cit., p. 65.

[94] All these are common themes to *La española inglesa* and *Persiles*. Sevilla Arroyo and Rey Hazas provide a sketch of coincidences in themes and plot («Introducción», in Miguel de Cervantes, *Persiles*, ed. cit., p. xiv).

others.[95] These two levels sometimes merge in the novel. Other times one circumstance proves exemplary by analogy to other circumstances. And these are confided to narrative voices of unequal authoritative value. The reader is left alone to balance all these possibilities and decide on the weight that each conclusion or adage must bear to the novel's general significance. When at the beginning of Book III we learn about prince Arnaldo's surprising acceptance of his separation from Auristela, it is the narrator's voice that provides the commentary:

> Como están nuestras almas siempre en continuo movimiento, y no pueden parar ni sosegar sino en su centro, que es Dios, para quien fueron criadas, no es maravilla que nuestros pensamientos se muden: que éste se tome, aquél se deje, uno se prosiga y otro se olvide; y el que más cerca anduviere de su sosiego, ése será el mejor, cuando no se mezcle con error de entendimiento.[96]

The statement is only partially apt as moral for Arnaldo's momentary fickleness. Nevertheless, it purveys a general truth whose exemplarity is out of doubt from a Christian standpoint: earthly goals are ephemeral and godly thoughts eternal. Indirectly, this argument makes us think of the fits of jealousy that have distracted Persiles and Sigismunda from their highest thoughts, so it serves as cautionary reminder of their human flaws.[97] A similar case is Arnaldo's final acceptance of Sigismunda's sister Eusebia as wife only on condition that his father blesses the union, because, as the narrator reminds us, «en los casamientos graves, y en todos, es justo se ajuste la voluntad de los hijos y los padres».[98] The statement confirms the exemplarity of Arnaldo's behaviour. However, these words at the very end of the novel do nothing else than remind us that the original conflict was the lack of adjustment between parents' and children's wills —i.e. Eustoquia's opposition to the loves of Persiles and Sigismunda, their disobedience of the parental law, and the travails that ensue from their initial act. A third interesting case concerns Transila's amazement at Periandro's love for

---

[95] De Armas Wilson, *Op.cit.*, pp. 156-157.

[96] *Persiles*, ed. cit., p. 269.

[97] Auristela's fits of jealousy and the illness that ensues from them are the focus of chapters 1-6 in Book II. Through the voices of secondary characters Cervantes manages to remind his reader «que Auristela, en efeto, es mujer, aunque parece un ángel, y que Periandro es hombre, aunque sea su hermano» (*Persiles*, ed. cit., p. 161).

[98] *Persiles*, ed. cit., p. 482.

Auristela beyond the limits of filial affection, as well as at her friend's fit of jealousy caused by Periandro's courtly attentions to Sinforosa. Instead of the narrator it is Transila's father Mauricio that draws a lesson from his daughter's reaction, as he concludes «que las condiciones de amor son tan diferentes como injustas, y sus leyes tan muchas como variables».[99] Indirectly, and in spite of Mauricio's ignorance of Persiles and Sigismunda's main motivations, his adage shows that the apparently unshaken and idealized protagonists of *Persiles* are after all as subjected to «las condiciones de amor» and their perils as anyone else is.

A definitive test of exemplarity and exemplariness is Cervantes's approach to the problem of divine providence and human freewill. The frequently quoted words by Periandro to Prince Arnaldo in Book I epitomize the theological as well as literary import of this issue in the entire novel:

> [...] mi hermana y yo vamos, llevados del destino y de la elección, a la santa ciudad de Roma, y, hasta vernos en ella, parece que no tenemos ser alguno, ni libertad para usar de nuestro albedrío. Si el cielo nos llevare a pisar la santísima tierra y adorar sus reliquias santas, quedaremos en disposición de disponer de nuestras agora impedidas voluntades...[100]

Providence and freewill join hands in mysterious ways, especially as Periandro's words intend not only to stress the spiritual nature of their quest, but also to conceal his and his sister's real identities. The statement «it seemes we are not our selves» [«parece que no tenemos ser alguno»] mixes its obvious religious sense with the motif of loss of identity, which Frye identifies as a second step in romance, one that immediately ensues as an effect of the anticomic world of its beginning.[101] The protagonists' temporary loss of selfhood —a circumstance that Persiles accepts as his own path towards atonement— runs parallel with the temporary concealment of identity —a strategy that derives from the necessities of the romantic plot. As Periandro concludes his request to Arnaldo:

> [...] y, entre las muchas mercedes que entrambos a dos hemos recibido, te suplico me hagas a mí una, y es que no me preguntes

---

[99] *Ibid.*, p. 145.

[100] *Ibid.*, p. 109.

[101] «The second period of confusion and sexual licence is a phase that we may call the phase of temporarily lost identity» (Frye, *A Natural Perspective*, p. 76).

más de nuestra hacienda y de nuestra vida, porque no me obligues a que sea mentiroso, inventando quimeras que decirte, mentirosas y falsas, por no poder contarte las verdaderas de nuestra historia.[102]

For it is in the mystery of their history that one finds grounds to see beyond the frozen exemplarity of their characters, and to accept the humane exemplariness of their case. As Clodio remarks to Arnaldo:

[...] y has de considerar que algún gran misterio encierra desechar una mujer un reino y un príncipe que merece ser amado. Misterio también encierra ver una doncella vagamunda, llena de recato de encubrir su linaje, acompañada de un mozo que, como dice que lo es, podría no ser su hermano, de tierra en tierra, de isla en isla, sujeta a las inclemencias del cielo y a las borrascas de la tierra, que suelen ser peores que las del mar alborotado.[103]

Mystery is a crucial word throughout the novel. Besides supplying the link between wonder and verisimilitude, mystery humanizes Auristela's character. The secrets in her heart, only hinted at here, enhance her frail exemplariness over her stony idealism and exemplarity.

Pericles cannot compete with *Persiles* in innovative uses of narrative technique. It would even seem perverse to compare a play that has been belittled as Shakespeare's worst with a novel that its author considered his best. It is frequent to see *Pericles* —at least its first two acts— as the work of an author whose clumsy primitivism fell too short of the excellence of Shakespeare's late prosody and style.[104] Others prefer to grant Shakespearean authorship, but explain the archaic style, the clumsy versification, and the conventional plot as a parodic treatment of romance.[105] Without claiming any right to intervene in the authorship debate, I subscribe those opinions that do not necessarily regard the

---

[102] *Persiles*, ed. cit., p. 149.

[103] *Persiles*, ed. cit., p. 157.

[104] In his unskilful verse some have seen the hand of a second-rate playwright, possibly George Wilkins, or a hack-writer named John Day. A summary of these views can be found in David Skeele, «*Pericles* in Criticism and Production: A Brief History», pp. 8-9, in David Skeele, *Op. cit.*, pp. 1-33. A classic defence of Shakespearean authorship is that by G. Wilson Knight, «The Writing of *Pericles*», in *The Crown of Life*, Oxford: Oxford University Press, 1964, pp. 32-75. Knight argues that Shakespeare was re-wrote «an earlier text of his own» (p. 33).

[105] Michael Baird Saenger, «*Pericles* and the Burlesque of Romance», in David Skeele, ed. *Op. cit.*, pp. 191-204.

obvious stylistic shifts from Act II to Act III as evidence of collaboration between two poets. I also prefer to venture that the stylistic peculiarities of *Pericles*, and more specifically of its Chorus, are a deliberate choice for the sake of poetic decorum and not of parody. As Howard Felperin has rightly observed:

> Like the chorus of Time in *The Winter's Tale*, Gower's speeches are not offered as great dramatic poetry but as dramatically appropriate poetry calculated to persuade us to accept certain impossibilities, to establish on the spur of the moment a convention crucial to our acceptance and understanding of what is to follow.[106]

Felperin has seen verisimilitude and didacticism at the heart of Gower's speeches and their stylistic oddities. Gower supplies the guide toward an interpretation of the play's extraordinary plot as «dramatic *exemplum*».[107] The old poet does not waste the occasion to expound the exemplary side of the play's action. The above-quoted lines of the first Chorus reveal the old poet's moral perspective on Antiochus's crime and the tragic consequences it will bear upon the state. Moral adages on his characters' behaviour are not infrequent. Thus, Dioniza's hypocritical epitaph to Marina deserves Gower's sententious rebuke: «No vizor does become black villainy / So well as soft and tender flattery» (*Per.*, IV, iv, 44-45). His clear-cut simplicity of judgement is apt for building epideictic monuments of his characters' virtues. The praise of Marina after she flees from the brothel epitomizes exemplary femininity as understood in the black-and-white world of conventional romance:

> Marina thus the brothel 'scapes and chances
> Into an honest house our story says.
> She sings like one immortal, and she dances
> As goddess-like to her admired lays:
> Deep clerks she dumbs, and with her neele composes
> Nature's own shape, of bud, bird, branch, or berry,
> That even her art sisters the natural roses;
> Her inckle, silk, twin with the rubied cherry … (*Per.*, V, Chorus, 1-7)

And Gower's Epilogue blends exemplarity and exemplariness by juxtaposing the excellence of his virtuous characters and the cautionary

---

[106] *Op. cit.*, p. 116.
[107] *Op. Cit*, p. 119.

usefulness of his evil ones:

> In Antiochus and his daughter you have heard
> Of monstrous lust, the due and just reward;
> In Pericles, his queen and daughter seen,
> Although assailed with fortune fierce and keen,
> Virtue preserved from fell destruction's blast,
> Led on by heaven, and crowned with joy at last.
> In Hellicanus may you well descry
> A figure of truth, of faith, of loyalty;
> In reverend Cerimon there well appears
> The worth that learned charity aye wears.
> For wicked Cleon and his wife, when fame
> Had spread the cursed deed, the honoured name
> Of Pericles to rage the city turn,
> That him and his they in his palace burn ... (*Per.*, Epilogue, 1-12)

Gower's narrative lends structural and conceptual continuity to the play. In the words of Northrop Frye, «*Pericles* is a most radical experiment in processional narrative: the action is deliberately linear, proceeding from place to place and from episode to episode».[108] But linearity is not absolute: there are frequent transitions from narrative to dramatized action and dumb-show, and the juxtaposition of these complementary methods is the cause of many disruptions in the text. Through these disruptions Gower, the purveyor of moral evaluation, can acknowledge the limitations of his own role, and delegate the responsibilities of judgement to his audience.[109] Thus the one-sided moral of the first Chorus is held in abeyance as the narrator gives way to dramatic action: «What now ensues, to the judgement of your eye / I give my cause, who best can justify« (*Per.*, Prologue, 41-42). Gower is convinced that the profit that can be drawn from certain episodes is larger if granted to the visual powers of the theatre; he therefore refuses to narrate Thaisa's childbirth «travails» in the middle of shipwreck: «And what ensues in this fell storm / I nill relate. Action may / Conveniently the rest convey,

---

[108] *A Natural Perspective*, pp. 27-28.

[109] Phyllis Gorfain has rightly explained Gower's function: «Gower's narrations serve as margins dramatically opposing enacted scenes; formally distinguishing enactment, narration, and pantomime; and imaginatively separating engrossing illusion and self-aware artificiality» (p. 19). See «Puzzle and Artifice: The Riddle as Metapoetry in *Pericles*», *Shakespeare Survey*, 29 (1976), pp. 11-20.

/Which might not, what by me is told» (*Per.*, III, Chorus, 33-37). Other times he counsels the audience to use the visual support of the stage as an aid to their imaginative reconstruction of the tale: «Like motes and shadows see them move awhile, / Your ears unto your eyes I'll reconcile» (*Per.*, IV, iv, 20-21). Gower's moral authority is reinforced by a polite conviction that his narrative is not all that audiences have at their disposal.[110] His humility as a narrator transcends the mere rhetorical pose in the recognition of his anachronism and limitations:

> To sing a song that old was sung,
> From ashes, ancient Gower is come,
> Assuming man's infirmities,
> To glad your ears and please your eyes
>
> ...
>
> The purchase is to make men glorious:
> Et bonum quo antiquius eo melius.
> If you, born in those latter times
> When wit's more ripe, accept my rhymes,
> And that to hear an old man sing
> May to your wishes pleasure bring,
> I life would wish, and that I might
> Waste it for you, like taper light. (*Per.*, Prologue 1-4)

Gower's admission to the existence among the audience of more sophisticated literary palates than his is the first sign of his unwillingness to offer one-sided versions or morals of his tale. However, behind this acknowledgement of simplicity the narrative method of *Pericles* reveals consistency and sophistication: the apparent shallowness of Shakespeare's imitation of Hellenistic romance is permanently under question by the demand that we test what we hear against what we see, and what we hold worth the name of poetry against what Gower does.

There is, besides, a tonal and stylistic evolution in Gower's speeches, from a prosody and rhetoric crafted in imitation of late Middle English in the first acts to a mood that, though never leaving archaism entirely, gets closer to the flow of Shakespeare's late style. Gower's stylistic transformation occurs as if in demand of a parallel transformation in the

---

[110] The protagonist himself often serves as moral and political commentator to the audience, as his eavesdropping of the Fishermen's political opinions proves: «How from the fenny subject of the sea / These fishers tell the infirmities of men, / And from their watery empire recollect / All that may men approve or may detect» (*Per.*, II, I, 45-48).

audience's experience of the play. The Choruses of Acts I and II present the contrast between the primitive setting of the anti-comic society and Pericles's exemplary rule of Tarsus in the simplistic manicheism of the medieval *speculum principis*: «Here have you seen a mighty king / His child, iwis, to incest bring, / A better prince and benign lord / That will prove awful both in deed and word» (*Per.*, II, Chorus, 1-4). Recourse to political platitude in the choice of analogy is not infrequent: «Good Hellicane that stayed at home / (Not to eat honey like a drone / From others' labours)...» (*Per.*, II, Chorus, 16-18). By contrast, Shakespeare's untying of Gower's style in later Choruses releases his characters from the simplistic possibilities of allegory. The iambic pentameter retains the moral tang of previous speeches, but manages to humanize characters and their suffering.[111] Thus, Gower's verse can easily flow from the stern moral judgement of Cleon and Dioniza's hypocrisy to the lyricism of Pericles's woeful endurance of his travails:

> See how belief may suffer by foul show:
> This borrowed passion stands for true old woe,
> And Pericles in sorrow all devoured,
> With sighs shot through, and bigger tears o'er-showered,
> Leaves Tarsus and again embarks. He swears
> Never to wash his face nor cut his hairs;
> He puts on sackcloth, and to sea. He bears
> A tempest which his mortal vessel tears,
> And yet he rides it out ... (Per., IV, iv, 23-31)

In spite of his apparent crudity, there is arguably more literary method in Ancient Gower than in any other Shakespearean part —and certainly more complexity than is frequently granted to him.

SHAKESPEARE IN THE LIGHT OF CERVANTES
The act of tracing literary relations without the buttress of textual evidence and transmission may be considered an exercise in critical speculation. In this sense, my impression is that I have used a more or less conventional critical image of Cervantes's art in order to unmask a less conventional assessment of Shakespeare's —at least, one that may not enjoy the favour of present day Shakespeare scholarship, more prone

---

[111] As Howard Felperin perceptively observes, «the sea change that comes over Shakespeare's versification in the third act corresponds to a shift in the play's center of gravity and interest from Pericles as prince to Pericles as man, husband, and father» (*Op. cit.*, p. 120).

to stress the theatrical rather than the literary facet of Shakespearean drama.[112] Shakespeare has never been a favourite case for stressing anything that may smack of didacticism, such as the notion of exemplarity certainly is. In this sense, my attempt to locate the generic peculiarities of late Shakespearean style in the scope of Cervantes's novelistic practice might seem more preposterous than proper. Finally, this essay is sensitive to the possibility that Shakespeare's joining of fancy and propriety is the result of a literary evolution towards the universe of the so-called late plays.[113] All these hypotheses are raised in the conviction that it is worth to explore the aesthetic and conceptual complexities of two great coetaneous writers, in spite of the obvious distance in style and genre that separated them. Yet this piece has a much less ambitious stance than the conjecture of a summit encounter between the two geniuses in Valladolid in 1605 as fantasized decades ago by Luis Astrana Marín.[114] Had this happened, we would have here a new reason to believe in the power of romance, namely, its capacity for shortening the distance between history and wishful thinking. As things are, my only aspiration here has been to sketch a roster of common concerns as the terms of that fruitful dialogue between Cervantes and Shakespeare which, in spite of Astrana's wishes, must have never taken place.

---

[112] Yet there has been a recent rise of critical interest in the literary dimension of Shakespeare's plays. A representative instance is Lukas Erne, *Shakespeare as Literary Dramatist*, Cambridge: Cambridge University Press, 2003.

[113] See note 39.

[114] Luis Astrana Marín, *Vida ejemplar y heroica de Miguel de Cervantes Saavedra: con mil documentos hasta ahora inéditos y numerosas ilustraciones y grabados de época* (7 vols.), Madrid: Instituto Reus, 1958, vol. 6, p. 37.

Razones para las sinrazones de Apuleyo: Cervantes y Shakespeare frente al *Asno de oro*

LUIS GÓMEZ CANSECO y CINTA ZUNINO GARRIDO

Universidad de Huelva / Universidad de Jaén

EL *ASNO* HUMANISTA: VEROSIMILITUD, MORALIDAD, RISA Y FICCIÓN

EN 1355, GIOVANNI BOCCACCIO TOPÓ en el monasterio de Montecassino con un manuscrito de las *Metamorfosis* de Lucio Apuleyo, que copió primero e imitó luego en el *Decamerón* y en la *Genealogia Deorum*. Se iniciaba así el trote humanístico del *Asno de oro*, que se vería por primera vez en tipos en 1469. En esa edición, Giovanni Andrea Bussi se refería a Apuleyo con el título de «filósofo platónico», y ya a comienzos del nuevo siglo, en 1500, Filippo Beroaldo consagraría la lectura neoplatónica de un libro que el propio autor había calificado como «fábula milesia».[1] El interés del humanismo en el *Asno* resultaba, cuando menos, problemático, no sólo porque se introdujera en los terrenos de la ficción, alejándose del principio de verosimilitud propuesto por Aristóteles, sino por la presencia de la magia y el dibujo de un mundo dominado por la crueldad, la lujuria y la avaricia. Nada, en principio, más alejado de los ideales estéticos y morales que, también a finales del siglo XV y enraizando con el neoplatonismo, había plasmado Sannazaro en su pastoral *Arcadia*.

Con la voluntad decidida de hacer neoplatónico a Apuleyo y de alejar al *Asno* del campo de lo fantástico, Beroaldo aseguraba en su *Asinus aureus cum commentariis* que el libro era «speculum rerum

---

[1] Apuleyo avisó de la condición milesia de su obra: «At ego tibi sermone isto Milesio varias fabulas conseram» (*Met.* I, 1). Recuérdese que las narraciones milesias, que toman su nombre de las *Milesíacas* de Arístides de Mileto eran consideradas, como afirmaba Ovidio en sus *Tristias* II, 413 y 444: «Milesia crimina» y «historiae turpis ioca».

humanarum», y aunque pedía al lector que lo adoptara como «quasi manuale et enchiridion», también avisaba de sus peligros y de los esfuerzos que había hecho por atenuarlos: «si quid durum videbitur id nostrorum commentariorum expolitione emollietur ac levigabitur».[2] Apenas un folio después, en la *Scriptoris intentio atque consilium*, convierte la fábula en apólogo alegórico: la transformación de Lucio en bruto sólo es reflejo de la bestial naturaleza humana cuando se aleja de lo espiritual. Y es que probablemente la fábula de Psique y Cupido, que ya había sido moralizada por Fulgencio en sus *Mithologiae* (III, 6), atrajo el resto de la novela hacia una interpretación alegórica y trascendente. Es decir, que debajo de la piel del asno, el lector encontraría alguna admirable enseñanza.

Francesco Bonciani, en su *Lección acerca de la composición de las novelas* (1574), también enlaza las justificaciones de Beroaldo en torno a lo milesio con la superación de lo meramente cómico por parte de las *novelle* boccaccianas: «...opinión que confirma la exposición de Beroaldo en el proemio al *Asno de Oro* de Apuleyo, donde por hablar milesio, interpretó hablar lascivo y complaciente, ya que los Milesios fueron notables entre los antiguos por la delicia y la lujuria, como de ellos se lee en aquel divulgado precepto: *Que ninguno de los nuestros sea bueno, pues será expulsado con los otros*. De las novelas así compuestas, según confiesa él mismo, sacó las suyas Apuleyo, que fue uno de los más deleitosos y extremados noveladores de todos los que han sido y cuyo ejemplo siguió nuestro Messer Giovanni Boccaccio... Y por haber sido las novelas utilizadas en su origen para las cosas humildes, decimos, siguiendo la fuerza del vocablo, que imitaban las acciones ridículas; ahora bien, como Boccaccio las ha aumentado con tal majestad, determinamos que se extiendan también a la imitación de las acciones de los mejores».[3]

Pero el de Apuleyo era, inequívocamente, un libro de risas y sinrazones, como el propio autor confiesa desde el prólogo: «Fabulam Graecanicam incipimus. Lector intende: laetaberis» (I, 1). Con su habitual inteligencia, Desiderio Erasmo de Rotterdam incluyó a Apuleyo entre la nómina de los antecesores de la *Moria*:

Pero aquellos a quienes moleste la frivolidad del argumento y su carácter jocoso quisiera yo que reflexionen que esto no es un modelo

---

[2] Phillippus Beroaldus, *Opera*, Venecia: Filippo Pincio Mantuano, 1510, fols. III*v* y IV*v*.

[3] María José Vega, *La teoría de la novella en el siglo XVI: la poética neoaristotélica ante el Decamerón*, Cáceres: Asociación de Estudios sobre el Renacimiento Europeo y la Tradición Clásica, 1993, pp. 109-11.

mío, sino que ya ha sido igualmente ejercitado en repetidas ocasiones, por grandes autores y desde tiempo antiguo: Homero, hace ya tantos siglos, dedicó sus poemas, por diversión, a la *Batracomiomaquia*; Virgilio Marón, a los mosquitos y al almodrote; Ovidio, a las nueces. A Busiris dirigió sus alabanzas Polícrates, que fue fustigado por Isócrates; Glauco alabó la injusticia; Favorino a Tersites y las fiebres cuartanas; Sinesio, la calvicie; Luciano, la mosca y el arte de los parásitos. En fin, Séneca describió por chanza la *Apoteosis* de Claudio; Plutarco, el diálogo de Grilo con Ulises; Luciano y Apuleyo, el asno.[4]

Erasmo, traductor también de Luciano, leyó el *Asno* como libro cómico e insistió desde su prólogo en la necesidad de la burla: «Y así como nada hay más tonto que tratar a la ligera temas serios, tampoco hay nada más divertido que disertar acerca de necedades de tal modo que antes se te pueda atribuir cualquier cosa, que necedad en tus juicios».[5] Pero, tras la risa, se esconde la verdad: la *Moria*, como el Lucio humanístico, es un personaje alegórico, que nos quiere decir cosas más profundas y que, por ello, se aparta de lo meramente fantástico.

En el entorno erasmiano, Juan Luis Vives llevó hasta el extremo la base alegórica de la interpretación literaria, como apunta en los preliminares de *Interpretación alegórica de las Bucólicas de Virgilio*, compuesta en 1537: «Yo no tendré reparo ninguno en templar la severidad de mis estudios con esos asuetos agradables y en comentar las musas festivas, como lo acabo de hacer con Virgilio, en cuyas *Bucólicas* sorprendí sentidos mucho más elevados de lo que sospecha la generalidad de los gramáticos».[6] No es, pues, de extrañar que cinco años antes, en el *De ratione dicendi*, hubiera dedicado todo un capítulo a condenar «las fábulas licenciosas» o «milesias», «género de fábulas —dice— ni verdadero, ni verosímil, ni acomodado, ni conveniente a ninguna utilidad práctica de

---

[4] Erasmo de Rotterdam, *Elogio de la locura. Stultitiae Laus*, trad. Oliveri Nortes, Barcelona: Bosch, 1976, pp. 74-77. Sobre la tradición del encomio paradójico en este mismo ámbito de la ficción en el Siglo de Oro, véanse las excelentes observaciones de Valentín Núñez Rivera, *Razones retóricas para el Lazarillo. Teoría y práctica de la paradoja*, Madrid: Biblioteca Nueva, 2002, pp. 45-81.

[5] Erasmo de Rotterdam, *op. cit.*, p. 32. Una fórmula similar se lee en el *Convivium fabulosum*: «Nihil iucundius, quam quum serio tractantur nugae» (Erasmo, *Opera Omnia*, I.3, ed. L. E. Halkin, F. Bierlaire, R. Hovey, Amsterdam: North Holland, 1972, p. 449).

[6] Juan Luis Vives, *Obras completas*, trad. Lorenzo Riber, Madrid: Generalitat Valenciana I Aguilar, 1992, I, pp. 921-922.

la vida», compuestas «exclusivamente para el pasatiempo», que tuvieron
su introductor en Arístides y su principal continuador en Apuleyo, autor
de «un *Asno* famoso tomado de Luciano y luego enjaezado por él». Pero
entre tanta censura, pocas páginas después, se le escapa un elogio sobre
la fábula apuleyana, de la que afirma estar «admirablemente hecha para
hacer reír».[7] Ese aparente dislate del humanista tiene su razón en un
texto fechado en 1522, la deliciosa *Veritas fucata*. Esa *Verdad aderezada* o,
si nos atenemos a Cicerón, «fingida», es un diálogo imaginario entre el
propio Juan Luis Vives y su amigo Juan de Vergara. En él, Vergara lleva
el papel de su homófono Berganza en el *Coloquio de los perros* y Vives
adopta el de Cipión, acotando, buscando contradicciones o haciendo de
contraste burlesco, como en ese «Ea, pues, continúa, hombre de
monólogos, pues voy a interrumpirte rarísimas veces».[8] Por su parte,
Vergara narra el encuentro, el cruce de embajadas y el pacto final entre
la *Verdad*, desnuda, sencilla y acompañada de filósofos e historiadores,
y lo *Falso*, acicalado, ampuloso y seguido por huestes de poetas. Con la
voluntad de llegar a un acuerdo, ambos príncipes intercambian
delegaciones, que vienen a reunirse en el campo de la *Verdad*:

> Homero, pues, acompañado de Hesíodo y de dos lazarillos, Luciano
> y Apuleyo, emprendió el viaje. Luciano dijo a Apuleyo que él, en
> cierta ocasión, se había convertido en asno. Apuleyo oyó con regocijo
> esta donosa invención y rióse y contó a quien quiso oírle que él
> también se había convertido en asno; en primer lugar, a Marciano
> Capella y a Sulpicio Apolinar y a Bautista Pío y a Felipe Beroaldo.[9]

Vives no se contentó con poner en la secta de lo *Falso* a Luciano y a
Apuleyo; quiso también traer a Filippo Beroaldo, editor y comentarista

---

[7] Juan Luis Vives, *Obras completas*, ed. cit., II, pp. 790 y 805.

[8] Juan Luis Vives, *Obras completas*, ed. cit., I, p. 884. Lo mismo ocurre poco
después, cuando Vives le espeta: «No puedo menos de interrumpirte y dirigirte
una pregunta. Dime: ¿Cómo pudo Homero tratarse con Luciano y Apuleyo y
hablar a Platón y tener noticia de Cicerón, de Pericles y Tiberio César, siendo así
que vivieron a tantos siglos de distancia? Mira que no nos vayas a contar una
novela poco creíble». A lo que Vergara, responde: «¡Necio! ¿No leíste análogos
anacronismos en Homero y Virgilio?» (*Ibid.*, p. 890).

[9] *Ibid.*, pp. 888-889. Sobre las ideas de Vives entorno a la licitud de la ficción,
léase el trabajo imprescindible de Javier Gómez-Montero, «Licet poetae fingere?
Los textos ficcionales de J. L. Vives y su legitimación de la ficción poética», en
Juan Luis Vives. Sein Werk und seine Bedeutung für Spanien und Deutschland, ed.
Christoph Strosetzki, Frankfurt am Main: Vevuert Verlag, 1995, pp. 82-96.

del *Asno de oro*. Durante la cena previa a los convenios finales, en la que están presentes nada menos que Homero, Empédocles, Lucrecio, Varrón, Lucano, Silio Itálico, Juvenco, Sedulio, Ausonio, Prudencio, Arator y Próspero, son Apuleyo y Luciano los encargados de entretener a los comensales: «Para regocijar el banquete, Apuleyo dijo unas cosas acerca del *Asno*. Luciano contó algunas de sus andanzas que ni él mismo ni ningún otro vio, oyó o creerá».[10] A la mañana siguiente y tras muchas deliberaciones los embajadores llegan al pacto final de «no admitir ni rechazar el disfraz o afeite en absoluto», sino bajo determinadas condiciones que se detallan en escrito público.

El documento, por tono y temática, guarda no pocas semejanzas con los «Privilegios, ordenanzas y advertencias que Apolo envía a los poetas españoles» en la *Adjunta al Parnaso* de Cervantes. De las diez condiciones que allí se enumeran en el pacto entre la *Verdad* y lo *Falso*, hay varios que resultan, para nosotros, especialmente interesantes. En los puntos tercero y cuarto, se acuerda reservar al terreno de la ficción las «cosas ocurridas antes de las Olimpíadas, y que ya se saben y se dicen falsas», aunque se permite mezclar «episodios inventados con hechos históricos que comunican al poema gracia y hechizo y fundamentalmente no restan verdad a la narración». Al hilo, la sexta condición permite «envolver la Verdad en enigmas, en parábolas, en traslaciones» y, en la quinta, se daba libertad a los escritores para «dar rienda suelta a la fantasía y a la invención de apólogos» y «escribir comedias nuevas, donde se pinten las pasiones humanas, y componer diálogos que tienen gran semejanza con las comedias», que sirvan de «moralidad» y «provecho de la vida». Pero la octava y novena condición traen de nuevo a capítulo a Apuleyo y a las fábulas milesias:

Octava condición. Si en la compostura y afeite de la Verdad no existe verosimilitud ni congruencia ni decoro, la obra disonante, absurda, ridícula, que de ahí naciere, debe ser pateada, debe ser silbada, debe ser rechazada inexorablemente.

Novena condición. Si alguno, para su propio esparcimiento, tuviere el propósito de ir a zaga de lo *Falso*, sin tener cuenta con la moralidad ni la utilidad práctica, porque no le falte cortejo a ese príncipe, se le toleraría la compañía siempre que se distinga por alguna insignia visible; déseles ciudadanía en alguna villa milesia, amena y regalada; vayan con ellos risas y donaires; vayan con ellos las dos esposas de Vulcano y vivan con Luciano, Apuleyo y Clodio

---

[10] Juan Luis Vives, *Obras completas*, ed. cit., I, p. 890.

Albino. No permitimos que actúe Arístides, poeta procaz, libidinoso, impuro, si persiste en su empeño, y ello con todo derecho, siendo así que con harta frecuencia sea reo del mismo crimen Apuleyo, hombre, por otra parte, respetable y magistrado de la ciudad... Alléguese a esto que no se canten los que sean vanos y sin utilidad práctica, sino que conjuguen el provecho y el placer.[11]

El asunto, en fin, viene a concluir en la licitud de la ficción siempre que ésta sea verosímil y moral, dejando incluso margen a la risa, cuando vaya acompañada de provecho. Al cabo, el humanismo andaba por entonces en busca de un modelo propio de ficción narrativa que pudiera competir en buena lid con las ficciones caballerescas y pastoriles. Se habría de encontrar poco después, en 1526, con el descubrimiento de la *Historia etiópica de Teágenes y Cariclea*. Y téngase en cuenta que Juan de Vergara, el narrador de esta *Veritas fucata*, continuó, en 1545, la labor, iniciada por su hermano Francisco, de traducir al castellano el libro de Heliodoro.

EL *ASNO* EN VULGAR

En 1513, Diego López de Cortegana, canónigo, fiscal de la santa Inquisición y traductor de la *Querela pacis* de Erasmo, publicó su versión vulgar de las *Metamorfosis* apuleyescas. Lo hizo a partir de la edición de Beroaldo y, acaso por eso, mantuvo su misma voluntad alegórica y moralizante y sus resabios neoplatónicos.[12] La traducción castellana adelgazaba los elementos más escabrosos del original y orientaba al lector desde los preliminares hacia una lectura moral del *Asno*. También el colofón resume esa voluntad de metamorfosear el libro de Apuleyo en una alegoría cristiana, con su pequeño toque final de neoplatonismo agustiniano:

---

[11] Juan Luis Vives, *Obras completas*, ed. cit., I, pp. 891-892.

[12] Cfr. Carles Miralles, «Diego López de Cortegana i Beroaldo», en *Studia in honorem prof. M. de Riquer*, III, Barcelona: Quaderns Crema, 1988, pp. 363-381.368-369. Cortegana tomó de Beroaldo la biografía de Apuleyo y los breves resúmenes que antepone a cada uno de los once libros; además copió, imitó y tradujo varios lugares de los preliminares de Beroaldo, entre otros, la inclinación humana al comportamiento animal e irracional y la comparación del libro con los metales preciosos. Cfr. Francisco Javier Escobar Borrego, «Textos preliminares y posliminares de la traslación del *Asinus aureus* por Diego López de Cortegana: sobre el planteamiento de la traducción», *Cuadernos de Filología Clásica. Estudios Latinos*, 21 (2001), pp. 155-156.

No sin fatiga de espíritu y trabajo corporal se tradujo Apuleyo y vino a ser a todos manifestado su Asno de oro, que a muchos era encubierto, que, según el principio fue tocado, cierto él es un espejo de las cosas de esta vida humana. Y en este envolvimiento de su historia se parecen y expresan nuestras costumbres y la imagen de nuestra vida continuada; cuyo fin y suma bienaventuranza es nuestra religión, para servir a Dios y a su Divina Majestad, porque alcancemos ir a su gloria para donde fuimos criados. (*Asno*, 357)[13]

En la misma dirección que Vives, desde el «Proemio», Cortegana se defiende de la acusación de haber traducido una fábula milesia: «Por ventura alguno más curiosamente de lo que conviene murmurando con su malicia acusaría al traductor diziendo: ¿Qué tienes tú que hazer con este asno? Porque él lo vido o fingió diversas fábulas en estilo alegre, como hazían los de Milesia, las quales aprovechan poco e aun ninguna cosa a nuestra fe e religión». En su respuesta remite a la autoridad de los «sanctos Jerónimo y Augustino e aun Lactancio Firmiano con Fulgencio», que tuvieron a Apuleyo, dice, por «philósopho prudente y grave» (*Asno*, 361-362). Pero luego, el canónigo evita el «sermo milesius» con que Apuleyo define su obra y lo traduce por medio de una sutil perífrasis: «En este libro podrás conocer y saber diversas historias y fábulas, con las cuales deleitarás tus oídos y sentidos». Y no sólo eso, a la fórmula final del prólogo original —«Lector intende: laetaberis»—, le añade una singular partícula: «entiéndela *bien*, habrás placer», cargando en ese «bien» todo el lastre moral y alegórico que el humanismo puso en Apuleyo para justificar sus sinrazones. En realidad, se limitaba a resumir

---

[13] Apuleyo, *El asno de oro*, trad. Diego López de Cortegana, Madrid: Alianza, 2000. En adelante, *Asno*. Esa condición finalista del hombre creado, cuya naturaleza le conduce inexorablemente hacia Dios, coincide con la fórmula de san Agustín: «Fecisti nos ad te, et inquietum est cor nostrum, donec requiescat in te» (*Confessionum Libri Tredecim*, I, 1, 1). Otras muestras del neoplatonismo que Cortegana hereda de Beroaldo se leen su *Vida de Lucio Apuleyo*: «Demás desto la reformación de asno en hombre significa que hallados los vicios e quitados los deleytes corporales resucita la razón y el hombre de dentro, que es verdadero hombre salido de aquella cárcel e cieno del peccado mediante la virtud y religión torna a la clara y luziente vida. En tal manera, que podemos dezir que los mancebos posseýdos de los deleytes se tornan en asnos, y después quando son viejos, esforçandose los ojos de la razón e madurándose las virtudes, apartada la figura de bestia tornan a recebir la humana. Porque, según escrive Platón, entonces comiençan los ojos de la razón a ver agudamente quando los ojos del cuerpo desflorecen» (*Asno*, 366).

lo que antes había anunciado desde el «Proemio»: «Recibidlo y leedlo de buena gana, pues que a todos conviene e arma justamente. Por que no se puede dudar que todos traemos a cuestas un asno, e no de oro, mas de piedra (y aun lo que es peor) de lodo» (*Asno*, 57 y 362).

Pero López de Cortegana, lector de Erasmo al cabo, no pudo o no quiso sustraerse del todo a la risa que conllevaba el libro, y lo vino a relacionar con la eutrapelia y con el solaz honesto, acudiendo a un tópico clásico: «Porque si a las cosas graves e honestas no mezclas algún passatiempo, siempre estarás triste y con enojo. Que la música mezclando las bozes agudas con las graves haze el canto dulce y sonoro» (*Asno*, 362).[14] Entiende así el traductor que lo festivo es también un modo de enseñanza. Y no sólo eso; en los poemas finales de su traducción, Cortegana se enorgullece de haber sabido traducir las chanzas y el gracejo de Apuleyo y se vuelve contra los lectores que no gusten de su fábula. Les acusa, por faltos de humor, de ser salvajes e incivilizados:

> Con rudeza acosan las tigresas hircanas o la serpentina hidra el corazón de aquel al que nada agrada en esta fábula.
> Ciertamente, ni una mínima pizca de piedad susurra en su oído; al cabo, bárbaro garamanta, nació en la selvas.[15]

Como proponía Vives, el humanismo llega, así, a un pacto con la ficción, en el que se obvia la condición milesia, pero que admite lo fantástico y aún lo humorístico, siempre que vengan acompañados de la verosimilitud y la moralidad. La cuestión estaba en que la práctica literaria en lengua vulgar complicó y superó esas teorías humanísticas. Y es que en la España de la primera mitad del XVI, los lectores en vulgar se mostraron deseosos de verosimilitud; por eso, Francisco Delicado explicaba en 1528 que la historia de su *Lozana andaluza* fue «compuesta en retrato, el más natural que el autor pudo» y, para paliar su milesio desahogo carnal, recordaba que «los santos hombres, por más saber y

---

[14] El tópico llegaba formulado desde los *Disticha Catonis* I, 18: «Interpone tuis interdum gaudia curis».

[15] «Cor dure tygres, hidra aut hyrcana colubris / tentant huius cui fabula nulla placet. / gannit nulla quidem eius pars pietatis in aure, / natus at in silvis trux garamanta fuit». El texto latino en Francisco Javier Escobar Borrego, *art. cit.*, p. 161.

otras veces por desenojarse, leían libros fabulosos».[16]

Por su parte, *El quarto libro del esforçado cavallero Reinaldos de Montalbán, que trata de los grandes hechos del invencible cavallero Baldo*, de 1542, impreso también en Sevilla, como el *Asno* de Cortegana, avanza en ese conflicto práctico con las propuestas humanísticas. El *Baldo* adaptó libremente un poema en latín macarrónico de Teófilo Folengo y recogió la historia de Falqueto, un joven convertido en perro por un error en el uso de la magia y vuelto luego a la forma humana, aunque de modo imperfecto. Su deuda con Apuleyo alcanza al ambiente de violencia y brujería, al error que produce la metamorfosis en animal, a la presencia de un mediador entre la maga y la víctima, al ungüento que se aplica por todo el cuerpo, a la misma transformación en perro y a la narración en primera persona. Pero el traductor castellano del *Baldus*, adaptador de dos coloquios erasmianos e influido en alguna medida por el humanismo, avisó a sus lectores de los excesos fantásticos; así, en el capítulo VII, donde Falqueto narra su historia, advierte que es «fábula y fición», y añade un comentario final donde moraliza esa ficción.[17] Lo mismo ocurre en todo el episodio de Culfora, donde varios compañeros de Baldo son metamorfoseados en animales, y al cabo del cual se insiste en que «lo dicho todo se ha de tomar por el lector como mentira y fábula, tomando solamente la moralidad».[18] Mas ¿dónde estaba la moralidad? En lo que la historia de esos hombres transformados tenía de fábula y *exemplum*. Como escribió Domingo Ynduráin, «las fábulas, en cuanto a la letra, son siempre inverosímiles; y son absolutamente inverosímiles, precisamente para resaltar que ocultan una verdad moral y obligar al lector a que la busque».[19] El *Baldus* original, al tratar precisamente de esas metamorfosis, apuntaba en la misma dirección: «¿No somos perros por la envidia; por la grosura, puercos; / zorras por el engaño; por los mordiscos, feroces osos? / ¿No somos, por la gula y la rabia, lobos; por el soberbio orgullo / leones; y gatos y monos por nuestra malvada lujuria?».[20]

---

[16] Francisco Delicado, *La lozana andaluza*, ed. Giovanni Allegra, Madrid: Taurus, 1983, pp. 274 y 80. No ha de confundirse la verosimilitud con la verdad histórica, que, a los ojos del lector, podía serlo todo aquel texto literario que lo pareciese: desde el *Amadís* hasta el *Lazarillo*.

[17] *Baldo*, ed. Folke Gernert, Alcalá de Henares: Centro de Estudios Cervantinos, 2002, pp. 24 y 30.

[18] *Ibid.*, pp. 107 y 123.

[19] Domingo Ynduráin, «El descubrimiento de la literatura en el Renacimiento español (Discurso de ingreso en la Real Academia Española)», www.rae-.es/rae/gestores/ gespub000001.nsf/(voAnexos).

[20] «Nonne canes sumus invidia, grassedine porci, / vulpes inganno, stizzossi morsibus ursi? / Nonne gula rabieque lupi, tumidoque leones / orgoglio, et gatti,

En 1549, el bachiller Pedro de Rhúa atacó los excesos de la imaginativa de fray Antonio de Guevara, aunque aceptara a los autores de ficción
siempre que guardasen «la verisimilitud en las circunstancias del negocio
que se escribe».[21] Tres años después, Núñez de Reinoso anunciaba, acaso
para justificarse, que debajo de la «invención» de su *Historia de los amores
de Clareo y Florisea* había «grandes secretos».[22] Y en 1553 era «Cristhópho-
ro Gnophoso», el fingido autor de *El Crotalón*, quien se presentaba como
«natural de la ínsula de Eutrapelia» —esto es, 'del humor honesto'—, y
explicaba que su libro rebosaba de doctrina «abscondida y solapada
debajo de façiçias, fábulas, novelas y donaires». Luego el Gallo explicaba
a Miçilo unas claves de lectura en las que las metamorfosis volvían a
adoptar un transfondo moral:

> …verás los hombres convertidos en bestias, y las bestias convertidas
> en hombres y con gran facilidad. Oirás cautelas, astuçias, industrias,
> agudeças, engaños, mentiras y tráfagos en que a la contina emplean
> los hombres su natural. Verás, en conclusión, como en un espejo, lo
> que los hombres son de su natural inclinación.[23]

Por su parte, el traductor anónimo de la *Historia etiópica* censuraba
en 1554 aquellas ficciones que iban «tan fuera de verdadera similitud,
que parece que sean antes sueños de algún enfermo que desvaría con la
calentura, que invenciones de algún hombre de espíritu y sano juicio».[24]
Era ése también el año de las cuatro impresiones del *Lazarillo de Tormes*,
que llevó hasta el extremo la voluntad de verosimilitud e hizo creer a sus
lectores, desde el mismo prólogo, que aquel libro era una historia real,
ajena a toda ficción y escrita en primera persona por el personaje que la
protagonizaba. Como ha escrito Francisco Rico, «todo confirma que en
las vanguardias literarias se respiraba un ambiente que incitaba a
recorrer el camino que del *Asno de oro* lleva al *Lazarillo*». Aun así, al año
siguiente, el anónimo continuador del *Lazarillo* convirtió al protagonista
en atún. Después de tanta metamorfosis en asno, perro, gallo o pez, no

---

simiaeque libidine brutta?». Teófilo Folengo, *Baldus*, XVIII, 210-213.
[21] Pedro de Rúa, *Cartas del bachiller Pedro de Rhua*, en *Epistolario español* I [*BAE* 13], ed. Eugenio Ochoa, Madrid: Atlas, 1945, p. 241.
[22] Alonso Núñez de Reinoso, *Historia de los amores de Clareo y Florisea y de los trabajos de Isea*, ed. Miguel A. Teijeiro Fuentes, Cáceres: Universidad de Extremadura, 1991, p. 196.
[23] Cristóbal de Villalón, *El Crotalón*, ed. Asunción Rallo, Madrid: Cátedra, 1990, pp. 81, 83 y 93.
[24] *Apud* Marcel Bataillon, *Erasmo y España*, Madrid: F.C.E., 1979, p. 622.

es de extrañar que Antonio Llull pudiera establecer su famosa conexión «Apuleius, Lucianus, Lazarillus».[25]

En Inglaterra el *Asinus aureus* había sido apartado con frecuencia del canon por su excentricidad. Así lo explicaba William Adlington en el envío al lector de su traducción de Apuleyo: «...the Author had written his worke in so darke and highe a stile, in so strange and absurde wordes, and in such newe inuented phrases».[26] Pero fue precisamente la traducción de Adlington la que favoreció el reconocimiento del libro a partir de mediados del XVI. Hasta entonces la tradición medieval había mantenido vigente la importancia de Apuleyo a través de los testimonios de San Agustín,[27] que aludían a la transformación en asno de uno de sus colegas. En el siglo XII, Geoffrey of Monmouth deja entrever la lectura de Apuleyo en su *Historia regum Britanniae*,[28] aunque fuera Boccaccio con el *Decamerón* la principal vía de la difusión medieval del *Asno*. Las misceláneas al modo boccacciano proliferaron en la literatura inglesa, imitando el estilo y la estructura textual de la colección, como hace de modo evidente Chaucer en *The Canterbury Tales*. Se trataba, sin embargo, de influencias indirectas, que no acabaron de cuajar en la completa difusión del *Asno de oro* hasta que Adlington publicó su traducción en 1566.

Esta traducción, aunque tardía con respecto a las realizadas en otras lenguas vernáculas, tuvo una gran difusión en el Renacimiento inglés. A esa primera edición seguirían tres más en 1571, 1582 y 1596,[29] y otras varias a lo largo del XVII. A pesar de la aparición de otras traducciones posteriores,[30] lo cierto es que la versión de Adlington ha sido siempre el

---

[25] Francisco Rico, «Introducción», en *Lazarillo de Tormes*, ed. Francisco Rico, Madrid: Cátedra, 1987, p. 57. Antonio Llull, *De oratione libri septem*, Basilea, s.d. [h. 1556], p. 502.

[26] William Adlington, *The XI Bookes of the Golden Asse, Conteininge the Metamorphosie of Lucius Apuleius, enterlaced with sondrie pleasaunt and delectable Tales, with an excellent Narration of the Mariage of Cupide and Psiches, set out in the IIII, V, and VI Bookes*, Londres: Henry Wykes, 1566, «To the Reader», fol. Aii. En adelante, *The Golden Asse*.

[27] Véase la introducción de J. J. M. Tobin, *Shakespeare's Favorite Novel. A Study of The Golden Asse as Prime Source*, Lanham: University Press of America, 1984, p. 12.

[28] *Ibid.*, p. 12.

[29] Las ediciones de 1571 y 1582 también se imprimieron en Londres, pero a cargo de Abraham Veale. Por el contrario, Valentine Symmes se encargaría de la edición de 1596, igualmente impresa en Londres.

[30] *El asno de oro* también fue traducido al inglés por Thomas Taylor en 1822, F. D. Byrne en 1905, H. E. Butler en 1910, J. Arthur Hanson en 1915, Jack Lindsay

Apuleyo común de la lengua inglesa. Poco se sabe de este traductor. La única información que ha sobrevivido hasta nuestros días es la epístola dedicatoria a lord Thomas, conde de Sussex, donde Adlington informa de sí mismo que se educó en Oxford y precisamente allí firmó su traducción a dieciocho de septiembre de 1566. Pudo ser en esa misma universidad donde Adlington bebió en las corrientes humanísticas que, gracias a la presencia de Erasmo, habían arraigado en humanistas como John Colet, William Grocyn y Tomás Moro y se habían difundido en círculos intelectuales isabelinos.

Bajo ese influjo, Adlington afrontó su traducción desde los planteamientos del humanismo sobre Apuleyo. Hay quien apunta la posibilidad de que pudiera haberse inspirado en la traducción francesa *De l'Asne doré* (1522), firmada por Guillaume Michel, llamado de Tours.[31] A esto hay que sumar la nota que Adlington incluyó en su epístola al lector, donde deja entrever que pudo tener en cuenta tanto esa traducción, como la que Cortegana imprimió en España, a la hora de justificar sus puntuales infidelidades al original:

> How be it, I haue not so exactly passed thorough the Author, as to pointe euery sentece accordinge as it is in Latine, or so absolutely translated euery worde, as it lieth in the prose, (for so the French and Spanish translators haue not done) considering the same in our vulgar tongue would haue appeared very obscure and darke, and thereby consequently, lothsome to the Reader, but nothing erringe as I trust from the giuen and naturall meaninge of the author, haue used more common and familiar wordes (yet not so muche as I might do) for the plainer settinge forth of the same.[32]

No obstante, las similitudes de la traducción de Adlington con la edición del *Asno* de Beroaldo sugieren que o bien Adlington siguió este modelo, o bien la influencia de Beroaldo le llegó a través de Michel de

---

en 1932, Robert Graves en 1950, P. G. Walsh en 1994 y E. J. Kennedy en 1998.

[31] Ward y Trent, et al. *The Cambridge History of English and American Literature in 18 Volumes. Volume IV: Prose and Poetry: Sir Thomas North to Michael Drayton*, G. P. Putnam's Sons, Nueva York: 1907-21. Edición electrónica Bartleby.com, 2000. www. bartlebyy.com/cambridge, 15.11.2004. Michel de Tours, *De l'Asne doré, autrement dit de la Couronne Cérès contenant maintes belles histoires, délectantes fables et subtilles inventions de divers propos, speciallement de philosophie, translaté de latin en langaige françoys par Guillaume Michel, dit de Tours*, París: Veuve Jehan Janot, 1522.

[32] *The Golden Asse*, «To the Reader», Aiii.

Tours. La mayoría de las teorías apuntan hacia este último como su fuente primaria, aunque fuera Beroaldo en último término el origen de las distintas traducciones vernáculas que salieron en toda Europa a lo largo del XVI. Como señala García Gual, la edición de Beroaldo ofrece un método crítico en el tratamiento del texto y va acompañada comentario,[33] por lo que no es de extrañar que ejerciera influencia sobre Adlington, aun a través de la versión francesa, como ocurrió con otros muchos textos renacentistas, que llegaron al inglés por medio de sus traducciones al francés. Con todo, de un modo u otro, la huella de Beroaldo en la traducción de Adlington es más que palpable. Así Adlington se atuvo a las modificaciones que hizo Beroaldo y que siguió Tours en su traducción, e incluso recogió la biografía y los resúmenes de los capítulos que el comentarista italiano había incluido en su comentario latino de 1500. Por otro lado, tanto Adlington como Cortegana y Michel de Tours dan a sus traducciones títulos llamativamente similares: *Metamorphosie of Lucius Apuleius enterlaced with sondrie pleasaunt and delectable tale*, *Del Asno de Oro corregido y añadido en el qual se tractan muchas hystorias y fabulas alegres* y *De l'Asne doré, autrement dit de la Couronne Cérès contenant maintes belles histoires, délectantes fables et subtilles inventions de divers propos*.

Hay que destacar que, mientras Cortegana y Tours hablan de *fábulas alegres* y *délectantes fables*, subrayando el vínculo de la novela con la fábula milesia, Adlington se incline por el vocablo *tale*. Este empleo por parte de Adlington del término *tale* puede en parte deberse a la asociación del término con las narraciones breve al modo de las *novelle* italianas, que gozaban de gran aceptación entre el público lector inglés del XVI.[34] Al fin y al cabo, el *Asno* no deja de estar compuesto por un gran mosaico de narraciones breves que a lo largo de la novela van entretejiendo la trama, como ocurre en el *Decamerón* de Boccaccio, *The Canterbury Tales* de Chaucer, las *Novelle* de Bandello o *The Palace of*

---

[33] Carlos García Gual, «El libro de oro. Introducción», Apuleyo, *El asno de oro*, Madrid: Alianza, 2000, p. 44.

[34] Jusserand cuenta cómo la influencia de las *novelle* de origen italiano ganó una mayor aceptación entre el público lector inglés durante el siglo XVI: «At the same time as translations proper, many imitations were published, especially imitations of those shorter prose stories which were so numerous on the continent, and which had never been properly acclimatized in England during the Middle Ages. Their introduction into this country had a great influence on the further development of the novel; their success showed that there was a public for such literature; hence the writing of original tales of this sort in English» (*The English Novel in the Time of Shakespeare*, trad. Elizabeth Lee, Nueva York: AMS Press, 1965, p. 80).

Pleasure de William Painter. De esta manera, mediante la forma *tale* Adlington pudo aludir a la estructura narrativa del *Asno*, sin manifestar juicio alguno sobre su contenido o propósito moral.[35] A pesar de todo, *tale* seguía siendo una voz literariamente ambigua en el contexto anglosajón. Chaucer afirmaba en sus *The Canterbury Tales* que «Er that ferther in this tale pace»,[36] y bautizó su miscelánea con el mismo nombre, pese a incluir, como afirma Benson, «a wide variety of subjects and literary genres, from racy fabliaux to sober tales of Christian suffering, in accents that range from the elegant opening sentence of the General Prologue to the thumping doggerel of Sir Thopas and the solemn prose of the Parson».[37] Painter, por su parte, incluyó ese mismo tipo de narraciones bajo el epígrafe de *histories*, aunque, como indica Paul Salzman, su intención fuera destacar el propósito moral de sus historias: «Painter sees what he calls 'histories' as possessing a moral purpose — he says that they are intended to 'render good examples, the best to be followed, and the worst to be auoyded' — but they are also offered as vivid entertainment: they are 'depainted in liuely colours'».[38] En cualquier caso, los tres autores optaron por fórmulas narrativas similares, aunque sus denominaciones no coincidieran puntualmente. Estos

---

[35] A esta indeterminación del vocablo *tale* y su formulación como género hay que añadir que hasta 1580 no se apreció en Inglaterra un esfuerzo por formular una teoría de la literatura consistente. Hasta ese momento, la poca teoría de la literatura que había existido era caótica y carecía de una metodología clara. No cabe duda que la retórica ayudó sobremanera a la sistematización genérica, pero eso es un proceso que vendría más tarde, ya entrado el siglo XVII. Para los críticos isabelinos la clasificación genérica se limitó a la división de la literatura en tres bloques, según su función y su utilidad: *narrative* (histórico), *allusive* (filosófico) y *representative* (la literatura de los poetas), como apuntó Francis Bacon en *The Advancement of Learning*, 1603. Pero no se encargaron organizar y definir los géneros; se limitaron a seguir básicamente los preceptos aristotélicos y horacianos, como hiciera, por ejemplo, Sidney en *The Defence of Poesy* (Londres, 1595). De ahí, la imprecisión de términos como *tale* en cuanto a género se refiere.

[36] «Prólogo», en Larry D. Benson, *The Riverside Chaucer*, Oxford: Oxford University Press, 1987, p. 24.

[37] *Ibid*, p. 3. Hay que tener también en cuenta que, como indica Benson, en la época de Chaucer el término *tale* gozaba de diferentes acepciones. *Tale* era equivalente de «tale, narrative, conversation, talk, something to say, esteem, regard, gossip» (*Ibid.*, p. 1296). Se antoja difícil, por tanto, encontrar una definición genérica precisa y adecuada de dicho término.

[38] Paul Salzman, «Theories of Prose Fiction in England: 1558-1700», en *The Cambridge History of Literary Criticism*, vol. 3 The Renaissance, ed. Glyn P. Norton, Cambridge: Cambridge University Press, 1999, p. 296.

cuentos o *novelle* adoptarían distintos propósitos en cada uno de ellos: para Chaucer, cada historia tiene su fin particular; Painter le dio a todas un sesgo moral; Adlington buscó en Apuleyo, como otros humanistas, una enseñanza decorosa.

De esta manera, no sorprende que en la dedicatoria y en la epístola al lector, Adlington utilice, en vez de *tale*, el término *fable*, ya que la *fábula* se caracteriza principalmente por su objetivo moral. Thomas Wilson en su *The Art of Rhetoric* sigue los pasos de Erasmo y destaca el valor moralizante y el carácter ficticio de la fábula. Según Wilson, la fábula trata de historias alegres y divertidas que, a su vez, esconden una enseñanza moral tras su talante jocoso: «The multitude must needs be made merry, and the more foolish your talk is, the more wise Hill they count it to be. And yet it is no foolishness but rather wisdom to win men by telling of fables to hear of God's goodness».[39] Asimismo enfatiza la intención moral de la ficción y la fábula: «Again, sometimes feigned narrations and witty-invented matters (as though they were trae indeed) help well to set forward a cause and have great grace in them, being aptly used and well invented».[40]

Los tratadistas italianos y, a su estela, otros escritores europeos, como Alonso López Pinciano, reflexionaron por extenso sobre esta cuestión. La fábula, según el Pinciano, debía ser admirable, «porque los poemas que no traen admiración, no mueven cosa alguna, y son como sueños fríos algunas veces».[41] El principal componente de la *fábula* «es el milagro y la maravilla, por lo cual parece que el poema que no es prodigioso no es de ningún ser».[42] Aludiendo, por tanto, a este término, Adlington especifica el tipo de historia que traduce, entendiendo así *fábula* en un sentido más próximo al de la fábula milesia, pues incide en el carácter jocoso del género, a la vez que destaca, como lo hiciera su precursor italiano, su valor moralizante, adaptando de esa manera las peculiaridades de la fábula milesia a los preceptos ideológicos renacentistas:

And when againe I perceiued the matter to minister such exceedinge plentie of myth, as neuer (in my iudgement) the like hath bene showed by any other, I purposed according to my slender knowled-

---

[39] Thomas Wilson, *The Art of Rhetoric*, ed. Peter E. Medine, Pennsylvania: Pennsylvania State University Press, 1994, p. 222.

[40] *Ibid.*, p. 222.

[41] Alonso López Pinciano, *Philosophía antigua poética*, en *Obras completas*, ed. José Rico Verdú, Madrid: Castro, 1998, vol. I, p. 197.

[42] *Ibid.*, p. 198.

ge (though it were rudely, and farre disagreeying from the fine and eccellent doinges now a dayes) to translate the same into our vulgar tongue, to the ende, that amongest so many sage and serious workes [...] there might be some freshe and pleasante matter, to recreate the mindes of the readers withal. [...] Fearinge lest the translation of this present booke (which seemeth a mere iest and fable, and a worke worthy to be laughed at, by reason of the vanitie of the Author, mighte be contemned and despised of all men, and so consequently, I to be had in derisio, to occupy my selfe in such frivuolous and trifling toyes: but on the other side, when I had throughly learned the intent of the Author, and the purpose why he inuented so sportfull a iest: I was verely perswaded, that my small trauell, should not only be accepted of many, but the matter it selfe allowed, and praised of all.[43]

Adlington sigue el modelo propuesto por sus antecesores humanistas y presenta la obra de Apuleyo como una fábula entretenida de la que se extrae una enseñanza moral, «now lince this booke of Lucius, is a figure of mas life, and toucheth the nature and manners of mortall men, egginge them forward from their Asinall fourme, to their humaine and perfect shape, reside the pleasant and delectable iestes therein conteined».[44] Sitúa su traducción en el mismo marco humanista que Beroaldo y defiende el carácter moralizante del *Asno*: «I trust my simple translatio be nothing accepted, yet the matter it selfe, shalbe esteemed by such, as not onely delight to please their fancie in readinge the same, but also take a pattern thereby, to regenerate their mindes from brutish and beastly custome».[45] La ficción de la fábula actúa, por consiguiente, como una suerte de *exemplum* medieval y responde a un evidente objetivo moral. Tanto es así que no duda en justificar la valía del *Asno* aludiendo a muchas otras fábulas de las que, como ocurre con Apuleyo, puede obtenerse una lección moral. La acumulación de ejemplos juega a favor de la idea retórica de *copia* defendida por Erasmo, ya que, como Wilson insiste, «the multitude, as Horace doth say, is a beast, or rather a monster that hato many heads, and therefore like unto the diversity of nature variety of invention must always be used».[46] De esta manera, la relación de mitos, que bajo el título de *fábulas*, incluye Adlington en la dedicatoria a lord Thomas acentúa el carácter didáctico y moralizante de estas

---

[43] *The Golden Asse*, «To the Reader», fol. Aii.
[44] *Ibid.*, fol. Aiii.
[45] *Ibid.*, fol. Aiii.
[46] Thomas Wilson, *op. cit.*, p. 222.

ficciones:[47]

> And not only that profit ariseth to children by such feined fables, but also the vertues of men are covertly thereby commended, and their vices discommended and abhorred. For by the fable of Actaeon, where it is feigned that he saw Diana washing her selfe in a well, hee was immediately turned into an Hart, and so was slain of his own Dogs; may bee meant, that when a man casteth his eyes on the vain and soone fading beauty of the world, consenting thereto in his minde, hee seemeth to bee turned into a brute beast, and so to be slain by the inordinate desire of his owne affects. By Tantalus that stands in the midst of the floud Eridan, having before him a tree laden with pleasant apples, he being neverthelesse always thirsty and hungry, betokeneth the insatiable desires of covetous persons. The fables of Atreus, Thiestes, Tereus and Progne signifieth the wicked and abhominable facts wrought and attempted by mortall men. The fall of Icarus is an example to proud and arrogant persons, that weeneth to climb up to the heavens. By Mydas, who obtained of Bacchus, that all things which he touched might be gold, is carped

---

[47] Esta enumeración se asemeja a la que propone Erasmo en *De Copia* cuando incide en el valor didáctico de la fábula, donde igualmente presenta una relación de mitos que bien podrían funcionar como *exempla*: «Quis enim no intelligit, nam de his quae ad mores attinent, magis libet exempla ponere, Icari in mare delapsi figmentum admonere, ne quis altius efferatur, quam pro forte sua? Sic nimirum fabula Phaethontis monet, ne quis munus administrandum suscipiat maius quam pro viribus. Sic Salmoneus in tartara datus praeceps, docet non esse aemulandum quod longe supra fortunam nostram habeatur. Sic Marsias excoriatus docet non esse certandum cum potentioribus. Quid autem aliud sibi vult Danaes auro deceptae fabula? nisi quod & Flaccus interpretatur, nihil tam esse munitum quod non expugnetur pecunia, nihil tam incorruptum, quod non muneribus vitietur. Quid Herculis labores, nisi sudoribus ac juvandis aliis famam immortalem parari? Quid Midae votum, nisi avaros & insatiabiles suis ipsorum opibus praefocari? Quid judicium, nisi dotibus ingenii cum pecuniae studio nequaquam convenire? Quid Bacchus a fulmine flagrans, in Nympharum aquas injectus, nisi viniardorem, sobrio elemento restinguendum esse? Quod Graeco etiam epigrammate testatum est. Quid innuit Circes fabula, veneficiis homines vertentis in feras? nisi eos qui nequaquam ratione ducuntur, id quod hominis est proprium, sed totos sese dediderunt turpibus affectibus, jam praetor hominis vocabulum nihil hominis habere, sed ad pecudum degenerasse naturam, puta libidine in ursos, somnolentia ignaviaque in sues, ferocia in leones, ataque item de consimilibus» (*De Copia verborum ac rerum, libri duo*, en *Opera omnia*, Zurich: Georg Olms Verlag, 2001, II, p. 91).

the foul sin of avarice. By Phaeton, that unskilfully took in hand to
rule the chariot of the Sunne, are represented those persons which
attempt things passing their power and capacity. By Castor and
Pollux, turned into a signe in heaven called Gemini, is signified, that
vertuous and godly persons shall be rewarded after life with
perpetuall blisse. And in this feined jest of Lucius Apuleius is
comprehended a figure of mans life, ministring most sweet and
delectable matter, to such as shall be desirous to reade the same.[48]

Como hemos visto, el humanismo condicionó la aceptación del *Asno*
de Apuleyo a una interpretación moral, más adecuada a sus parámetros,
y así lo llevó a cabo en sus traducciones.[49] La fábula milesia pasa de ser

---

[48] *The Golden Asse*, Dedicatoria, fol. ii.
[49] Ni que decir tiene que si hay algo que caracterizó las traducciones
renacentistas fue la capacidad que tenían los traductores de modificar el texto
original. Tan importante era traducir los contenidos como mantener el estilo. A
veces, sin embargo, cumplir con estas premisas implicaba la alteración del
original, máxime si se pretendía enmarcar y adecuar el texto a un determinado
contexto ideológico y cultural. A este respecto, el debate sobre las limitaciones
del traductor estaba abierto desde la Edad Media. De esta manera, se hablaba de
translatio, donde el traductor era fiel al original, e *imitatio*, donde no se traducía
literalmente, pero se comentaba filológicamente o seguía fielmente el modelo
original. En su *Comento de Eusebio*, compuesto alrededor de 1450, pero publicado
entre 1506 y 1507, Alfonso de Madrigal distinguió las dos formas de traducción:
«Dos son las formas de trasladar: una es de palabra a palabra, et llámase
interpretación; otra es poniendo la sentencia sin seguir las palabras, la qual se
faze comúnmente por más luengas palabras, et esta se llama exposición o
comento o glosa [...] En la segunda se fazen muchas adiciones et mudamientos,
por lo qual non es obra del autor, mas del glosador» (Theo Hermans, *Geschichte,
System, Literarische Übersetzung. Histories, Systems, Literary Translations*, Berlín:
Harald Kittel Erich Schmidt Verlag, 1992, p. 100). Valerie Worth-Stylianou añade
al respecto: «In his comments in 1392 on a friend's revisions of a Latin version
of the *Iliad*, Salutati was one of the earliest humanists to acknowledge the
creative role of the translator, saying his restoration of the letter and the spirit of
the source text required him to 'infuse a more pleasant texture.' The issue was
to lie at the heart of Renaissance thinking on not only translation but any
imitation of the classics: how should the translator/imitator recapture the full
vigour of the model? How far should his role be that of an interpreter of affective
force as well as substance? [...] The first formal treatise on translation in the
Renaissance, Leonardo Bruni's *De interpretatione recta* (c. 1426), also ascribed to
the translator a creative role. Bruni accepted the necessity of a displacement of
the source text, in order for it to be retrieved the more fully in the new idiom. He
argued that the translator should bring to this task both a thorough philological

meramente jocosa y ficticia a tener cierta verosimilitud por medio de la interpretación alegórica.[50] La verosimilitud es fundamental en la *fábula*, pues sólo mediante la imitación de las obras humanas se puede aprender de sus errores. Así lo explicaba El Pinciano desde los postulados neoaristotélicos que ya había formulado Tasso en sus *Discorsi dell' arte poetica*:

> Y comenzando en el nombre de Dios, digo que la fábula es imitación de la obra. Imitación ha de ser, porque las ficciones que no tienen imitación y verisimilitud, no son fábulas, sino disparates, como algunas de las que antiguamente llamaron milesias, agora libros de caballerías, los cuales tienen acaecimientos fuera de toda buena imitación y semejanza a verdad.[51]

Erasmo insiste en la misma idea: la verosimilitud hace provechosa a la ficción, pues de este modo se ajusta a sus obligaciones didácticas y, en cualquier caso, los eruditos deben atenerse a esa aplicación moral: «Quae si pro veris accipiantur, fide valent. Si pro fictis, cum sint a sapientissimis ac probatissimis auctoribus prodita, hoc ipso valent, quo ab iis conficta sint, quorum auctoritas praecepti vigorem obtinet».[52] Para hacer lícito al *Asno* había que darle un sentido moral, que, a su vez, otorgara verosimilitud a la arbitrariedad de sus transformaciones y de sus contenidos mágicos. El objetivo era convertirlo en una fábula que sirviera de espejo para los errores humanos, pues, como afirmaba Aristóteles, «lo posible es convincente».[53] También sir Philip Sidney insistió en lo mismo desde las páginas de su *The Defence of Poesy*, «a feigned example hath as much force to teach as a true example».[54] Acaso por eso los traductores renacentistas defendieron a capa y espada el

---

scholarship and all the expressive powers of rhetoric. Only in this way could the translator convey the exact force the original author intended» («*Translatio* and translation in the Renaissance: from Italy to France», en *The Cambridge History of Literary Criticism*, vol. 3 The Renaissance, ed. Glyn P. Norton, Cambridge: Cambridge University Press, 1999, pp. 127 y 128).

[50] Al hablar de los distintos tipos de alegoría (*histórica, teológica, científica* y *moral*), Erasmo incluye como ejemplos varias fábulas con un claro contenido alegórico (Cfr. *De Copia verborum ac rerum*, II, p. 90).

[51] López Pinciano, *op. cit.*, p. 172.

[52] Erasmo, *De Copia verborum ac rerum*, II, p. 92.

[53] «Quod persuasibile est possibile» (Aristóteles, 9, 1451b 16).

[54] Philip Sydney, *The Major Works*, ed. Katherine Duncan Jones, Oxford: Oxford University Press, 2002, p. 224.

carácter moral del *Asno* de Apuleyo, manteniendo en todo momento una voluntad alegórica. Los prefacios juegan un papel determinante; es en ellos donde se hace incuestionable que el fin justifica los medios: la licitud de la ficción se aprueba siempre y cuando exista una intención moral y didáctica. «Verum in his quae omnino fide carent, nisi jocabimur, praefari conveniet a viris priscis ac sapientissimis, ista non sine causa fuisse conficta, neque temere tot iam seculis magno mortalium consensu fuisse celebrata: deinde quid sibi voluerint, interpretabimur».[55] Adlington no duda en teñir su prólogo de todas estas clases de explicaciones morales para la obra de Apuleyo, pues, pese a ser una *fábula*, «poets oftentimes under the covering of a fable do hide and wrap in goodly precepts of philosophy».[56]

Junto a este propósito didáctico y moral, hay que añadir que también se atisban rasgos neoplatónicos en la epístola al lector, ya que Adlington incide en el poder de la metamorfosis como proceso de adquisición del conocimiento. La transformación le sirve a Lucio para formar y reforzar su identidad. De la misma manera, Adlington, siguiendo el ejemplo de Lucio, busca la perfección moral:

> I intend (God willinge) as nighe as I can, to utter and open the meaning thereof to the simple and ignorant, whereby they may not take the same, as a thing onely to iest and laugh at (for the Fables of Esope, and the feiginge of Poetes, weare neuer writen for that purpose) but by the pleasauntnes thereof, be rather induced to the knowledge of their present estate, and thereby trasforme them selues into the right and perfect shape of men.[57]

La clave para esta transformación, como ocurre con el Lucio asno, está en «taste and eate the sweete Rose of reason».[58] Esto es, sólo a través del estudio y la meditación se llega al pleno conocimiento:

> A man desirous to apply his minde to some excellent art, or giuen to the studie of any of the sciences, at the first appeareth to him selfe an Asse without witte, without knowledge, and not much unlike a bruite beast, till such time as by muche paine and trauell, he hath atchieued to the perfectnes of the same, and tastinge the sweete

[55] Erasmo, *De Copia verborum ac rerum*, II, p. 90.

[56] J. W. Atkins, *English Literary Criticism: The Renascence*, Londres: Methuen, 1947, p. 92.

[57] *The Golden Asse*, «To the Reader», fol. Aii.

[58] *Ibid.*, fol. Aiii.

floure and fruite of his studies, doth thinke him selfe well brought to the right and very shape of a man.[59]

Adlington se atuvo al valor del *Asno* como alegoría moral. Al fin y al cabo, su idea de *fábula* no está tan lejos de la idea aristotélica de *mythós*, pues predomina ante todo el propósito moral. En este razonamiento se concilian tanto la idea de verosimilitud como de ficción. La historia inverosímil y ficticia, gracias a la interpretación alegórica, cobra rasgos de verosimilitud, representando así los errores humanos.

El *Asno de oro* también se hizo notar en las letras inglesas a través de otros cauces. William Paynter recopiló en *The Palace of Pleasure* de 1566 una miscelánea de historias de diversos autores entre los que se encontraba Apuleyo; en el poema «David saluda a Bersabé», recogido en sus *Poesías*, Gascoigne incluyó un prefacio citando *El asno de oro*; y en *The Discovery of Witchcraft* de 1584 Reginald Scott aludió a las trasformaciones de hombres en asnos y al poder de las brujas para alterar la apariencia humana reflejado en el *Asno de oro* y según el testimonio del mismo san Agustín. Así, no es de extrañar que la huella de Apuleyo estuviera presente en parte de la producción literaria del XVI. Sidney alude al *Asno de oro* tanto en *The Defence of Poesy*, como en la *Arcadia*. De especial interés es la alusión en *The Defence*, ya que, tomando a Apuleyo como modelo, analiza la distinción entre la tragedia propiamente dicha, la comedia y la narrativa de ficción. Spenser también se sustenta de la misma fuente latina para *The Faerie Queene*. En *Hero and Leander* de Marlowe se encuentran asimismo ecos de Apuleyo. Y, en el teatro, aparte de la *Satiromastix* de Dekker de 1601, las primeras alusiones a la obra de Apuleyo se encuentran en las obras del primer Shakespeare. Luego vendrán las referencias en Chapman, Thomas Heywood, Ben Jonson y John Marston.[60]

CERVANTES Y EL *ASNO*

En los dísticos que escribió para la traducción de López de Cortegana, Juan Partenio Tovar ensalzaba la ciudad que había sabido congraciar al *Asno* con un «lobo». La ciudad era Sevilla y el *lupus*, por paronomasia, López de Cortegana.[61] Y, en efecto, Apuleyo fue recibido con entusiasmo en la Sevilla humanística del XVI, pues, tras su traducción, Gutierre de

---

[59] *Ibid.*, fol. Aiii.

[60] Véase el estudio exhaustivo de estas referencias en la introducción de Tobin, *op. cit.*.

[61] «Quem domuisse asinum Urbs homini Tarpeia nequiuit, / Hispalis ecce facit gratiam in ire Lupo» (Escobar Borrego, *art. cit.*, p. 158).

Cetina, Fernando de Herrera, Juan de Mal Lara o Juan de la Cueva se interesaron por el cuento de Psique y Cupido. Por si fuera poco, el apuleyesco *Baldo* fue editado en Sevilla por Dominico de Robertis, que en 1546 había reimpreso el *Asno* vulgar, y hasta Juan Gil ha defendido el origen sevillano de la *Segunda parte de Lazarillo de Tormes* de 1555.[62] En esta situación y teniendo en cuenta la presencia de Cervantes en Sevilla entre 1587 y 1593, no es de extrañar que su lectura e interés por el *Asno de oro* proviniera de esos años hispalenses.[63]

Sea como fuere, lo cierto es que varias obras cervantinas —como las dos partes del *Quijote*, el *Casamiento engañoso* y el *Coloquio de los perros* o el *Persiles*— tendieron fuertes lazos con el *Asno de oro* y con otros textos próximos, como *El Crotalón*, el *Baldo* o el *Lazarillo*.[64] De entre los textos de Cervantes que acuden al *Asno*, Carlos García Gual señaló el elogio inicial de Rocinante con el que de Lucio hace la prometida de Tlepólemo[65]; Augustin Redondo ha vinculado el nombre de Altisidora con la diosa Isis, cuya devoción devuelve la forma humana al burro,[66] y ha establecido un paralelo entre el *descencus* a la cueva de Montesinos y los procesos iniciáticos del *Asno de Oro* [67]; Marcos Ruiz relacionó el elogio que Cipión hace de Ulises en el *Coloquio de los perros* con un comentario similar sobre

---

[62] Sobre estos lazos del *Asno* con la Sevilla del XVI, véase Juan Gil «Apuleyo en la Sevilla renacentista», *Habis* 23 (1992), pp. 297-306 y Francisco Javier Escobar Borrego, *El mito de Psique y Cupido en la poesía española del siglo XVI (Cetina, Mal Lara y Herrera)*, Sevilla: Universidad de Sevilla, 2002.

[63] Daniel Eisenberg parece proponer que la lectura cervantina se hizo en alguna de las impresiones salidas tras el expurgo inquisitorial del libro en 1559, como las de Alcalá de Henares, 1584 o Valladolid y Madrid, 1601. Cfr. Daniel Eisenberg, «La biblioteca de Cervantes», *Studia in honorem Martín de Riquer*, II, Barcelona: Quaderns Crema, 1987, pp. 271-238, p. 278. A pesar de la existencia de otras traducciones, como la de Alonso Fuentes en 1543, resulta evidente que Cervantes leyó la de Cortegana.

[64] Cfr. Edward C. Riley, «Tradición e innovación en la novelística cervantina», *Cervantes. Bulletin of the Cervantes Society of America*, 17 (1997), pp. 47-48 y Francisco Márquez Villanueva, «Teófilo Folengo y Cervantes», *Fuentes literarias cervantinas*, Madrid: Gredos, 1973, pp. 256-257.

[65] *DQ* I, 2; *Met.* IV, 29. Cfr. Carlos García Gual, «El libro de oro. Introducción», Apuleyo, *El asno de oro*, ed. cit., pp. 32-33.

[66] Augustin Redondo, «Fiestas burlescas en el palacio ducal: el episodio de Altisidora», en *Actas del Tercer Congreso Internacional de la Asociación de Cervantistas*, ed. Antonio Bernat Vistarini, Palma de Mallorca: Universitat de les Illes Balears, 1998, p. 55.

[67] Augustin Redondo, «El proceso iniciático en el episodio de la cueva de Montesinos», *Iberoromania*, 13 (1981), pp. 52-61.

la sabiduría en Apuleyo.[68] El episodio de la batalla con los cueros de vino entronca, como se ha repetido desde hace tiempo, con el encuentro que Lucio tiene con unos cueros encantados, e interrumpe, además, la lectura de la *Novela del curioso impertinente*; y no se olvide que el cuento de Psique y Cupido atiende, como el *Curioso*, al problema de la *curiositas* de Psique y las desgracias que acarrea.[69] Las alegrías sexuales de Rocinante y la posterior paliza de los yangüeses se remontan a otros alardes del asno apuleyesco con unas yeguas que también terminan en castigo.[70] Poco después y en el mismo capítulo de la traducción de Cortegana, un «mal rapaz» pone bajo la cola del burro un «manojo de zarzas, con las espinas muy agudas y venenosas» dio lugar a los manojos de aliagas que unos niños encajan en Barcelona bajo las colas de Rocinante y el rucio de Sancho.[71] También los esfuerzos de Lucio por hablar lenguaje humano se vieron continuados en los rebuznos de Sancho y en los intentos vanos de comunicarse que Berganza hace en casa del corregidor.[72] No es incluso improbable que la inclinación cervantina por los asnos, que dieron tan grandes ocasiones a su «pluma para escribir donaires», tuviera su razón de ser, al menos en parte, en la obra de Apuleyo. Y si, en el *Coloquio de los perros*, Berganza impide los encuentros nocturnos de una esclava negra con su amante, antes Lucio había descubierto a un molinero los adulterios de su mujer.[73] La estructura del *Casamiento engañoso* con el encuentro entre dos amigos, uno de ellos en situación desastrada, y la narración posterior de sus desventuras es deudora de la historia de Aristómenes y Sócrates en el *Asno de oro*.[74] Los untes mágicos de la

---

[68] *Met.* IX, 13, 4-5. Cfr. Marcos Ruiz Sánchez, «Los cuentos de adulterio del libro IX de las *Metamorfosis* de Apuleyo», *Faventia* 22 (2000), p. 44. Para el texto cervantino, véase *Coloquio de los perros*, en *Novela ejemplares*, ed. Jorge García López, Barcelona: Crítica, 2001, p. 584. En adelante, *CP*.

[69] *DQ* I, 35; *Met.* II, 31-III, 18.

[70] *DQ* I, 15; *Met.* VII, 16. Cfr. Félix Carrasco, «El *Coloquio de los perros* y El *Asno de Oro*: concordancias temáticas y sistemáticas», *Anales Cervantinos*, 21 (1983), p. 182.

[71] *DQ* II, 61; *Met.* VII, 18, 4. Cfr. Helmuth Petriconi, «Cervantes und Apuleius» en *Studia Philologica. Homenaje a Dámaso Alonso*, II, Madrid: Gredos, 1961, pp. 591-598. La traducción de Cortegana puede verse en *Asno*, 225.

[72] *DQ* II, 27; *CP*, 621-622; *Met.* III, 29, 3 y VIII, 29, 5. Cfr. Alexander Scobie, «The influence of `Apuleius' *Metamorphosis* in Renaissance Italy and Spain», en *Aspects of Apuleius' Golden Ass*, ed. B. L. Hijmans and R. T. van der Paardt, Groningen: Bouma's Boekhuis, 1978, p. 224.

[73] *Met.* IX, 26-27. El episodio narrado por el perro, con todos sus interludios, en *CP*, 565-572. Cfr. Félix Carrasco, *art. cit.*, p. 184.

[74] *Met.* I, 5-19. Cfr. Vicente Cristóbal López, «Apuleyo y Cervantes», en

Cañizares son los mismos que los de Pánfila.[75] Además, las gracias que el asno griego aprende con un liberto —que le enseña a sentarse a la mesa, bailar, afirmar o negar— no difieren de las que el perro ejercita con el atambor, siendo conocido uno como *burro sabio* y otro como «el *perro sabio*».[76] Incluso la resurrección de un joven muerto en la *Numancia* por medio de los conjuros de Marquino coincide con el rito de resurrección que lleva a cabo el egipcio Zatclas en la historia de Apuleyo.[77] Hasta el diálogo entre Babieca y Rocinante en uno de los sonetos preliminares anticipa por tono y personajes el *Coloquio de los perros* y retoma el asunto de los animales parlantes y filósofos. Por si a alguien le cupiera alguna duda, Cervantes mismo reconoció la deuda con una mención expresa de su antecedente latino:

> Y esta tarde, como te vi hacer tantas cosas y que te llaman el 'perro sabio', y también como alzaste la cabeza a mirarme cuando te llamé en el corral, he creído que tú eres hijo de la Montiela, a quien con grandísimo gusto doy noticia de tus sucesos y del modo con que has de cobrar tu forma primera; el cual modo quisiera yo que fuera tan fácil como el que se dice de Apuleyo en *El asno de oro*, que consistía en sólo comer una rosa. Pero este tuyo va fundado en acciones ajenas y no en tu diligencia. Lo que has de hacer, hijo, es encomendarte a Dios allá en tu corazón, y espera que éstas, que no quiero llamarlas profecías, sino adivinanzas, han de suceder presto y prósperamente. (*CP*, 595)[78]

Unidad y pluralidad en el mundo antiguo. Actas del VI Congreso Español de Estudios Clásicos, II, Madrid: Gredos, 1983, pp. 202-203.

[75] *CP*, 600-601; *Met.* III, 21. La traducción de López de Cortegana en *Asno*, 121.

[76] *CP*, 584-585; *Met.* X, 17. En la traducción de Cortegana: «Cuando iba por la calle decían: 'Éste es el que tiene un asno que es compañero y convidado, que salta y lucha y entiende las hablas de los hombres, y expresa el sentido con señales que hace'» (*Asno*, 313). Cfr. Carrasco, *art. cit.*, pp. 184-185 y Juan Carlos Sesé Sanz, «Corresponsiones entre Apuleyo y Cervantes», en *Humanismo y pervivencia del mundo clásico. Homenaje al profesor Luis Gil*, I, ed. José María Maestre Maestre, Joaquín Pascual Barea y Luis Charlo Brea, Alcañiz-Cádiz: Ayuntamiento de Alcañiz-Universidad de Cádiz, 1997, p. 305.

[77] *La Numancia*, ed. Florencio Sevilla y Antonio Rey Hazas, Madrid: Alianza, 1996, II, 421-552; *Met.* II, 28-30. Véase la traducción de Cortegana, de la que depende el pasaje cervantino, *Asno*, 100-101. Cfr. Carrasco, *art. cit.*, pp. 181-182.

[78] Hay otras correspondencias que la bibliografía cervantina y apuleyesca han ido acumulando, aunque sólo hemos hecho relación de las menos cuestionables, seguras y pertinentes.

Como el del *Asno de oro*, parte del mundo literario cervantino está dominado por las fuerzas irracionales de la magia y la brujería. Es la magia la que permite a Pánfila y a la Cañizares darse ungüentos que las transforman en pájaro o las hacen volar; es también la magia de Marquino la que da un nuevo aliento al cadáver; y es, por último, la magia la que transforma en animales a los hombres.[79] Antes incluso de empezar su propia historia, Lucio nos pone en ambiente narrando los hechos de Méroe, que castiga a sus amantes y enemigos convirtiéndolos en castor, rana o carnero. También de la Camacha se dice en el *Coloquio* que «tuvo fama que convertía los hombres en animales, y que se había servido de un sacristán seis años, en forma de asno, real y verdaderamente» (*CP*, 592).[80] La singularidad de esos seres metamorfoseados por Apuleyo y Cervantes es que mantienen intacta su inteligencia y su memoria, como Cipión, Berganza, Lucio o como aquel abogado que, ya transformado en borrego, seguía defendiendo pleitos. Y no sólo eso, algunos, como el asno latino, Babieca y Rocinante o los dos perros cervantinos terminan por convertirse en narradores de sí mismos.

El asunto tiene, como hemos visto, su poco de relación burlesca con la fábula como género literario, cosa que no le pasó inadvertida al licenciado Peralta cuando pretendía afear la verosimilitud del negocio narrado por Campuzano: «¡Cuerpo de mí! —replicó el licenciado—. Si se nos ha vuelto el tiempo de Maricastaña, cuando hablaban las calabazas, o el de Isopo, cuando departía el gallo con la zorra, y unos animales con otros» (*CE*, 536).[81] De hecho, en el *Baldo*, la historia de

---

[79] Recuérdese que Cervantes enumeró en el mismo orden que Apuleyo tres tipos de sabios antiguos próximos a la magia: «de cuantos magos crió Persia, bracmanes la India, ginosofistas la Etiopía» (*DQ* I, 47; cfr. Miguel de Cervantes, *Don Quijote de la Mancha*, dir. Francisco Rico, Barcelona: Instituto Cervantes/Crítica, 1998, p. 544, n. 2). El texto de Apuleyo puede leerse en *Floridas*, XV.

[80] Cfr. *Met.* I, 9.

[81] *El casamiento engañoso*, en *Novela ejemplares*, ed. Jorge García López, Barcelona: Crítica, 2001. En adelante, *CE*. Entiéndase que, como quería el maestro Correas, el de Maricastaña era «tiempo muy antiguo, cuando hablaban los animales» (*Vocabulario de refranes y frases proverbiales*, ed. Víctor Infantes, Madrid: Visor Libros, 1992, p. 607). Sancho hace referencia burlesca al mismo asunto en la primera parte del *Quijote*: «...ya quisiera la suerte que los animales hablaran, como hablaban en tiempo de Guisopete» (*DQ* I, 25). En el *Diálogo de los muertos* (XXI,1), Luciano hace también su pequeña burla sobre los perros hablantes, refiriéndose al infernal Cerbero: «Menipo. — Oh Cerbero (puesto que soy de tu familia, al ser también perro), dime, por la laguna Estigia, ¿cómo se conducía Sócrates cuando vino a vosotros? Es natural que tú, siendo dios, no sólo ladres, sino también hables, cuando quieras, como los hombres» (*Obras*, trad. José

Falqueto adquiere también su forma de apólogo gracias a la «Adición del intérprete», que convierte la fantasía en moralidad: «Aquí entenderéis por Falqueto a todo hombre que dice la verdad».[82] Pero si tanto el adaptador del *Baldo*, como Apuleyo y Cervantes acudieron al uso de esas transformaciones inverosímiles y a los elementos fantásticos, la singularidad de éste último estuvo en el modo en que los introdujo. Apuleyo vivió en una concepción mágica que hacía lícita esa libertad creativa y el *Baldo*, al fin y al cabo, era un libro de caballerías en el que todos los prodigios tenían cabida. Cervantes, sin embargo, partía de una construcción literaria bien distinta: la que se había iniciado con el *Lazarillo*. Por eso, cuando acude a las sinrazones de Apuleyo tiene que hacerlo de otro modo; al menos, en lo que corresponde a la narrativa, porque en una tragedia como la *Numancia* no tuvo inconveniente en dar su sitio a los conjuros que resucitan a un cadáver. Por el contrario, en sus novelas lo fantástico se inserta en un marco histórico con apariencia de real y lo inverosímil se presenta como posible, aunque acaso improbable. En ese mundo de ambigüedades, donde se unen lo fantástico y lo real, transita Cervantes libremente. El concepto cervantino de verosimilitud no elimina lo fantástico. La clave está en el modo de narrar, de presentar los hechos de modo que parezcan verdaderos.

El instrumento fundamental de esa inserción de lo inverosímil en lo histórico es el sueño. Edward Riley llamó la atención sobre este hecho refiriéndose al *Coloquio de los perros*: «El sueño era también la manera racional de presentar las fantasías, por supuesto. Sin embargo, los humanistas y neo-aristotélicos no tenían semejantes composiciones en muy alto concepto». Aún así, añade el profesor Riley que «en la novela de Cervantes hay todavía algo de excesivo y monstruoso».[83] Lo monstruoso está, por ejemplo, en mantener las metamorfosis de Apuleyo, la magia o la posibilidad de que los perros hablen sin que se aluda para

---

Alsina, Barcelona: Alma Mater, 1966).

[82] *Baldo*, ed. cit., p. 30. Aunque Alberto Blecua apuntó que Cervantes podía no haber leído el *Baldo* para componer su *Coloquio de los perros*, Bernhard König y Edward Riley han insistido en esa dependencia cervantina. Cfr. Alberto Blecua, «Libros de caballerías, latín macarrónico y novela picaresca: La adaptación castellana del *Baldus* (Sevilla, 1542)», *Boletín de la Real Academia de Buenas Letras de Barcelona*, 34 (1971-1972), p. 176; Bernhard König, *Novela picaresca y libros de caballerías*, Salamanca: SEMYR, 2003, pp. 131-132; y Edward Riley, *art. cit.*, p. 48.

[83] Edward C. Riley, «Los antecedentes del *Coloquio de los perros*», en *La rara invención. Estudios sobre Cervantes y su posterioridad literaria*, Barcelona: Crítica, 2001, p. 244.

nada a la fábula o al apólogo. La manera de maquillar el monstruo fue el sueño y, precisamente, en varios de los episodios tomados del *Asno de oro*, Cervantes convirtió el sueño en cauce para acercar lo irreal a un mundo aparentemente histórico.

Mientras el resto de personajes escuchan la historia del *Curioso impertinente*, don Quijote duerme en su aposento, porque, según juicio de todos «más provecho le haría por entonces el dormir que el comer» (*DQ* I, 32). Cuando se inicia su duelo con los cueros, dice Cervantes que «estaba durmiendo y soñando que estaba en batalla con el gigante» (*DQ* I, 35). Como en el *Sueño de una noche de verano*, también aquí hay dos espacios complementarios: el de lo real y el de lo imaginario, el de los despiertos y el de los dormidos. Aunque, en Cervantes la cosa se complica, porque esos despiertos están absortos en una obra de ficción. No hay que olvidar, además, que esa estructura de narraciones dentro de las narraciones proviene también de Apuleyo y de la historia que la vieja narra sobre Psique y Cupido. Nos la volveremos a encontrar en la representación cómica de Píramo y Tisbe que ideó Shakespeare y en los episodios cervantinos que más deudas tienen con el *Asno de oro*: la lectura de la *Novela del curioso impertinente*, paralela a la aventura de los odres, y la del cartapacio del alférez Campuzano en el *Casamiento engañoso*, que contiene a su vez la *Novela del coloquio de los perros*. Todo en este *Coloquio* se presenta como fruto de una noche y un sueño.

Desde el comienzo de *El casamiento engañoso* el lenguaje se va orientando hacia el prodigio y lo maravilloso. Cuando el licenciado Peralta topa con Campuzano, de modo similar a como Aristómenes encuentra a Sócrates en el *Asno*, se santigua «como si viera alguna mala visión» (*CE*, 522) y asegura que sus sucesos son «nuevos y peregrinos» (*CE*, 523). Ya en el cuerpo de su historia, cuenta que fue a casa de doña Estefanía «sin que viese visiones en ella» (*CE*, 525), a pesar de reconocer de sí mismo que «tenía entonces el juicio, no en la cabeza, sino en los carcañares» (*CE*, 526). Por su parte, doña Estefanía deja caer que «todo lo que aquí pasare es fingido» (*CE*, 528) y, poco después, añade a doña Clementa «no sin misterio vee lo que vee en esta su casa» (*CE*, 529). Casi al final de la peripecia amorosa, a Campuzano le «tomó un sueño tan pesado, que no despertara tan presto si no me despertaran» (*CE*, 531). Ahí quiebra la historia y comienza su verdadera razón de ser. El alférez está en el Hospital de la Resurrección para «sudar catorce cargas de bubas» (*CE*, 534). Con el ingenio sutil que da la enfermedad, avisa repetidamente a su interlocutor de lo excesivo y monstruoso de su nueva historia: «otros sucesos me quedan por decir que exceden a toda imaginación, pues van fuera de todos los términos de naturaleza»; «vi lo que ahora diré, que es lo que ahora ni nunca vuesa merced podrá creer, ni habrá persona en el mundo que lo crea»; o «lo que ahora diré dellos [los perros] es razón que la cause, y que, sin hacerse cruces, ni alegar imposibles ni dificultades, vuesa merced se acomode a creerlo» (*CE*, 534-535). Lo que cuenta es la historia apuleyesca de unos hombres transformados en perros y que tienen el don literario de narrar sus propias vidas con lenguaje humano. Peralta se resiste a creerlo y pasa, dice, a «no creelle ninguna cosa»; Campuzano, por su parte, argumenta que él mismo lo ha «querido tener por cosa soñada», pero que, al cabo, vino a «creer que no soñaba y que los perros hablaban». El licenciado entonces se dispone a escuchar «esos sueños o disparates» (*CE*, 535-537).

Ya en el *Coloquio*, los perros comparten las mismas dudas sobre la veracidad de lo que les está pasando: «Cipión hermano, óyote hablar y sé que te hablo, y no puedo creerlo, por parecerme que el hablar nosotros pasa de los términos de naturaleza» ; y deciden, por ello, aprovechar la circunstancia para hablar «toda esta noche, sin dar lugar al sueño» (*CP*, 540 y 544). Resulta curioso que, cuando llega el momento de mayor prodigio en la historia de Berganza, el de la Cañizares y todo su arsenal de brujería y metamorfosis, el perro adopte la misma actitud que su narrador ante ellos. Campuzano asegura que aquella noche en que los perros hablaron «yo estaba tan atento» (*CP*, 537), del mismo modo que Berganza se queda toda la noche contemplando el cuerpo inerte de la bruja: «se pasó la noche y se vino el día, que nos halló a los dos en mitad del patio: ella no vuelta en sí y a mí junto a ella, en cuclillas, atento» (*CP*, 602). La intención es no dejar margen al sueño y a la fantasía. Ficción y brujería se sumaron en la época con visos de verosimilitud, gracias a los procesos abiertos en Logroño contra los brujos de Zugarramurdi, que Cervantes conoció y aprovechó para su *Coloquio*. No sólo eso, la interpretación cervantina, que vincula la brujería a la antigüedad y que mantiene un escepticismo distante ante el fenómeno, coincide en gran medida con la del humanista Pedro de Valencia en su *Discurso acerca de los cuentos de las brujas*, donde también se afirma que «todo el hecho es vanidad, ilusión y sueño», donde las juntas de brujos son, como las de la Cañizares, en «los montes Perineos», donde también los vuelos y transformaciones se producen por el uso de un «ungüento verde… compuesto de yervas frías» y donde se revela, sobre la autoridad de Pletón y Psclo, «que en estos misterios se le aparecían, a los que se iniciaban, visiones o fantasmas de perros y figuras extrañas», tal como le ocurre a Campuzano.[84]

---

[84] Cfr. Pedro de Valencia, *Obras completas. VII. Discurso acerca de los cuentos de las brujas*, ed. Manuel A. Marcos e Hipólito B. Riesco Álvarez, León: Universi-

Pero volviendo al texto, hay que recordar que la diferencia entre las historias de Lucio y Berganza la señaló, como hemos leído, el mismo Cervantes. Aquel se libraría del embrujo con «sólo comer una rosa», mientras que la metamofosis del perro «va fundada en acciones ajenas». Cristianamente, la Cañizares recomienda a Berganza encomendarse a Dios. Con el amanecer se termina el habla de los perros y vuelven al primer plano el alférez y el licenciado: «El acabar el coloquio el licenciado y el despertar el alférez fue todo a un tiempo». Y entiéndase que no es vana la alusión al «despertar», pues se insinúa, con ello, que todo ha sido un sueño, a pesar de los esfuerzos de los protagonistas por estar atentos y despiertos. Lo que sigue es un breve debate sobre la verosimilitud, el decoro y la licitud de la ficción:

—Aunque este coloquio sea fingido y nunca haya pasado, paréceme que está tan bien compuesto que puede el señor alférez pasar adelante con el segundo.

—Con ese parecer —respondió el alférez— me animaré y dispondré a escribirle, sin ponerme más en disputas con vuesa merced si hablaron los perros o no.

A lo que dijo el licenciado:

—Señor alférez, no volvamos más a esa disputa. Yo alcanzo el artificio del Coloquio y la invención, y basta. Vámonos al Espolón a recrear los ojos del cuerpo, pues ya he recreado los del entendimiento. (*CP*, 623)

Se responde así al envite que Campuzano había lanzado al comienzo de su historia: «puesto caso que me haya engañado, y que mi verdad sea sueño, y el porfiarla disparate, ¿no se holgará vuesa merced, señor Peralta, de ver escritas en un coloquio las cosas que estos perros, o sean quien fueren, hablaron?» (*CP*, 536).[85] Lo que venía a decir Campuzano es

___

dad de León, 1997, pp. 235, 257, 270, 309 y 312. Cuenta Pedro de Valencia un experimento del doctor Laguna con una mujer a la que aplicó estas pócimas: «...un bote de ungüento verde..., del cual usó después untando una mujer de un verdugo que estab frenética y no podía dormir; dice que durmió treinta y seis horas, que apenas con ventosas y otros remedios la despertó, y ella luego comenzó a quejar de que la hubiesen estorbado su gusto, y dijo había estado en los mayores placeres del mundo y holgádose deshonestamente con un mancebo» (*Ibid.* pp. 270-271). Recuérdese que Cervantes también recoge que esas unturas son frías, que producen alucinaciones y una suerte de letargo del que resulta difícil despertar (*CP*, 599-602).

[85] Ruth El Saffar ha relacionado los elementos fantásticos y oníricos del *Coloquio de los perros* con el sueño de don Quijote en la Cueva de Montesinos,

que el «disparate» —esto es, la ficción— basta por sí misma para el deleite estético. Ésa es la lectura cervantina de la eutrapelia, que Sebastián de Covarrubias había definido en su *Tesoro* como «un entretenimiento de burlas graciosas y sin perjuyzio». Cervantes lo repitió, casi al pie de la letra, en el prólogo a las *Novelas ejemplares*: «…los ejercicios honestos y agradables, antes aprovechan que dañan. Sí, que no siempre se está en los templos; no siempre se ocupan los oratorios; no siempre se asiste a los negocios, por calificados que sean. Horas hay de recreación, donde el afligido espíritu descanse».[86] El argumento es el mismo que López de Cortegana había antepuesto a su traducción: «Si a las cosas graves e honestas no mezclas algún passatiempo, siempre estarás triste y con enojo». A esa misma defensa de la risa y la diversión honesta acudió fray Josef de Valdivielso en su aprobación de la segunda parte del *Quijote*, asegurando que el libro contenía muchas cosas de «honesta recreación y apacible divertimiento, que los antiguos juzgaron convenientes a sus repúblicas, pues aun en la severa de los lacedemonios levantaron estatua a la risa, y los de Tesalia la dedicaron fiestas, como lo dice Pausanias». Erudición tomada, por cierto, no de Pausanias, sino de Apuleyo, que, en el *Asno*, escribió: «aparta de tu corazón toda tristeza y fatiga, porque estos juegos, que pública y solemnemente celebramos en cada año al gratísimo dios de la risa, florecen siempre con invención de alguna novedad».[87]

Las de Apuleyo y Cervantes eran narraciones cómicas, en especial, por las incongruencias e inverosimilitudes de sus protagonistas. Y, en efecto, Cervantes tomó del *Asno* episodios risueños, como el elogio de Rocinante y su diálogo con Babieca, las cosas de Altisidora, las energías carnales de las caballerías, los manojos de aliagas, las chanzas asnales, los rebuznos de Sancho o los intentos de habla de Berganza. Pero también, como en el caso de Apuleyo, la risa le sirve para hacer una descripción oscura y satírica del mundo, que Cipión remonta a los «cínicos, que quiere decir perros murmuradores» (*CP*, 568).[88]

---

episodio compuesto probablemente después de 1612. Cfr. «Montesinos' Cave and the *Casamiento engañoso* in the Development of Cervantes Prose Fiction», *Kentucky Romance Quarterly*, 20 (1973), p. 459).

[86] Cervantes, *Novela ejemplares*, ed. cit., p. 18.

[87] *Met.* III, 11; la traducción de Cortegana en *Asno*, 114-115.

[88] Como ha apuntado Edward Riley, «a pesar de su misantropía la sátira siempre, o casi siempre, tiene un aspecto humorístico», mientras que, por otro lado, el retiro de Cipión y Berganza «del mundo vicioso de los hombres para dedicarse al servicio de los menesterosos es una especie de salvación feliz y positiva» (*Art. cit.*, pp. 50-51).

El humanismo había optado por obviar la condición de fábula milesia con que se presentaba el *Asno de oro*, y lo había convertido en una fábula moral o en una alegoría neoplatónica de la existencia humana. Lo mismo hizo el traductor del *Baldus*. Cervantes llegó al libro de Apuleyo por medio del humanismo, sin embargo no buscó otras razones para justificar sus excesos que el propio libro. La fusión de lo cómico y lo fantástico bastaba para disfrutar de una construcción literaria, a pesar de las tachas de inverosimilitud. Como dice el alférez, 'aunque mi verdad sea sueño, ¿no se holgará el lector al leer las cosas de estos perros?'. Y baste. El canónigo toledano de la primera parte hablaba como humanista, defendía la fábula moral y condenaba la milesia, atenta sólo al gusto del lector: «Este género de escritura y composición cae debajo de aquel de las fábulas que llaman milesias, que son cuentos disparatados, que atienden solamente a deleitar, y no a enseñar: al contrario de lo que hacen las fábulas apólogas, que deleitan y enseñan juntamente. Y, puesto que el principal intento de semejantes libros sea el deleitar, no sé yo cómo puedan conseguirle, yendo llenos de tantos y tan desaforados disparates» (*DQ* I, 47).

No estamos seguros de lo que Cervantes entendió por fábulas milesias. El canónigo —como López Pinciano o como Alejo Venegas[89]— las identificó con los modernos libros de caballerías. El *Asno de oro*, desde luego, era una fábula milesia, pues así lo había confesado su propio autor, aunque en la traducción humanística de López de Cortegana esa cualidad hubiera quedado diluida en una perífrasis. En el libro de Apuleyo —y más allá de su interpretación humanística—, Cervantes encontró una solución estética que superaba la cuestión de la verosimilitud y se asentaba en la libertad creativa. Aunque una y otra vez volviera los ojos a la reflexión literaria, Cervantes no fue un escritor preceptivo y sistemático; su intención, como narrador de ficción, no fue tanto atenerse a los dictados racionales y aristotélicos del canónigo (aunque a veces lo hiciera), como ejercer su libertad de narrador más allá de cualquier categoría poética o retórica y holgar a sus lectores con coloquios

---

[89] Como hemos visto más arriba, López Pinciano aseguraba en su *Philosophia poética* que las antiguas fábulas milesias eran «agora libros de caballerías, los cuales tienen acaecimientos fuera de toda buena imitación y semejanza a verdad» (*Op. cit.*, p. 172). Alejo Venegas, por su parte, emparejó la obra de Apuleyo, en tanto que fábula milesia, con los libros de caballerías y su uso arbitrario del sexo y de la magia (Alejo Venegas del Busto, *Primera parte de las Diferencias de libros que ay en el universo*, ed. Daniel Eisenberg, Barcelona: Puvill, 1983, pp. 27-39). Y no se olvide que Venegas fue antecesor de López de Hoyos, el maestro de Cervantes, en el Estudio madrileño de Humanidades.

perrunos y fantasías milesias.

DE APULEYO A SHAKESPEARE

Roger Ascham afirmaba que los jóvenes que viajaban a Italia en busca de nuevas experiencias volvían convertidos en *asses*, en asnos, pues traían peores modales y nuevos vicios adquiridos, olvidando las buenas costumbres que habían aprendido en Inglaterra: «…if a man inglutte himslef with vanitie, or walter in filthines like a Swyne, all learnyng, all goodnes, is sone forgotten: Than, quicklie shall he becum a Rull Asse, to understand either learnyng or honestie».[90] Bien pudo Shakespeare inspirarse en Ascham a la hora de representar asnalmente la estupidez y la novelería de Bottom. *The Scholemaster* circulaba por el entorno en el que Shakespeare se educó, por lo que es bastante probable que conociera con detalle las teorías sobre la educación propuestas por Ascham. Shakespeare identificaría estas referencias, ya que cabe suponer que tendría conocimiento de Apuleyo, como para otros muchos lectores de la época, de la mano de san Agustín o a través de la *Historia regum Britanniae* de Geoffrey of Monmouth, de la que también fue aficionado.[91] Boccaccio, bien por medio de su *Decamerón*, bien por medio de misceláneas inglesas como *The Palace of Pleasure* de Painter de 1566 o *Petite Palace of Pettie His Pleasure* de George Pettie de 1576, también ejerció su influencia sobre las tramas de sus obras.[92] Incluso Chaucer fue otra de las vías de relación de Shakespeare con el *Asno*. Aunque, desde luego, el conocimiento completo de la novela latina se debió a su indudable lectura de la traducción de William Adlington.

---

[90] El texto completo de Roger Ascham dice: «Plato found in Sicilia, euery Citie full of vanitie, full of factions, euen as Italia is now. And as Homere, like a learned Poete, doth feyne, that Circes, by pleasant inchantmetes, did turne men into beastes, some into Swine, som into Asses, some into Foxes, some into Wolues etc. euen so Plato, like a wise Philosopher, doth plainelie declare, that pleasure, by licentious vanitie, that sweete and perilous poison of all youth, doth ingender in all those, that yeld up themselues to her, foure notorious properties: 1. lethen; 2. dysmathian; 3. achrosynen; 4. ybrin. […] If a ma inglutte him selfe with vanitie, or walter in filthines like a Swyne, all learnyng, all goodnes, is sone forgotten: Than, quicklie shall he becum a dull Asse, to vnderstand either learning or honestie» (*The Scholemaster*, Londres: Iohn Daye, 1570, I, fol. 25). La vanidad de personajes como Berowne, Longaville o Dumain en *Love's Labour's Lost*, o la pedantería de personajes como Holofernes y la estupidez de Bottom bien recuerda esta crítica defendida por Ascham.

[91] J. J. M. Tobin, *op. cit.*, p. 12.

[92] Tobin señala la influencia directa de Boccaccio en *All's Well That Ends Well* y *Cymbeline* (*Ibid.*, p. 12).

Las alusiones a Apuleyo se aprecian especialmente en las obras del primer Shakespeare, aunque su influencia se extienda más allá. En realidad, un gran porcentaje de la producción shakesperiana, como apunta Tobin, posee tintes provenientes del *Asno*. La segunda parte de *Henry VI* es la primera obra en la que Shakespeare tiene presente el *Asno de oro*, sobre todo, en la escena de la hambruna y muerte de Jack Cade, que recuerda el hambre que pasa en ocasiones el Lucio transformado en asno. El tema de las metamorfosis y el empleo de modelos animales para representar el comportamiento humano están presentes en *Venus and Adonis*. Para la muerte de Tamora y Aaron en *Titus Andronicus* Shakespeare también se inspiró en el autor latino. En *Love's Labour's Lost* se citan pasajes que recuerdan la historia de Cupido y Psique; de hecho, la lección principal que aprenden los eruditos de Navarra es que el amor es más poderoso que el intelecto. En *Romeo and Juliet*, todo el juego de palabras relativo a Julieta, tras haber perdido la virginidad y mientras yace bajo los efectos de la droga es parecido al de Psique. La primera parte de *Henry IV* está llena de personajes que cambian según lo requieran sus naturalezas o las ocasiones. Para el personaje de Falstaff en las dos partes de *Henry IV* se han identificado numerosas referencias a Apuleyo.

The Merry Wives of Windsor abunda en alusiones a transformaciones y asnos, a muchos de sus personajes se les encuentran parecidos a los asnos. Parte de la apariencia asnal de Dogberry en *Much Ado About Nothing* tiene su fuente en Apuleyo. La presencia de vocablos similares a los que utiliza Adlington y de escenas de envenenamiento, adulterio, parricidio y de tensión sexual descubre en *Hamlet* el rastro de la traducción inglesa de 1566. En *Othello* se atisban rasgos tanto del *Asno* como de la *Apología* de Apuleyo. En esta última, Apuleyo se defendía de las acusaciones de brujería lanzadas contra él. De manera análoga, Otelo se defiende de los que le acusan de haber practicado brujería para conseguir a Desdémona. Los temas de la estupidez asnal y de las pruebas de amor llevadas a extremos se hacen eco en *Troilus and Cressida*. Las pruebas que debe superar Helena en *All's Well That Ends Well* tienen semejanzas con las que Psique tiene que franquear, y la figura del fanfarrón Parolles acaba por igualarse a la de un asno. En *Measure for Measure* el capítulo en el que Lucio protege el tesoro de Milo se funde en la textura de la comedia. En *Timon of Athens*, uno de los personajes es Lucio, de quien se nombra su transformación y a quien en más de una ocasión se le atribuyen características asnales. El trío de hermanos, de los cuales uno se ve atormentado por la crueldad de los otros dos, es el motivo principal del *King Lear*; historia pareja a la de Psique y sus hermanas. La transformación metafórica de Macbeth en una bestia y la presencia de las brujas y la magia recuerdan la temática del *Asno*. Hay quienes apuntan que en *Anthony and Cleopatra* la figura de la reina egipcia está inspirada en el carácter maternal y protector de la diosa Isis del último libro del *Asno*. En *Coriolanus*, Shakespeare introduce fragmentos que recuerdan la dicción de los momentos en los que se tratan los temas de la injusticia, de la frustración de los honores ganados y de la indignación orgullosa con respecto a Lucio y Venus. El personaje de Marina en *Coriolanus* desea, como Lucio, ser transformada en pájaro. El tema de la madrastra envenenadora es uno de los recursos en *Cymbeline* que mejor evoca la obra de Apuleyo. *The Tempest*, de la misma manera que el cuento de Cupido y Psique, es una historia de amor, juicio y matrimonio; y Ariel, el duende etéreo, rememora la figura de Cupido. Éstas son sólo algunas de las alusiones. Son muchas más las citas que se pueden enumerar, ya que las referencias a Apuleyo se repiten en diversas ocasiones y con motivos distintos en las obras que acabo de detallar. No obstante, dos de las comedias que mejor representan el espíritu de Apuleyo en Shakespeare son *A Midsummer Night's Dream* y la pieza de origen plautino *The Comedy of Errors*.

En *The Comedy of Errors*, como apunta Wyrick, el motivo del asno cumple diversas funciones: «by its sheer iteration, it unifies the play; by its primary appeal to laughter, it helps establish the comic perspective at crucial points in the action; by its varying connotations, it aids in character delineation; by its metaphorical operation, it acts as a pardigm of metamorphosis».[93] Los personajes se transforman metafóricamente en asnos, descubriéndose de este modo sus torpezas y debilidades. Achacan sus malentendidos a hechiceras y brujas, pues desconocen la raíz lógica de sus problemas. La falta de conocimiento les induce a creer en las artes mágicas, ya que es la única manera que encuentran de justificar sus errores. La transformación metafórica en asno refleja la locura y estupidez de los personajes. Como apunta Wyrick, «like Erasmus and Brant, Shakespeare uses the ass emblem to exemplify mankind's folly».[94]

Antipholus de Siracusa, una vez llegado a Éfeso, da dinero a su esclavo, Dromio de Siracusa, una cantidad de dinero para que la custodie. La confusión está asegurada cuando en escena aparece Dromio de Éfeso, gemelo del anterior Dromio, que confunde a Antipholus de Siracusa con Antipholus de Éfeso, su señor y gemelo también del otro

---

[93] D. B. Wyrick, «The Ass Motif in *The Comedy of Errors* and *A Midsummer Night's Dream*», *Shakespeare Quarterly*, 33 (1982), p. 443.

[94] *Ibid.*, p. 445.

Antipholus. Así, perplejo ante la insistencia de que Dromio no tiene consigo tal cantidad de dinero, Antipholus de Siracusa culpa a la ciudad de Éfeso y a los maleantes que, al parecer, habitan en ella:

They say this town is full of cozenage,
As nimble jugglers that deceive the eye,
Dark-working sorcerers that change the mind,
Soul-killing withches that deform the body,
Disguised cheaters, prating mountebanks,
And many such-like liberties of sin. (*Comedy*, I, ii, 97-102) [95]

Esta Éfeso descrita por Antipholus recuerda la Tesalia que se describe al comienzo de las historia de Lucio. Así, las brujas que castigan a Lucio y a Sócrates son, a los ojos de Antipholus y Dromio, Luciana y Adriana.[96] Adriana, esposa de Antipholus de Éfeso, confunde a su marido con el hermano gemelo de éste. De este modo, Antipholus de Siracusa se sorprende cuando Adriana lo llama por su nombre y lo trata como a un marido, pensando que tanto ella como su hermana Luciana son unas hechiceras. Dromio expresa así esta confusión:

O for my beads; I cross me for a sinner.
This is the fairy land; O spite of spites,
We talk with goblins, elves and sprites;
If we obey them not, this will ensue —
They'll suck our breath, or pinch us black and blue.
(*Comedy*, II, ii, 188-192)

Lo mismo ocurre con la Cortesana, que confunde a ambos Antipholuss. Nuevamente, Antipholus de Siracusa , al ver que la Cortesana lo trata como si lo conociera y le exige la devolución de una cadena, no duda en aplicarle, como a Adriana y a Luciana, el calificativo de hechicera: «Avoid then, fiend, what tell'st thou me of supping?/ Thou art, as you are all, a sorceress:/ I conjure thee to leave me and be gone» (*Comedy*, IV, iii, 63-65). Y Dromio también ve en ella una bruja del estilo a las que aparecen en Apuleyo: «Some devils ask but the parings of one's

---

[95] *The Comedy of Errors*, ed. R. A. Foakes, The Arden Shakespeare, Londres: Routledge, 1962. En adelante, *Comedy*.

[96] Estas brujas tienen la capacidad de transformar los seres en bestias, como sugiere Reginald Scott en su *Discovery of Witchcraft*, «as for witches they specially transubstantiate themselves into wolves, and them whom they bewitch into asses» (Londres: Andrew Clark, 1665, V, i, p. 50).

nail, a rush, a hair, a drop of blood, a pin, a nut, a cherry-stone; but she, more covetous, would have a chain. Master, be wise; and if you give it her, the devil will shake her chain and fright us with it» (*Comedy*, IV, iii, 69-73).

Ante tal confusión, Dromio piensa que está metamorfoseado, a lo que Antipholus de Siracusa asiente, ya que, si los confunden con otras personas, será porque su apariencia ha cambiado:

> DROMIO OF SYRACUSE.
>   I am transformed, master, am I not?
> ANTIPHOLUS DE SYRACUSE.
>   I think thou art in mind, and so am I.
> DROMIO OF SYRACUSE.
>   Nay, master, both in mind and in my shape.
> ANTIPHOLUS OF SYRACUSE.
>   Thou hast thine own form.
> DROMIO OF SYRACUSE
>   No, I am an ape.
> LUCIANA.
>   If thou art chang'd to aught, 'tis to an ass.
> DROMIO OF SYRACUSE.
>   'Tis true, she rides me, and I long for grass;
>   'Tis so, I am an ass, else it could never be
>   But I should know her as well as she know me.
>   (*Comedy*, II, ii, 195-202)

A partir de este momento, la nota cómica destaca en los juegos de palabras de los dos Dromios cuando hablan de su condición de esclavo y de asno. Al principio del acto tercero, Antipholus de Éfeso y Dromio intentan entrar en su casa, pero se dan cuenta de que hay unos impostores que no los dejan pasar. Son Antipholus y Dromio de Siracusa. Dromio de Éfeso, al oír que su impostor también se llama Dromio, exclama que, si de verdad fuese él, se cambiaría por un asno como consecuencia de las calamidades que lleva padecidas:

> O villain, thou hast stol'n both mine office and my name;
> The one ne'er got me credit, the other mickle blame;
> If thou hadst been Dromio to-day in my place,
> Thou wouldst have chang'd thy office for an aim, or thy name
> for an ass. (*Comedy*, III, i, 44-47)

En la siguiente escena, Dromio, que huye de una cocinera que requiere sus favores sexuales, duda de su identidad y sigue con el mismo juego de palabras referentes al asno, con el que se vuelve a identificar debido a su torpeza:

ANTIPHOLUS OF SYRACUSE.
　Why, how now Dromio, where run'st thou so fast?
DROMIO OF SYRACUSE.
　Do you know me sir? Am I Dromio? Am I your man? Am I myself?
ANTIPHOLUS OF SYRACUSE.
　Thou art Dromio, thou art my man, thou art thyself.
DROMIO DE SYRACUSE.
　I am an ass, I am a woman's man, and besides myself.
ANTIPHOLUS DE SYRACUSE.
　What woman's man? and how besides thyself?
DROMIO DE SYRACUSE.
　Marry, sir, besides myself, I am due to a woman, one that claims me, one that haunts me, one that will have me. (*Comedy*, III, ii, 71-81)

Por último, ante la insistencia de la cocinera, Dromio afirma que, a no ser por su fe, se habría transformado en cualquier otro animal por tal de deshacerse de esa mujer que, como Adriana, Luciana y la cortesana, parece una bruja, ya que lo sabe todo sobre él:

To conclude, this drudge or diviner laid claim to me, called me Dromio, swore I was assured to her, tod me what privy marks I had about me, as the mark of my shoulder, the mole in my neck, the great wart on my left arm, that I, amazed, ran from her as a witch.
　And I think if my breast had not been made of faith, and my heart of steel,
　She had transform'd me to a curtal dog, and made me turn i'th' wheel. (*Comedy*, III, ii, 138-145)

Pero, si en *The Comedy of Errors* las evocaciones al *Asno de oro* se limitan a los comentarios que hacen los personajes, en *A Midsummer Night's Dream* el motivo de la transformación en asno no se queda sólo en palabras y se materializa en la figura de Bottom, a quien Puck transforma en asno cuando ensaya la obra de *Pyramus and Thisbe* con sus compañeros. Aunque en su caso la metamorfosis se limita a la cabeza, *A*

Midsummer Night's Dream ha sido señalada como la obra con más influencias de Apuelyo.[97] A esta transformación en asno, se le une el repentino enamoramiento de Titania, bajo los efectos de un hechizo, de la nueva forma asnal de Bottom, que recuerda de manera grotesca la historia de Cupido y Psique. Pero la metamorfosis de Bottom no viene motivada por la curiosidad, como le ocurre a Lucio, sino por el capricho de Puck.

SNOUT. O
> Bottom, thou art changed. What do I see on thee?

BOTTOM.
> What do you see? You see an ass head of your own, do you?

(*Exit Snout*)
Enter Quince.

QUINCE.
> Bless thee, Bottom, bless thee! Thou art translated!

Exit

BOTTOM.
> I see their knavery. This is to make an ass of me, to fright me, if they could; but I will not stir from this place, do what they can. I will walk up and down here, and will sing, that they shall hear I am not afraid.

(*Sings*)
>> The ousel cock so black of hue,
>> With orange-tawny bill,
>> The throstle with his note so true,
>> Then wren with little quill —

TITANIA (*Waking*)
> What angel wakes me from my flowery bed?

BOTTOM (*Sings*)
>> The finch, the sparrow, and the lark,
>> The plainsong cuckoo grey,
>> Whose note full many a man doth mark
>> And dares not answer nay — for indeed, who would set his wit to so foolish a bird? Who would give a bird the lie, though he cry 'cuckoo' never so?

TITANIA.

---

[97] John Dover Wilson, *Shakespeare's Happy Comedies*, Londres: Faber and Faber, 1962, p. 185. Véase también la introducción a la edición de *A Midsummer Night's Dream* de R. A. Foakes, The New Cambridge Shakespeare, Cambridge: Cambridge University Press, 1984. En adelante, *Midsummer*.

I pray thee, gentle mortal, sing again;
Mine ear is much enamoured of thy note.
So is mine eye enthrallèd to thy shape,
And thy fair virtue's force perforce doth move me
On the first view to say, to swear, I love thee.
    (*Midsummer*, III, i, 96-119)

En el siguiente acto, Titania, aún bajo los efectos del hechizo, sigue enamorada de Bottom, quien empieza a ser consciente de su estado de asno:

TITANIA.
    Come sit thee down upon this flow'ry bed,
    While I thy amiable cheeks do coy,
    And stick musk-roses in thy sleek smooth head,
    And kiss thy fair large ears, my gentle joy.
BOTTOM.
    Where is Peaseblossom?
PEASEBLOSSOM
    Ready.
BOTTOM.
    Scratch my head, Peaseblossom. Where's Mounsieur Cobweb?
COBWEB.
    Ready.
BOTTOM.
    Mounsieur Cobweb, good Mounsieur, get you your weapons in
    your hand, and kill me a red-hipped humble-bee on the top of
    this thistle; and, good Mounsieur, bring me the honey-bag. Do
    no fret yourself too much in the action, Mounsieur; and, good
    Mounsieur, have a care the honey-bag break not; I would be
    loath to have you overflown with a honey-bag, signior. Where's
    Mounsieur Mustardseed?
MUSTARDSEED.
    Ready.
BOTTOM.
    Give me your neaf, Mounsieur Mustardseed. Pray you, leave
    your courtesy, good Mounsieur.
MUSTARDSEED.
    What's your will?
BOTTOM.
    Nothing, good Mounsieur, but to help Cavalery Peaseblossom

to scratch. I must to the barber's, Mounsieur, for methinks I am
marvellous hairy about the face. And I am such a tender ass, if
my hair do but tickle me, I must scratch.
TITANIA.
What, wilt thou hear some music, my sweet love?
BOTTOM.
I have a reasonable good ear in music. Let's have the tongs and
the bones.
TITANIA.
Or, say, sweet love, what thou desir'st to eat.
BOTTOM.
Truly, a peck of provender, I could munch your good dry oats.
Methinks I have a great desire to a bottle of hay. Good hay,
sweet hay hath no fellow. (*Midsummer*, IV, i, 5-31)

A pesar de que la metamorfosis de Bottom sea meramente un
capricho de Puck, su transformación no deja de ser una experiencia
positiva e iluminadora en el sentido neoplatónico que se ha querido
interpretar la metamorfosis de Lucio en el *Asno*. Bottom describe de esta
manera su transformación en asno, que cree haber sido fruto de un
sueño:[98]
I have had a dream, past the wit of man to say what dream it was.
Man is but an ass if he go about to expound this dream. Methought I was
— there is no man can tell what. Methought I was — and methought I
had — but man is but a patched fool if he will offer to say what met-
thought I had. The eye of man hath not heard, the ear of man hath not
seen, man's hand is not able to taste, his tongue to conceive, nor his heart
to report what my dream was! (*Midsummer*, IV, i, 200-207)
Son muchos más los rastros de la influencia que el *Asno de oro* ejerció
sobre la producción dramática de Shakespeare, pero, más allá de la
acumulación, lo que importa es determinar por qué se sirvió de esta
fuente para tantos pasajes de su obra. La novela de Apuleyo surtió de

---

[98] D. F. Mckenzie afirma que al despertar de su sueño, Bottom mejoró. Su
transformación en asno le sirvió para aprender, de la misma manera que
aprendió Lucio de su experiencia como asno: «It is the awakening, through
illusion, of true imagination and faith and therefore of the highest knowledge.
In Shakespeare's dramatic embodiment of this truth Bottom loses his ass's head,
as another had done in classical times. Apuleius's Lucius also fell asleep in the
form of an ass only to waken to fresh understanding born of his vision of Isis»
(«Shakespeare's Dream of Knowledge», *Landfall: A New Zealand Quarterly*, 18
(1964), p. 48).

materiales al dramaturgo para las historias relativas a las brujas, envenenamientos, asesinatos, venganzas, prácticas de brujería y lujuria; además, la transformación de Lucio, debido a su curiosidad y su posterior restablecimiento, ofrecen componentes esenciales para el género dramático, y, muy en concreto, para la comedia, ya que, desde la Antigüedad clásica, este género se ha entendido como la caída y feliz restablecimiento de los personajes. Por otra parte, la comedia se centra en personajes inferiores y grotescos, y acaso por ello Sydney eligió el *Asno* como modelo de comedia en *The Defence of Poesy*. No obstante, la burla de sus errores sirve para escarmiento del espectador, pues se pretende que sus acciones actúen como reflejo de la vida. Adlington insiste en que el *Asno* de Apuelyo no es sino «a figure of mans life, and toucheth the nature and manners of mortall men».[99] La mágica metamorfosis de Lucio adquiere verosimilitud y sirve de ejemplo moral, pues forma parte del proceso de desarrollo de su identidad como personaje.

En el teatro, al igual que ocurre en la narrativa, los elementos de ficción sólo pueden funcionar bien en personajes toscos como Bottom, que sirven de burla, bien a través de la brujería, como es el caso de Macbeth, o bien mediante el recurso del sueño, como ocurre en *A Midsummer Night's Dream*. Es sólo mediante la ficción del sueño que acciones como las de Bottom[100] o de *The Comedy of Errors* puedan parecer verosímiles a los ojos del espectador.[101] La naturaleza de la ficción, como apunta William Scott, es dudosa de la misma manera que la naturaleza de los sueños, ya que éstos son ficticios en sí mismos.[102] El sueño, por lo tanto, que se presenta como ficción, al ser aceptado por los personajes, hace que esa ficción sea verosímil.[103] La verosimilitud, como argumentaban Adlington y Cortegana, es la clave del éxito para la enseñanza moral que el humanismo pretendió buscar en el *Asno de oro*.

---

[99] *The Golden Asse*, «To the Reader», fol. Aiii.

[100] El espectador es consciente del poder de la imaginación sólo mediante la aceptación de la ilusión y de la ficción que se presenta en *A Midsummer Night's Dream*: «and in soliciting our willingness to enter likewise into an illusion, the whole performance seeks to create an immediate awareness of the invisible world of imagination» (Mckenzie, *art. cit.*, p. 42).

[101] Véase Julia Bolton Halloway, «Apuleius and *Midsummer Night's Dream*: Bottom's Metamorphoses», en *Tales Within Tales. Apuleius Through Time*, ed. C. S. Wright y J. B. Holloway, Nueva York: AMS Press, 2000, p. 124.

[102] William Scott, «Chaucer, Shakespeare and the Paradoxes of Dream and Fable», *Cea Critic: An Official Journal of the College of English*, 49.2-4 1(986), p. 25.

[103] *Ibid.*, p. 31.

A LOMOS DEL *ASNO*

Ni Shakespeare ni Cervantes pudieron sustraerse a la fascinación que el *Asno de oro* generó en el Renacimiento. La novela de Apuleyo era una novedad tan atractiva que ni siquiera los esfuerzos moralizantes en los que se empeñaron los humanistas pudieron con ella, aunque su intención no fuera otra que justificar la lectura de un texto extraño al canon en temas y en estilo. En efecto, ambos escritores leyeron las traducciones inglesa y castellana de la novela, vertidas sobre presupuestos humanísticos. En último término, todas las versiones de la época remitían al comentario de Filippo Beroaldo, que quiso convertir la fábula milesia de Apuleyo en una alegoría moral. Pero tanto Cervantes como Shakespeare supieron reconocer la literatura, la risa y la fantasía detrás de la moralina con la que William Adlington y Diego López de Cortegana barnizaron sus libros.

El dramaturgo y el novelista encontraron en la novela latina un buen arsenal de temas y recursos narrativos, que aplicaron a sus propias creaciones literarias. Entre los temas, ambos vinieron a coincidir en la atracción por la magia, la curiosidad y el sueño, que forman parte esencial de la trama apuleyesca. La materia de brujas, magia y hechicería, tomada en buena parte del *Asno*, sirve para dar entidad al *Coloquio de los perros* o a *A Midsummer Night's Dream*, mientras que la curiosidad, fondo del cuento de Cupido y Psique y eje de *El curioso impertinente*, reaparece con herencias directas de Apuleyo en numerosas obras shakespereanas, como ocurre, por ejemplo, en *All's Well That Ends Well*. Por su parte, el sueño, tan presente en la *Metamorfosis*, les sirvió a Cervantes y a Shakespeare como un mecanismo que permitía dar verosimilitud a la ficción e insertar lo fantástico en lo verosímil, tal como ocurre en el episodio del *Curioso impertinente*, en la vigilia soñada del *Coloquio de los perros* o en *Midsummer Night's Dream*. En el acto V de esta comedia, Shakespeare aludió con toda conciencia a las «antique fables», las antiguas fábulas de carácter milesio, para calificar su historia de transformaciones y conectar la pieza con Apuleyo; pero, de inmediato y en el mismo parlamento de Theseus, otorgó al poeta la capacidad de dar forma palpable y verosímil en la literatura a lo que antes era sólo el fruto arbitrario de la imaginación:

> More strange than true. I never may believe
> These antique fables, nor these fairy toys. [...]
> The lunatic, the lover, and the poet
> Are of imagination all compact. [...]
> The poet's eye, in a fine frenzy rolling,

Doth glance from heaven to earth, from earth to heaven.
And as imagination bodies forth
The forms of things unknown, the poet's pen
Turns them to shapes, and gives to airy nothing
A local habitation and a name. (*Midsummer*, IV, i, 2-17)

Pero la lección de Apuleyo alcanzó también a las estructuras narrativas. El de Madaura había incluido la fábula de Psique y Cupido en el marco de la narración de Lucio con la intención no sólo de entretener, sino de dar distintas perspectivas a la trama y nuevos perfiles de interpretación. Lo mismo hizo Shakespeare con la historieta de Píramo y Tisbe, que representa el asnal Bottom en *A Midsummer Night's Dream* o en otros episodios de *Macbeth* o *Hamlet*. Cervantes también aprendió la lección compositiva, como demuestran el *Curioso impertinente*, interpolado en la historia e interrumpido por un episodio tan apuleyesco como el de los cueros de vino, y el *Coloquio de los perros*, inserto, sin más, en la mínima novelita ejemplar del *Casamiento engañoso*. El inglés y el español supieron encontrar, tras tanta alegoría moral, la esencia cómica de la fábula milesia que el propio Apuleyo confesaba haber escrito. Al fin y al cabo, en la *Metamorfosis*, como comedia, el protagonismo y la voz narrativa le correspondieron a un burro, mientras que Shakespeare hizo de su Bottom un trasunto de Lucio y Cervantes convirtió a Berganza y a Cipión en narradores de su propia historia.

Lo cómico y lo fantástico —dos aspectos que ya habían subrayado Erasmo y Vives— fueron las columnas sobre las que se sustentaron las lecturas que Shakespeare y Cervantes hicieron de Apuleyo. Los humanistas se habían esforzado en obviar la condición de fantasía amoral del libro, y eso fue precisamente lo que más interesó a los dos autores. No obstante, en Shakespeare, como autor de comedias, se subrayan esos aspectos más puramente grotescos, mientras que Cervantes opta en su narrativa por la verosimilitud y por la apariencia real de lo imposible. No ocurre lo mismo con el Cervantes dramaturgo, pues en una tragedia como *La Numancia* no tuvo inconveniente en imitar directamente a Apuleyo y poner en escena, sin otros artilugios verosímiles, la resurrección de un muerto, que en ningún caso rompía el decoro del género. Al margen de las lecturas humanísticas, Apuleyo les dio a ambos escritores materia y soluciones estéticas, una lección de literatura en la que apenas había margen para la moral o que ostentaba una moral propia. Ésa fue la razón de ser de esta fábula milesia en el Renacimiento y la causa por la que William Shakespeare y Miguel de Cervantes se subieron a lomos del mismo *Asno*.

Postdata bibliográfica

Además de los estudios que aparecen citados en las notas, el lector curioso puede indagar en otras fuentes que también se ocupan del asunto. El análisis de varios episodios cervantinos que remiten a Apuleyo puede seguirse en los trabajos de Diana de Armas Wilson, «Homage to Apuleius: Cervantes' Avenging Psyche», en *The Search for the Ancient Novel*, ed. James Tatum, Baltimore: Johns Hopkins 1994, pp. 88-100; Manfred Bambeck, «Apuleyo y la lucha de Don Quijote contra los cueros de vino», *Prohemio*, 5 (1974), pp. 241-252; Honorio Cortés, «Algunas reminiscencias de Apuleyo en la literatura española», *Revista de Filología Española*, 22 (1935), pp. 44-53; José E. Díaz Martín, «Los odres de Apuleyo y los de Cervantes», *Isla de Arriarán*, 15 (2000), pp. 109-129; Tobias Leuker, «Cervantes between Apuleius, Lucian and the 'Spanish Amyot'. The finale and prologue of the *Novelas ejemplares*», *Romanistische Zeitschrift für Literaturgeschichte / Cahiers d'Histoire des Literatures Romanes*, 25 (2001), pp. 409-427; Francisco Pejenaute Rubio, «La traducción española del *Asinus aureus* de Apuleyo hecha por Diego López de Cortegana», *Livius*, 4 (1993), pp. 157-167; Antonio Preciado Bernal, «Curiosidad y mediación. Del Lucio de Apuleyo al Anselmo/Lotario de Cervantes», *Verba Hispánica*, IV (1994), pp. 125-130; Olga Prjevalinsky Ferrer, «Del Asno de Oro a Rocinante», *Cuadernos de Literatura*, 3 (1948), pp 247-257; Walter O.Quiroga Salcedo, «Ecos de Apuleyo en el *Quijote*», *Romanica*, 8, (1975), pp. 107-118; Alexander Scobie, «*El curioso impertinente* und Apuleius», *Romanische Forschungen*, 88 (1976), pp. 75-76; y Karl Ludwig Selig, «Apuleius and Cervantes (I, XVIII)», en *Studies on Cervantes*, Kassel: Edition Reichenberger, 1993, pp. 117-119

Para otros textos del entorno y para la relaciones entre ficción y literatura en el Siglo de Oro, puede leerse, entre otras muchas y sabias páginas, el libro de Alban K. Forcione, *Cervantes and the Mystery of Lawlessness: A Study of «El casamiento engañoso» y «El coloquio de los perros»*, Princeton: Princeton University Press, 1984, así como los estudios de Folke Gernert, *Baldo. Guía de lectura*, Alcalá de Henares: Centro de Estudios Cervantinos, 2000; Juan Gil, «Apuleyo y Delicado. El influjo de *El Asno de Oro* en *La lozana andaluza*», *Habis* 17 (1986), pp. 209-219; o Javier Gómez-Montero, «*Phantasos in litteris*. La magia ante el estatuto ficcional de 'lo maravilloso' y 'lo fantástico' de la ficción», en *Brujas, demonios y fantasmas en la literatura fantástica hispánica*, ed. Jaume Pont, Lleida: Universitat de Lleida, 1999, pp.55-92. Algunos apuntes más sobre las relaciones de la obra shakespereana con Apuleyo pueden encontrarse en el libro de Pauline Kiernan,

Shakespeare's Theory of Drama, Cambridge: Cambridge University Press, 1996 y en el artículo de Katherine Lynch, «Baring Bottom: Shakespeare and the Chaucerian Dream Vision», en *Reading Dreams. The Interpretation of Dreams from Chaucer to Shakespeare,* ed. Peter Brown, Oxford: Oxford University Press, 1999.

Printed in the United Kingdom
by Lightning Source UK Ltd.
132418UK00001B/86/A